U0366358

土木工程科技创新与发展研究前沿丛书

类岩堆体隧道施工
关键技术创新与实践

马治国　艾祖斌　李小昌　张子新　著

中国建筑工业出版社

图书在版编目（CIP）数据

类岩堆体隧道施工关键技术创新与实践 / 马治国等
著. -- 北京：中国建筑工业出版社，2025.3. --（土
木工程科技创新与发展研究前沿丛书）. -- ISBN 978-7
-112-30895-8

Ⅰ. U456.3

中国国家版本馆 CIP 数据核字第 2025DC5468 号

本书从类岩堆体的定义和分类、类岩堆体隧道围岩物理力学特性及宏微观特
征、类岩堆体隧道围岩超前预报方法和建造关键技术，以及监测技术等角度出发，
对类岩堆体隧道建造的设计创新、技术创新、施工工艺创新，以及类岩堆体隧道
开挖稳定性-非连续变形协同控制法在云南类岩堆体隧道施工的创新进行了全面
总结。

本书可供国内外从事隧道及地下工程领域的规划、设计、施工、管理人员及
相关科研院校的师生参考学习。

责任编辑：赵　莉　吉万旺
文字编辑：周　潮
责任校对：姜小莲

土木工程科技创新与发展研究前沿丛书
类岩堆体隧道施工
关键技术创新与实践
马治国　艾祖斌　李小昌　张子新　著

*

中国建筑工业出版社出版、发行（北京海淀三里河路9号）
各地新华书店、建筑书店经销
北京鸿文瀚海文化传媒有限公司制版
建工社（河北）印刷有限公司印刷

*

开本：787毫米×960毫米　1/16　印张：28　字数：559千字
2025年3月第一版　　2025年3月第一次印刷
定价：**120.00**元
ISBN 978-7-112-30895-8
（44490）

前　　言

我国广袤的西南山岭地区，在茂密的森林植被覆盖之下，潜藏着各种复杂围岩结构。经过大量的现场踏勘与调研，发现在西南地区存在着一种典型的既非土又非裂隙岩体的极复杂混合松散型围岩介质，我们称之为"类岩堆体"围岩。这种特殊的围岩体结构具有典型的"见风变渣土，遇水则成泥，扰动即坍塌，开挖变形大"特征，给隧道工程的建设带来了巨大困难。对这种复杂类型围岩结构进行系统研究，分析其力学特性及对隧道工程的开挖响应机制，对全面指导西南地区隧道工程建设具有重要的理论和现实意义。

在类岩堆体隧道施工过程中，常常由于复杂的地质环境而面临诸多的工程技术难题，如类岩堆体围岩软弱破碎导致隧道初衬结构大变形、隧道开挖面塌方及涌水突泥、围岩压力过大导致隧道衬砌结构破坏开裂等，上述问题给隧道建设者和相关科研工作者提出了新的挑战。本著作对此开展了一系列相关研究工作，并取得了一定的研究成果，在收集大量类岩堆体隧道工程建设一线技术资料的基础上，结合理论分析、室内试验、数值模拟和现场试验等综合技术手段，并与工程实践相对比，对复杂地质环境下类岩堆体隧道工程施工关键技术进行创新与实践研究，最终形成此著作，希望能对有关科研工作者和工程技术人员有所助益。

全书内容共分为9章，第1章提出并定义了类岩堆体的概念，全面分析了类岩堆体的研究现状和当前存在的问题，并总结了本书的主要研究成果；第2章主要阐述了类岩堆体的形成机理和结构特征，并建立了类岩堆体围岩分类方法，进行了工程应用；第3章主要针对类岩堆体围岩基本力学特性，进行了大型三轴试验和直剪试验研究；第4章采用颗粒离散元数值模拟方法研究了类岩堆体围岩的宏微观力学特性；第5章结合工程实践总结并分析了类岩堆体隧道设计关键技术，并给出了连拱隧道衬砌结构理论解析方法；第6章研究了类岩堆体隧道围岩超前预报技术及其在工程中的应用；第7章以云南建（个）元高速公路项目他白依隧道典型工程为例，进行了类岩堆体隧道开挖卸荷稳定性和结构监测现场试验研究；第8章进行了类岩堆体隧道开挖围岩稳定性数值仿真研究；第9章在总结前文各章节研究成果的基础上，提出并阐释了类岩堆体隧道开挖稳定性-非连续变形协同控制方法。此外，附于本著作最后的三个附录，分别呈现了本项目研究过程中形成的类岩堆体分类方法、施工和检测技术指南。其中，附录1为类岩堆体隧道围岩分类方法；附录2为类岩堆体隧道施工技术指南；附录3为类岩堆体隧道智能检测方法及反馈分析技术指南。

衷心感谢中电建路桥集团有限公司资助项目（LQKY2018-03）对本专著研

究的资助；同时，非常感谢为本著作付出辛勤劳动的同济大学易银莲、高晓耕、王继飞、周彪，以及中电建路桥集团有限公司的杨松、曹振生、张少强、张光逵等同志的大力支持和帮助。

鉴于作者知识及认识的局限性，书中难免有不妥之处，恳请各位专家、学者和广大读者提出批评、指正。

作者

2024 年 5 月

▪ 目　　录 ▪

第1章

绪　论

1.1　类岩堆体概念的提出与工程背景

随着我国改革开放的不断深入，在推进交通强国建设以及"一带一路"倡议不断落实与丰富的背景下，国内基础设施建设的需求在不断增大，并且越来越多地向纵深区域发展。我国西南地区存在着广袤的山岭覆盖区域，隧道工程承载着这些区域重要的交通运输、水利输送等关系国计民生的重大功能需求。近年来，以川藏铁路隧道群为典型代表的一大批穿越西南山岭地区的隧道工程建设正在如火如荼地展开，大量的山岭地区隧道工程稳定性问题亟待解决。

受到复杂的地质构造作用和地壳活动的影响，我国西南地区形成了一种极其特殊与复杂的围岩结构，其结构一般呈现岩、土混合体形态，组成物质更加复杂，粒径跨度更大，呈碎裂、松散状，节理、裂隙极其发育，自稳能力差。不同于普通的裂隙岩体或岩堆体结构，这类围岩结构宏观上既不属于岩体，也不属于土体，在更为广泛的埋深条件下仍然呈混合松散型结构，在隧道内部受地应力作用暂时黏结成整体，但其胶结状态不良，基本上处于非固结或者欠固结状态，在工程扰动作用下极易发生垮塌，整体特性也异于常见的土石混合体结构。对于这种与现有围岩结构有充分联系但又具有明显区别的特殊围岩类型，将其称之为"类岩堆体"围岩，其在隧道开挖过程中具有明显的"见风变渣土，遇水则成泥，扰动即坍塌，开挖变形大"特征，如图1-1所示为云南省建（个）元高速公路项目隧道工程施工中揭露的典型类岩堆体围岩结构，在开挖后会较快地风化、破碎，进而产生垮塌，在机械开挖或爆破振动开挖扰动下的力学响应规律十分复杂。因此，亟需对类岩堆体围岩特殊的力学特性和结构特征进行深入分析和研究。

我们通常所说的岩堆体是指在河流阶地侵蚀时期，或晚更新世时期的滑坡体，一般可分为裸露型岩堆和覆盖型岩堆，大多分布于隧道洞口。而类岩堆体围岩除了分布在隧道洞口外，在隧道口延伸至隧道主体工程内部不等段的围岩体结构，甚至在相当埋深下隧道围岩也呈现典型的类岩堆体特征。在这种类岩堆体围岩中修建隧道是国际上尚未解决的难题，给隧道工程带来了前所未有的挑战（图1-1）。

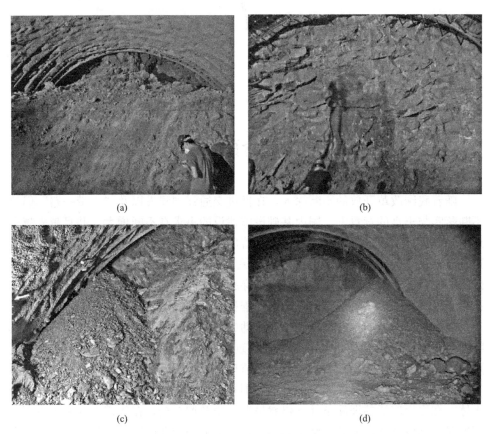

(a)　　　　　　　　　　　　　　　　(b)

(c)　　　　　　　　　　　　　　　　(d)

图 1-1　云南省建（个）元高速公路典型类岩堆体隧道围岩

（a）五老峰隧道类岩堆体围岩；（b）阿白寺隧道类岩堆体围岩；

（c）他白依隧道掌子面类岩堆体滑塌；（d）他白依隧道类岩堆体围岩塌方

　　类岩堆体的稳定是暂时的，在一定外部因素（如机械开挖扰动、爆破开挖作用等）作用下会重新产生失稳。类岩堆体其结构在隧道洞口较为松垮，在隧道内部受地应力作用暂时黏结成整体，但其组成物质复杂、粒径跨度大、胶结不良，基本上处于非固结或者欠固结状态。类岩堆体隧道洞口通常由大小不一、棱角明显、排列不规则的块石、碎屑等组成，在其形成堆积体之初，坡面光秃，块石散乱，但当滑移趋向微弱时，坡度变缓，碎石块体变小。此外，局部地区如云南、四川等西南地区气候条件很差，长年多雨，类岩堆体隧道洞口表面风化而内部含水量高，受到外界扰动极易发生失稳破坏，其稳定性与开挖方法和控制技术密切相关。此外，隧道开挖进洞后，浅埋段和断层等复杂破碎段在开挖卸荷作用下，类岩堆体围岩会较快风化、破碎，受大量不同产状节理切割形成松散的类岩堆体结构。本研究涉及的类岩堆体隧道洞口围岩往往处于临界稳定状态，在其坡脚进行隧道洞门施工极有可能破坏其临界稳定状态导致其整体或局部复活，并有形成新的滑移面的可能，二者耦合在一起可能会引起更为重大的破坏；隧道洞身掌子面类岩堆体围岩在机械开挖或爆破扰动下同样会发生大变形的流动破坏或随机掉落破坏，总体上呈现多模式的破坏形式，给隧道设计和施工带来了巨大困难。因此，鉴于类岩堆体隧道围岩力学特性的复杂性和工程自身安全建设的迫切需求，开展类岩堆体隧道围岩特性及设计和施工关键技术的研究非常必要。

1.2　国内外研究现状

1.2.1　岩堆体隧道设计理论、方法及控制技术研究

国内外对于本项目涉及的类岩堆体的研究较少，且主要针对的是通常的岩堆体。由于岩堆体在历史上曾经发生过滑坡，其边界条件及底部滑移面往往比较容易界定。底部滑移面往往是其薄弱环节，复活后的滑坡通常会先沿着已有的滑移面发生滑动破坏。因此，底部滑移面上滑裂带的力学特性是影响岩堆体的稳定性的关键因素。此外，需要根据类岩堆体的成因、工程地质及水文地质特征及滑裂带的物质组成等将滑裂带进行分区研究，并根据有代表性的现场试验结合滑裂带物质组成及颗粒分析试验确定各个分区的力学参数（杜景灿等，2005）。

造成岩堆复活的因素是多样的，主要包括以下几个方面：

（1）水力渗透

由于岩堆体滑裂带的渗透性与其他部位渗透性不同，雨水等更容易渗入滑裂带，并在滑裂带内聚集，不仅产生很大的不利于稳定的水压力，还会弱化滑裂带物质。地下水与山体汇水会导致沿已有滑移面的岩土体软化、强度降低，下滑力增加，特别是当滑移面上存在泥化夹层时，水力渗透还会引起水膜效应，导致岩堆的复活。杜炜平和古德生（2000，2010）指出水膜面的形成会使泥化夹层的强度大大降低，降低程度约为一个数量级。Ronggui 等（2015）指出泥化夹层在机械振动、爆破振动及高地应力卸载、渗流动力效应等作用下诱发水膜化效应，使泥化夹层液化或表面形成水膜，即当地下水浸入破坏裂隙面时，经摩擦、湿胀而残存于平滑裂隙面上的结合水，起类似润滑剂的作用。雨水的浸透与淘蚀还会使锚索挡土墙后填土软化、膨胀，同时结合类岩堆体复活力的作用，土体由原来的静止土压力转为垂直锚索挡土墙方向的被动土压力与平行锚索挡土墙方向的主动土压力（杜炜平和唐刚，2006）。另一方面，滑裂带的渗透性与其他部位相差很大，加上季节变化对地下水位的影响，岩堆体内的地下水位一般很难确定，所以在岩质岩堆稳定性分析时要对地下水位作敏感性分析。

（2）外界扰动

爆破、地震作用及工程扰动，如隧道开挖、公路路堑施工等均会对岩堆体造成一定的扰动，前者导致岩堆体应力状态的突变，而后者会在坡脚或边坡内部形成临空面，破坏已有的平衡状态，若处理不当也有可能引起顺层滑坡、坍塌等事故，导致岩堆的整体或局部复活。王勇等（2014）报道了惠兴高速公路某段路基区横向穿越类岩堆体后缘时，由于未进行合理的加固，导致路基挡墙填方下陷，出现开裂、下沉和错位等异常情况。梁敬轩等（2016）在针对汶川地震后紫坪铺水库坝前大型岩堆体变形破坏效应进行分析时发现地震主要影响岩堆体的剪应力分布，导致岩堆前缘下部软化带内剪应力集中；基覆界面及微地貌是控制类岩堆体地震变形破坏模式的主导因素，并非所有岩堆体均会被地震诱发整体复活，在堆积体总体地形坡度为 20°左右，基覆界面倾角为 13°左右时，地震不会触发整体失稳，只在局部地形陡缓交界处及转折端发生变形破坏。

与普通边坡类似，对于岩堆稳定性的分析通常也可采用极限平衡法和有限单元数值计算。常见的极限平衡法包括垂直条分法和斜条分法等，其中垂直条分法又包括瑞典法、毕肖普法、Spencer 法、美国陆军工程师团法、简化法、传递系数法、Morgenstern-Price 法、通用条分法、Sarma 法和能量法等。柏署等（2011）采用极限平衡法分析了位于岩堆体内的四川省雅泸高速磨房沟隧道不同处理方法下边坡的安全稳定性。鲁聪等（2014）利用 Geo-slope（用于岩土工程和岩土环境模拟计算的仿真软件）采用极限平衡法进行了某高速公路隧道进口段岩堆的稳定性计算，并对其变形失稳机制进行了研究，制定了对滑坡的治理措施。杜景灿等（2005）采用极限平衡法和 FLAC3D 数值模拟分析了龟山岩堆体的稳定性，确定了不稳定区域，并提出了相应的加固措施。

为了防止岩堆的复活，实际工程中往往需要采取一定的措施降低岩堆复活的风险。可采用施作抗滑桩，施加预应力锚索等方式提高抗滑力；也可采用建立合理的疏排水体系、挡土墙内侧加固的方法，提高类岩堆体的抗剪强度；以机械施工为主，爆破施工为辅的原则，降低工程扰动。必须采用爆破施工的路段，应控制爆破，并多次小规模药量操作，从而杜绝外力作用引起泥化夹层水膜化而导致岩堆体复活；加强监测，适时预警，降低安全隐患。周首首（2008）结合重庆至遂宁高速公路某段右侧类岩堆体，采用支撑渗沟为主，坡脚矮挡和坡面拱形骨架护坡相结合，加强坡体排水的综合处治方式，得到了较好的工程效果。许志勇和余红安（2010）采用钢轨桩、抗滑桩加固与截、排水相结合的综合治理方案，确保了襄樊至十堰高速公路类岩堆体的稳定性。杨宏（2017）结合贵州盘县至兴义高速公路工程民主隧道下穿嘎拉河滑坡处治工程，针对隧道受滑坡体滑动影响通过对地表水沟的整修铺砌，降低地表水对隧道影响，通过地表注浆加固，稳定地表坡体并改善滑坡体黏聚力，增加滑坡的稳定性，通过滑坡体前缘的反压回填、抗滑桩的设置等方式有效阻止了滑坡体的滑动趋势。

上述研究主要针对的是基于滑移历史的类岩堆体的稳定性评价方法和控制措施，无法反映类岩堆体岩堆稳定性机理及其动态破坏过程，特别是类岩堆体在开挖卸荷过程中新滑移面的孕育和发展演变过程。

1.2.2 爆破开挖对岩堆体稳定性影响分析

Singh 和 Roy（2010）以及 Lu 等（2012）指出爆破对周围岩土体的影响不仅取决于地质点峰值振速，还与振动频率和历程密切相关。宗琦等（2008）总结了如下一些国家建议的爆破地震效应安全判据工程标准：我国《爆破安全规程》GB 6722—2003 中规定国内对于地面建筑物的爆破振动判据是采用被保护对象所在地质点峰值振动速度和主振频率两个指标；水工隧道、交通隧道、矿山巷道、电站（厂）中心控制室设备和新浇大体积混凝土的爆破振动判据则采用被保护对象所在地质点峰值振动速度。国外评判标准的趋势为以多参数作为判据，如瑞典的评判标准综合考虑了振动速度、频率、位移和加速度等多项指标；美国、德国和芬兰的判据则引入振动速度和频率两个指标。

针对爆破荷载下不同振动影响判据指标，国内外学者进行了大量研究。Taqieddin 等（1991）通过室内模型试验研究了不同爆破设计参数对于地质点峰值振速的影响，指出爆破引信的位置、装药量和装药直径是影响爆破振动的主要因素。夏祥等（2005）采用 UDEC 离散单元软件对福建省牛头山水电站地基基岩爆破进行了模拟，得到了与实际监测数据接近的距爆源一定距离处地质点最大振动速度和振动主频与爆破药量的关系。宗琦等（2008）对采石场采石爆破过程中爆破振动频率和振动速度进行监测，采用萨道夫斯基经验公式对测试结果进行线性拟合回归分析得到了采石矿山深孔爆破时沿村庄方向振动速度衰减变化的回归计算公式。同时指出将岩石完全暴露、沿建筑物附近开挖一条超高深度的减震沟或充分利用有利地形（山谷、池塘及沟壑等），能有效地控制爆破振动效应。此外，采用多段毫秒微差起爆等方法能有效地降低爆破振动和控制爆破飞石。周俊汝等（2014）利用 LS-DYNA 有限元分析软件研究了不同装药条件下爆破振动主频和平均频率的衰减机制和规律。研究表明爆破振动平均频率随爆心距增大而减小，而爆破振动主频随爆心距的增大出现非严格的衰减，可能出现局部突变或者波动。

目前对于爆破荷载作用下周边岩土体力学响应的研究主要考虑的是破坏模式和松动区范围。田振农和李世海（2007）建立了三维离散元不同尺度结构面计算方法，得到了爆源附近岩体在动荷载作用下形成鼓包、爆破漏斗等破坏现象。陈明等（2015）基于断裂力学理论，分析了开挖扰动下地应力卸荷和爆炸应力波对裂纹尖端应力强度因子及其裂纹失稳扩展模式的影响，指出爆破开挖导致边坡节

5

理岩体裂纹的侧压力系数发生变化，可使边坡节理岩体裂纹的失稳扩展模式由Ⅰ-Ⅱ压剪复合型转变为Ⅰ-Ⅱ拉剪复合型，从而增大了裂纹的失稳扩展风险。Fakhimi 和 Lanari（2014）采用离散单元法（DEM）和光滑粒子流体动力学（SPH）耦合的方法研究了岩体爆破产生的振动波在空气和岩体中传播的规律，确定了装药点附近松动区范围。

而对于爆破荷载作用下的边坡稳定性分析，国内外学者也有一些相关研究。林士炎等（2003）采用 DYNA-2D 有限单元软件研究了京秦高速公路某段路堑边坡爆破开挖的振动效应对高等级公路岩质边坡稳定性的影响，发现坡脚和坡顶是爆破施工时最易发生破坏的区域，并利用现场振动测试结果与数值模拟结果进行了对比验证。高文学等（2010）以延庆-龙庆峡路改建工程为背景，利用 MIDAS-GTS 有限元分析软件对比了缓冲爆破和深孔爆破两种爆破方式对于路堑高边坡的影响，研究表明采用较缓的路堑边坡形式能够有效降低爆破的影响，同时指出采用缓冲爆破方式可以有效地控制爆破作用的危害。Choi 等（2013）通过对煤矿爆破作业质点峰值振动速度的监测，得到了地面振动的预估方程，同时根据数值模拟的结果确定了最大允许质点峰值振动速度，并依此提出了露天采矿保证边坡稳定性的安全爆破准则和指南。

由上述文献综述可知，目前对于类岩堆体爆破开挖作用对隧道洞口和洞身稳定性的影响研究几乎为空白。

1.2.3 软弱散体地层隧道设计和施工控制技术研究

类岩堆体多为动力地质作用下形成的散体结构，围岩等级较低，隧道开挖围岩稳定性研究主要是针对类岩堆体边坡或软弱体隧道稳定性的单一研究，可以列举如下：

武建伟等（2007）将管棚作为弹性地基梁考虑，将上部覆土单纯作为荷载，结合一般管棚预支护作用下的地下工程开挖过程，根据经典的 Winkler 模型，全面动态分析开挖过程中管棚各段的受力过程，提出了开挖过程中管棚全段的计算方程，并针对具体的工程以限元计算分析了管棚加固效果和掌子面围岩的稳定性。

贾金青等（2010）对管棚的 Winkler 弹性地基梁模型进行改进，考虑初期支护的延滞效应，基于 Pasternak 弹性地基梁理论，推导了管棚的挠度方程和内力计算公式，并提出求解方法。

王海涛等（2010）基于 Pasternak 弹性地基梁理论对管棚预支护体系的力学行为进行分析，并与现场测试数据进行对比验证；同时对不同管棚长度、钢管直径及搭接长度条件下管棚的加固效果进行了分析。结果表明，管棚的临界长度约为 1.5 倍开挖高度，当钢管直径超过 159mm 时，钢管直径的增加对控制开挖面顶部围岩的变形意义不大。

董新平（2006）就软弱地层中管棚作用机理以及管径对管棚作用的影响进行了研究，建立了用于管棚作用分析的简化模型——变基床系数弹性地基梁模型，推导了该模型的解析解，提出了区分管棚作用特性的判别式。在此基础上，将软土地层中管棚作用机理归纳为：管棚的存在，改变了开挖释放荷载的作用形式，将开挖面土体的剪切变形转化为未开挖段土体的压缩变形和支护段支护结构因横向荷载导致的变形；管棚将开挖释放荷载调节定向到刚度较大的支护结构上。采用解析法推导了开挖释放荷载导致的管棚位移及内力对管径因素的敏感度分析方程，建立了管棚作用分析的空间模型。

王海波等（2009）提出了均一化的横观各向同性弹性模型，研究了管棚超前支护的平均弹性性质，并对模型进行简化，可分析钢管的间距、管径等重要影响因素。

郑俊杰等（2009）针对管棚法施工中常基床系数下管棚弹性地基梁模型的缺陷，分析了掌子面前方岩土体基床系数分布规律，建立了变基床系数下管棚的地基梁模型，该模型可考虑掌子面水平位移的影响。研究认为：考虑掌子面水平位移影响是非常必要的，做好掌子面加固工作对减小管棚的变形较为有效。

苟德明、阳军生等（2007）采用混凝土应变计对常德-吉首高速公路土江冲隧道管棚预支护结构变形进行量测，在现场测试结果的基础上建立管棚的弹性固定端双参数弹性地基梁模型，并对该模型进行推导求解，较好地研究了管棚预支护作用机制。

Juneja（2010）为研究管棚与不支护长度对黏土地层中掌子面稳定性的影响，采用离心机模型试验对其进行研究得出：管棚可有效减小掌子面前方底边沉降槽的纵向范围，但是对减小沉降槽的横向宽度效果不明显；隧道稳定性同时受不支护长度和管棚长度的影响。

Chambon（1994）对不同埋深情况下砂性土层隧道掌子面稳定性进行研究，总结了各自的破坏形式，强调掌子面稳定性与未支护段的密切关系及掌子面加固。

Dias（1998）等把掌子面锚杆加固后看成球对称的均匀介质，并通过三维数值手段对掌子面锚杆预加固设计方法进行了分析。

Ng（2002）采用三维有限元手段对黏土地层隧道掌子面锚杆加固参数进行了系统研究，以锚杆的弹性模量与面积乘积作为锚杆的综合纵向刚度评价指标，分析认为锚杆综合轴向刚度越大，加固效果越明显，但是存在一个最优值，当超过该值时，锚杆加固效果将不再增大，其得出的锚杆最优轴向刚度 $(E_n A_n)_{opt}$ 为 300MN（E_n 为锚杆弹性模量，A_n 为横截面积）。

Kamata（2003）采用离心机试验及离散元方法分别对砂土地层中掌子面锚杆的最优长度及布设方式进行了研究，认为掌子面锚杆应超过 $0.5D$（D 为隧道直径）有较好的加固效果，分布在掌子面上半部分比下部效果好。

Date（2009）等通过对砂层隧道施加掌子面锚杆并进行离心试验，认为掌子面锚杆能有效减小掌子面的应力释放。通常数值模拟将围岩与锚杆分开考虑，计算量大且复杂。

Bernaud（2009）提出将锚杆加固区均一化的思路，经过理论推导，宏观上把系统及纵向锚杆简化为各向同性且均一的 D-P 模型介质，采用数值手段验证了理论模型的有效性，并对锚杆长度、密度等参数进行计算，可为隧道预加固参数优化提供指导。但是并未考虑均一材料的硬化性质，可能导致高估预加固的效果。此外，如果需要模拟应力场各向不同性的隧道、锚杆非对称布置、锚杆截面非圆形等复杂情况，需要进行三维研究。

Dias（2011）针对硬土或软岩地层的深埋隧道锚杆预加固，提出"收敛控制法"对掌子面锚杆进行设计。首先，在不进行预加固的条件下计算掌子面压力与掌子面水平位移的曲线——地层特征曲线，然后计算掌子面在不同密度锚杆加固时的曲线，不同密度锚杆加固的曲线与地层特征曲线的交点能反映掌子面水平变形，根据该值可以对锚杆密度进行选择。

Bobet（2011）在一系列假设基础上，对深埋均一地层圆形隧道进行解析推导，并与数值计算进行了对比。相同条件下，摩擦式锚杆较锚固式锚杆变形稍小，但应力相比较大。锚固式锚杆与围岩受力取决于两锚固点间"平均"受力，而摩擦式锚杆最大应力发生在最大径向应变位置，且两者结果都和锚杆与变形围岩刚度比有关。当锚杆发生塑性变形时锚杆才能更好地约束隧道变形，该结论可为锚杆设计提供参考。

Sterpi（2013）针对富水软弱地层隧道掌子面稳定性问题，对掌子面锚杆进行了如下改进：锚杆包裹具有膨胀性的土工布，同时将锚杆表面做成波纹状，并进行拉拔试验，试验表明改进的掌子面锚杆大大提高了锚杆的抗拔力，最终提高了掌子面的加固效果。

梅志荣等（2008）在此基础上借鉴相关规范，分析全黏结型锚杆加固掌子面的强化机理，获得加固后围岩参数的提高程度进行数值研究，并提出在工程实际应用中存在锚杆成孔质量及效率、富水环境的排水等问题，为掌子面锚杆预加固在我国应用及推广进行了有益的探索。

师晓权（2011）通过大比例尺的相似模型试验从纵向拱效应角度对掌子面锚杆加固的机制展开研究，认为掌子面锚杆对掌子面前方围岩变形有良好的限制作用外，与掌子面后方支护段形成纵向拱效应，对掌子面后方支护背后围岩有较好的约束，当结合管棚、水平旋喷等洞周预支护时，对掌子面后方未支护段也有较好的约束作用。

此外，王梦恕（2004）对地下工程的基础概念进行了解释，阐述了暗挖法的基本原理及发展方向，指出了暗挖法的施工原则。同时对暗挖各施工方法（全断面法、台阶法、中隔墙法、交叉中隔墙法、双侧壁导坑法、双 CD 法，特大断面的施工方法包括中洞法、柱洞法、侧洞法和桩柱法）的施工要点、适用范围及条件，以及各自的优缺点进行了介绍和比较。Volkmann（2006）等建议可以采用监测反馈分析方法来优化管棚超前支护情况下隧道开挖的施工方案。

赵东平（2007）等基于单一隧道施工对周围环境影响范围具有局限性原理，采用 Mohr-Coulomb 屈服准则，将暗挖地铁重叠隧道的相互影响区划分为无影响区、弱影响区和强影响区。并以深圳地铁老街-大剧院区间重叠隧道为例，应用近接分区的研究成果，沿纵向按净距对其进行影响区段划分，并分别制定相应的设计原则：当左线隧道位于右线隧道上、下 45°区且两隧道净距小于 1 倍隧道平均洞径时，设计支护参数加强两级；当左线隧道位于右线隧道上 45°区且两隧道净距在 1~1.5 倍隧道平均洞径之间时，设计支护参数加强一级；当左线隧道位于右线隧道上 45°区且两隧道净距大于 1.5 倍隧道平均洞径时，可按一般单线隧道设计。

日本学者 Hisatake（2008）通过室内试验发现在采用管棚超前支护情况下地表最大变形仅为没有超前支护情况下的 1/4；并对比了全断面开挖方法与环形开挖预留核心土方法对地表变形的影响，发现后者对于控制地表变形具有明显作用。

杨树才（2011）等为了解决高水位软流塑淤泥质粉质黏土地层的暗挖地铁区间隧道施工技术难点，提出了该地层采用大管棚加小导管支护、全断面或局部断面注浆加固施工方法。注浆采用水泥-水玻璃双浆液，作者对不同水灰比和不同水玻璃质量分数的浆液初凝时间、流动性及净浆凝固体抗压强度等进行考核，同时对所选定的配比进行固结体强度试验，为软流塑淤泥质粉质黏土的固结性提供了强度最高的配方，拓展了暗挖施工技术范围。

Wang（2011）等对分步开挖方法在大跨度小间距隧道施工中的可行性进行了分析，通过比较现场监测及预测结果，论证了这种方法的可行性。

沈茂盛（2012）以杭州市武林广场地下通道施工为例，在富水的滨海相淤泥质地层中，通过预注浆的方法改善淤泥质黏土地层，施工中多次调整注浆参数，选取最佳注浆材料和配比对底层进行注浆改良，应用暗挖施工工艺，严格遵循暗挖"管超前、严注浆、短开挖、强支护、早封闭、勤量测"的十八字方针，成功施作了地下过街通道，为淤泥质地层中进行暗挖施工提供经验。

Hisatake（2012）等采用室内试验的方法对比了环形开挖预留核心土法施工与全断面施工对地表沉降的影响，发现在软弱土层中前者的地表最大沉降量仅为后者的 36%~58%。

Schumacher（2012）等研究了管棚支护在美国西部软弱砂岩地层矿藏开采

工程中的应用，通过室内试验及数值方法分析了管棚不同管径及间距情况下钢管的受力情况，并在此基础上为管棚支护设计提供了安全系数。

1.2.4 浅埋偏压大断面隧道岩堆体变形机理及施工稳定性研究进展

大断面岩堆体隧道在施工过程中常有冒顶、坍塌、地表塌陷等灾害现象的发生。受偏压影响，衬砌受到不平衡荷载的作用，使其处于极为不利的受力形态，易造成衬砌开裂等不利现象，结构的承载能力不同程度地降低，使隧道的正常运营受到严重影响。为此，广大学者针对浅埋偏压大断面软岩隧道的结构受力特征、围岩失稳破坏机理及对应的设计施工方法、治理措施等方面开展了大量理论研究、数值模拟和试验分析，有效地指导了工程实践。

朱维申等运用有限元软件优化了大断面地下洞室不同阶段的施工顺序，提出了围岩动态施工的力学概念。胡学兵等建立小团山大断面公路隧道数值模型，在隧道施工过程中进行围岩以及支护结构力受力分析，提出了运用数值计算定量判断隧道的稳定性。万明富等结合沈大高速公路改扩建工程金州单洞四车道公路隧道施工现场监测，提出了围岩在开挖过程中的力学响应及变化规律。柳墩利采用FLAC有限差分数值计算软件，对大断面软岩浅埋偏压段隧道进行了三台阶、CRD和双侧壁导坑法的施工力学行为模拟，分析了不同施工工序时的围岩位移、支护内力、地表沉降以及塑性区的变化，确定了最优的施工方案和施工工序。钟新樵建立了老头沟隧道的模型试验，试验最终提出了土质隧道偏压效应的影响因素分别是围岩状况、地表坡度、最小覆盖层厚度、隧道断面尺寸形状和大小、施工方法，总结了土质偏压隧道施工方法的选用以及确定支护参数的参照表。雷明锋等通过模型试验模拟开挖15°、30°、45°这3种偏压角模型隧道，对浅埋偏压隧道围岩压力、衬砌结构应力的动态变化规律和分布形式以及衬砌和围岩的破坏机制进行了系统研究。蒋宗鑫等利用压力盒测试得到小净距浅埋偏压软岩隧道初期支护和二次衬砌所承担的围岩压力数据，经计算分析，拱顶处二次衬砌分担的围岩压力占到了50%～60%，且在偏压侧二衬承担了更大的压力。Tan等提出了一种基于泡沫混凝土和U型钢的联合支护系统，并通过数值模拟和现场监测分析了这种支护系统的力学行为。Huang等通过三轴围压释放试验和三轴卸载蠕变试验研究了卸荷条件下软岩的膨胀破碎特性。Han等通过不同含水量以及节理面与加载方向成不同角度的情况下的软岩单轴试验和三轴试验，研究软岩的力学性质和破坏模式。围岩压力作用模式和计算方法作为隧道围岩与支护结构作用关系的核心内容，一直是隧道学术界研究的热点问题。隧道围岩压力计算方法有卡柯公式、芬纳公式、卡斯特纳公式、全土柱理论、普氏公式、太沙基公式、比尔鲍曼公式和W·利特公式。国内《铁路隧道设计规范》TB 10003—2016、《水工隧洞设计规范》NB/T 10391—2020也均给出了隧道围岩压力计算的建议公式；国外应用较广泛的主要是 Barton 提出的基于 Q 系统围岩分级的围岩压力计算公式和 Bieniawsky 给出的基于 RMR 系统围岩分级体系的围岩压力计算公式。

1.2.5 大断面岩堆体隧道超前预报技术研究进展

目前的山岭隧道中往往存在空洞、脱空、裂缝、渗漏水等病害，其中空洞病害不加限制会进一步发展形成裂缝、漏水病害，甚至塌方。普通病害检测方法常常具有对隧道有损伤、不能大范围快速检测等问题，而探地雷达就能很好地解决以上问题，进行快速地无损检测。探地雷达利用电磁波对地表的穿透能力，从地表向地下发射某种形式的电磁波，电磁波在地下介质特性变化的界面上发生反射，通过接收反射回波信号，根据其形状以及频谱特性等参数，解释出目标深度、介质结构及性质。在山岭隧道的雷达探测过程中，钢筋间距、空洞尺寸形状、介质参数等都会对探测有影响，反映出不同的图像特征，影响我们的识别。为提高探测效率和对图像准确解释，正演数值模拟是必须的。正演数值模拟不但可以揭示一些意想不到的结果，还能得到常规试验得不到的数据，为复杂探地雷达图像的识别提供了依据和经验，更重要的是为建立探地雷达探测的数据库积累数据。1993 年，邓世坤、王惠濂基于射线追踪法做了简单模型的正演合成。2005 年，胡平做了混凝土中空洞的正演模拟，考虑了不同高度的空洞以及不同埋深、尺寸的圆形空洞，但是对分辨不同高度的空洞没有给出对应于波长的具体倍数，埋深和尺寸的模拟只有圆形空洞，也没有给出对应的波长关系。2007 年，汪谋做了公路隧道衬砌地质雷达正演数值模拟，但是没有考虑各种钢筋条件改变带来的图像变化。

1.2.6 大断面隧道监控及动态反馈技术研究进展

隧道施工中，监控起到了业主及施工单位"眼睛"的作用，以利于业主及施工单位及时采取相应措施进行处理，并对处理效果进行检验，从而保证隧道的施工安全。近年来，由于岩石力学理论、新奥法理论、量测技术、计算机技术的发展和相互渗透，地下工程结构体系的信息设计和施工方法有了很大的发展。20世纪 90 年代，"信息化方法"获得了广泛地应用，其原理也大大地被扩展。"信息化方法"作为一种设计、施工方法已经被许多规范认同，如欧洲规范，诸多学者也更加重视甚至大力倡导信息化方法。

Sakurai 提出的位移-应变反馈确定初始地应力与地层弹性参数值的有限单元法、结合工程实践提出了确定围岩极限张应变值的原理和方法，以及评估隧道稳定性的方法和标准（Hazard Warning Level）。大冢正幸在提出的位移预报法中涉及了初始地应力的反演确定，对圆形洞室的黏弹性问题提出了解析解法。美国学者 Goodman 在 20 世纪 70 年代出版的岩石力学专著中已提到可依据位移量反算初始地应力。意大利学者 Gioda 提出了可同时确定初始地应力和地层特性参数的优化反演分析理论。

西安科技大学的刘怀恒教授在 1978 年开发出"岩石力学平面非线性有限元分析程序 NCAP-2D"，同济大学的黄伟、杨林德教授于 20 世纪 80 年代初期开发了"锚喷支护地下洞室非线性有限元分析程序"，中国人民解放军总参工程兵第四设计研究所的李世辉开发出"典型工程类比隧道力学分析边界元程序 BMP-84"，同济大学的朱合华教授于 1997 年推出了"地下工程施工模拟通用正反分析计算软件"，东北大学的王泳嘉、刘连峰开发了"3D 离散元软件 TRUDEC"。这些研究不仅促进了岩土力学的发展，也有力地激起隧道信息化设计施工划时代的变化。西南交通大学于 2002 年以深圳地铁为背景进行的项目"深圳地铁重叠隧道信息化施工技术研究"，使地下工程信息化施工技术成功地应用于地铁的重叠隧道中。

欧洲及日本等已纷纷开始研制和开发的隧道工程动态设计系统是建立在现代信息技术及信息化设计施工思想基础上的，其中有的已开始产业化应用。佐藤工业株式会社开发的"SIT 系统"、西松建设株式会社也开发了"隧道综合管理系统"、意大利 ADECO-Rs 等隧道动态反馈信息化系统。目前，国内各高校及研究所有许多自主开发的隧道综合管理信息化系统，并在一些工程上有了应用。

1.2.7 大断面隧道快速精细化施工方法研究进展

近年来，大断面隧道的断面面积和跨度均较一般隧道有大幅增加，且在洞形及结构受力上具有鲜明特点，结构将承受较大的围岩压力。当前，国内外都加强了浅埋偏压大断面隧道的设计与施工技术的研究与管理。

在一些发达国家，大断面隧道和大跨度隧道的设计和施工技术的研究起步较早。德国学者在 1981 年创立了 CD 法，还在一些隧道施工中采用了双侧壁导坑法。日本学者在 1984 年的真米公路隧道（大跨度扁平隧道）中采用了 CD 法进行施工，在东名高速公路改造工程中，双侧壁导坑法、CD 法、CRD 法等各种施工方法得到广泛的运用。我国的大断面隧道的修建起步较晚，直到 20 世纪 90 年代中后期才兴建了一些。这些年以来，通过学习国外的先进工法和工艺，也有了一些成功的工程范例。

综合国内外研究以及国内积累的大量工程经验分析，大断面隧道施工方法的选择一般与跨度、岩性有关。在岩性较好的地层，如Ⅳ级以上的围岩或微风化围岩，大跨度下仍选择台阶法或全断面法，并辅以传统的矿山钻爆法施工；而在土层、砂层和岩石受到强风化的地层中，围岩的自稳能力随跨度的增加而降低得很快，一般选择将隧道断面划分为多个小断面进行开挖，采用减小跨度的 CD 法、CRD 法、双侧壁导坑法和多导坑法进行施工。当前，从我国实际出发，工程界在大跨隧道施工工法的选择上基本达成一些共性认识：①大跨隧道穿越岩堆体时，应选择双侧壁导洞法、CD法、CRD法等总沉降量小，将整个开挖断面合理分割、逐步封闭、步步推进的施工方法；②对同一隧道而言，实现沉降最优控制的工法顺序一般为：双侧壁导坑法→CRD法→CD法→台阶法→全断面法。具体地在进行工法选型时，各工程设计单位一般针对 V 级围岩选择 CRD 法或双侧壁法，Ⅳ级围岩选择 CRD 法或 CD 法，Ⅲ级围岩选择台阶法或全断面法，Ⅱ级以上围岩则一般采用全断面法。

而对于类岩堆体大变形复杂地层，目前尚无合适的开挖方法建议，且新意法和新奥法有机结合考虑的方法也没有新的进展。

1.3 研究方法

本书将采用文献调研、室内试验、数值模拟和现场试验等综合方法开展研究。

首先，广泛调研国内外的案例，收集国内外尽可能多的关于施工过程力学和围岩稳定性评价的相关资料，全面掌握隧道施工过程力学效应规律的最新研究成果。全面收集类岩堆体隧道的相关资料，尤其是典型隧道的典型施工段，详尽隧道的初勘、详勘和补勘资料，重点收集隧道施工、支护和地质方面的资料。在此基础上确定开展类岩堆体围岩力学试验和隧道工程现场监测试验研究的工程区段，并形成监测方案和实施大纲，同时整理监测区段围岩的地质、位置以及施工相关资料，为类岩堆体隧道支护方案优化和施工安全提供参考。

随后，开展类岩堆体隧道围岩的宏、微观分析，建立类岩堆体围岩力学分析与隧道工程开挖数值分析模型，对类岩堆体隧道围岩存在的开挖难题和各类支护方案进行分析模拟，探究不同类型类岩堆体围岩的力学响应和支护结构响应。

选取合适的现场试验方法，对不同类型类岩堆体隧道围岩及支护结构的相互作用机理和特征进行深入研究。基于监控量测以及超前预报技术建立相应的反馈机制，提出适合于类岩堆体隧道施工环境的方便且可靠的开挖方法和支护优化技术，根据分析反馈结果，发展并完善大断面类岩堆体隧道设计和施工技术方法。

1.4 本书的主要研究成果

本书围绕类岩堆体软弱围岩地质条件与力学行为特征、支护结构-类岩堆体围岩相互作用与大变形机理，以及类岩堆体隧道不同类别支护方法与安全控制等关键科学问题，开展类岩堆体围岩特性与隧道施工关键技术的研究，取得的创新成果如下：

（1）揭示了类岩堆体地层特性与结构特征，创建了类岩堆体隧道围岩分类方法。

通过广泛调研和工程示范，总结了类岩堆体的形成条件和机理，揭示了类岩堆体隧道围岩基本结构特征和特性，为隧道设计优化和安全施工奠定了基础；提出了基于 I-System 的统一考虑"岩体-支护体系"的创新分类方法，并在类岩堆体隧道中成功应用，该方法实用、简洁且针对性强。

（2）基于室内大型试验和宏、微观数值试验，揭示了类岩堆体隧道围岩的基本力学行为特征。

通过室内大型力学试验与数值试验相结合的方法，探究了类岩堆体隧道围岩的宏、微观力学行为，分析了不同土石含量、颗粒形状及压力等内外部因素对类岩堆体宏观力学行为的影响机制，得到了不同类型类岩堆体围岩的适应性及力学特征，并依托实际工程得到了验证。

（3）通过超前预报和现场试验方法，确定了类岩堆体隧道围岩的地质特性和开挖响应特征。

超前地质预报方法对类岩堆体地层中隧道施工中"可知性"的实现至关重要，基于地质雷达法、地震波法和瞬变电磁法的预报内容、原理和方法，在多条类岩堆体隧道开展了实际应用，预测预报结果为类岩堆体隧道施工提供了良好保障。同时，通过现场试验研究系统分析了类岩堆体围岩受扰动特性，以及隧道衬砌结构受力演化特性，揭示了类岩堆体地层隧道开挖变形与破坏机制。

（4）通过现场试验和数值试验研究，提出了类岩堆体隧道开挖稳定性-非连续变形协同控制法，并形成了类岩堆体隧道施工技术指南。

针对类岩堆体隧道开挖的特点，提出了类岩堆体隧道开挖稳定性-非连续变形协同控制法。该法的内涵是指在隧道开挖前，基于对同类隧道历史资料的统计及未来可能发生情况的预测，在考虑其不确定性的基础上，预先对隧道开挖相关开挖方法和参数进行规划设计，并由此形成类岩堆体隧道稳定性-非连续变形协同控制法。综合多方面研究成果以及实际施工经验，最终形成了类岩堆体隧道施工技术指南，可用于全面指导不同类型类岩堆体地层中的隧道工程建设。

第2章

类岩堆体特征、分类方法及工程应用

2.1 概述

经过大量工程现场的实际勘察与实践，对类岩堆体的基本特性与内涵形成了全面的认识和深入的理解，创造性地提出了类岩堆体基本定义。类岩堆体一般呈岩、土混合体形态，组成物质复杂，粒径跨度大，呈碎裂、松散状分布，节理、裂隙极其发育，自稳能力差，且容易受到地下水的影响，在我国西南红土高原地区分布极其广泛，属于极度特殊软弱围岩体结构。不同于普通的破碎岩体或常见的岩堆体与土石混合体结构，类岩堆体既不属于岩体，也不属于土体，且不同类型的类岩堆体围岩在机械开挖或爆破振动开挖扰动下的力学响应机理与变形破坏特征均有所不同。因此，亟需对类岩堆体围岩特殊的力学特性和结构特征进行深入分析和研究。

鉴于类岩堆体复杂的结构组成特性和敏感的力学响应机制，在前期大量的地质勘察与调研分析的基础上，提出并总结了类岩堆体围岩的形成条件和机理、地层特性及结构特征，在此基础上根据其含石量、土石接触强度以及颗粒级配曲线等特征建立了类岩堆体围岩分类分级方法，并依托实际工程进行了应用和验证。

2.2 类岩堆体地层特性与结构特征

2.2.1 类岩堆体形成条件和形成机理

就形成条件而言，西南地区特殊的地形地貌特征给类岩堆体造就了良好的天然温床，密集分布的高山断崖及峡谷陡壁是形成类岩堆体的有利地貌条件，地表及高山坡顶的岩石块体在各种风化作用、冻融循环、水流冲刷以及岩溶作用的综合扰动和破坏影响之下，导致岩石破碎，给类岩堆体提供了良好的物质来源。山岭之间"V"字形的陡峭峡谷斜坡地貌为类岩堆体的物质运移提供了运输条件和形成通道，在各种地质应力和构造作用之下，经扰动破坏之后的破碎围岩在峡谷间的通道中顺流而下，堆积形成各种各样组合形式的类岩堆体结构。此外，在风化剥蚀作用强烈的地区，比较陡的山坡或河谷谷坡下部也容易形成类岩堆体结构。在不同的地质构造作用下，断层或褶皱中部，因岩层遭受强烈破坏，裂隙均极为发达，类岩堆体围岩分布也十分广泛。

由于形成条件和方式的多样性，造成类岩堆体围岩的岩性异常复杂。通常情况下，泥质页岩、千枚岩、板岩、片岩等软弱易风化的岩层，以及破碎的花岗岩、石英岩等所组成的西南地区山体结构，由于岩体遇水易软化，抗风化能力差，在复杂的自然环境下极易出现不同的差异风化，在隧道洞口以及具有一定深度的隧道洞身内均容易形成类岩堆体围岩结构。

在形成机理方面，地质构造作用的影响尤为强烈。在不同地质构造带的交接部位，尤其是对于地壳活动频繁的区域，河流急剧下切形成陡峻的峡谷。若峡谷两岸山体中岩层的软硬岩互层现象比较明显（尤其是对于泥岩和砂岩互层），且岩层因地质构造作用遭到强烈的破坏，形成一系列的褶皱或断层，节理裂隙发育，岩体被切割成大小不一和形状不规则的多面体单元，则构成了类岩堆体形成的良好的物质来源和形成渠道。同时，由于地质差异劣化效应，在长期地质年代的发展过程中，受气候变化、温度升降、地下水浸润的影响，不同岩层的劣化程度不同。软岩劣化程度较高，多以碎砾石的形式散落；硬岩劣化程度相对较弱，多以块石的形式存在；而部分岩石劣化较彻底，则以细颗粒土的形式散落；尤其是对于泥岩，在长期的地下水浸润下，很容易发生崩解泥化，容易形成软硬交互、相互嵌固的二元甚至多元结构，形成明显的类岩堆体结构。地质结构的运移堆积演变作用也具有明显的影响，不同岩性、不同颗粒大小和几何尺寸的岩土混合物在红土高原地区按一定的分布规律和顺序不断地劣化、演变和堆积。一般大颗粒块石多集中于山体下部，细小颗粒常留在山体上部，而中部则是以中等颗粒的碎块为主，这样就形成了受一定地应力、以复杂的土石混合为主要特征的多元堆积体结构，我们称之为"类岩堆体"。

总之，类岩堆体是地质历史进程中，在地球的内外动力耦合作用下，经历了一定地质历史时期而形成的具有特殊结构的复杂地质体结构。无论是其物质来源，还是堆积、运营形成的地质动力作用，类岩堆体的成因都是复杂而多样的，并且很多情况下，同一时期各种成因所形成的类岩堆体往往混杂在一起，很难将其明显区分开，这就更造成了其力学特性的复杂性和多变性。类岩堆体复杂的形成条件和机理一方面是其广泛分布的原因，另一方面也表明其结构特征和力学特性相当复杂。

2.2.2 类岩堆体地层特性与结构特征

根据类岩堆体的形成条件和形成机理可以判断，类岩堆体地层主要发育于第四系残坡积层及崩积层中，同时还包括断层及破碎带密集分布造成的围岩极度松散破碎区域，成分主要由松散堆积体以及围岩内部挤压而形成的破碎块石以及各种细颗粒填充物等，成分复杂且结构变化多样。

（1）非均质性

从物质组成上来看，类岩堆体与普通的岩体和土体都有着明显的区别，其内部包含的强度较高的块石以及强度较弱的细颗粒填充物，导致其具有明显的材料非均质性。同时，块石形状多种多样，细颗粒与块石尺寸跨度较大，且往往分选性较差，块石在空间的分布随机性强且较为杂乱，导致类岩堆体的结构也具有较强的非均匀性。块石的形状、大小及分布对类岩堆体的结构具有明显的控制作用，不同的块石形状和磨圆度、分布极广的尺寸范围以及空间结构的随机分布特征，都会显著影响其力学特性和结构稳定性。

（2）非连续性

由于块石与细颗粒的尺寸、硬度差异较大，造成二者的接触位置处容易形成不连续面，造成结构的非连续性。由于形成过程与埋深的不同，非连续接触面的胶结程度也有所差异，在较大埋深处由于形成过程中具有较大的负压作用，自重应力和构造应力较强，且类岩堆体的物质来源都是破碎、风化的产物，在一定的负压和外界对风化物的物理风化作用下会在交界面处产生大量可以起到强胶结作用的钙质、硅质胶结物，造成不连续面的挤压胶结程度较高，从而形成一种强度较高的完全胶结状态；而在浅埋或靠近地表区域，在其形成过程中由于风化作用和动植物残留等的影响，造成较多的风化产物和残留物充填于类岩堆体内部，同时，固结时间较短，会导致粗、细颗粒的不完全接触或微弱接触，形成一些裂隙或潜在的裂隙结构，形成弱胶结状态。类岩堆体中粗粒颗粒无论以何种形式胶结存在，在受到隧道开挖施工等扰动作用下，都会产生受力变形，容易沿着交界面处产生拉裂和滑移，应力和位移分布出现不连续性，形成材料的显著非连续性。此外，深埋区域开挖后暴露在空气中也会加剧其风化作用，从而逐渐导致接触面从强胶结向弱胶结状态的转化，造成不连续性逐渐增强，并持续向隧道周围的深部岩体扩展，逐步形成更大范围的结构非连续性。

（3）扰动敏感性

由于材料和结构的非均质性和非连续性，无论材料内部的胶结程度如何，类岩堆体围岩在隧道工程开挖后与空气直接接触，会造成进一步的风化剥蚀，胶结程度进一步降低，往往只能维持微弱的自稳性，因而对各种扰动作用极为敏感。在风化、地下水流及施工扰动等多种因素的综合影响下，极易发生局部溜塌甚至较大范围的塌方破坏，并造成围岩结构性的连锁反应，因此类岩堆体结构具有极强的扰动敏感性，给工程施工的安全性和经济性带来较大的影响。

（4）尺寸效应

类岩堆体由大量的不同尺寸块石结构和细颗粒混合而成，对于不同的研究对象和尺度，其物理力学特性也会表现出明显的差异，即类岩堆体围岩具有典型的尺寸效应。当研究对象尺寸较小时，试样基本上可以看作单一的均质体（岩石或土）；而随着试样尺寸的增大，材料的非均质性和非连续性逐渐表现出来，试样中所包含的裂隙、不连续面等所产生的非连续性特征得以显现，会表现出与一般的岩体或土体明显不同的物理力学特性；当然，当研究对象的尺度非常大时，类岩堆体材料的非均质性、非连续性所反映的特性在整个试样中的作用反而减小，试样整体上表现为一种均质材料。但是，对于一般意义上的工程结构而言，类岩堆体结构中可能存在的大尺寸块石结构所造成的结构非均匀性和非连续性，往往不能一概而论地忽略掉，有必要采取特殊的方法加以考虑。

综上所述，结合类岩堆体复杂的形成条件与形成机理，可以初步确定类岩堆体地层与结构的典型特征为非均质性、非连续性、微弱自稳及扰动敏感性以及工程尺寸效应，给隧道工程的施工带来了多种难题，同时在选择研究方法时也应注意加以区分和甄别。

2.3 类岩堆体分类方法及应用

2.3.1 分类方法

目前的国家规范中尚没有针对类岩堆体围岩以及在该种围岩中进行工程施工方面的标准或指南，这给类岩堆体隧道支护结构设计带来较大的不确定性，安全隐患较多。根据对类岩堆体地层特性和基本结构特征的深入分析，为了从宏观上更好地认识类岩堆体结构特征，判断其基本特性以及对隧道稳定性的影响，根据现场踏勘与观测结果，结合大量文献调研，在类岩堆体隧道地质特征和围岩力学行为特征研究的基础上，以体积含石率（Volumetric Block Proportion，VBP）、土石胶结程度和类岩堆体颗粒级配（Particle Distribution of Talus-type，PDT）为主要依据，建立了类岩堆体的分类方法。

对于体积含石率（VBP）小于 25％ 的类岩堆体，由于块石结构含量较少，其力学特性主要受细颗粒体系的影响和控制，类似于土体的结构特征，称为"偏土型类岩堆体（Soil-like Talus-type，ST）"，其力学性质与其赋存的"土体"性质类似，将其视为土体结构进行进一步的分级与分析；对于体积含石率大于

75％的类岩堆体，块石结构含量较多，力学特性和结构特征以岩石结构控制为主，称为"偏岩型类岩堆体（Rock-like Talus-type，RT）"，将其视为岩体结构进行分级与分析；对于体积含石率在25％～75％的类岩堆体，称为"混合型类岩堆体（Hybrid Talus-type，HT）"，此类型类岩堆体的物理力学特性由"土""岩石"和"土石接触"各自的特性共同决定，根据接触类型的不同，又可以分为"混合胶结型类岩堆体（Hybrid Welded Talus-type，HWT）"和"混合松散型类岩堆体（Hybrid Unwelded Talus-type，HUT）"。需要说明的是，对于不同结构特征的类岩堆体而言，无论其属于何种类型，以及块石或细颗粒含量的多少，其力学特性均会同时受到块石结构、细颗粒以及土石接触界面胶结程度这三方面特性的共同影响，只是三者之间发挥效用的程度有所不同，一般不宜根据某一成分含量的多少而将其视为单一类型的结构进行分析，需要综合考虑其不同成分的力学特性进行比较和研究。

对 HWT 和 HUT 两种类型的类岩堆体，考虑不同的颗粒级配特征（PDT），当不均匀系数 $C_u \geqslant 5$，曲率系数 $1 \leqslant C_c \leqslant 3$ 的条件同时满足时，称为良好级配（Well Graded）；其他情况称为不良级配（Poor Graded）。类岩堆体分类方法如表 2-1 所示。根据该分类方法，可以将隧道开挖揭露的围岩进行有针对性的分类，并结合现场施工开挖情况，总结出适用于各类型类岩堆体的开挖方法和稳定性控制措施。

类岩堆体分类方法　　　　　　　　　　　　　　表 2-1

名称	VBP		土石接触	PDT	
类岩堆体	＜25％	偏土型类岩堆体(ST)			
	25％～75％	混合型类岩堆体(HT)	混合胶结型类岩堆体(HWT)	$C_u \geqslant 5, 1 \leqslant C_c \leqslant 3$	HWWT
				其他	HWPT
			混合松散型类岩堆体(HUT)	$C_u \geqslant 5, 1 \leqslant C_c \leqslant 3$	HUWT
				其他	HUPT
	＞75％	偏岩型类岩堆体(RT)			

2.3.2　工程应用

对于类岩堆体隧道围岩，由于其稳定性较差，原则上不宜采用全断面法施工，宜采用多工序分步开挖的方法进行施工，同时紧跟喷锚支护，保持隧道围岩的稳定性。针对云南建（个）元高速公路项目多条隧道工程施工情况，通过前期踏勘，结合类岩堆体分类方法，将多条类岩堆体隧道掌子面围岩进行分类，并通过分析不同类型类岩堆体围岩的稳定性特征，结合现场施工作业方法，给出不同类型类岩堆体围岩相对应开挖方法的合理性建议。

如图 2-1 所示，五老峰隧道和新寨隧道在开挖过程中揭露的岩体十分松散、破碎，自稳能力极差，体积含石率较低；新寨隧道左线掌子面 Z2K13＋522 处类岩堆体隧道围岩为强风化玄武岩夹杂方解石，呈碎裂状结构，多为黄褐色，锤击声哑，无回弹，有凹痕，易击碎。根据分级分类方法并结合现场踏勘，综合判定为偏土型类岩堆体（ST）。

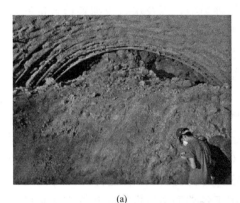 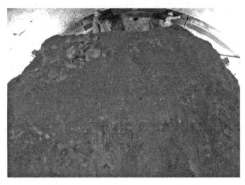

(a)   (b)

图 2-1　偏土型类岩堆体

(a) 五老峰隧道右洞偏土型类岩堆体；(b) 新寨隧道左洞偏土型类岩堆体

对于偏土型类岩堆体隧道围岩，整体表现为黏性土体特征，开挖后易产生一定的塑性变形，掌子面通常在短时间内是稳定的，但临空面不可长时间大面积的暴露在空气当中。因此，为了维持掌子面的稳定性，应避免大断面开挖，宜采取台阶法或预留核心土法进行开挖，并采用机械开挖方式，保持短进尺紧跟支护，每循环进尺以 1～2 榀拱架为宜，建议同时进行超前小导管注浆支护，并及时进行喷混覆盖。从现场施工情况来看，施工采取了台阶法并预留核心土的方式进行开挖，并保持 2 榀拱架的短进尺，有效地维持了掌子面的稳定，确保了施工安全与隧道稳定。

混合型类岩堆体在踏勘过程中相对较少，且混合型类岩堆体的界定往往也存在一定的不确定性。如图 2-2 所示阿白寺隧道出口左洞掌子面 Z3K22＋018 附近岩体具有明显的块石裂隙发育及黏性土填充，块石裂隙间由于黏性土的胶结作用，掌子面的稳定性较偏土型类岩堆体隧道偏高。开挖过程中可视具体的胶结程度，采取台阶法或预留核心土法进行开挖，原则上仍不宜采用全断面法，进尺可保持 2～3 榀拱架。施工过程中应视具体情况随时调整，同时为防止由于胶结程度不均匀可能导致的拱顶和掌子面掉块，应加强开挖后的拱顶防护措施。阿白寺隧道围岩胶结程度相对较高，采用两台阶方法进行开挖，同时加做了拱顶防护措施，保持了隧道掌子面的稳定性。

图 2-2 阿白寺隧道混合胶结型类岩堆体

他白依隧道为建（个）元高速公路项目的重点控制性工程，其隧道围岩稳定性极差，多为典型的类岩堆体围岩，给隧道的施工安全与稳定带来了极大的困难。他白依隧道出口右洞多见松散破碎型类岩堆体，部分呈现块状及碎状岩块，以及坚硬岩块与粉状软黏土相混合的类岩堆体围岩结构，岩体整体强度较低，用手可掰掉块；裂隙发育程度高，部分区域含有红色氧化层（图 2-3），黏结性低；岩体完整性较差、整体稳定性差；地层整体含土量适中，含岩量较低，部分区域可见偏硬岩块和粉状软黏土结合，黏结性一般，整体判定为混合松散型类岩堆体（HUT）。

图 2-3 他白依隧道出口右洞混合松散型类岩堆体

对于混合松散型类岩堆体，块石与土体间黏结力较差，围岩整体稳定性较差，施工过程中掌子面小部分区域有岩体剥离滑落现象，因此，应避免大断面开挖，宜采取三台阶结合预留核心土的方法进行开挖。施工过程中应严格注意掌子面的稳定性和预留核心土的自稳情况，避免施工扰动过大引起核心土及掌子面的垮塌。对于自稳性较差的混合松散型类岩堆体，每循环进尺宜控制在 1 榀拱架，及时进行拱架设立和喷混支护，必要时应采取超前小导管注浆以稳固掌子面前方岩体。从他白依隧道右洞的施工情况来看，按照三台阶并预留核心土开挖，1 榀拱架进尺并适当结合超前小导管的方法，基本保证了掌子面的稳定性，没有发生明显的垮塌现象。

偏土型和混合型类岩堆体多集中于隧道洞口段，而随着隧道埋深的增加，偏岩型类岩堆体在隧道工程中的占比逐渐提高。虽然他白依隧道时常遇到十分破碎的岩体，甚至因此出现溜塌或塌方（图 2-4），但从围岩的性质以及体积含石率来看，仍都属于偏岩型类岩堆体（RT），如图 2-4 和图 2-5 所示。

图 2-4　他白依隧道右洞典型偏岩型类岩堆体

图 2-5　他白依隧道左洞典型偏岩型类岩堆体

对于偏岩型类岩堆体，选择开挖方法时应结合围岩的破碎程度和稳定性特征进行针对性的选择，如他白依隧道右洞围岩虽为偏岩型类岩堆体，但由于岩体整体较为破碎，裂隙发育且不规则，岩石强度相对较弱，破碎程度高，开挖出渣多为小尺寸岩块和风化碎岩屑，开挖后拱顶易产生掉块和小范围塌方。针对此类偏岩型类岩堆体，仍应采用偏土型或混合型类岩堆体的开挖方法，即采用三台阶结合预留核心土方法进行开挖，减小围岩临空面的范围，同时保持短进尺，及时跟进支护，必要时进行超前导管注浆，以加固掌子面前方岩体，保证后续施工的安全与稳定。

对于稳定性相对较好的偏岩型类岩堆体，如他白依隧道左洞岩体，在岩性相对较好的区域，则可采用两台阶结合爆破方法进行开挖，以加快施工进度，但考虑到类岩堆体围岩本身松散软弱的特性，在爆破开挖过程中应保持"短进尺、弱爆破、强支护、早封闭、勤量测"的施工原则，初期支护紧跟掌子面，同时围岩初期支护必须保证尽早封闭成环。此外，由于类岩堆体围岩的岩性变化随机性较强，围岩内部存在溶洞、空腔以及由于地下暗河等导致水流通道复杂，在施工过程中还应做好超前探测工作，避免开挖过程中遭遇此类不良地质问题而导致塌方事故，如图 2-6 所示为他白依隧道左洞由于溶洞塌腔而造成的隧道塌方。

图 2-6　他白依隧道左洞偏岩型类岩堆体围岩塌方

综上所述，进行类岩堆体隧道围岩分类可以很好地了解和掌握类岩堆体围岩的基本特性，并进行针对性的施工方法与支护方案的选定，对工程具有一定的指导意义。所建立的类岩堆体分类方法已经成功应用于建（个）元高速公路多条隧道中，并对现场施工起到了一定的指导作用。结合类岩堆体分类方法和工程现场实践，类岩堆体围岩中开挖隧道应避免采用全断面法，偏土型类岩堆体隧道宜采用台阶法并预留核心土方法进行开挖，严格控制开挖进尺，降低施工扰动，保证掌子面及核心土的稳定性；混合型类岩堆体宜根据内部胶结程度确定合理施工方法，松散型类岩堆体应参考偏土型类岩堆体的施工方法，胶结型类岩堆体可视胶结程度采用两台阶方法开挖，但应根据胶结程度变化做出及时调整；偏岩型类岩堆体也应根据围岩破碎和松散程度选择合适方法，破碎程度较高的围岩仍应参照偏土型类岩堆体开挖方法，稳定性较好的偏岩型类岩堆体可以采用爆破方法开挖，但应严格控制爆破程度，同时做好超前探测，避免类岩堆体中不良地质体导致的隧道塌方事故。

2.4　小结

根据大量现场踏勘以及文献调研分析，通过综合考量我国西南地区地质结构特点，结合类岩堆体围岩的基本概念，对类岩堆体围岩的形成过程与特征进行了统筹分析，建立了宏观分类方法，并进行了现场应用，取得了良好的实际工程效果，主要研究结论如下：

（1）类岩堆体的形成受地球内外动力耦合作用的综合影响，与所在地区的地形地貌、地质结构以及水文气候环境等因素相关，其物质来源复杂，形成机理多样；

（2）由于形成条件与机理的复杂性，类岩堆体物质组成混杂，造成其结构特征多样，主要包括非均质性、非连续性、扰动敏感性和尺寸效应等，给工程建设带来诸多负面影响；

（3）根据类岩堆体结构特征提出相应的分类方法，宏观上分为偏土型类岩堆体、混合型类岩堆体和偏岩型类岩堆体，涵盖了施工过程中所遇到的各种类岩堆体类型；

（4）将建立的分类方法应用于建（个）元高速公路多条隧道施工过程中，取得了良好的适用效果，结合实际情况，针对不同类型类岩堆体提出了相应的施工方法和建议，很好地指导了现场施工。

第3章

类岩堆体隧道围岩特性
物理力学试验研究

3.1 概述

类岩堆体包含各种尺寸大小不一、形态各异的块石结构，以及充填于块石空隙之间的成分复杂的细颗粒，属于典型的二元乃至多元结构，具有明显的尺寸效应。因此，其材料宏观力学行为往往难以确定。由于尺寸效应，常规的单轴、三轴等岩石和土体的力学行为试验研究方法针对此类地质结构的适用性十分受限，需要采用更大尺度的特制设备或其他方法进行力学行为试验分析。因此，本章结合云南建（个）元高速公路他白依隧道施工现场取样所得的类岩堆体围岩试样，采用大型三轴试验和大型直剪试验进行类岩堆体的力学特性物理试验，以确定类岩堆体的基本力学特性参数，并通过筛分试验确定材料在受力前后的颗粒破碎特征，分析其颗粒破碎规律。结合力学参数和破碎特征，对于工程现场的施工现象和问题，进行针对性的解释和说明，并提供进一步的指导和建议。

3.2 试验材料

3.2.1 现场取样

试验材料取自他白依隧道左洞 Z5K64＋575.4 桩号附近，开挖揭露岩性较差，以全风化的页岩为主，开挖易破碎，地层年代较新，受地质活动影响，裂隙发育且不规则，取样现场概况及开挖后岩体破碎情况如图 3-1 所示。

3.2.2 试样级配

现场取回的试验材料如图 3-2 所示，将取回的材料依次通过新标准试验筛，按照《普通混凝土用砂、石质量及检验方法标准》JGJ 52—2006 给出的筛分方法与标准进行材料筛分，根据不同粒径颗粒材料的筛分结果，获取类岩堆体试样材

图 3-1　取样现场概况及开挖后岩体破碎情况

料级配曲线如图 3-3 所示。

图 3-2　类岩堆体试验材料及颗粒筛分

3.2.3　试验用材料

在试验过程中，为了消除尺寸效应，往往需要根据模型尺寸以及材料装填高度，限定材料中的最大粒径尺寸，根据后续试验计划和拟采用的设备尺寸，决定以大型直剪试验剪切盒高度为控制要素进行材料最大粒径尺寸的确定。

通过文献调研，相关研究中根据剪切盒的高度提出了相应的限制标准，如 $H/6$，$H/7 \sim H/5$ 和 $H/8 \sim H/4$ 等（H 为剪切盒的高度）。本试验所用设备的剪切盒内部净空高度为 200mm（详见后文内容），根据上述标准及级配曲线数据，选定 31.5mm（约 $20H/127$）为本试验材料的最大粒径，剔除大于 31.5mm 的颗粒。根据图 3-3 所示的材料级配曲线，可推算出试验所用材料的级配曲线如图 3-4 所示，试验用材料的粗集料含量（含石量）为 57.90%。

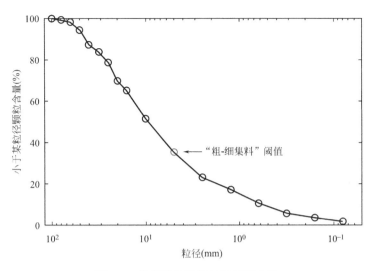

图 3-3　类岩堆体试样材料级配曲线

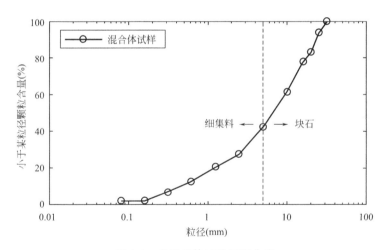

图 3-4　类岩堆体试验级配曲线

对于选定的材料，对粗集料与细集料分别测定其密度和含水率，密度测定采用容量瓶法和排水法，含水率测定采用烘干法（图 3-5 和图 3-6）。根据测量结果，可得细集料的密度为 2.71g/cm³，粗集料的密度为 2.90g/cm³，二者较为接近。从现场工况及材料特性来看，材料的天然含水率相对较低，细集料含水率为 2.72%，粗集料含水率相对较低，仅为 0.065%，表明现场岩体的吸水性较弱，经换算得材料平均含水率为 1.51%。

图 3-5 烘干法测含水率

图 3-6 容量瓶法测密度

3.3 大型三轴试验

3.3.1 试验设备

大型三轴试验采用 TAJ-2000 大型动静三轴仪，设备可自动采集竖向荷载和位移，试样加载通过位移控制，该系统可用于粗颗粒土、砂土轴向压力和侧向压力的强度试验及土动力学试验。试验机系统包括轴压系统、围压系统、水汽系统等，试样为圆柱体，尺寸为 $\phi 300mm \times 600mm$，设备如图 3-7 所示。

3.3.2 试验方案

试验针对不同成分组成的类岩堆体，共分为 4 组工况，根据实际情况，结合分组试样结构类型，不同分组试样采用不同的加载方式，三轴试验分组如表 3-1 所示，其中砂样部分按 75％砂，25％砾石配制，定量称取后充分拌合均匀。除

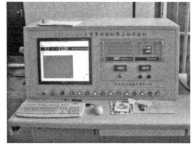

图 3-7 TAJ-2000 动静三轴试验仪及控制系统

了单一类岩堆体之外，其余试样均采用类岩堆体和砂土组合成样（其中块石部分表示为粗细集料混合体形式的类岩堆体），以表征和研究实际工程中可能出现的结构非均质、非连续特性。三轴试样示意如图 3-8 所示。

三轴试验分组 　　　　　　　　　　　　　　　　　表 3-1

试验组	说明	加载方式	备注
1	单一类岩堆体	多级加载	砂土厚 150mm 类岩堆体层 厚 450mm
2	上部砂土下部类岩堆体	200kPa、400kPa、600kPa	
3	类岩堆体中间夹砂土	多级加载	
4	上部类岩堆体下部砂土	多级加载	

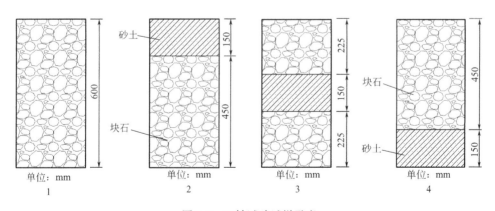

图 3-8 三轴试验试样示意

由于取样困难，并需要长距离运输，因此十分珍贵且成本高昂，为提高试验效率，本试验中主要采用单试样多级加载方式测定类岩堆体试样的力学参数内摩擦角 φ 和黏聚力 c。根据库仑定律，c 和 φ 值为试样材料的固有属性，不会因应力状态的变化而变化，破裂角 $\alpha=(45°+\varphi/2)$ 在第一级荷载下出现后，在其后各级荷载作用下都将保持不变，因而理论上可以通过单个试样多级加载的方法确定强度包络线。

3.3.3 试验流程

试样尺寸为 $\phi300\text{mm}\times600\text{mm}$，为确保试样的密实度均匀，将试样分 4 层装填，每层填土高度为 150mm，需要将每一层用重锤从松散状态夯实至高度为 150mm，装至最后一层的测量误差不大于 $\pm2\text{mm}$。

试样制作过程如下（图 3-9）：

① 底座上安装橡皮膜，并将橡皮膜下端用皮筋密封，在橡皮膜内装水检查橡皮膜密封性，如有破洞及时进行修补。

② 橡皮膜外装钢套桶并上紧螺栓，将橡皮膜外翻在成型筒上，在桶底放透水垫，打开真空泵，使橡皮膜光滑平直地吸附在钢套筒上，为装填材料做准备。

③ 分层加入配置好的试验材料，并用重锤夯实，期间需用钢尺确定试样高度，避免出现装填材料过于疏松或过于密实的情况。一层夯实之后在下一层装料之前，层与层之间需要用铲子凿毛，避免出现分层现象。夯实至最后一层之后，测量确定装填误差在 $\pm2\text{mm}$ 之内，在试样顶部放置透水垫，吊装轴压施加装置并上紧螺栓，在吊装过程中要注意慢、准、平，避免轴压施加装置压破顶部的橡皮膜造成气密性不良。

④ 吊装完成后拆除钢套筒，用密封条在橡皮膜的底部和顶部进行进一步的密封，确保试样的密封性。开启真空泵，将试样内空气排净，在试样内气压达到 0.095MPa 时关闭真空泵，等待 20min，若指针走动在 0.005 之内或试样与橡皮膜贴附良好，则表示试样气密性良好。

⑤ 吊装围压室，吊装过程中需确保围压室不会撞击到试样。吊装完成后安装密封螺栓，螺栓上紧并将压力室推至试验台上，关闭电源连接传感器。

| 扎橡皮膜、绑橡皮箍 | 套筒成型和放透水膜 | 逐层加土并夯实 | 取钢套管安装密封条 |

图 3-9 大型三轴试验试样制作过程

大型三轴试验主要的试验步骤如下：

① 启动控制平台，传感器读数，硬件调零。

② 开启排水孔，打开气密螺栓，将围压室注满水，期间通过围压室顶部气密螺栓的出气孔用铁丝来量测水位高度，当气体完全排出后，关闭气密螺栓并停止注水。

③ 启动真空泵将试样内部抽真空，然后关闭真空泵，打开上、下空气阀，向试样内注水饱和，观察进水玻璃管与出水玻璃管，当进、出水玻璃管的进水、出水趋于稳定时，测量一定时间内试样的进水量与出水量，如果两者相等，表示试样饱和完成，类岩堆体的透水性较好，饱和时间一般需要2～3h。

④ 完成试样饱和后，启动油泵并启动轴压施加装置，调节轴压盘使其与压力室上方的承压装置接触。随后施加预定围压，达到预定围压后仪器可自动调整轴压使得试样保持在三向等压的状态，在这一状态下固结排水，此时观察屏幕的体变读数，在体变读数变化趋于稳定并保持一段时间后即为固结排水完成，固结需要45～60min。

⑤ 固结完成后进行压缩试验，试验控制条件为应变控制，剪切速率为1mm/min，当位移达到试件高度的15%，即90mm时，认为试样破坏，并记录试验曲线和数据。多级加载压缩试验时，每级荷载作用下位移为试样高度的5%，总位移为90mm时认为试样破坏。

3.3.4　试验结果及分析

本节根据试验中的实测曲线绘制应力差-应变曲线，以主应力差（$\sigma_1-\sigma_3$）为纵坐标，应变 ε 为横坐标绘制而成，单围压加载以峰值或15%轴向应变时的应力差为破坏点，多级围压加载以每级最大应力差作为破坏点。应力圆与强度包络线部分，以剪应力 τ 为纵坐标，法向应力 σ 为横坐标，在横坐标上以（$\sigma_1+\sigma_3$）/2为圆心，以（$\sigma_1-\sigma_3$）/2为半径绘制破坏总应力圆，其中 σ_3 为围压，σ_1 通过一定围压下轴向压力最大值（峰值或15%应变对应压力值）除以试样水平截面面积求得。取各圆公切线为强度包络曲线，强度包络曲线与横轴夹角为内摩擦角 φ，与纵轴截距为黏聚力 c。

（1）试样强度分析

图 3-10 为类岩堆体试样和各复合地层试样的应力差-应变曲线。从图中可以看出，应力差随应变增大而增大，基本规律为初期快速增长，之后增长率减小，应力差小幅度上升。整个试验过程中试样呈现应变硬化，没有明显的峰值，故试验中取应变为15%时的应力差作为峰值绘制莫尔应力圆。

对比各图曲线可以看出，单一类岩堆体试样的应力差峰值最大，其他试样均小于此值，且随砂土层位置的下移，试验中的峰值越来越小，说明砂层-类岩堆体复合地层中，砂层位置越低，其整体强度越低。以单一类岩堆体试样为基准，不同围压下试样峰值应力差比较如表3-2所示。可以看出，围压越小，砂层对复合地层强度影响越大；同样围压下，砂层位置越往下，复合地层强度越低。

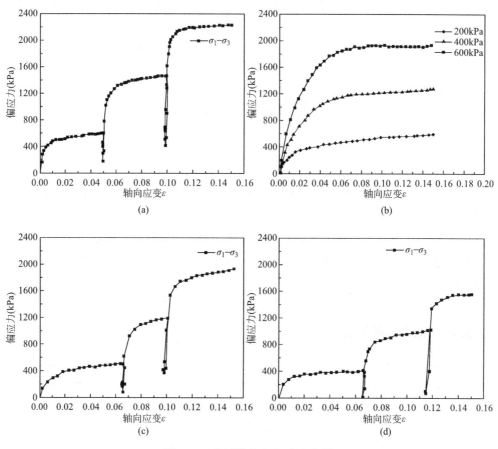

图 3-10 各试样应力差-应变曲线

（a）类岩堆体试样；（b）上砂土下类岩堆体试样；（c）类岩堆体中间
夹砂土试样；（d）上类岩堆体下砂土试样

不同围压下试样峰值应力差比较   表 3-2

围压	单一类岩堆体试样	上砂土下类岩堆体	类岩堆体中间夹砂土试样	上类岩堆体下砂土试样
200kPa	100%	87.59%	81.75%	70.07%
400kPa	100%	104.90%	94.51%	84.43%
600kPa	100%	96.1%	94.30%	77.68%

如图 3-11 为单一类岩堆体试样和各复合地层试样的强度包络线，从图中可以看出，所有试样黏聚力均接近于 0，单一类岩堆体试样内摩擦角最大，为 39°，

其他试样内摩擦角均小于此值，且随砂层位置降低，内摩擦角逐渐减小。

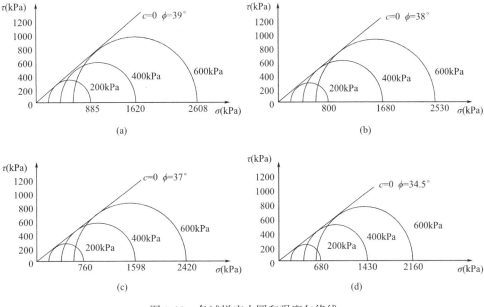

图 3-11 各试样应力圆和强度包络线
（a）类岩堆体试样；（b）上砂土下类岩堆体试样；（c）类岩堆体
中间夹砂土试样；（d）上类岩堆体下砂土试样

由于砂层-类岩堆体复合地层黏聚力接近于 0，所以剪切强度 $\tau = \sigma \tan\varphi$，不同复合地层试样在相同的应力条件下剪切强度与内摩擦角的正切值成正比。现以单一类岩堆体试样为基准，试验结果及剪切强度比较如表 3-3 中。可以得出，砂层位于试样的上、中、下部位时，其强度较全断面类岩堆体试样分别降低了 2.83%、6.28%、14.52%，砂层位置越低，其试样的整体强度越低。

试验结果及剪切强度比较　　　　　　　　表 3-3

	全卵石	上砂下卵石	中部砂	上卵石下砂
黏聚力	0	0	0	0
内摩擦角	100%	97.9%	95.36%	89.61%
剪切强度	100%	97.17%	93.72%	85.48%

试验结果可以说明，类岩堆体地层结构本身强度较弱，如果其中夹杂有明显软弱的细颗粒成分时，其整体宏观强度会进一步发生明显的降低和弱化，且软弱夹层的位置也具有明显的影响。因此，在类岩堆体地层施工中，应注意地层结构与成分的变化，及时调整施工方案，防止软弱夹层的出现导致围岩强度降低，从而引起施工事故。

（2）试验破坏形态

宏观破坏形态方面，对于三轴试验而言，由于试样两端受约束大而中部受约束小，因此试样中部呈鼓型，较两端直径具有不同程度增大，如图 3-12 所示。对比加载完成以后的各试样，具有不同的特点，可以发现，上砂层下类岩堆体试样鼓出部分位于试样中部偏上，下砂上类岩堆体试样鼓出部分位于试样中部偏下，单一类岩堆体和类岩堆体中部夹砂试样鼓出部分位于试样中部，表 3-4 统计了各试样在试验结束后的变形量及特征。

(a)　　　　　　(b)　　　　　　(c)　　　　　　(d)

图 3-12　不同试样破坏后外部形态

（a）类岩堆体试样；（b）上砂土下类岩堆体试样（600kPa）；
（c）中部砂土类岩堆体试样；（d）上类岩堆体下砂土试样

试样破坏特征统计表　　　　　　　　　　　表 3-4

试样	围压	变形特征	鼓出部分直径	变形量
单一类岩堆体	多级加载	中部鼓出	330mm	10%
单一类岩堆体	200kPa	中部偏上鼓出	360mm	20%
上砂土下类岩堆体	400kPa	中部偏上鼓出	354mm	18%
上砂土下类岩堆体	600kPa	中部偏上鼓出	350mm	16.7%
中部砂土类岩堆体	多级加载	中部鼓出	356mm	18.7%
上类岩堆体下砂土	多级加载	中部偏下鼓出	358mm	19.3%

试验结束后，拆除橡皮膜后可以观察到试样内部破坏情况。从上类岩堆体下砂土试样拆橡皮膜后的结果可以看到，试样中的大粒径块石在试验中几乎没有破碎，试样的块石部分在拆膜后立即散开，而砂层受压呈饼状，如图 3-13 所示。从图中可以看出，砂层厚度由试验前的 150mm 被压缩到 130mm，变形量为 13.3%，小于试样的总变形量 15%，说明试样受压过程中类岩堆体块石部分压

缩量更大，块石之间存在一定的空隙，导致其压缩量较大。

图 3-13　拆模后试样状态

3.4　大型直剪试验

3.4.1　试验设备

大型直剪试验采用 SJW-200 大型多功能界面直剪仪，如图 3-14 和图 3-15 所示。剪切盒内部尺寸为 600mm×400mm×200mm（长×宽×高），加载采用先进的液应控制系统，可以在水平和竖直两个方向独立施加较大的荷载，进行岩土体材料大型直剪试验，最大水平位移 75mm，剪切盒侧面设置有观察窗，便于观

图 3-14　SJW-200 大型多功能界面直剪仪

察试验材料在剪切过程中的状态变化情况。

图 3-15　设备控制系统

　　试验过程中需要对试验材料进行筛分以确定材料初始级配以及在剪切前后的级配变化，筛分试验主要使用 ZBSX-92A 型顶击式标准振筛机，配套采用新标准方孔试验筛（《普通混凝土用砂、石质量及检验方法标准》JGJ 52—2006），如图 3-16 所示。

(a)　　　　　　　　　　　　　　　(b)

图 3-16　筛分设备
（a）ZBSX-92A 型顶击式标准振筛机；（b）新标准试验筛

3.4.2　试验方案

由于直剪试验是提前指定了剪切破坏面的位置，因此无法像三轴试验那样通过不同类型的复合材料构成来分析、研究其不同变形和破坏形式。但是，同样为了通过直剪试验分析出不同组分构成条件下类岩堆体材料的力学行为，通过对材料的不同筛分和分类，分别针对细集料（偏土型类岩堆体）、粗集料（偏岩型类岩堆体）和混合体（混合型类岩堆体）进行试验，同时，考虑到不同组分构成的类岩堆体材料结构和力学行为的不同，以及所采用设备的加载和承载特性，不同类型的试验组材料采用的加载方式有所不同，试验分组方案如表3-5所示。需要说明的是，虽然不同材料加载方式不同，但由于各个试验组独立进行，且基本力学参数为材料内在固有属性，因此加载方式不同并不影响最终不同材料力学行为特征以及材料基本力学参数的计算。

直剪试验分组　　　　　　　　　　　　　　　　　　　　表 3-5

试验组	说明	加载方式
1	细集料(偏土型类岩堆体)	50kPa、100kPa、150kPa、200kPa
2	混合体(混合型类岩堆体)	50kPa、150kPa、250kPa、300kPa
3	粗集料(偏岩型类岩堆体)	50kPa、100kPa、150kPa、200kPa

试验组3所采用的混合体材料可直接取用图3-4所示的原始试验材料级配。根据土石混合体相关研究分析和建议，多采用5mm作为粗细集料的分界阈值，因此，本次试验借鉴类似的方法，以5mm作为类岩堆体的粗集料和细集料阈值，即认为小于5mm的为细集料（偏土型类岩堆体），大于5mm的为粗集料（偏岩型类岩堆体）。根据此阈值的限制以及原始材料级配尺寸的限定范围，分别确定细集料和粗集料的级配如图3-17所示。

试验时对试验材料进行慢速直剪试验，参考相关类似试验方法并结合试验设备实际情况，设置水平剪切速率为1.6mm/min，且保证每次试验的装样质量与级配一致，按照各相关级配进行材料配制。每次装样采用相同的装样方法与击实工艺，保证每次试验的装样情况基本一致。

本次试验使用的大型直剪仪剪切盒壁厚为40mm，正式试验前的尝试试验表明，当水平剪切位移达到乃至大于剪切盒壁厚时，材料会从剪切盒的一侧撒漏并且剪应力-位移曲线仍未达到峰值区间。为了获取完整的剪应力-位移曲线以分析材料剪切强度，试验开始前将上下剪切盒沿着剪切位移相反方向错开37～38mm，保证装样不会撒漏的同时，使得剪切的单向最大水平位移达到75mm左右，保证剪应力-位移曲线能够达到峰值强度值。

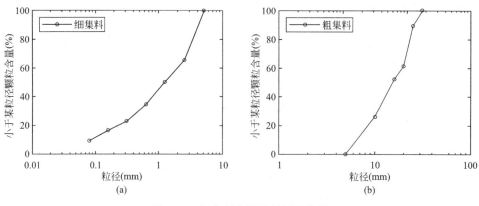

图 3-17 细集料和粗集料级配曲线

（a）细集料级配曲线；（b）粗集料级配曲线

3.4.3 试验流程

根据试验设计方案，试验基本过程与操作步骤如下所述（图 3-18）：

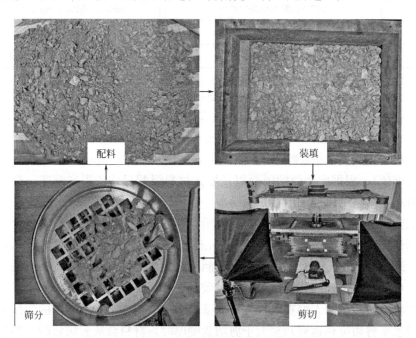

图 3-18 大型直剪试验流程

① 配料：确保试验材料级配和总体质量恒定，根据不同试验分组情况，按照原始级配曲线计算出不同粒径颗粒的质量，然后将准备好的材料混合搅拌均匀；

② 装填：为使试验材料分布均匀，采用分层装填的方法，分三层进行装样，确保每层装样高度基本一致，将材料摊铺均匀，并进行人工击实，为避免材料出现明显分层，上下层之间进行刮毛处理；

③ 剪切：装样后检查平整度和密实度，随后进行竖向加载固结，在达到预定竖向压力后，持续加压 20min。加压固结过程中设置图像采集设备，通过剪切盒观察窗口观察记录材料在剪切过程中的变化情况。固结完成后开始剪切，剪切速率为 1.6mm/min，最大剪切位移达到 75mm 后，停止剪切，进行卸载；

④ 筛分：剪切完成后，观察记录材料上表面及观察窗口状态，将材料小心取出，再次通过标准筛进行筛分，记录各粒径颗粒质量，获得剪切后材料的级配曲线，用以分析材料剪切前后的颗粒破碎和级配变化情况。

3.4.4　试验结果及分析

3.4.4.1　剪应力-位移曲线

不同试验组材料在不同竖向压力作用下的剪应力-位移关系曲线如图 3-19 所示，由图中可知，对于不同试验组，竖向压力越大，剪切应力越大。在不同竖向压力作用下，随着剪切位移的增大，剪应力不断增长，表现为应变硬化特征，达到塑性屈服之后，变形主要表现为塑性流动，应力基本保持不变，表现为塑性应变破坏模式。

综合各种不同曲线变形趋势来看，大致可以分为三个阶段：

① 材料密实阶段：在曲线发展的初始阶段，尤其是在高应力作用下，曲线近似为线性，试样内部任意点的剪应力小于材料抗剪强度，剪切变形主要由类岩堆体内部空隙被挤压密实以及细小颗粒的流动变形产生，随着变形的进一步发展，材料逐渐压密，而后开始进入剪切破坏阶段。材料密实更多地体现在混合型类岩堆体试验过程中，因为其粗细集料混合特征使其在成样过程中不易形成自密实结构，而细集料和粗集料由于本身自密实性较强和骨架作用更明显，导致其压缩密实特征并未完全体现出来。

② 剪切破坏阶段：随着剪切位移和应力的增加，剪应力-位移关系曲线的斜率逐渐减小，开始平缓增加，并逐渐达到峰值强度。在该阶段除了材料压密外，材料内部块石颗粒之间的接触、磨损和翻转等相互作用将导致材料的剪切破坏，因而应力增速逐渐降低，同时块石颗粒的位置调整与相互作用在曲线中表现为逐渐明显的波动特性。

③ 塑性流动阶段：在剪应力达到峰值强度以后，曲线基本保持平直趋势发展，此时材料内部已经形成了明显的剪切破坏面，处于塑性流动阶段，剪切面附近的颗粒翻转、错动和破碎导致曲线持续产生跳跃性和波动特性，但应力不再增加。

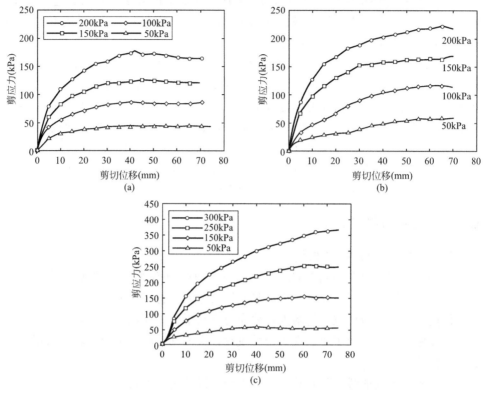

图 3-19 不同类型类岩堆体在不同压力作用下的剪应力-位移关系曲线
（a）细集料（偏土型类岩堆体）；（b）粗集料（偏岩型类岩堆体）；
（c）混合体（混合型类岩堆体）

3.4.4.2 剪切强度参数分析

根据图 3-19 的曲线结果，将不同试验组在不同竖向压力及其对应的最大剪应力绘制成抗剪强度（最大剪应力）-竖向应力关系图，如图 3-20 所示。根据不同竖向压力作用下的抗剪强度值，可以拟合出摩尔库仑曲线，各试验组的相关系数均大于 0.99，拟合精度较高，根据曲线值可以计算出材料的黏聚力和内摩擦角。如表 3-6 所示，由于类岩堆体属于较为典型的松散体材料，且试验所用材料含水率较低，可以看出其材料内部的黏聚力较小，内摩擦角相对较大，这一结果与三轴试验结果基本吻合。对不同试验组材料而言，随着其含石量的增加，黏聚力和内摩擦角也逐步增大，强度逐渐增强。这也与 3.3.4 节中三轴试验结果形成了明显的对比，即三轴试验揭示了含有软弱砂土层会明显降低材料的强度，而本节直剪试验则表明含石量的增加会明显改善材料强度特征，同时结合 2.3 节类岩堆体分类方法及其应用情况，也进一步从定量方面说明了对于不同含石量的类岩堆体进行分类，并采取有区别、有针对性的施工措施的必要性。

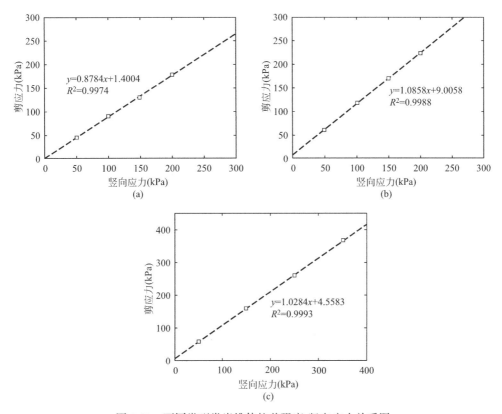

图 3-20　不同类型类岩堆体抗剪强度-竖向应力关系图

（a）细集料（偏土型类岩堆体）；（b）粗集料（偏岩型类岩堆体）；（c）混合体（混合型类岩堆体）

各试验组强度参数　　　　　　　　　　　　　　　　　表 3-6

试验组	说明	黏聚力（kPa）	内摩擦角（°）
1	细集料（偏土型类岩堆体，含石量 0）	1.40	41.30
2	混合体（混合型类岩堆体，含石量 57.9%）	4.56	45.80
3	粗集料（偏岩型类岩堆体，含石量 100%）	9.01	47.36

3.4.4.3　考虑面积修正的剪切强度参数分析

在大型直剪试验过程中，试样实际的剪切面积会随着剪切位移的发展而不断减小，在现有针对大型直剪试验的抗剪强度研究中，鲜有文献考虑剪切过程中实际剪切面积的影响，本课题研究前述内容也暂未考虑剪切面积变化的影响，即剪切应力 τ 按式（3-1）进行计算。

$$\tau = \frac{F}{S} \tag{3-1}$$

式中，F 为试验过程中的剪力；S 为剪切面积的定值，本试验中根据剪切盒尺寸

可知 $S = 0.24\mathrm{m}^2$。

在实际试验过程中剪切面积 S 会随着剪切位移的变化而变化，本节通过对剪切面积进行修正，讨论剪切面积变化对剪应力-位移曲线和剪切强度参数的影响。

一般情况下，在直剪试验过程中，剪切开始前试样的受剪切面积最大，随着剪切位移的发展，试样的有效剪切面积逐渐减小。在本试验中，由于采用 3.4.2 节试验方案中提到的提前错开剪切盒的方法增大总的剪切位移，导致在试验开始时刻的有效剪切面积小于剪切盒实际面积，所以在试验过程中剪切面积呈现先增大后减小的变化趋势，剪切试验过程中剪切盒变化规律如图 3-21 所示。由于剪切过程中剪切盒宽度不会发生变化，图中红线所示长度可代表剪切过程中试样材料的实际剪切面积变化趋势，可以看出，仅当剪切盒对齐状态时材料的剪切面积等于剪切盒实际面积并达到最大值，其余时刻剪切面积均小于剪切盒实际面积。

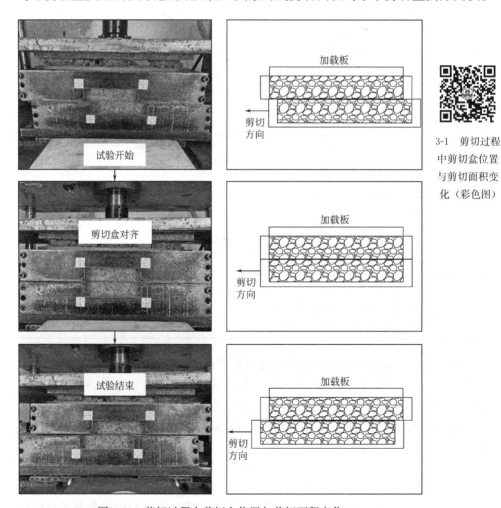

3-1 剪切过程中剪切盒位置与剪切面积变化（彩色图）

图 3-21 剪切过程中剪切盒位置与剪切面积变化

由于剪切盒尺寸为 600mm×400mm×200mm（长×宽×高），剪切盒壁厚约为 40mm，为了提前错开剪切盒并保证装填材料不撒漏，将剪切盒提前错开 37～38mm，如图 3-22 所示。如此可以保证剪切盒的最大剪切位移达到 75cm 以上，而剪切过程中材料不会出现撒漏流失。

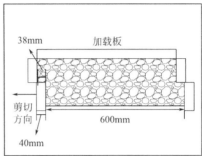

图 3-22　剪切盒提前错开效果

剪切过程中剪切盒宽度 $W=400$mm 不会发生变化，根据图 3-21 和图 3-22 所示，由于提前错开剪切盒导致试验过程中实际有效剪切面长度 L 小于剪切盒实际长度 600mm，实际长度 L 和剪切面积 S 可分别表示为

$$L = 600 - |d - u| \tag{3-2}$$

$$S = LW \tag{3-3}$$

式中，d 为剪切盒提前错开的距离，本试验中约为 37～38mm；u 为试验过程中的剪切位移。

前文提到，由于本试验中提前错开剪切盒，使得材料实际剪切面积随着剪切位移的变化而先增大后减小，根据式（3-2）和式（3-3），可以得出试验过程中剪切面积随着剪切位移的实际变化趋势和规律，如图 3-23 所示。从图 3-23 中可以看出，实际剪切面积随着剪切位移的发展而先增大后减小，仅在剪切位移达到剪切盒提前错开距离时（接近 40mm 处），实际剪切面积才等于剪切盒的实际面积，并达到最大值。

将式（3-2）和式（3-3）带入式（3-1），可得到面积修正后的剪应力计算公式

$$\tau = \frac{F}{(600 - |d - u|)W \times 10^{-6}} \tag{3-4}$$

式（3-4）建立了剪切过程中剪应力和修正后剪切面积的关系，可以看出，与式（3-1）中的恒定剪切面积和剪应力相比，修正后的剪应力 τ 是随着剪切位移 u 的变化而变化的。

将各组试验结果对应的剪切面积未修正和剪切面积修正后的剪应力-位移曲线画在一张图中，如图 3-24 所示。从图中可以看出，经过修正的剪应力曲线在相同剪切位移时的剪应力相比于未修正的剪应力有不同程度的提高，且竖向压力

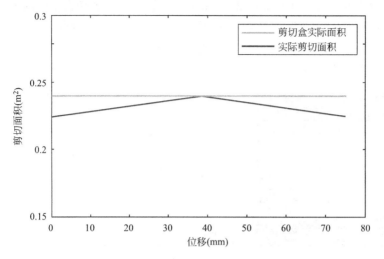

图 3-23 剪切面积随剪切位移变化趋势

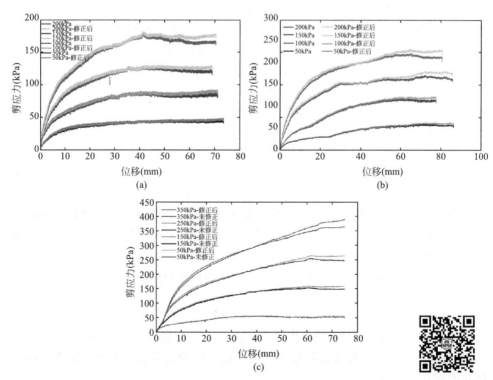

图 3-24 面积修正前后剪应力-位移曲线
（a）细集料（偏土型类岩堆体）；（b）粗集料（偏岩型类岩堆体）；
（c）混合体（混合型类岩堆体）

越大，增幅越明显。仅在剪切位移达到剪切盒提前错开距离时（靠近40mm处），修正后的剪应力与未修正剪应力出现重合，这是因为在该位置时二者的面积相等。以此位置为分界点，在此位置之前，剪切面积逐渐增大，而剪应力持续增加，但增速先增大后减小，所以修正后的剪应力相较于未修正的剪应力的增量出现先增大后减小的趋势；而在此位置之后，实际剪切面积逐渐减小，而剪应力仍在增加，增速逐渐均匀并出现降低趋势，导致修正后的剪应力相较于未修正的剪应力的增量在逐渐增大，所以修正后的剪应力-位移曲线比未修正的曲线在形状上呈现出不同程度的上翘，其应变硬化特征也更加明显。同时还可以看出，竖向压力越大，在剪切结束时，修正后的剪应力的提升幅度越大。由此可见，大型直剪试验过程中实际剪切面积的变化对试验结果曲线存在显著影响。

以混合型类岩堆体为例，面积修正前后类岩堆体抗剪强度与竖向应力关系如图3-25所示，可以看出，在同一竖向压力作用下，修正后的抗剪强度要高于未修正的抗剪强度，并且竖向压力越大，抗剪强度提高越多。

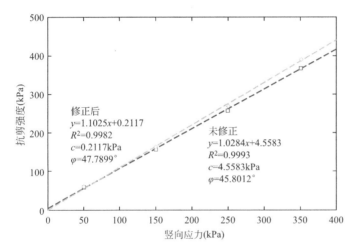

修正后
$y=1.1025x+0.2117$
$R^2=0.9982$
$c=0.2117$kPa
$\varphi=47.7899°$

未修正
$y=1.0284x+4.5583$
$R^2=0.9993$
$c=4.5583$kPa
$\varphi=45.8012°$

3-4 面积修正前后抗剪强度-竖向应力关系图（混合型类岩堆体）（彩色图）

图3-25 面积修正前后抗剪强度-竖向应力关系图（混合型类岩堆体）

将不同试验组修正前后的强度参数进行统一分析，如表3-7所示，可以看出，各组试验在面积修正后的黏聚力均出现了明显的减低，且相对降幅较大，而内摩擦角相较于面积未修正时的结果有所提升，但提升幅度有限。

各组试验修正前后强度参数　　　　　　　　表3-7

试验组	说明	黏聚力（kPa）		内摩擦角（°）	
		修正前	修正后	修正前	修正后
1	细集料(偏土型类岩堆体,含石量0)	1.40	0.48	41.30	41.38
2	混合体(混合型类岩堆体,含石量57.9%)	4.56	0.21	45.80	47.79
3	粗集料(偏岩型类岩堆体,含石量100%)	9.01	6.94	47.36	47.65

结合图 3-21 剪切面积变化过程进一步深入分析材料在实际剪切过程中的受力情况可知，在剪切过程中竖向压力的承受面积始终等于剪切盒的原始面积，在受力面积范围内应力相等，即材料承担的竖向应力始终等于设定值，而剪切盒所受水平剪力不仅被图中红色标注区域的材料承担，还被剪切面上未标注红色的区域承担了一部分，尤其是剪切盒对齐之外的状态，但进行面积修正时直接采用剪力除以红色标注对应的区域面积作为剪应力，因此，进行面积修正时高估了材料所受的剪应力。且从图 3-25 中竖向压力越大剪应力增加越多的趋势可以判断，竖向压力越大，则剪应力高估的程度可能越多。而按照未修正面积直接进行计算则可能低估了剪应力。因此，可以判断表 3-7 中面积未修正的结果可作为材料强度的上限值，而面积修正后的结果可作为材料强度的下限值，材料的真实强度应该介于二者之间。

3.4.4.4 剪胀性分析

剪胀性是岩土材料的重要特性之一，借助于剪切试验设备上安装的竖向位移测线与传感器，可以监测记录竖向加载板的位移，从而可以分析材料在竖向加载与剪切过程中的竖向位移变化情况，并进一步分析材料在剪切过程中的剪胀特性。图 3-26 所示为试验设备上安装的竖向加载板位移传感器。

图 3-26　竖向位移监测装置

不同试验组材料在不同竖向应力作用下剪切试验过程中的竖向位移与水平位移关系曲线如图 3-27 所示，图中正值表示剪胀，负值表示剪缩。从图中可以看出，在剪切过程中，细集料和混合体更多地发生了剪缩现象，而粗集料的剪胀特性则更加明显。这是因为，剪胀主要是材料中的块石颗粒发生接触或咬合，从而发生挤压、错动或翻转，导致材料试样产生体积膨胀而造成的；而剪缩主要是材料中的空隙或者材料本身被压缩而造成的体积缩小。对细集料和混合体而言，其中的块石含量与粗集料相比较少，且分布较为分散，互相接触较少，更多地发生剪缩现象；而粗集料块石之间直接的互相接触更多，从而导致更多地发生剪胀现象。同时还可以发现，整体上压力越大，则剪缩现象越明显，即材料的压缩性更显著。

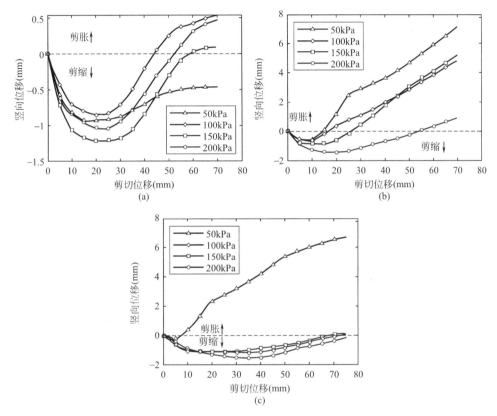

图 3-27   不同竖向应力作用下竖向位移与水平位移关系

(a) 细集料（偏土型类岩堆体）；(b) 粗集料（偏岩型类岩堆体）；

(c) 混合体（混合型类岩堆体）

3.4.4.5 颗粒破碎分析

颗粒破碎是岩土材料在加载和破坏过程中普遍存在的现象，可以反映材料的宏观力学性质。类岩堆体材料中含有的尺寸差异较大的块石颗粒在加载和剪切过程中也会发生破碎，在每次试验后进行颗粒筛分试验，确定加载前后的材料级配曲线变化，以级配曲线变化为依据，根据相应的颗粒破碎指标，可以定量分析类岩堆体的细观颗粒破碎特征。

为了分析剪切所导致的颗粒破碎特征，一般可取剪切面附近上下一定范围内的材料进行筛分，确定剪切前后的级配变化。但是由于类岩堆体围岩的松散性和非均匀性，难以保证所选取的材料范围在剪切之前的状态一定完全符合材料的原始级配特征，可能会增加试验前后材料级配的误差。因此，本试验中选取剪切盒内的全部试验材料进行剪切前后的材料筛分与级配确定。如此考虑增加了材料上表面在加载过程中直接接触加载板所导致的颗粒破碎，可以同时考虑材料在不同压-剪作用下的颗粒破碎状态。

通过试验过程中的观察，可以发现材料在试验过程中的破碎主要由加载板加压和水平剪切作用所导致。图 3-28 为混合型类岩堆体在 150kPa 压力作用下剪切后材料上表面新产生的颗粒破碎情况，上表面颗粒破碎主要是材料在预压阶段和剪切阶段直接接触加载板，受到压力作用的条件下产生的，且随着压力的增加，表面破碎情况也会增加。可以看到，颗粒在压力作用下会直接裂开，同时，部分颗粒还会出现磨损，也是由于直接接触加载板所导致的。图 3-29 为 350kPa 作用下通过剪切盒观察窗口记录到的剪切面附近颗粒在压-剪作用下的破碎情况，可以看出剪切面附近的较大颗粒在剪切过程中会发生移动、翻转和破裂现象。

图 3-28　混合型类岩堆体 150kPa 压力上表面颗粒破碎情况

以混合型类岩堆体为例，将不同压力作用下剪切后的材料全部取出，按照与材料原始级配相同的筛分方法进行筛分，确定不同压力作用下剪切后的材料级配曲线，并与剪切前的原始级配相对比。图 3-30 为不同法向压力作用下剪切前后类岩堆体材料的级配变化，从图中可以看出，颗粒破碎会导致级配曲线上移，压

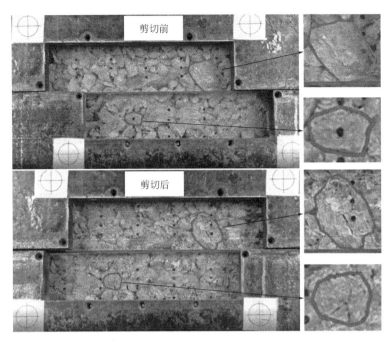

图 3-29　混合型类岩堆体 350kPa 压力剪切作用下颗粒破碎情况

力越大，颗粒破碎程度越高，级配曲线上移幅度越大。因此，竖向压力的大小对颗粒破碎具有明显的影响。

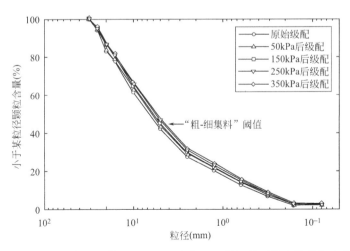

图 3-30　混合型类岩堆体不同法向压力作用下剪切前后类岩堆体级配变化

进一步分析每一粒组在不同压力作用下剪切前后的含量变化，做剪切前后各粒组含量的直方图，如图 3-31 所示。排除少部分误差，总体上细集料的颗粒含

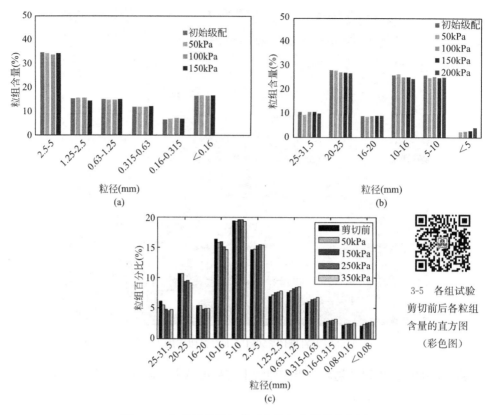

图 3-31　各组试验剪切前后各粒组含量的直方图

(a) 细集料（偏土型类岩堆体）；(b) 粗集料（偏岩型类岩堆体）；

(c) 混合体（混合型类岩堆体）

3-5　各组试验
剪切前后各粒组
含量的直方图
（彩色图）

量变化不明显，因为细集料本身尺寸较小，在剪切过程中互相挤压破碎的现象不明显。而粗集料和混合体的颗粒含量变化较为明显，粗集料中粒径为 16～31.5mm 和 5～10mm 的颗粒发生一定程度的破碎，含石量降低；而粒径为 10～16mm 的颗粒含量变化不明显；同时，由于颗粒破碎产生了小于 5mm 的细集料颗粒。粗集料试验过程中压力相对较小，因此整体来看颗粒破碎现象不是很显著。混合型类岩堆体由于试验采用的压力较高，破碎现象较为明显，在不同压力作用下剪切前后出现粗粒组（10～31.5mm）含量降低，细粒组（小于 5mm）含量增加，而处于中间粒组（5～10mm）的颗粒含量出现轻微波动，变化量较小。

粒组含量的变化主要是由颗粒破碎造成的：剪切作用下，类岩堆体中的粗颗粒由于破碎成更小的颗粒而含量降低，进而细颗粒含量相应得到提高；而中间粒组一方面因为破碎成更小的细颗粒而含量降低，另一方面因为粗颗粒的破碎而得到补充，因此，综合起来中间粒组剪切前后的含量出现波动变化。

图 3-32 为不同压力作用下混合型类岩堆体剪切前后粗集料含量（含石量）变化，可以看出各级竖向压力作用下剪切后含石量都有不同程度的降低，且压力越大，含石量越低，即降幅越大，说明颗粒破碎会使含石量明显降低。

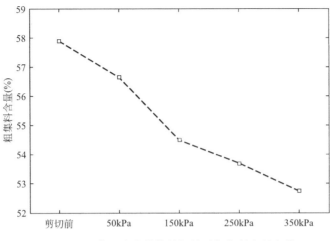

图 3-32　混合型类岩堆体剪切前后粗集料含量变化

3.5　现场应用

通过大型三轴试验和直剪试验，基于类岩堆体地层结构的组构特征和大尺寸试样应力-变形的试验结果，探究了类岩堆体地层在不同压力条件下的强度和变形破坏特征，合理诠释了类岩堆体地层结构的基本力学特性，对类岩堆体的基本力学参数和变形特征有了更深入的认识。

三轴试验和直剪试验的结果同时表明，类岩堆体围岩的黏聚力非常小，混合型类岩堆体经剪切面积修正后的直剪试验结果表明黏聚力仅为 0.21kPa，偏岩型类岩堆体黏聚力也仅为 6.94kPa，而三轴试验结果则显示黏聚力接近于 0，三轴试验黏聚力接近 0 的原因可能是试验是在饱和状态下进行的，水的存在进一步弱化了黏聚力。这均说明所选取试验材料的颗粒之间互相咬合和黏聚程度非常低，颗粒构成比较松散，围岩的稳定性较差。对于此类地质体，其在开挖过程中极易受不可避免的施工扰动作用而产生塌方，在建（个）元高速公路项目他白依隧道开挖过程中，也观察到由于围岩松散、黏聚力较低而产生的掉块、塌方现象，如图 3-33 所示，2020 年 9 月 25 日在右洞 K64＋578 附近掌子面左侧发生小范围溜塌，2020 年 11 月 4 日左洞掌子面中部发生掉块现象，2021 年 1 月 29 日左洞 Z5K64＋380.6 附近掌子面右侧由于溶洞塌腔的存在导致围岩连续溜塌，最终引发大范围塌方。这些塌方现象皆是由于围岩极度松散破碎，黏聚力很小并受到施工扰动作用而产生的，也说明了室内试验结果的准确性，即能够较为真实地反映现场实际开挖过程中所遇到围岩的真实力学特性。

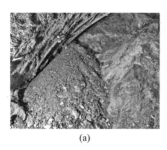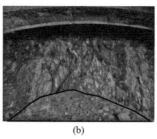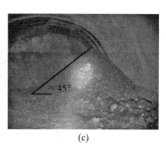

（a）　　　　　　　　　　（b）　　　　　　　　　　（c）

图 3-33　他白依隧道塌方现象

（a）2020 年 9 月 25 日右洞溜塌；（b）2020 年 11 月 4 日左洞掉块；
（c）2021 年 1 月 29 日左洞塌方

关于内摩擦角的结果，三轴试验和直剪试验存在一定的差异，对于混合型类岩堆体，三轴试验结果为 39°，而修正后的直剪试验结果为 47.8°。二者存在差异的原因可能是三轴试验是在试样饱和状态下进行的，而直剪试验是在材料自然状态下进行的，含水率较低，三轴试验由于高含水量而降低了内摩擦角。通过对现场塌方体的观察，2021 年 1 月 29 日左洞塌方体在塌落堆积基本稳定后，塌方体的自然安息角约为 45°（图 3-33c），与试验获得的内摩擦角的结果十分接近。因此，直剪试验所获得的内摩擦角结果很好地反映了现场围岩的力学特性，其结果可为现场的塌方体处置、堆渣反填以及渣场处理等实际问题提供一定的参考。

关于颗粒破碎问题，三轴试验由于竖向橡皮膜的柔性约束，使得材料可以有一定程度的自由膨胀变形，同时由于饱和试样含水率较高，降低了颗粒材料之间的摩擦作用，饱和吸水作用也给试验后的颗粒筛分效果带来一定的困难，导致试验结束后没有得到明显的颗粒破碎效应；而直剪试验由于在自然状态下含水率低，并且剪切盒的刚性限制作用更为明显，同时也便于进行颗粒筛分试验，在试验过程中获得了不同程度的颗粒破碎现象，这也符合他白依隧道实际施工中观察到的块石破碎现象，现场开挖揭露的部分围岩强度较低，用手可掰碎。同时，掌子面开挖过程中的机械作用也会导致块石破碎，塌方体中围岩强度较弱，块石破碎导致围岩发生连续溜塌，如图 3-34 所示。综合上述内容可知，试验过程中揭露的块石破碎现象可以客观反映隧道现场围岩的实际破碎特征。在施工过程中应时刻注意围岩破碎情况，在爆破开挖过程中应严格控制装药量，避免过大的爆破振动导致围岩产生较大范围的破碎松动圈，从而降低掌子面周围围岩的稳定性；机械开挖或处理超欠挖过程中，也应当注意施工机械的扰动力度，避免局部过大的二次扰动导致颗粒破碎及连续垮塌。

(a)　　　　　　　　　　　　　　　　　　　　(b)

图 3-34　他白依隧道现场破碎块石堆积

（a）掌子面开挖后破碎岩块堆积；（b）塌方体破碎块石

3.6　小结

本章选用他白依隧道施工现场取样获取的类岩堆体围岩材料，进行了大型三轴试验、大型直剪试验和室内颗粒筛分试验，分析了不同复合形态和不同类别类岩堆体围岩的力学特性和强度参数及其变化范围，通过试验前后的材料级配曲线变化分析了材料的颗粒破碎规律，并结合现场施工实际情况进行了分析和应用，得到的主要结论如下。

（1）三轴试验结果表明，单一类岩堆体地层强度最高，含有砂层的复合地层强度较单一类岩堆体地层有不同程度降低，且砂层位置越低，复合地层试样强度越低，砂层位于试样的上、中、下部位时，剪切强度较单一类岩堆体试样分别降低了 2.83％、6.28％和 14.52％。三轴试验中，围压越小，砂层对试样整体强度的影响越大。且砂层的存在导致复合地层在外力作用下更易发生形变，且复合地层中砂层是导致变形的主因，砂层所在位置越低，试样变形量越大。

（2）类岩堆体围岩材料的剪切应力随着竖向压力的增大而增大，且剪应力-位移曲线依次呈现出材料密实、剪切破坏和塑性流动三个阶段，呈现出应变硬化特征，没有出现明显的应变软化现象。对于不同类型的类岩堆体结构，材料强度随着含石量的增加而增加，同时会呈现出不同类型的颗粒破碎特征。

（3）对于大型直剪试验而言，剪切过程中剪切面积的变化会对试验结果造成一定的影响，修正剪切过程中的剪切面积会提高材料的剪应力，同时会使计算所得的黏聚力减小，内摩擦角增大，进一步分析表明，修正面积与不修正面积的强度参数结果可分别作为取值的下限值和上限值。

（4）通过室内试验所揭示的类岩堆体围岩基本力学特性及参数、块石颗粒破碎特征等，均与工程现场观察到的各类工程现象有较高程度的吻合，说明试验结果能够很好地反应类岩堆体围岩的实际状态，为类岩堆体隧道工程建设提供了一定的参考，在类似工程的施工过程中可结合实际情况，适当调整施工措施，保证施工安全和隧道结构稳定。

第**4**章

类岩堆体隧道围岩特性
宏微观数值仿真研究

4.1　概述

　　类岩堆体内部结构复杂多变，颗粒形状与尺寸也变化不一，通过前文的宏观物理力学试验可以获得不同类型类岩堆体结构的宏观力学行为，只能通过测量整体的应力应变去推测细观结构的变化，而无法获取围岩结构内部的微观力学行为特征。离散单元法数值仿真模拟相比于室内试验的突出优点就是其可以获得颗粒尺度的细观力学响应，从而揭示材料宏观力学响应的本质。因此，本章采用颗粒流离散元程序 PFC2D（Particle Flow Code in 2D）对形状变异的类岩堆体围岩进行离散元数值仿真试验，选取细长比 AR（Aspect Ratio）和凹凸性 C（Convexity）作为量化的颗粒形状参数，首先研究其对类岩堆体宏观力学性能的影响，然后对颗粒内部的微观参量和传力机制等进行微观分析和评价。

4.2　颗粒流离散元法简介

　　类岩堆体是一种典型的非连续介质，而离散单元法能更合理地描述颗粒运动、碰撞、凝聚和聚团破裂等行为，能非常方便地处理非连续介质问题并模拟材料的变形与破裂过程。二维颗粒流软件 PFC2D 是基于通用离散单元方法（DEM）框架的一种细、微观研究软件，它通过微观圆盘颗粒的相互运动与作用，模拟宏观的材料力学特性。

　　采用 PFC2D 软件进行颗粒流模拟需要基于以下几点假设：

　　（1）模型中的颗粒均为刚性颗粒，即颗粒受力不发生变形；

　　（2）刚性颗粒之间的接触为柔性接触，即颗粒发生碰撞挤压时，接触处可有面积重叠，接触位置可设置不同的接触模型；

　　（3）在颗粒与颗粒接触产生接触力时，接触区域视为一个点；

　　（4）颗粒之间的接触力与位移可由颗粒之间的重叠面积来确定，且颗粒重叠面积不会超过颗粒尺寸；

（5）颗粒接触处可赋予黏结特性；

（6）模型所有单元颗粒都是圆形，但可以通过"clump"命令重叠和黏结多个粒子来创建大小不一、形状不规则的颗粒簇。

在软件程序中，可以设置不同的接触本构模型，程序内置的接触本构模型有线性模型、线性接触刚性模型、线性平行黏结模型、Hertz 接触模型、抵抗滚动线性模型等。同时，接触不仅发生在颗粒与颗粒之间，也可存在于颗粒与墙体之间。

在设置好接触本构模型后，颗粒可视为互相独立的单元，仅在接触位置受力，且颗粒运动遵循牛顿第二定律。当颗粒所受到的作用力大于颗粒间的接触黏结强度时，颗粒间产生分离和位移。墙体单元和颗粒不同的地方在于，墙体不用满足力与位移的运动方程，墙体上的接触力不会改变墙体的速度，但可以在程序内使用 FISH 语言编程，通过编程为墙体设置墙体速度与墙体接触力相关。

在 PFC2D 软件中，模型的计算周期是以时间步长来计算的，每一个时间步长一开始，整个模型内的接触信息都会根据颗粒与墙的已知位置更新一遍，得到所有的接触力后，再对每个颗粒计算运动方程，得到下一个时步的位置与运动信息。

4.3　数值模型建立方法

4.3.1　形状参数选取

为了综合描述颗粒的不规则形状，揭示颗粒形状对类岩堆体宏观的力学性能以及变形性能的影响规律，选取两个被广泛应用的形状定量表征指标：细长比 AR 和凹凸度 C。考虑类岩堆体真实颗粒形状的各向异性，所采用的 AR 和 C 两个形状参数统计如图 4-1 所示。

4.3.2　颗粒团簇单元构建

考虑到计算机的计算能力和效率，如果用几十个圆去近似拟合一个不规则形状的类岩堆体颗粒，那相比于圆颗粒模型，同等大小的模型盒将多出几十倍的颗粒数量。如果一个由圆颗粒组成的模型盒有 5×10^4 个颗粒，那颗粒形状精细化建模得到的模型盒中将有百万计的颗粒数，以现在的计算机算力还无法处理这么多的颗粒数量，也正是这个原因，以往的学者大多使用圆颗粒进行模型简化。

为了同时考虑颗粒细长比和凹凸性的影响，并兼顾计算机的运算速度，本书

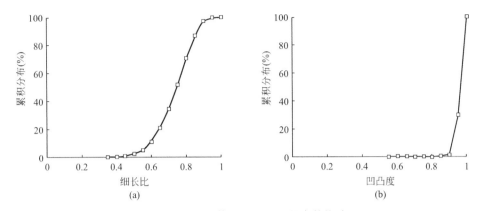

图 4-1 类岩堆体 AR 和 C 形状参数统计

（a）AR 形状参数累积分布图；（b）C 形状参数累积分布图

构建了四颗粒模型，即一个颗粒团簇（clump）仅由四个圆颗粒黏结构成，位置分布呈矩形结构，如图 4-2 所示。

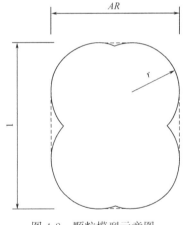

图 4-2 颗粒模型示意图

建模过程为：首先确定颗粒细长比 AR，构建出一个长宽比等于 AR 的矩形，然后在其内部四个顶点附近做四个内切圆，这样改变内切圆半径的时候，颗粒细长比 AR 不会改变。然后根据颗粒凹凸性 C，用式（4-1）求解出需要的小圆半径 r：

$$\frac{AR-(4-\pi)\,r^2-2\left[r\,(AR-2r)-\pi r^2\,\dfrac{90-\theta_1}{180}-\dfrac{1}{2}r^2\sin2\theta_1\right]-2\left[r\,(1-2r)-\pi r^2\,\dfrac{90-\theta_2}{180}-\dfrac{1}{2}r^2\sin2\theta_2\right]}{AR-(4-\pi)\,r^2}=C \quad （4\text{-}1）$$

式中，$\theta_1 = \arccos \dfrac{AR - 2r}{2r}$，$\theta_2 = \arccos \dfrac{1 - 2r}{2r}$。

设置好一定形状的颗粒簇基本单元后，在 PFC2D 软件中采用 clump 建模时使用 diameter 命令，并设置好对应的圆颗粒直径，软件即可自动将颗粒簇的尺寸等比例放缩，最终建出的颗粒模型将与目标直径的圆颗粒有着相同的面积。

根据图 4-1 所示的 AR 以及 C 的累计分布图，做出 5 组不同形状的标定试验颗粒簇，如图 4-3 所示，分别代表 20％的颗粒总数。

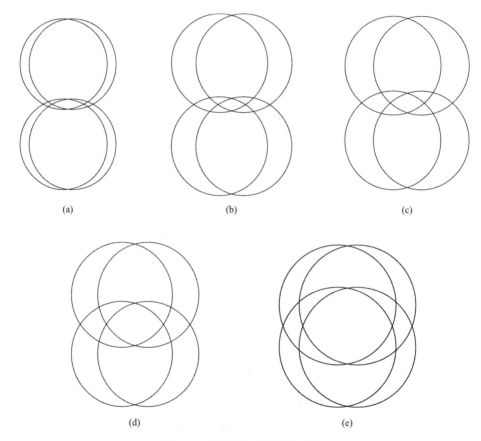

(a)　　　　　　　　　　(b)　　　　　　　　　　(c)

(d)　　　　　　　　　　(e)

图 4-3　标定试验五种颗粒形状

(a) $AR=0.59$, $C=0.92$, $r=0.265$；(b) $AR=0.68$, $C=0.94$, $r=0.27$；

(c) $AR=0.74$, $C=0.96$, $r=0.285$；(d) $AR=0.80$, $C=0.98$, $r=0.32$；

(e) $AR=0.87$, $C=0.994$, $r=0.37$

为了得到形状参量对力学特性的影响，除了标定试验参数外，还改变了 AR、C 参数，做出了多组不同形状的类岩堆体颗粒单元，如表 4-1 和图 4-4 所示：

类岩堆体颗粒单元形状参数汇总　　　　　　　　　表 4-1

编号	AR	C	r
AR1C1	0.572	0.95	0.286
AR2C1	0.7	0.95	0.276
AR4C1	0.85	0.95	0.275
AR6C1	1.0	0.95	0.29
AR2C2	0.7	0.97	0.302
AR4C2	0.85	0.97	0.301
AR6C2	1.0	0.97	0.317
AR2C3	0.7	0.99	0.35
AR4C3	0.85	0.99	0.346
AR5C3	0.92	0.99	0.355
AR6C3	1.0	0.99	0.363
AR3C4	0.77	0.996	0.385
AR4C4	0.85	0.996	0.385
AR5C4	0.92	0.996	0.39
AR6C4	1.0	0.996	0.4

必须指出的是，四颗粒模型也有其局限性，只有 AR 大于 0.5 以及 C 较接近 1 的时候，关于内切圆半径 r 的方程才有解，且 AR 越接近 0.5，让方程有解的 C 参数范围也越小，不过从图 4-1 可以看到，AR 参数和 C 参数极端的情况几乎不存在，大部分的颗粒都在四颗粒模型的模拟范围之内。因此，本研究的颗粒形状参数都在 $0.6 \leqslant AR \leqslant 1.0$ 和 $0.95 \leqslant C \leqslant 1.0$ 范围内进行变化，这也与类岩堆体的形状参数分布较为吻合。

4.3.3 接触本构模型选取

建模使用的接触本构模型是 PFC2D 软件内置的本构模型之一：滚动阻力线性模型，这是一个以线性模型为基础拓展而来的本构模型。

线性模型假设了模型颗粒之间的接触力与相对位移之间的线性关系，相当于在接触位置放置了切向和法向方向的两个弹簧，力-位移关系满足胡克定律（图 4-5）。只要设置好颗粒的刚度属性，两颗粒接触就像弹簧串联，其接触的切向刚度和法向刚度就能通过如下公式计算获得：

$$k_{\mathrm{n}} = \frac{k_{\mathrm{n}}^{(1)} k_{\mathrm{n}}^{(2)}}{k_{\mathrm{n}}^{(1)} + k_{\mathrm{n}}^{(2)}} \tag{4-2}$$

$$k_{\mathrm{s}} = \frac{k_{\mathrm{s}}^{(1)} k_{\mathrm{s}}^{(2)}}{k_{\mathrm{s}}^{(1)} + k_{\mathrm{s}}^{(2)}} \tag{4-3}$$

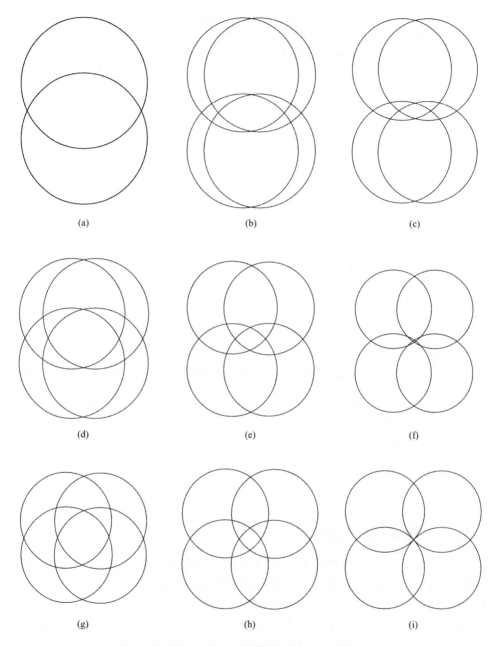

图 4-4　不同颗粒形状

(a) $AR=0.7$，$C=0.99$，$r=0.35$；(b) $AR=0.7$，$C=0.97$，$r=0.302$；

(c) $AR=0.7$，$C=0.95$，$r=0.276$；(d) $AR=0.85$，$C=0.99$，$r=0.346$；

(e) $AR=0.85$，$C=0.97$，$r=0.301$；(f) $AR=0.85$，$C=0.95$，$r=0.275$；

(g) $AR=1.0$，$C=0.99$，$r=0.363$；(h) $AR=1.0$，$C=0.97$，$r=0.317$；

(i) $AR=1.0$，$C=0.95$，$r=0.29$

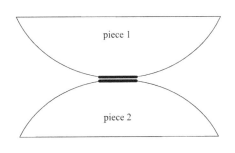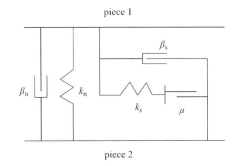

图 4-5　线性接触模型示意

式中，$k_n^{(1)}$、$k_n^{(2)}$ 分别是 piece 1 和 piece 2 两颗粒的法向刚度属性；k_n 为两颗粒接触的法向刚度；$k_s^{(1)}$、$k_s^{(2)}$ 分别是 piece 1 和 piece 2 两颗粒的切向刚度属性；k_s 为两颗粒接触的切向刚度。

滚动阻力线性模型则是在线性模型的基础上，新设了一个滚动摩擦系数，当滚动抵抗力矩超过一定限值时，滚动抵抗力矩不再继续提升，具体公式如下：

$$M^r = \begin{cases} M^r, & \|M^r\| \leqslant M^* \\ M^*(M^r/\|M^r\|), & \text{否则} \end{cases} \tag{4-4}$$

$$M^* = \mu_r \overline{R} F_n^l \tag{4-5}$$

式中，M^* 是最大滚动抵抗力矩；μ_r 是滚动摩擦系数；$\overline{R}$ 是接触有效半径，通过接触两端颗粒的半径倒数和再取倒数求得；F_n^l 是法向接触力；M^r 为最终的滚动抵抗力矩。

4.3.4　试样生成及加载

由于使用的是二维模型来模拟三轴试验，模型边界选择可平移的四个 wall 单元构成一个矩形区域，横向宽度 71.1mm，竖向高度 142.2mm。

试样生成方法选用重力沉积法，即让颗粒簇在整个模型区域内随机生成，赋予颗粒刚度和重力，让颗粒簇在重力场作用下作自由落体运动，最终沉积在试样盒的底部，这样的生成方法可以让颗粒随机分布在整个模型空间内，且与实验室制样过程十分近似。因本节主要考虑颗粒形状变异对类岩堆体围岩内部力学行为的影响，且考虑到尺寸效应，因此颗粒尺寸不宜过大，颗粒的半径按图 4-6 所示的类岩堆体颗粒级配曲线进行选择。

其具体建模步骤如下：

（1）分五次填充不同形状（表 4-1）的类岩堆体颗粒，每次填充（1—孔隙比）×20%试样盒体积的颗粒，粒径按照级配曲线分布；

（2）设置墙体刚度和颗粒刚度，选择接触本构模型，确保墙体刚度远大于颗

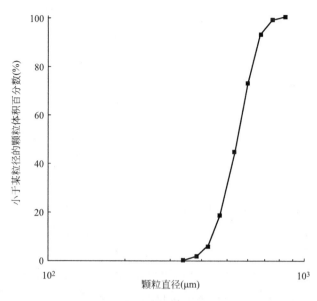

图 4-6　类岩堆体颗粒级配曲线

粒刚度，墙体和颗粒之间无摩擦；

（3）设置颗粒重力；

（4）计算循环，让试样颗粒自由扩散、堆积，对于重复面积过大、互相嵌套，且受力保持平衡、无法通过扩散堆积分离的 clump 颗粒簇，需删除堆叠重复的颗粒；

（5）设置目标围压，每个时步计算颗粒作用在墙体上的力，计算该力和目标围压之间的差值，以此定义墙体运动速度，循环直至围压稳定；

（6）计算围压稳定后的孔隙比，若当前孔隙比大于目标给定的孔隙比，下调扩散、堆积时的摩擦系数，反之则增大摩擦系数；

（7）保持水平围压不变，撤去竖直围压，给上下两个墙体设置一个恒定向中心的加载速度，加载过程中每 1％遍历输出所有颗粒、接触的数据，直至整体试样达到 30％轴应变。

最终建立的模型如图 4-7 所示，模型中的颗粒簇均为四颗粒模型，共 36928 个颗粒簇（clump），147712 个圆颗粒（pebble）。

4.3.5　参数标定流程

参数标定分为可调参数和不可调参数，其中颗粒和模型盒的几何尺寸、颗粒密度、固结围压、初始孔隙率、压缩速率等，主要参考室内试验及现有文献资料取值，在之后标定流程中不再更改，具体如表 4-2 所示。

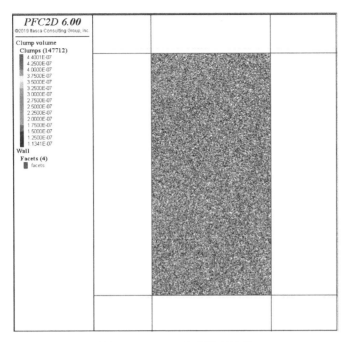

4-1　PFC2D生成
模型示意（彩色图）

图4-7　PFC2D生成模型示意

不可调标定参数表　　　　　　　　　　　表4-2

参数名称	取值
颗粒密度（kg/m³）	2640
初始孔隙率	0.2
固结围压（kPa）	500
压缩速率（m/s）	0.1
颗粒粒径（μm）	380～468(20%)
	468～521(20%)
	521～568(20%)
	568～623(20%)
	623～749(20%)

可调参数包括颗粒刚度、摩擦系数、转动摩擦系数、阻尼系数等，通过与室内试验应力-应变曲线和体积应变曲线进行匹配来确定。参数标定时，不可调参数不做更改，当进行一轮试样生成及加载流程后，若偏应力-轴应变曲线和体积应变-轴应变曲线无法和室内试验的结果对应时，则调整可调参数，直至两条曲线能够匹配室内试验的结果。

最终标定完成的参数如表4-3所示。

<table>
<tr><td colspan="2">可调参数标定结果</td><td>表 4-3</td></tr>
</table>

参数名称	取值
颗粒法向刚度(Pa)	2×10^9
颗粒切向刚度(Pa)	1.3×10^9
颗粒摩擦系数	0.5
颗粒转动摩擦系数	0.5
颗粒阻尼	0.5
墙体法向刚度(Pa)	1×10^{12}
墙体摩擦系数	0

4.4 颗粒形状影响宏观分析结果及讨论

4.4.1 标定结果分析

标定后应力-应变曲线与试验应力-应变曲线对比如图 4-8 所示。在刚进入剪切阶段时，数值模型的弹性模量比室内试验结果的弹性模量略小，但是当轴应变达到8%以后，数值模型的偏应力-应变曲线很快趋于平缓，进入了屈服阶段，数值模型的峰值强度与室内试验的峰值强度相差无几，但是曲线有着一定程度的上下波动，原因是数值模型内部在剪切过程中会不断出现局部结构的调整，每次调整都会导致偏应力-应变曲线波动。

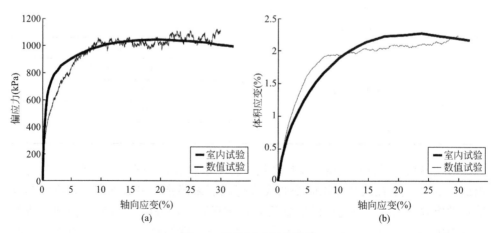

图 4-8 数值试验标定结果

（a）偏应力-轴应变曲线图；（b）体积应变-轴应变曲线图

体积应变-轴应变曲线中的体积应变是压缩应变，由于 500kPa 围压较大，数值试验和室内试验都表现出了一定的剪缩性，在剪切阶段初期，数值试验的剪缩性比室内试验更显著，而当轴应变达到约 8% 以后体积应变曲线很快趋于平缓，此状态对应了偏应力-应变曲线中的屈服点，之后室内试验和数值试验的体积应变都趋近于 2%，相差不大。

综上所述，数值模拟标定结果与室内试验结果十分接近，标定参数可作为后续细观力学性能数值试验的基本参数。

进一步在 200～1500kPa 范围内改变围压时，通过数值试验做出类岩堆体材料的破坏包络线如图 4-9 所示。

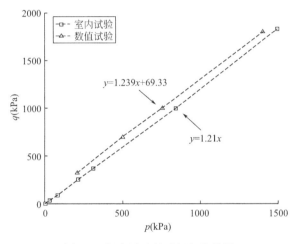

图 4-9　标定试验的破坏包络线图

由于类岩堆体材料的黏聚力很小，所以主要关心其内摩擦角变化，在破坏线包络图中体现这一性质的是拟合直线的斜率。在室内试验中，破坏包络线斜率为 1.21，数值模型的破坏包络线斜率为 1.239，误差在 3% 以内，已十分接近。

根据破坏线的斜率可以算出类岩堆体的内摩擦角，用下式进行计算：

$$\sin\varphi_{cs} = \frac{3M}{6+M} \tag{4-6}$$

式中，M 为破坏包络线的斜率；φ_{cs} 为内摩擦角。

根据室内试验结果算出内摩擦角为 30.23°，根据数值试验的结果算出内摩擦角为 30.90°，误差为 2.2%，可见数值模拟计算出的结果和室内试验得到的结果十分接近。由于本试验内选择的颗粒尺寸和样本尺寸都较小，所得的试验结果也小于 3.3 节的大型三轴试验结果，但整体规律还是较为接近的。

经过软件导出颗粒数据并计算后，模型在施加上稳定围压后，剪切开始前的孔隙率为 0.228。为了保证之后形状变异的颗粒体系与标定试验中的颗粒在压缩前有着除了形状因素外所有因素都相同的初始条件，调整形状变异的类岩堆体模型在固结阶段的摩擦系数，使所有不同形状的模型在进入压缩阶段前，有着相同的孔隙比 0.228，孔隙比误差控制在 0.4% 内。数值模型的摩擦系数将在进入剪切阶段前调整至标定值。

4.4.2　颗粒细长比影响

　　为了研究颗粒细长比 AR 对类岩堆体颗粒力学特性的影响，采用控制变量法，固定颗粒凹凸性 C 为定值，然后更改 AR 参数，生成试样进行剪切模拟，获得的偏应力-轴应变曲线图和体积应变-轴应变曲线如图 4-10～图 4-13 所示。

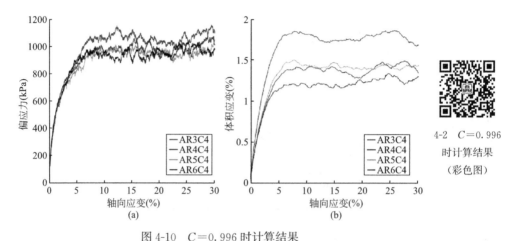

4-2　C＝0.996 时计算结果（彩色图）

图 4-10　C＝0.996 时计算结果

（a）偏应力-轴向应变曲线图；（b）体积应变-轴向应变曲线图

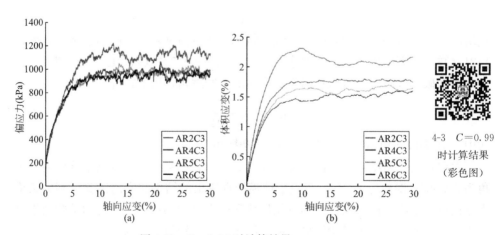

4-3　C＝0.99 时计算结果（彩色图）

图 4-11　C＝0.99 时计算结果

（a）偏应力-轴向应变曲线图；（b）体积应变-轴向应变曲线图

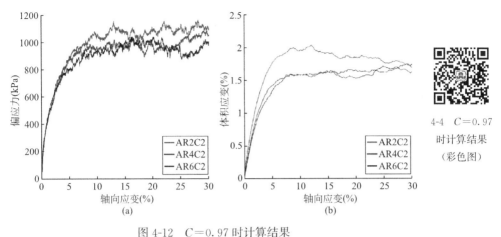

图 4-12 C=0.97 时计算结果

（a）偏应力-轴向应变曲线图；（b）体积应变-轴向应变曲线图

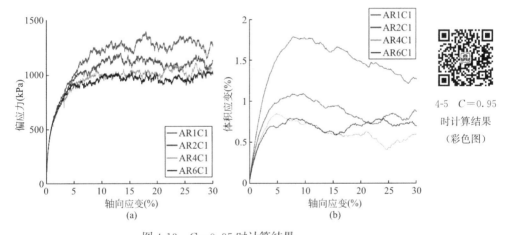

图 4-13 C=0.95 时计算结果

（a）偏应力-轴向应变曲线图；（b）体积应变-轴向应变曲线图

在偏应力-轴向应变曲线中可以看出，改变 AR 后的曲线初始阶段几乎是重合的，说明 AR 参数不影响模型在剪切开始时的弹性模量。不同 AR 下曲线进入屈服阶段的时刻几乎没有改变，都在 5%～10% 之间，说明 AR 参数不影响模型的屈服点。

综合图 4-10～图 4-13 可以看出，C 不变时，AR 参数越小，试样的强度越高且压缩变形越大，同时 AR 对体积变形的影响较对强度的影响更为明显；C 在 0.95～0.996 范围内变化时都呈现相同的趋势。

改变 AR 参数对体积应变曲线的影响在 AR 参数较接近 1 时并不明显；当

AR 参数远离 1 时，影响程度越来越大。

由此可见，当颗粒凹凸性不变时，细长比越小，整体模型的变形能力越强，强度略有提高，弹性模量几乎没有影响。随着颗粒凹凸程度的增加，即 *C* 减小时，细长比的影响也更为明显。

4.4.3　颗粒凹凸性影响

研究凹凸性影响时，固定颗粒细长比 *AR* 保持不变，可以获得不同的偏应力-轴向应变曲线和体积应变曲线，如图 4-14～图 4-16 所示。此外，根据试验的偏

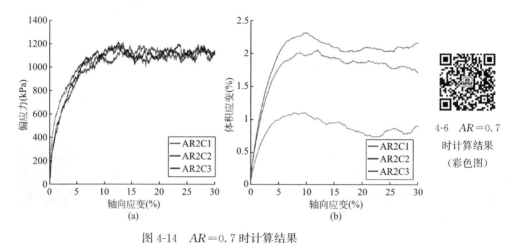

4-6　*AR*=0.7 时计算结果（彩色图）

图 4-14　*AR*=0.7 时计算结果

（a）偏应力-轴向应变曲线图；（b）体积应变-轴向应变曲线图

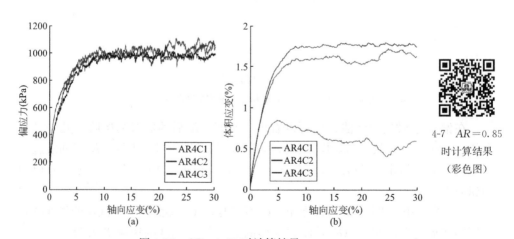

4-7　*AR*=0.85 时计算结果（彩色图）

图 4-15　*AR*=0.85 时计算结果

（a）偏应力-轴向应变曲线图；（b）体积应变-轴向应变曲线图

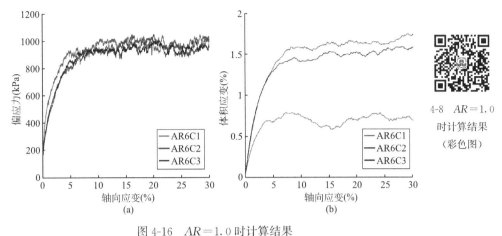

4-8　$AR=1.0$
时计算结果
（彩色图）

图 4-16　$AR=1.0$ 时计算结果

(a) 偏应力-轴向应变曲线图；(b) 体积应变-轴向应变曲线图

应力-轴向应变曲线和式（4-6）可算出不同形状颗粒组成的模型的内摩擦角，如表 4-4 所示。

不同形状颗粒的内摩擦角

表 4-4

试验组	AR2C1	AR2C2	AR2C3
内摩擦角(°)	34.155	33.819	34.148
试验组	AR4C1	AR4C2	AR4C3
内摩擦角(°)	33.265	32.943	32.790
试验组	AR6C1	AR6C2	AR6C3
内摩擦角(°)	32.809	32.645	32.426

在偏应力-轴向应变曲线图中可以看出，改变 C 后曲线的初始阶段不再重合，C 越小，其斜率越大，说明凹凸程度会影响模型的整体弹性模量，凹凸程度越大，C 越小，弹性模量越大。不同 C 下曲线进入屈服阶段的时刻几乎没有改变，都在 5%～10% 之间，说明 C 参数不影响模型的屈服点。

由图 4-14～图 4-16 可以看出，AR 不变时，C 参数越小，抵抗变形能力越强，而强度几乎没有改变，且当 C 越接近 1 时，其抵抗变形能力的变化也越小，这一规律在 AR 为 0.7～1.0 的范围内都成立。

因此，当颗粒细长比不变时，凹凸性指数 C 越大，整体模型的变形能力越强，凹凸性不影响模型的整体强度。

4.5 颗粒形状特征的细观影响机理研究

4.5.1 微观参量分析

4.5.1.1 颗粒旋转角

针对试验组 AR2C3（$AR=0.7$，$C=0.99$），将颗粒簇的旋转角度提取出来，为了观察到各阶段颗粒旋转的程度与分布区域，轴向应变每增加 5％时，将颗粒旋转角度之间做一个差值，根据这一差值的大小画出分布图，如图 4-17 所示。

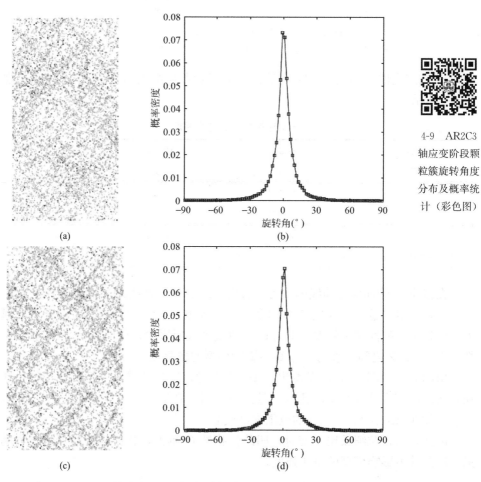

4-9 AR2C3 轴应变阶段颗粒簇旋转角度分布及概率统计（彩色图）

图 4-17 AR2C3 轴应变阶段颗粒簇旋转角度分布及概率统计（一）

（a）0～5％轴应变粒旋转；（b）0～5％轴应变颗粒旋转角概率分布；
（c）5％～10％轴应变颗粒旋转；（d）5％～10％轴应变颗粒旋转角概率分布

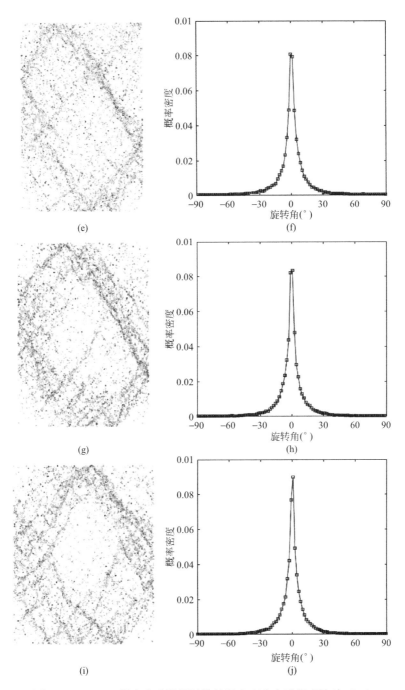

图 4-17　AR2C3 轴应变阶段颗粒簇旋转角度分布及概率统计（二）

(e) 10%～15%轴应变颗粒旋转；(f) 10%～15%轴应变颗粒旋转角概率分布；

(g) 15%～20%轴应变颗粒旋转；(h) 15%～20%轴应变颗粒旋转角概率分布；

(i) 20%～25%轴应变颗粒旋转；(j) 20%～25%轴应变颗粒旋转角概率分布

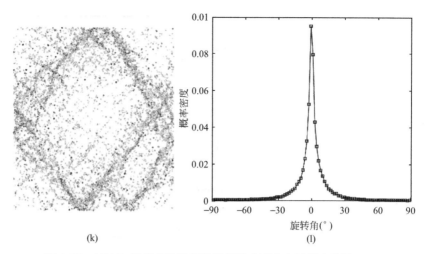

(k)　　　　　　　　　　　　　(l)

图 4-17　AR2C3 轴应变阶段颗粒簇旋转角度分布及概率统计（三）

（k）25%～30%轴应变颗粒旋转；（l）25%～30%轴应变颗粒旋转角概率分布

图中蓝色表示颗粒按顺时针方向转动，红色表示颗粒按逆时针方向转动，颜色的透明度表示其转动角度的相对大小，阈值设为 90°，旋转角度差值越大透明度越小，颜色看上去越深。

可以看到，在整个压缩阶段，颗粒旋转角度的概率分布都比较接近，在剪切的任意时刻，大部分的颗粒都是不发生旋转的，其余颗粒顺时针逆时针转动的概率相等，且转动角度越大概率越小。不同阶段的区别在于图 4-17 中的颗粒旋转角度位置分布图。

在前 10%的轴应变阶段，旋转程度较大的颗粒簇分布还较为均匀，对应偏应力-应变曲线图进行分析发现，此阶段试样整体还未进入屈服阶段；而在 15%轴应变之后，颜色加深的颗粒簇开始集中在某些条带上，象征着滑动带的产生，且这些滑动带大多与水平面呈 45°夹角。该规律的出现与偏应力-应变图中曲线进入屈服的时刻相吻合，试样整体压缩进入屈服阶段在细观层面表现为滑动带的产生。

4.5.1.2　主应力方向

由于模型采用非连续介质，且颗粒数过多，在研究模型盒内部某处的应力状态时，使用 PFC2D 内置的 measure 命令来设置一个测量圆，软件可读取并导出其应力张量，由此使用平面应力状态单元体的相关公式即可算出这个点的主应力及其方向，具体公式为：

$$\sigma_{\min}^{\max} = \frac{1}{2}(\sigma_{xx} + \sigma_{yy}) \pm \sqrt{\left[\frac{1}{2}(\sigma_{xx} + \sigma_{yy})\right]^2 + \sigma_{xy}^2} \tag{4-7}$$

$$\alpha = \frac{1}{2}\tan^{-1}\left(\frac{-2\sigma_{xy}}{\sigma_{xx} - \sigma_{yy}}\right) \tag{4-8}$$

式中，σ_{xx}、σ_{yy}、σ_{xy} 是该点处应力张量的各分量；σ_{max}、σ_{min} 分别为最大、最小主应力大小；α 为主应力方向相对于 x 正半轴逆时针偏转的角度。

用线条表示模型内各点的两个主应力方向，红色为大主应力方向，蓝色为小主应力方向，且长度越短，应力越小。

针对试验组 AR2C3（$AR=0.7$，$C=0.99$），压缩各阶段的主应力方向及最大主应力偏转角（与 x 轴正半轴的夹角）如图 4-18 所示。

4-10 压缩各阶段主应力方向及偏转角度概率密度（彩色图）

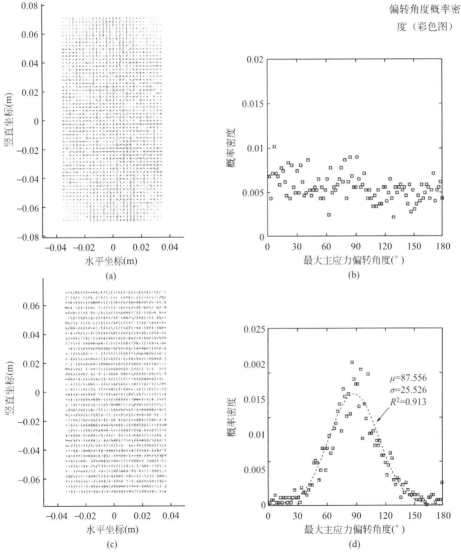

图 4-18 压缩各阶段主应力方向及偏转角度概率密度（一）

（a）0%轴应变主应力方向；（b）0%轴应变主应力方向偏转角度概率密度；

（c）3%轴应变主应力方向；（d）3%轴应变主应力方向偏转角度概率密度

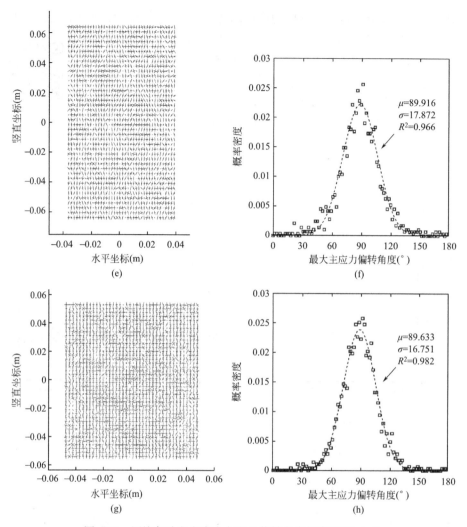

图 4-18　压缩各阶段主应力方向及偏转角度概率密度（二）

（e）10％轴应变主应力方向；（f）10％轴应变主应力方向偏转角度概率密度；

（g）30％轴应变主应力方向；（h）30％轴应变主应力方向偏转角度概率密度

　　四个阶段（0％轴应变、3％轴应变、10％轴应变、30％轴应变）从图 4-14（a）中可以看出分别对应于模型的初始压缩状态（0％轴应变）、弹性状态（3％轴应变）和塑性屈服状态（10％轴应变、30％轴应变）。

　　可以看到，压缩前的模型盒应力状态存在明显的边界效应，四面墙体围成的四个角落受力较小，给墙体的围压基本都由模型盒中部的颗粒所承担。而在进行轴向压缩后，这种边界效应被大部分消除，模型盒内的应力分布变得均匀。

　　观察主应力的偏转角度，在压缩开始前，偏转角度在 0°～180°区间分布较为平均，而当进行压缩后，主应力方向出现了偏转，有朝着竖直方向偏转的趋势，呈现正态分布的特点，表现出明显的不均质性，这一点可以从图 4-18 中主应力方向偏转角度概率密度图得到印证。应力偏转角向 90°靠近，说明最大主应力方向大多朝着竖直方向。在图 4-18 中主应力方向图可以看到其分布情况，位于剪切带上的主应力大多朝着剪切带的走向。

比较弹性阶段（3％轴应变）和塑性阶段（10％轴应变、30％轴应变）的最大主应力偏转角度概率密度图（图 4-18d、图 4-18f、图 4-18h），可以看到一个明显的特征是随着轴应变的增加，最大主应力偏转角度分布更加向 90°集中。具体数值可以看到在 90°处的概率密度峰值从 0.02 左右上升至 0.025 左右，而主应力偏转角度小于 45°或大于 135°区间范围内的概率密度基本趋于 0。整体曲线可由一条正态分布函数来拟合，可以从图 4-18 中看出拟合效果随着轴应变的增加越来越好，R^2 从 0.91 上升至 0.98，其他具体拟合参数已表明在图中。随着轴应变的增加，正态分布函数的数学期望 μ 一直保持在 90°左右，方差 σ^2 越来越小，说明正态分布正在朝数学期望值集中。

在塑性屈服阶段内，从 10％轴应变增加到 30％轴应变时最大主应力偏转角度的概率分布图几乎没有变化，对方差的影响也远没有从 3％到 10％的变化大，说明模型整体进入塑性屈服阶段后，增大轴应变对主应力方向的影响程度很小。

4.5.1.3　孔隙尺寸

考虑到模型盒颗粒数过多，画冯洛诺伊图（Voronoi diagram）将无法看清多边形，所以采用云图的方式来表征孔隙尺寸，将模型盒横竖分割为 25×25 的小方格，每个小方格定义为一个测量区域，区域内假设颗粒分布均匀。

孔隙率的定义为测量区域内孔隙面积与测量区域面积之比，因为 PFC2D 程序中颗粒与颗粒之间重合面积很小，可认为孔隙面积就是测量区域减去范围内的颗粒总面积，孔隙率计算公式为：

$$n=\frac{V_{\text{void}}}{V}=1-\frac{V_{\text{ball}}}{V} \tag{4-9}$$

式中，V_{void} 是测量区域内孔隙总面积；V_{ball} 是测量区域内颗粒总面积；V 是整个测量区域面积。

针对试验组 AR2C3（$AR=0.7$，$C=0.99$）孔隙比云图及概率密度分布图如图 4-19 所示。

可以从图 4-19 中看出，在压缩前后，模型的孔隙率变化较小，且分布都较为均匀，未出现某片区域特别密或特别疏的情况。对比孔隙率概率密度图这一点也可以得到验证，最大值不超过 0.3，最小值不小于 0.1，这一孔隙率的范围在整个剪切过程中保持不变，且近似满足正态分布曲线，R^2 都在 0.9 以上，说明拟合效果较好。

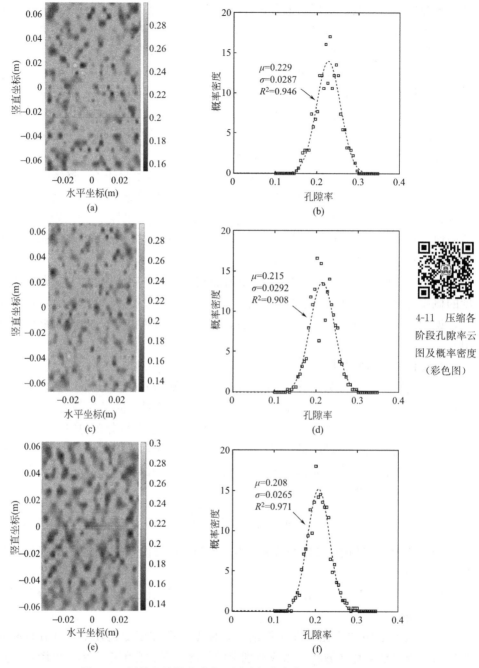

图 4-19　压缩各阶段孔隙率云图及概率密度（一）

（a）0%轴应变孔隙率云图；（b）0%轴应变孔隙率概率密度；

（c）3%轴应变孔隙率云图；（d）3%轴应变孔隙率概率密度；

（e）10%轴应变孔隙率云图；（f）10%轴应变孔隙率概率密度

4-11　压缩各阶段孔隙率云图及概率密度（彩色图）

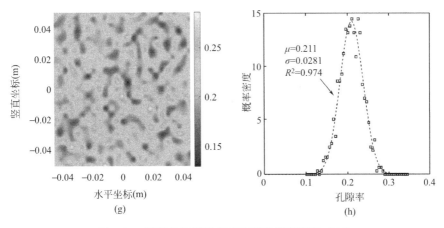

图 4-19　压缩各阶段孔隙率云图及概率密度（二）

（g）30％轴应变孔隙率云图；（h）30％轴应变孔隙率概率密度

随着轴应变的增加，孔隙率概率分布的数学期望值 μ 从初始时的 0.229，在弹性阶段到 10％轴应变前逐渐减小，向 0.208 移动，这表示试样正在被逐渐压密。之后屈服阶段孔隙率的数学期望值有所回升，到达 0.211，其对应了体积应变-轴应变曲线中的下降过程。

观察压缩前后孔隙率云图的疏密区域，可以看到压缩前疏密区域的分布较为随机，而当进行压缩后，密区有聚集成斜 45°线的趋势，其对应了 4.5.1.1 节中颗粒簇被压密形成一个整体条带，随着压缩的进行整体发生滑移的结论。

4.5.1.4　配位数

配位数是指某一颗粒与周围颗粒接触（contact）的数量，例如对 clump1，它与 clump2 有 3 个接触，与 clump3 有 4 个接触，除此之外没有其他 clump 与其相接触，则 clump1 的配位数为 3＋4＝7。

考虑到模型内 clump 个数有近 4×10^4 个，现将模型盒划分为 20×20 个小区域，统计每个区域内的 contact 个数，因为每个 contact 连接的是两个颗粒，在配位数里需要算两次，所以乘 2，然后除以相应区域内的 clump 个数，得到该区域内平均每个 clump 的连接接触个数，即配位数，计算公式如下：

$$C_{\mathrm{n}} = \frac{2N_{\mathrm{c}}}{N_{\mathrm{b}}} \tag{4-10}$$

式中，N_{c} 为测量区域内接触个数；N_{b} 为测量区域内颗粒数量。

针对试验组 AR2C3（$AR=0.7$，$C=0.99$），做出压缩前后的配位数云图如图 4-20 所示。

可以看到，配位数的概率分布也可以用一条正态分布曲线来拟合，整个剪切阶段的配位数数学期望都在 2 左右，说明随着轴应变的增大，平均配位数保持不变。而其方差 σ^2 越来越大，从一开始的 0.3 上升至 0.57，说明随着轴向压缩应变的增大，配位数的分布不再均匀，这一点也可以从配位数的云图中看出来，其向斜 45°的条带上集中，这些条带上的配位数较低，位置与4.5.1.1 节中发现的剪切滑动带相吻合。

4-12 压缩各阶段配位数云图及概率密度（彩色图）

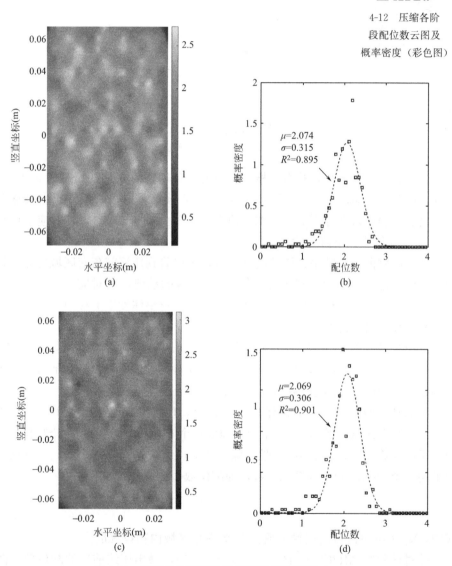

图 4-20 压缩各阶段配位数云图及概率密度（一）
(a) 0%轴应变配位数云图；(b) 0%轴应变配位数概率密度；
(c) 3%轴应变配位数云图；(d) 3%轴应变配位数概率密度

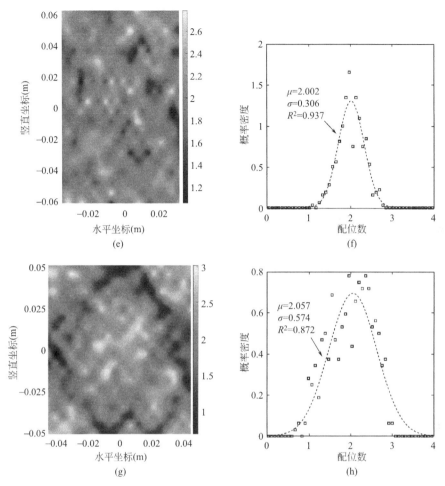

图 4-20 压缩各阶段配位数云图及概率密度（二）

（e）10％轴应变配位数云图；（f）10％轴应变配位数概率密度；

（g）30％轴应变配位数云图；（h）30％轴应变配位数概率密度

4.5.1.5 各向异性

在考虑形状因素的情况下，颗粒簇是有一个朝向的，生成模型时朝向 $0°\sim$ $360°$完全随机，所以是各向同性，但在经历固结-压缩之后，由于细长比的存在，颗粒簇朝向可能不再等可能地朝向任意方向，因此有必要用一个参数来表征压缩过程中各向异性的变化。

在二维平面中，颗粒的各向异性可以根据 Rothenburg 提出的傅里叶级数来计算：

$$f_n = \frac{1}{2\pi}\left[1 + a\cos 2(\theta - \theta_a)\right] \tag{4-11}$$

式中，a 表示各向异性系数；θ_a 表示主角度，并满足 $\oint f(n)\,\mathrm{d}n=1$；$\theta$ 为颗粒间接触法向的角度。

而根据 Oda 所提出的张量计算式可以用来计算接触方向的各向异性：

$$\Phi_{ij}=\int_{\Theta} E(\Theta)\,n_i n_j\,\mathrm{d}\Theta=\frac{1}{N_c}\sum_{c\in N_c} n_i n_j \tag{4-12}$$

式中，n 表示接触法向应力朝向的单位向量；i、j 下标表示分量，可取 x 或 y；Θ 为颗粒间接触法向的角度，N_c 表示接触的数量，在二维空间下，公式可进一步写为：

$$\begin{pmatrix} \Phi_{xx} & \Phi_{xy} \\ \Phi_{yx} & \Phi_{yy} \end{pmatrix}=\frac{1}{N_c}\begin{pmatrix} \displaystyle\sum_{k=1}^{N_c} n_{kx}n_{kx} & \displaystyle\sum_{k=1}^{N_c} n_{kx}n_{ky} \\ \displaystyle\sum_{k=1}^{N_c} n_{ky}n_{kx} & \displaystyle\sum_{k=1}^{N_c} n_{ky}n_{ky} \end{pmatrix} \tag{4-13}$$

Oda 等人指出，二维空间内各向异性参数 a_c 可以由上式二阶张量的两个特征值差值求出，即：

$$a_c=\Phi_1-\Phi_3 \tag{4-14}$$

接触力的各向异性计算分为法向接触力的各向异性和切向接触力的各向异性，计算方法具体如下：

$$\chi_{ij}^{n}=\frac{1}{4\pi}\int_{\Theta}\overline{f}^{\,n}(\Theta)\,n_i n_j\,\mathrm{d}\Theta=\frac{1}{N_c}\sum_{c\in N_c}\frac{f^{n}n_i n_j}{1+a_{kl}^{c}n_k n_l} \tag{4-15}$$

$$\overline{f}^{\,n}(\Theta)=f^0\left[1+a_{ij}^{n}n_i n_j\right] \tag{4-16}$$

$$\chi_{ij}^{t}=\frac{1}{4\pi}\int_{\Theta}\overline{f}^{\,t}(\Theta)\,t_i n_j\,\mathrm{d}\Theta=\frac{1}{N_c}\sum_{c\in N_c}\frac{f^{t}t_i n_j}{1+a_{kl}^{c}n_k n_l} \tag{4-17}$$

$$\overline{f}_{i}^{\,t}(\Theta)=f^0\left[a_{ik}^{t}n_k-(a_{kl}^{t}n_k n_l)n_i\right] \tag{4-18}$$

式中，f^n、f^t 分别是法向接触力与切向接触力大小；n_i、n_j 分别表示接触方向向量单位化后的 x 分量与 y 分量；t_i 为切向力单位化后的 x 分量；N_c 是接触的总个数。a_{kl}^{c} 通过下式得到：

$$a_{ij}^{c}=\frac{15}{2}\phi_{ij}' \tag{4-19}$$

然后通过式（4-20）、式（4-21）分别计算法向和切向的各向异性张量：

$$a_{ij}^{n}=\frac{15}{2}\cdot\frac{\chi_{ij}'^{\,n}}{f^0} \tag{4-20}$$

$$a_{ij}^{t}=\frac{15}{3}\cdot\frac{\chi_{ij}'^{\,t}}{f^0} \tag{4-21}$$

最后通过下式计算得到切向和法向的各向异性系数：

$$a_{\mathrm{n}} = \mathrm{sign}(S_{\mathrm{r}}) \sqrt{\frac{3}{2} a_{ij}^{\mathrm{n}} a_{ij}^{\mathrm{n}}} \tag{4-22}$$

$$a_{\mathrm{t}} = \mathrm{sign}(S_{\mathrm{r}}) \sqrt{\frac{3}{2} a_{ij}^{\mathrm{t}} a_{ij}^{\mathrm{t}}} \tag{4-23}$$

$$S_{\mathrm{r}} = \frac{a_{ij}^{*} \sigma_{ij}'}{\sqrt{a_{kl}^{*} a_{kl}^{*}} \sqrt{\sigma_{mn}' \sigma_{mn}'}} \tag{4-24}$$

式中，S_{r} 表达式里 a_{ij}^{*} 的上标 $*$ 表示 n 或 t，分别用于计算法向和切向各向异性系数；σ_{ij}' 是模型整体的应力张量。

针对试验组 AR2C3（$AR=0.7$，$C=0.99$），作出在 30% 轴应变内接触方向、法向接触力和切向接触力的各向异性系数变化曲线图如图 4-21 所示。

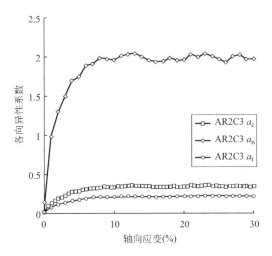

图 4-21　法向和切向接触力的各向异性系数随轴应变变化曲线

图中，a_{c} 表示接触方向的各向异性系数；a_{n} 表示法向接触力的各向异性系数；a_{t} 表示切向接触力的各向异性系数。

图中，轴向应变为 0 的状态为施加均等围压的固结后状态，可以看到在固结完成时，模型颗粒的各向异性基本可以忽略不计，而在轴向压缩开始后，各向异性系数开始迅速增长，并且随着轴向应变达到 5% 以后，试样逐渐进入屈服阶段，三种各向异性系数的变化幅度都减弱了，最终稳定在一个值附近。

三种各向异性系数之间，法向接触力的各向异性系数最大，而切向力的各向异性系数最小，接触方向的各向异性系数位于中间。

4.5.2　传力机制分析

4.5.2.1　传力力链形态及稳定性

针对试验组 AR2C3（$AR=0.7$，$C=0.99$），在 PFC2D 软件中截取压缩各阶

段的力链形态如图 4-22 所示，图中每个接触力都用一段线来表示，且力越大，这段线就越粗。

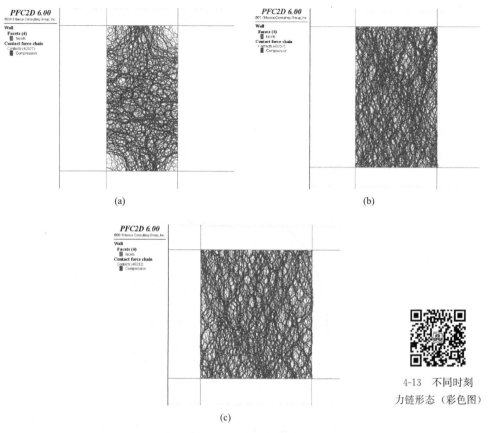

(a)

(b)

(c)

图 4-22　不同时刻力链形态

（a）0％轴应变；（b）10％轴应变；（c）30％轴应变

通过压缩前后的力链图可以看到，压缩前力链方向有水平也有竖直方向，而当压缩过程的进行，竖直方向的压力越来越大，形成上下贯通的竖直方向力链越来越多，几乎不存在水平方向贯通的力链。

4.5.2.2　塑性（滑动）接触比例及分布

针对试验组 AR2C3（$AR=0.7$，$C=0.99$），遍历所有 pebble-pebble 接触，接触产生滑动的判定式如下：

$$f_s = \mu f_n \tag{4-25}$$

式中，f_n 是法向接触力，f_s 是切向接触力，μ 是摩擦系数。

满足上式的接触即为滑动接触，统计不同压缩阶段滑动接触占所有接触的比例，滑动接触占比随轴应变变化如图 4-23 所示。

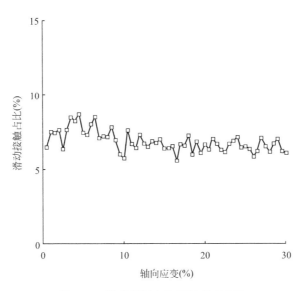

图 4-23 滑动接触占比随轴应变变化

由图 4-23 可知，剪切开始后颗粒间接触滑动比例振幅较大，然后逐渐趋于稳定。

取轴应变为 0%、10%、30% 的三个状态，画出滑动接触的分布，如图 4-24 所示。每个产生滑动接触的位置用 Matlab 画一个小圆，圆越密，说明滑移接触越多。

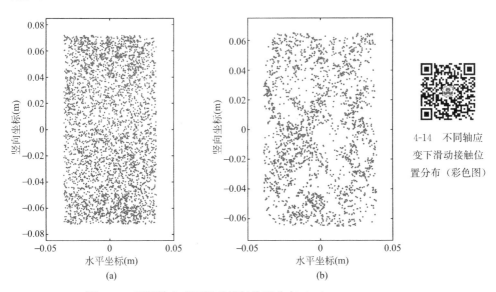

4-14 不同轴应变下滑动接触位置分布（彩色图）

图 4-24 不同轴应变下滑动接触位置分布（一）

（a）轴应变 0% 状态下滑动接触位置分布；（b）轴应变 10% 状态下滑动接触位置分布

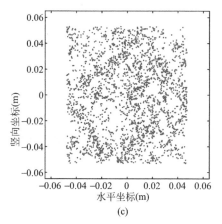

图 4-24　不同轴应变下滑动接触位置分布（二）

（c）轴应变 30％状态下滑动接触位置分布

可以看出，在压缩进行伊始，滑动接触平均分布在整个模型盒内。当压缩进行至试样整体发生屈服后，滑动接触的位置与 4.5.1.1 节中颗粒旋转角中观察到的滑动带位置十分接近。对比图 4-22 可以推断，传力力链在这些位置发生了局部断裂、弯转或屈曲。

4.5.3　形状参量的影响

4.5.3.1　颗粒细长比的影响

以试验组 AR2C3（$AR=0.7$，$C=0.99$）为基准，使用控制变量法，保持凹凸性指数 C 不变，增大颗粒细长比 AR 至 1.0，即选用试验组 AR6C3（$AR=1.0$，$C=0.99$），将可提取出定量指标的几个微观参量做前后对比，包括主应力偏转角、孔隙率分布、配位数分布、各向异性以及滑动接触占比，对比结果如下：

（1）主应力偏转角

由图 4-25 可知，颗粒凹凸性指数 C 不变的情况下，增大 AR，最大主应力偏转角度的概率分布仍然符合正态分布，其相关系数的平方十分接近 1，且数学期望值均在 90°左右，从方差角度看在同一轴应变的条件下，两个模型最大主应力偏转角度的概率密度函数没有太大变化，说明凹凸性对应力偏转的影响很小。

（2）孔隙率分布

由图 4-26 可知，在相同的轴应变条件下，在增大 AR 之后，虽然数值试验控制二者有相同的初始孔隙率，但是在全剪切阶段，增大 AR 后的模型孔隙率都要比原本模型的孔隙率数学期望值要大一些，这说明当颗粒细长比 AR 增大，颗粒变得更圆润时，模型更难被压密，对应了更低的体积应变曲线。

此外，增大 AR 后正态拟合曲线的方差在同等轴应变条件下变小了，说明更

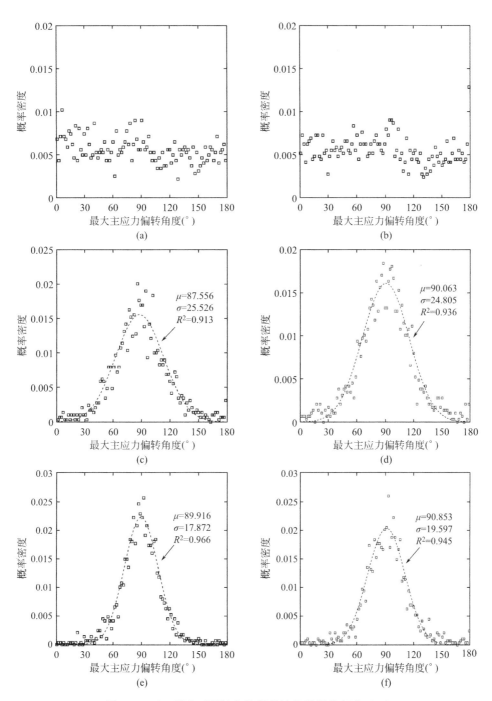

图 4-25　*AR* 增大时压缩各阶段偏转角度概率密度（一）

（a）AR2C3（0％轴应变）；（b）AR6C3（0％轴应变）；（c）AR2C3（3％轴应变）；

（d）AR6C3（3％轴应变）；（e）AR2C3（10％轴应变）；（f）AR6C3（10％轴应变）

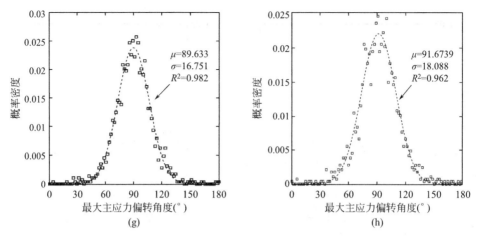

图 4-25 AR 增大时压缩各阶段偏转角度概率密度（二）

（g）AR2C3（30％轴应变）；（h）AR6C3（30％轴应变）

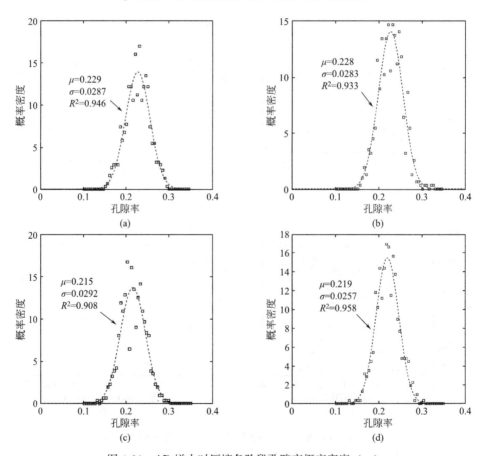

图 4-26 AR 增大时压缩各阶段孔隙率概率密度（一）

（a）AR2C3（0％轴应变）；（b）AR6C3（0％轴应变）；（c）AR2C3（3％轴应变）；（d）AR6C3（3％轴应变）

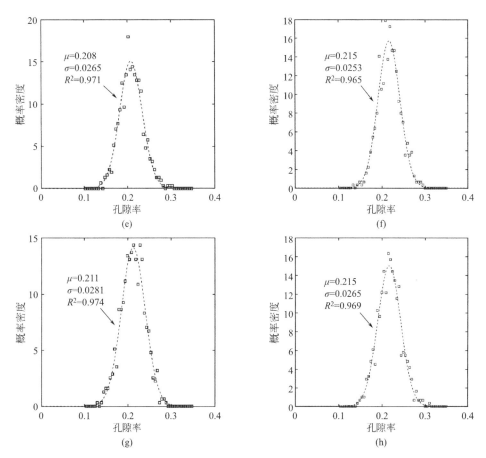

图 4-26 AR 增大时压缩各阶段孔隙率概率密度（二）

（e）AR2C3（10％轴应变）；（f）AR6C3（10％轴应变）；（g）AR2C3（30％轴应变）；（h）AR6C3（30％轴应变）

圆润颗粒的模型下孔隙分布更均匀。

当颗粒的细长比减小时，颗粒团相互堆积时更容易形成空洞区域，空洞区域的产生将导致孔隙分布不均匀，在相同的初始孔隙率下，细长比小的模型由于空洞区域的客观存在，必然还会有密实区域，导致孔隙率的分布更为不均匀。此外，细长比小的颗粒形成的结构将更不稳固，那么在剪切作用被强制发生时，应力重分布后空洞坍塌，表现在宏观上即模型整体的孔隙率将变小。因此，增大颗粒细长比 AR 会显著降低颗粒材料的整体变形能力。

（3）配位数分布

由图 4-27 可以印证之前关于空洞区域坍缩的假设。对于更小的细长比 AR，其在进入剪切阶段前的配位数更小一些，因为在空洞区，颗粒与颗粒之间搭接所需的接触数量相比密实堆积条件的要少。而在剪切阶段开始后，由于空洞区域陆续坍塌，AR 小的模型被压密，平均配位数变得更大。

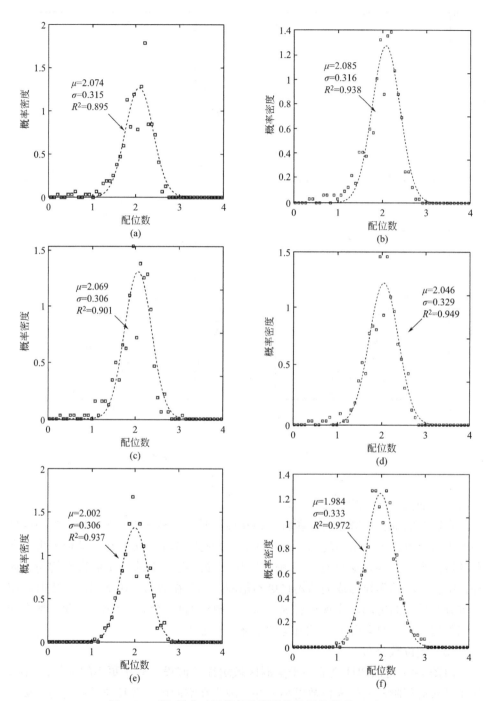

图 4-27　*AR* 增大时压缩各阶段配位数概率密度（一）

（a）AR2C3（0％轴应变）；（b）AR6C3（0％轴应变）；（c）AR2C3（3％轴应变）；

（d）AR6C3（3％轴应变）；（e）AR2C3（10％轴应变）；（f）AR6C3（10％轴应变）；

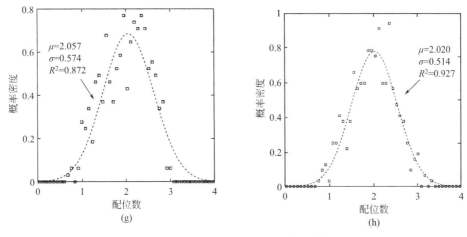

图 4-27　AR 增大时压缩各阶段配位数概率密度（二）

（g）AR2C3（30％轴应变）；（h）AR6C3（30％轴应变）

观察相关系数的平方，细长比小的模型拟合效果更差，这是由于在自然堆积条件下，空洞区域的出现是随机的，其坍塌时机也是随机的，这些不确定性将减弱配位数概率密度分布的规律性。

（4）各向异性

图 4-28 为 AR 增大时各向异性系数比较。可以看到，当增大 AR 后，接触方向、法向接触力、切向接触力的各向异性系数都有显著的减小。由于 AR 更大的颗粒更加接近一个圆形颗粒，而圆形存在无限多个对称轴，均质圆形可视为各向同性体，因此 AR 更大的颗粒构成的模型各向异性系数也更低。

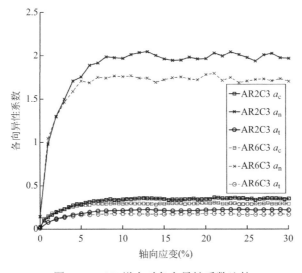

图 4-28　AR 增大时各向异性系数比较

（5）滑动接触占比

由图 4-29 可知，在整个剪切阶段，滑动颗粒占比都在 6%～7% 左右，增大 AR 不影响滑动颗粒的占比，说明改变 AR 对力链的稳定性影响不大。

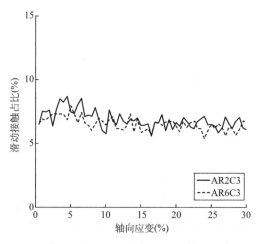

图 4-29　增大 AR 时滑动接触占比比较

4.5.3.2　颗粒凹凸性的影响

仍以试验组 AR2C3（$AR=0.7$，$C=0.99$）为基准，现保持 AR 不变，减小 C 至 0.95，即试验组 AR2C1（$AR=0.7$，$C=0.95$），选取和 4.5.3.1 节相同的五个微观参量进行对比分析。

（1）主应力偏转角

由图 4-30 可知，在 AR 不变的时候减小 C 时，最大主应力偏转角度的概率密度函数没有太大变化，说明凹凸性对应力偏转的影响很小。

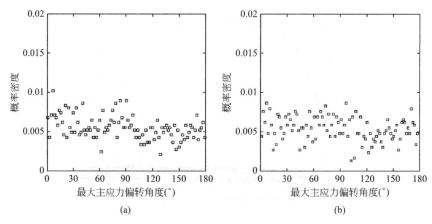

（a）　　　　　　　　　　　　（b）

图 4-30　C 减小时压缩各阶段偏转角度概率密度（一）

（a）AR2C3（0% 轴应变）；（b）AR2C1（0% 轴应变）

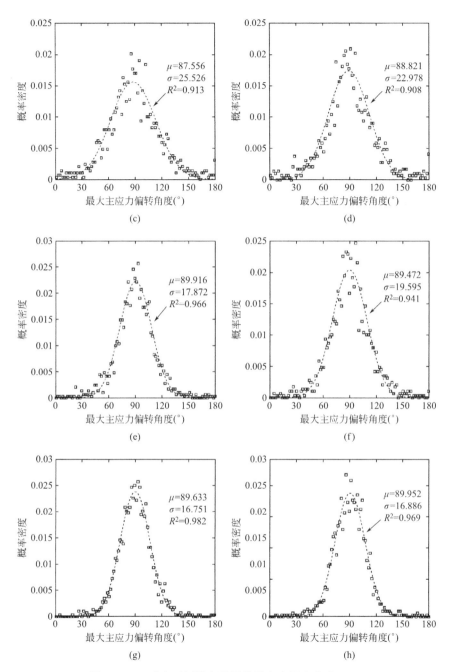

图 4-30 C 减小时压缩各阶段偏转角度概率密度（二）

（c）AR2C3（3％轴应变）；（d）AR2C1（3％轴应变）；（e）AR2C3（10％轴应变）；

（f）AR2C1（10％轴应变）；（g）AR2C3（30％轴应变）；（h）AR2C1（30％轴应变）

（2）孔隙率分布

由图 4-31 可知，在相同的轴应变条件下，在减小 C 值之后，虽然数值试验控制着二者有相同的初始孔隙率，但是在全剪切阶段，减小 C 后的模型孔隙率都要比原本模型的孔隙率数学期望值大一些，这说明当颗粒凹凸性指数 C 减小，凹陷程度变大后，模型更难被压密，对应了更低的体积应变曲线。

当凹陷程度变大时，两颗粒的凹凸部分更容易嵌套在一起形成咬合互锁，这样在有相互错动的趋势时，咬合部分相互碰撞损失能量，使得颗粒更不容易发生相对运动，其宏观表现出的摩擦力就会变大。因此，减小凹凸性指数 C 会显著降低颗粒材料的整体变形能力。

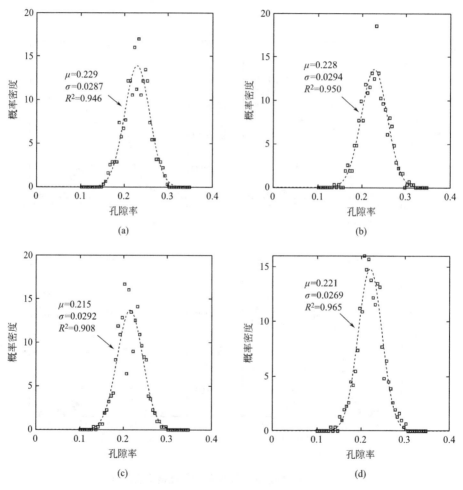

图 4-31　C 减小时压缩各阶段孔隙率概率密度（一）

（a）AR2C3（0%轴应变）；（b）AR2C1（0%轴应变）；

（c）AR2C3（3%轴应变）；（d）AR2C1（3%轴应变）

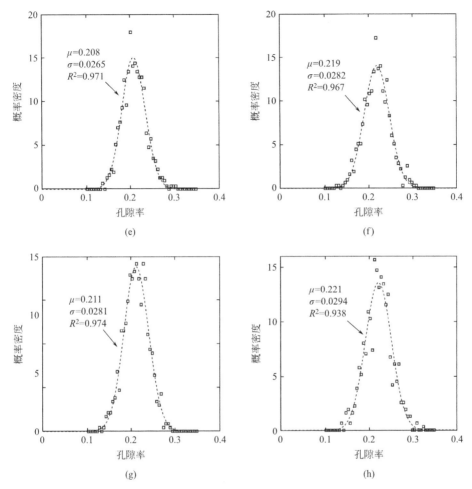

图 4-31　C 减小时压缩各阶段孔隙率概率密度（二）

(e) AR2C3（10％轴应变）；(f) AR2C1（10％轴应变）；

(g) AR2C3（30％轴应变）；(h) AR2C1（30％轴应变）

（3）配位数分布

由图 4-32 可知，在相同的轴应变条件下，减小 C 后的配位数期望值略有减小，这符合之前的结论，当有凹陷的颗粒与颗粒之间发生咬合互锁，产生互相错动的趋势时，原本的滑动会变成颗粒间的碰撞，由于碰撞所需的接触时间比滑动短，所以对整个模型来说，其平均配位数会有所降低。

此外，在相同轴应变条件下，减小 C 后的配位数方差略有增大，这说明整个模型内配位数的分布更为不均匀，这是由于颗粒发生碰撞的时机是随机的，而这种随机性会使得发生接触的位置更不均匀，导致配位数的方差变大。

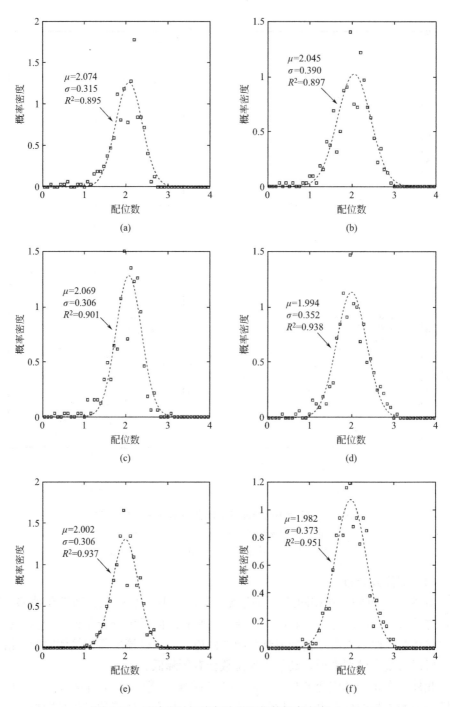

图 4-32 C 减小时压缩各阶段配位数概率密度（一）

（a）AR2C3（0％轴应变）；（b）AR2C1（0％轴应变）；（c）AR2C3（3％轴应变）；

（d）AR2C1（3％轴应变）；（e）AR2C3（10％轴应变）；（f）AR2C1（10％轴应变）

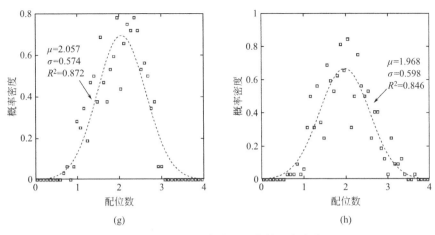

图 4-32 C 减小时压缩各阶段配位数概率密度（二）

(g) AR2C3（30％轴应变）；(h) AR2C1（30％轴应变）

（4）各向异性

由图 4-33 可以看到，当 C 减小后，其接触方向和法向接触力的各向异性系数都在剪切初始阶段上升较快，但当进入屈服阶段后的最终各向异性系数却更小。先前已经证明了凹陷程度大的颗粒有着更强的抵抗整体变形的能力，这种能力也体现在了接触方向的各向异性系数上。C 更大，其变形能力更强，导致颗粒在压缩剪切作用下重分布变得更为均匀，接触力方向朝着同一方向的趋势就更为显著。切向接触的各向异性系数很小，改变 C 前后也几乎没有变化。

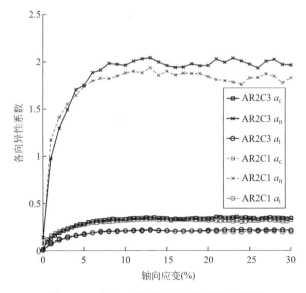

图 4-33 减小 C 前后各向异性系数比较图

（5）滑动接触占比

由图 4-34 可以看出，在整个剪切阶段，滑动颗粒占比都在 6％～7％左右，减小 C 不影响滑动颗粒的占比。

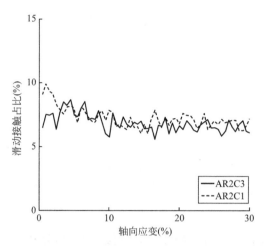

图 4-34　减小 C 前后滑动接触占比比较图

4.6　类岩堆体直剪试验数值标定与分析

3.4 节所述大型直剪试验能够较为准确地反映类岩堆体材料力学特性和压缩特性等宏观力学行为，但对于材料内部的力学特性和受力传递机制等信息则无法直接获取，而借助于数值试验的方法对直剪试验进行重现，则可以通过数值仿真的方法获取材料颗粒内部的力学特性以及传力机制。本节即采用数值标定的方法对细集料和粗集料分别进行直剪试验的标定，与物理试验结果进行对比，并分析材料内部的力链传递机制以及颗粒破碎情况。

4.6.1　直剪试验模型建立

采用墙体 Wall 模拟剪切盒，参考室内大型直剪试验将剪切盒尺寸设置为长×高为 600mm×160mm，其中，下剪切盒高为 80mm，由 Wall1、Wall2、Wall3 组成，上剪切盒高为 80mm，由 Wall4、Wall5、Wall6 组成。考虑计算效率和计算精度，设置 Ball 颗粒半径范围为 0.625～2.5mm，采用 generate 命令在扩大的剪切盒内填充 Ball 颗粒，并使其在重力作用下自然沉降，删除超过剪切盒范围的颗粒。通过 CAD 生成块石骨架，导入 PFC2D 中，运用颗粒分组法，把每个块石范围内部的颗粒添加为一组。剪切盒细观模型示意如图 4-35 所示。

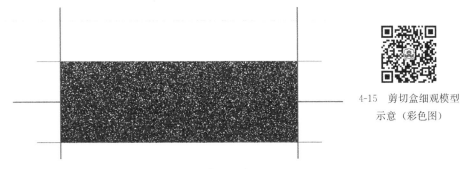

4-15　剪切盒细观模型
示意（彩色图）

图 4-35　剪切盒细观模型示意

根据室内直剪试验可知，细集料的直剪试验剪应力偏大，土体抗剪性能更好，模拟中土颗粒与土颗粒多为点接触，故选用抵抗转动模型；块石内部颗粒之间则由于块石的刚性，选择可以抵抗弯矩作用的平行黏结模型。

考虑块石破碎的土石混合料颗粒流数值模型构建阶段，材料宏观性质与模型的细观参数之间的转换关系尚未清晰，故多采用试错法进行细观参数选取，即通过细观参数的不断调整，使数值试验结果与物理试验结果基本吻合，这一过程称为细观参数标定过程。我们预期通过这一标定过程将材料的宏观性质反映到颗粒流数值模型中。

4.6.2　细集料模型参数标定与分析

采用室内直剪试验颗粒流模型对细集料颗粒参数进行初步标定，颗粒之间设置为抵抗转动模型。上剪切盒保持静止，下剪切盒以 0.1m/s 的速度向左移动，当剪切位移达到 75mm 时停止剪切。将颗粒流数值试验结果与试样的室内大型直剪试验结果进行对比，如图 4-36 所示，土体颗粒细观参数如表 4-5 所示。

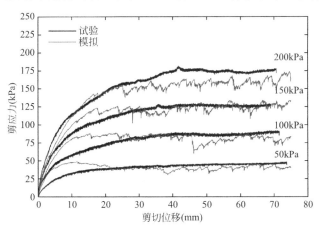

4-16　细集料颗粒数值直剪
试验和室内大型直剪试验
结果对比（彩色图）

图 4-36　细集料颗粒数值直剪试验和室内大型直剪试验结果对比

直剪试验标定的细集料颗粒细观参数 表 4-5

细观参数	接触类型	
	ball-ball (抵抗转动模型)	ball-facet (线性模型)
法向刚度	5×10^7	2×10^8
刚度比	1.5	1
滚动摩擦系数	3	—
摩擦系数	0.5	—
弹性模量	—	—

　　根据上述结果可知，采用表 4-5 中的细观参数进行数值直剪试验，所得的结果可以较好地与物理试验结果进行吻合，说明在该参数下的颗粒力学行为能够较好地反映实际试验中的材料力学行为。在此基础上，进一步分析数值试样剪切完成后的颗粒内部接触力链图，如图 4-37 所示。从图中可以看出，不同围压下，剪切盒左上和右下部分接触力较大，力链较密实，这是剪切方向所导致的颗粒密实挤压形成的，而剪切盒左下和右上部分接触力接近于 0，说明此处颗粒孔隙率大。整体上看，可以发现压力越大，颗粒内部的力链越密集，颗粒内部接触力也越大，颗粒挤压越密实。

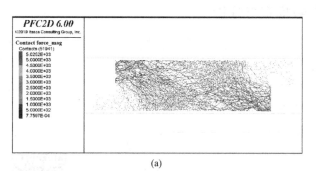

(a)

4-17 不同压力作用下细集料
剪切完成接触力链（彩色图）

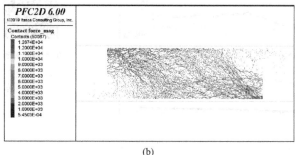

(b)

图 4-37 不同压力作用下细集料剪切完成接触力链（一）

(a) 50kPa；(b) 100kPa

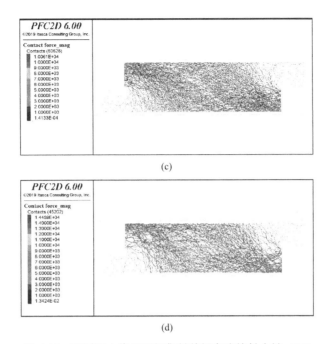

(c)

(d)

图 4-37　不同压力作用下细集料剪切完成接触力链（二）

（c）150kPa；（d）200kPa

4.6.3　粗集料模型参数标定与分析

采用直剪试验颗粒流模型对粗集料颗粒参数进行标定，块石内部颗粒之间设置为平行黏结模型，块石之间颗粒设置为抵抗转动模型。粗集料颗粒直剪试验模型如图 4-38 所示，模型尺寸长×高为 600mm×200mm，剪切速率和剪切位移与土体颗粒直剪试验模拟保持一致。

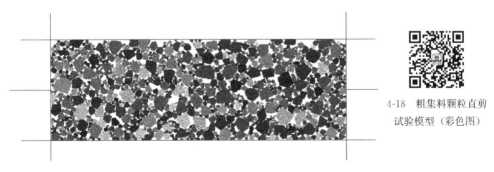

4-18　粗集料颗粒直剪
试验模型（彩色图）

图 4-38　粗集料颗粒直剪试验模型

通过不断调整和尝试不同的细观参数，将数值试验结果与物理试验结果进行对比，最终对比结果如图 4-39 所示，标定结果细观参数如表 4-6 所示。

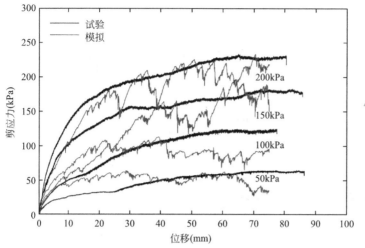

4-19 粗集料颗粒数值直剪试验和室内大型直剪试验结果对比（彩色图）

图 4-39 粗集料颗粒数值直剪试验和室内大型直剪试验结果对比

直剪试验标定的粗集料颗粒细观参数 表 4-6

参数	块石内部	块石之间
颗粒法向刚度(Pa)	1×10^8	1×10^8
颗粒刚度比	1.5	1.5
颗粒摩擦系数	0.25	0.45
颗粒转动摩擦系数	—	1.0
颗粒平行黏结模量(Pa)	1×10^8	—
颗粒平行黏结刚度比	1.5	—
平行黏结抗拉强度(Pa)	1×10^7	—
平行黏结黏聚力(Pa)	1×10^7	—
平行黏结摩擦角(°)	45	—

由于数值试验为二维模拟结果，而实际物理试验为三维的情况，所以数值试验的材料内部结构难以与实际试验材料完全保持一致，孔隙率偏大，因此表现在宏观行为上是应力-应变曲线波动更为明显，且压力越大波动也越明显。但其整体的发展规律与物理试验结果还是具有较为明显的一致性，因此可以认为数值试验结果能够反映物理试验的过程和结果。

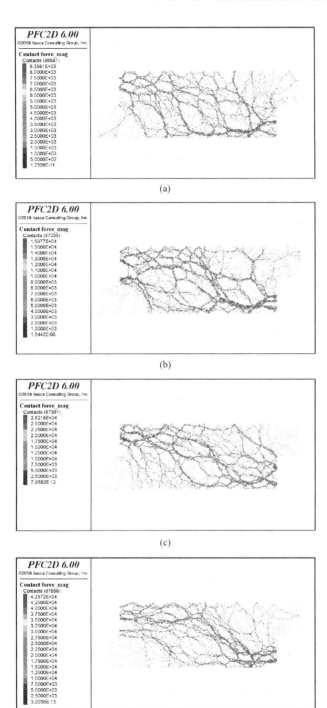

(a)

(b)

(c)

(d)

4-20　不同压力作用下
粗集料剪切完成接触
力链（彩色图）

图 4-40　不同压力作用下粗集料剪切完成接触力链
（a）50kPa；（b）100kPa；（c）150kPa；（d）200kPa

不同压力作用下剪切完成后的粗集料颗粒内部力链图如图 4-40 所示，从图中可以看出，压力越大，颗粒内部接触力越大，且剪切盒内形成了贯通的力链，这条力链上的接触力远大于其他力链上的接触力，贯通的力链从剪切盒左上部分延伸到右下部分，整体呈"S"形，并没有形成如图 4-37 所示的细集料试验结果的较为均匀的力链图，这说明由于块石结构的存在，颗粒内部的传力机制发生了变化，块石之间相互搭接形成的骨架作为主要的传力通道，力链结构并不均匀。

另一点与细集料模拟结果不同的是，粗集料块石内部是通过模型参数将颗粒黏结在一起的，块石模型在受到外部较大的作用力时可能发生黏结破坏而造成块石颗粒破碎，通过设置，将粗集料颗粒剪切完成后的块石破碎产生的裂缝进行展示，如图 4-41 所示。由于裂缝位置不随剪切位移的变化而变化，因此其显示位置仍为剪切前的位置，但实际反映的结果是剪切完成后的颗粒破碎和裂缝存在状态。

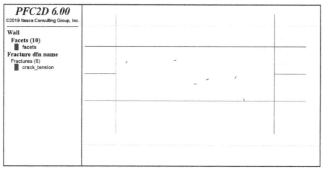

4-21　不同压力作用下
粗集料颗粒破碎裂缝
示意（彩色图）

(a)

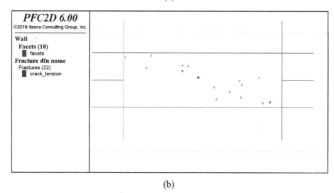

(b)

图 4-41　不同压力作用下粗集料颗粒破碎裂缝示意（一）

（a）50kPa；（b）100kPa

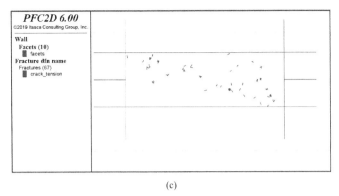

(c)

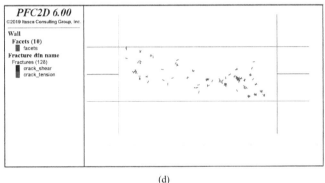

(d)

图 4-41　不同压力作用下粗集料颗粒破碎裂缝示意（二）

(c) 150kPa；(d) 200kPa

从图 4-41 中可以看出，压力越大，粗集料块石裂缝产生的越多，且主要为拉伸裂缝，这也与实际物理试验中观察到的压力越大颗粒破碎越明显的结果是一致的。裂缝产生的位置基本沿着图 4-40 所示的"S"形力链的方向进行分布，表明在颗粒受力较大的位置上块石颗粒发生了破碎，进而产生了裂缝。因此，对于类岩堆体围岩来说，在施工过程中应时刻注意现场的围岩压力状态以及实际施工强度，注意观察围岩压力和施工造成的颗粒破碎现象，防止颗粒破碎造成连锁反应进而引起隧道塌方等事故的发生。

4.7　小结

本章采用颗粒流程序 PFC2D 对形状变异的类岩堆体进行了三轴离散元数值仿真试验，首先选取了细长比和凹凸性作为量化的颗粒形状参数，建立了四颗粒模型，进行了数值标定。然后通过改变颗粒的形状，对不同形状参数的颗粒在其他参数完全相同的情况下进行压缩试验，使用控制变量法，依次观察了两个形状参数对试验宏微观力学性能的影响。此外，还对直剪试验进行了数值仿真模拟和标定，并对细集料和粗集料的颗粒内部传力机制和破碎特征进行了分析。得到以下几点结论：

（1）在控制颗粒细长比 AR 介于 $0.6\sim1.0$ 范围以及凹凸性 C 介于 $0.95\sim1.0$ 范围内时，两者对压缩试验的体积应变-轴应变曲线都有较为显著的影响，其中 AR 还会对偏应力-轴应变曲线有不同程度的影响。

（2）在不同的颗粒凹凸性 C 保持不变的情况下，试样的压缩变形随着 AR 的减小而增大，且 C 越小，此影响越显著，即颗粒的形状越扁，试样整体抵抗压缩能力越弱，在压力的作用下能够被压得更密，且整体强度也有一定程度的提高。在颗粒细长比 AR 保持不变的情况下，减小凹凸性 C 会降低体积应变曲线，且 C 越小，此影响越显著，即颗粒的凹陷程度越大，试样整体抵抗压缩能力越强，在压力的作用下很难被压密，但凹凸性对整体强度几乎没有影响。

（3）当试样整体压缩进入屈服阶段（偏应力水平不再显著提高）时，其细观表现为滑动带的产生，转动较大的颗粒开始集中分布在一些与水平呈约 $45°$ 夹角的条带上，主应力方向与条带走向一致，滑动接触的分布也与这些条带的位置一致。

（4）在排水固结阶段，试样整体的各向异性几乎为零，内部接触力的方向等可能地朝向所有方向，当偏应力产生后，内部表现出了较大的各向异性，系数缓慢提高并逐渐稳定，各向异性系数停止增长的时刻与试样整体进入屈服的时刻几乎一致。在进入压缩阶段后，各点的主应力方向由一开始的等概率朝各个方向，变为向竖向集中，且在剪切带的位置，主应力也大多指向剪切带的走向。

（5）孔隙率、滑动接触的占比在整个压缩阶段几乎保持不变，与整体是否进入屈服阶段无关。孔隙率、配位数、滑动接触位置的云图都可以验证剪切带的产生。

（6）保持凹凸性 C 不变，增大细长比 AR 后，材料的整体变形能力减弱，各向异性系数变小，配位数的概率分布拟合效果变好，构成土体的局部空洞区变少，剪切过程中发生局部坍塌的可能性变小，土体整体向均匀的各向同性材料靠近；当保持颗粒细长比 AR 不变，减小凹凸性 C 时，颗粒材料的整体变形能力变弱，配位数的概率分布拟合效果变差，颗粒与颗粒之间更容易发生互锁，滑动接触向碰撞接触转变，各向异性系数略有减小。

（7）通过不断调整和尝试接触模型参数，采用数值仿真的方法可以重复实现大型直剪试验的模拟和标定，不仅能够反映材料的宏观力学行为，还能够对细观内部结构和传力机制等进行分析。

（8）竖向压力越大，颗粒内部挤压越密实，接触力越大，力链密集程度也更明显。粗集料块石骨架的存在形成了其特殊的传力机制，造成力链分布不均匀，沿着剪切方向形成了"S"形力链，颗粒破碎分析也表明压力越大颗粒破碎越明显，且破碎形成的裂缝基本沿着"S"形力链的方向分布，因此对于类岩堆体结构而言，应特别注意结构内部的受力特征和块石破碎效应，避免施工中出现颗粒破碎进而造成连锁塌方事故。

▪第5章▪

类岩堆体隧道设计关键技术研究

5.1 概述

进行隧道工程施工最为重要的方面是要合理分析并确定围岩特性和类别，针对不同类型的围岩特征进行相应的隧道开挖方案及支护结构设计，同时了解和掌握支护结构的实际受力特征，并根据实际揭露的围岩特性及时调整设计方案，以便适应不同地层结构的施工需求。类岩堆体地层结构复杂，围岩差异化程度较高，设计和施工难度都比较大，针对不同类型的类岩堆体围岩应采取不同的施工开挖方式，并进行灵活运用。同时，对于极度松散、软弱、破碎的围岩，还应该注意及时采用超前支护方案，并紧跟初期支护结构，确保开挖后隧道围岩的稳定。对于较为复杂的隧道结构形式，例如连拱隧道，及时掌握隧道衬砌结构的受力特性也是十分必要的。本章将根据前期相关研究成果，并结合依托工程的实际经验，从类岩堆体隧道开挖方案、类岩堆体隧道支护结构与超前支护以及连拱隧道衬砌结构解析等三个方面进行类岩堆体隧道设计关键技术的研究内容阐述。

5.2 类岩堆体隧道施工开挖方案

5.2.1 类岩堆体隧道施工开挖基本指导思想

类岩堆体隧道开挖施工，应综合考虑隧道断面大小及形式、围岩的实际工程地质条件、支护条件、工期要求、隧道长度、机械设备能力、经济性等相关因素，采用机械开挖和爆破开挖相结合的方式进行，施工方式应与围岩类型和支护条件相适应。对于爆破施工方式，通过爆破试验，选择合理的爆破参数，应根据地质条件的变化和对振动波的监测，不断调整爆破参数，把对围岩、支护、二次衬砌的扰动减到最小程度。对于开挖中揭露的大块孤石，应进一步采取机械破碎或爆破方式进行分解，避免其滚落造成二次伤害，同时便于装卸和运输。

类岩堆体隧道围岩自稳能力相对较差，但开挖施工中仍应最大限度地利用围岩自稳能力，控制施工强度，采用有利于减少超挖、欠挖，减少围岩扰动的开挖方法。开挖轮廓形状和断面尺寸应符合设计要求，减少开挖轮廓线的放样误差，宜采用激光投向仪、隧道激光断面仪等辅助手段确定开挖轮廓线或炮孔位置。

施工过程中应把围岩监控量测、地质预报纳入工序中，根据开挖面、围岩变形的量测结果，辅以超前地质预报。结合岩层构造、岩性及地下水情况，对类岩堆体围岩类型进行合理判定和修改，提出围岩分级的修改意见，并判定坑道围岩稳定性，采取有针对性的处理措施。

类岩堆体隧道围岩地质条件复杂难知，对于软弱破碎严重的类岩堆体隧道区段，在做好超前地质预报的基础上，根据实际揭露的围岩条件，及时采取相应的超前支护措施，避免开挖后由于围岩破碎和支护不及时造成塌方事件。

5.2.2　类岩堆体隧道开挖施工方法

根据围岩特性和实际施工经验，类岩堆体隧道围岩施工可根据具体岩性情况及隧道设计方案，采用机械开挖和爆破开挖相结合的方法，具体开挖施工方法可采用全断面法、台阶法、环形预留核心土法、三台阶七步法、中隔壁法（CD法）、交叉中隔壁法（CRD法）等，根据不同类型的类岩堆体围岩采用适宜的开挖施工方法。

5.2.2.1　全断面法

对于类岩堆体围岩，原则上不宜采用全断面法施工，但对于岩性较好、结构相对稳定和围岩稳定性较好的偏岩型类岩堆体围岩区段，经现场勘查及设计施工各方审核分析，在做好围岩稳定性控制措施的前提下，可以采用全断面法进行施工。

全断面法施工开挖循环进尺宜控制在 2～3m，并采用大型机械配套作业。全断面法施工工序如图 5-1 所示。

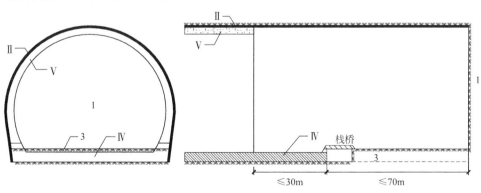

图 5-1　全断面法施工工序

说明：

1 全断面开挖，3 隧道底部开挖；

Ⅱ 初期支护，Ⅳ 底板（仰拱）浇筑，Ⅴ 拱墙二次衬砌。

全断面法施工开挖空间大，工序少，可以采用大型配套设备进行机械化作业，各道工序尽可能平行交叉作业，缩短循环时间。但全断面法开挖量较大，爆破引起的振动较大，对类岩堆体围岩影响显著。应严格控制一次同时起爆的炸药量，按钻爆设计要求控制炮眼间距、深度和角度，钻眼完毕，按炮眼布置图进行检查并做好记录，对不符合要求的炮眼重钻，经检查合格后方可装药。偏岩型类岩堆体隧道全断面开挖如图 5-2 所示。

图 5-2　偏岩型类岩堆体隧道全断面开挖

施工时应根据实际围岩情况确定合理的循环进尺，遇到岩性有明显变化时，应及时根据类岩堆体分类方法进行合理分类，并及时调整施工开挖方式或者缩短每循环进尺，确保施工的安全稳定。

5.2.2.2　台阶法

台阶法施工适用于类岩堆体隧道围岩岩性一般和较差地段，对于岩性较差的偏岩型类岩堆体和胶结程度较好的混合型类岩堆体，可以采用台阶法进行开挖，开挖循环进尺宜按 1～2 榀钢架控制。台阶法施工工序如图 5-3 所示。

台阶法施工应根据围岩条件和施工机械配备情况合理确定台阶长度、台阶高度及台阶数量，其各部形状应在有利于保持围岩稳定的前提下尽量便于机械作业。当围岩自稳能力较好，隧道开挖跨度不大时，为方便作业，台阶长度可控制在 10～50m；围岩稳定性较差时，台阶长度宜控制在 3～10m。

上部断面使用钢拱架时，可采用扩大拱脚和施作锁脚锚杆（管）等措施，防止拱部下沉变形。上下断面初期支护钢架连接应平顺，螺栓连接应牢固。围岩整体性较差时，施工中应采取措施减少下部开挖时对上部围岩和支护的扰动，下部断面开挖应两侧交错进行，下部断面应在上部断面喷射混凝土达到一定强度后

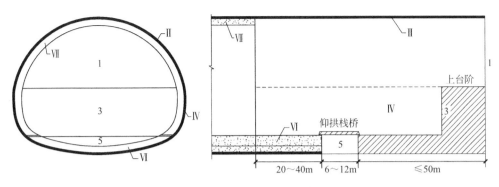

图 5-3　台阶法施工工序

说明：

1 上部开挖，3 下部开挖，5 底部开挖（捡底）；

Ⅱ上部初期支护，Ⅳ下部初期支护，Ⅵ仰拱及混凝土填充，Ⅶ二次衬砌。

开挖。

当围岩不稳定时进尺宜为 1～1.5m 或小于 1m，落底后应立即施作初期支护。仰拱应及时施作，使支护及早闭合成环，防止松散围岩发生局部失稳及坍塌。偏岩型类岩堆体隧道台阶法施工（上台阶开挖）如图 5-4 所示。

图 5-4　偏岩型类岩堆体隧道台阶法施工（上台阶开挖）

5.2.2.3　环形预留核心土法

对于围岩较为松散破碎、稳定性较差的类岩堆体隧道围岩，宜采用环形预留核心土法开挖，胶结程度较差的混合型类岩堆体和强度较高的偏土型类岩堆体围岩也可采用此种方法进行开挖，循环进尺按 1 榀钢架控制，环形预留核心土法施工示意如图 5-5 所示。

施工步骤及工艺：

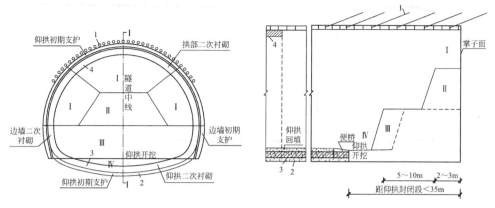

图 5-5　环形预留核心土法施工示意

（1）施作 1 部超前小导管支护。

（2）开挖Ⅰ部弧形导坑；施作Ⅰ部台阶周边的初期支护。

（3）开挖Ⅱ部预留核心土。

（4）在滞后Ⅱ部一段距离后开挖Ⅲ部；施作Ⅱ部周边的初期支护。

（5）在滞后Ⅲ部一段距离后开挖仰拱Ⅳ部；立即施作仰拱 2 部初期支护，确保初支封闭成环。

（6）待初支封闭成环后浇筑 3 部仰拱衬砌，待仰拱衬砌混凝土达到一定强度后灌筑仰拱填充至设计标高。

（7）清理好初期支护基面，初期支护与二次衬砌混凝土之间拱墙铺设防水层，二次衬砌背后设环、纵向排水系统；利用衬砌台车一次性灌筑 4 部衬砌。

环形预留核心土法的核心与台阶法类似，但预留核心土的主要目的是缩小掌子面暴露的范围，防止围岩松散发生垮塌。应根据围岩类别和施工作业空间的需求，合理确定核心土的范围。同时还应配合选择合理的超前支护措施，确保掌子面前方核心土的稳定性，防止后续施工开挖造成围岩不稳定。偏土型类岩堆体预留核心土开挖如图 5-6 所示。

5.2.2.4　三台阶七步法

三台阶七步开挖法是以弧形导坑预留核心土法为基本模式，分上、中、下三个台阶，七个开挖面，各部位的开挖与支护沿隧道纵向错开，平行推进的施工方法。对于胶结程度很差、结构松散的混合型类岩堆体和偏土型类岩堆体围岩隧道施工，可采用此种方法。三台阶七步开挖法施工工序示意如图 5-7 所示。

三台阶七步开挖法应以机械开挖为主，必要时辅以弱爆破，各分步平行作业，平行施作初期支护，各分部初期支护应衔接紧密，及时封闭成环。仰拱应紧跟下台阶施作，及时闭合构成稳固的支护体系，防止类岩堆体非均匀变形过大导致围岩破坏。

图 5-6　偏土型类岩堆体预留核心土开挖

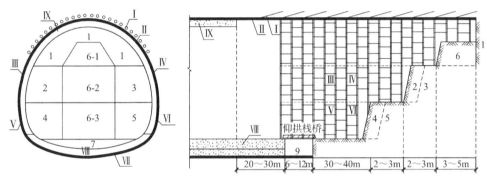

图 5-7　三台阶七步开挖法施工工序示意

说明:

1 上部弧形导坑开挖, 2、3 中部两侧开挖, 4、5 下部两侧开挖, 6-1、6-2、6-3 上、中、下部核心土开挖, 7 仰拱开挖;

Ⅰ超前支护, Ⅱ上部初期支护, Ⅲ、Ⅳ中部两侧初期支护, Ⅴ、Ⅵ下部两侧初期支护, Ⅶ仰拱初期支护, Ⅷ仰拱填充混凝土, Ⅸ拱墙二次衬砌。

　　施工过程中应通过监控量测掌握围岩和支护的变形情况, 及时调整支护参数和预留变形量, 保证施工安全。应完善洞内临时防水、排水系统, 防止地下水浸泡拱墙脚基础。

　　拱部超前支护完成后, 环向开挖上台阶弧形导坑, 预留核心土长度宜为 3~5m, 宽度宜为隧道开挖宽度的 1/3~1/2。开挖循环进尺应根据初期支护钢架间距确定, 最大不得超过 1.5m, 上台阶开挖矢跨比应大于 0.3。中台阶及下台阶左、右侧开挖进尺应根据初期支护钢架间距确定, 最大不得超过 1.5m, 开挖高度根据设计中下台阶拱架高度确定, 左、右侧台阶错开 2~3m。上、中、下台阶预留核心土开挖进尺与各台阶循环进尺相一致, 同时应做好核心土的观测与基本防护，防止松散结构核心土发生滑塌造成人员伤亡和设备损坏。

仰拱循环开挖长度宜为 2～3m，开挖后及时施作仰拱初期支护，完成两个隧底开挖、支护循环后，及时施作仰拱，仰拱分段长度宜为 4～6m。隧道仰拱与掌子面之间的安全距离不得大于 20m，当超过 20m 后应暂停掌子面施工。

5.2.2.5 中隔壁法（CD 法）

中隔壁法（CD 法）是将隧道分为左右两部分进行开挖，先在隧道一侧采用二部或三部分层开挖，施作初期支护和中隔墙临时支护，再分台阶开挖隧道另一侧，并进行相应的初期支护的施工方法。中隔壁法施工工序示意如图 5-8 所示。

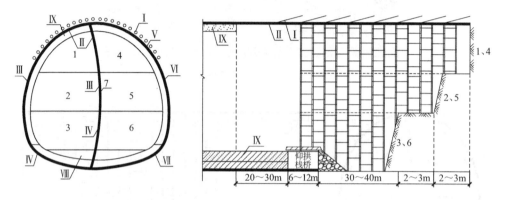

图 5-8　中隔壁法施工工序示意

说明：

1 左侧上部开挖，2 左侧中部开挖，3 左侧下部开挖，4 右侧上部开挖，5 右侧中部开挖，6 右侧下部开挖，7 拆除中隔墙；

Ⅰ超前支护，Ⅱ左侧上部初期支护，Ⅲ左侧中部初期支护，Ⅳ左侧下部初期支护，Ⅴ右侧上部初期支护，Ⅵ右侧中部初期支护，Ⅶ右侧下部初期支护，Ⅷ仰拱填充混凝土，Ⅸ拱墙二次衬砌。

中隔壁法左右部的台阶高度应根据地质情况、隧道断面大小和施工设备确定。每侧按两部分或三部分台阶开挖，开挖后应及时施作初期支护、中隔壁；两侧先后距离宜保持 10～20m，上下断面的距离宜保持 3～5m。各部开挖时，相邻部位的喷射混凝土强度应达设计强度的 70% 以上。先行侧的中隔壁应设置为向外鼓的弧形。

中隔壁在浇筑仰拱前逐段拆除。中隔壁一次拆除长度应根据量测结果确定，不宜大于 15m。临时支护拆除后应及时施作仰拱和二次衬砌，防止岩体产生过大变形和破坏。特殊情况下可将中隔壁浇筑在仰拱中，待铺设防水板时再割断。隧道仰拱与掌子面之间的安全距离不得大于 20m，当超过 20m 后应暂停掌子面施工，并做好掌子面防护防止坍塌。

5.2.2.6 交叉中隔壁法（CRD 法）

交叉中隔壁法（CRD 法）是分部开挖、支护，分部闭合成小环，最后全断面闭合成大环。每开挖一部均及时施作初期支护、中隔壁及临时仰拱。交叉中隔壁法施工工序示意如图 5-9 所示。

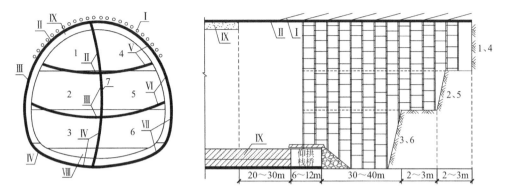

图 5-9　交叉中隔壁法施工工序示意

说明：

1 左侧上部开挖，2 左侧中部开挖，3 左侧下部开挖，4 右侧上部开挖，5 右侧中部开挖，6 右侧下部开挖，7 拆除中隔墙及临时仰拱；

Ⅰ超前支护，Ⅱ左侧上部初期支护成环，Ⅲ左侧中部初期支护成环，Ⅳ左侧下部初期支护成环，Ⅴ右侧上部初期支护成环，Ⅵ右侧中部初期支护成环，Ⅶ右侧下部初期支护成环，Ⅷ仰拱填充混凝土，Ⅸ拱墙二次衬砌。

交叉中隔壁法施工应根据地质条件、隧道断面的分部，以初期支护受力均匀，便于发挥人力、机械效率为原则，一般水平方向分两部、上下分二至三层开挖。先行施工部位的临时支撑（中隔壁、临时仰拱）均应有向外（下）鼓的弧度。各部开挖及支护应自上而下，开挖后及时施作初期支护、中隔壁、临时仰拱，步步成环，防止围岩松散坍塌造成危害。

同一层左右两部开挖工作面相距不宜大于 15m，上下层开挖工作面相距宜保持 3~4m，且待喷射混凝土强度达到设计强度的 70% 后开挖相邻部位。宜缩短各部开挖工作面的间距，使初期支护尽早封闭成环。根据监控量测结果，中隔壁及临时仰拱在仰拱浇筑前逐段拆除，每段拆除长度宜不大于 15m。隧道仰拱与掌子面之间的安全距离不得大于 20m，当超过 20m 后应暂停掌子面施工。

中隔壁法和交叉中隔壁法将隧道开挖面进行多次切割，减小了掌子面临空暴露的面积，有利于开挖面的稳定和隧道的安全稳定掘进，因此适用的范围比较广泛，对于不同胶结程度和强度的混合型以及偏土型类岩堆体都比较适用，从追求隧道设计施工稳定性的角度，不失为良好的设计和施工方案。交叉中隔壁法的缺点为施工流程较为繁琐，且中隔壁支撑的存在又造成一定程度的材料和人工的浪费，施工效率偏低。因此，在类岩堆体隧道设计和施工过程中，应根据实际情况进行设计和施工方案的选择。

5.2.3 类岩堆体隧道施工方案的选择

上述各开挖施工方法针对不同的围岩类型各有利弊，全断面法施工效率和机械化程度都较高，完成效率高，但只适用于较好的围岩条件。台阶法及其相类似的施工方法使用范围更广泛，基本能够保证一般类型围岩条件下隧道施工的安全与稳定，其效率低于全断面法。中隔壁法和交叉中隔壁法针对十分软弱松散破碎的围岩具有较好的施工安全稳定性，且能够较为严格地控制隧道沉降和收敛变形，但是施工效率偏低。对于类岩堆体隧道施工，应根据实际围岩类型，结合隧道施工安全性和稳定性要求，以及工期和经济性的目标等综合考虑，统筹协调，选择最为适宜的开挖施工方法。从隧道施工安全和稳定性角度来分析，针对不同类型的类岩堆体围岩，建议采取的开挖施工方法如表 5-1 所示。

不同类型类岩堆体围岩隧道开挖施工方法选择　　　　　　表 5-1

类岩堆体类型	施工方法					
	全断面法	台阶法	环形预留核心土法	三台阶七步法	中隔壁法	交叉中隔壁法
偏岩型	√	√	/	/	/	/
混合型	/	√	√	√	√	√
偏土型	/	/	√	√	/	√

注：表中√表示施工方法适用于该类型类岩堆体；
　　/表示施工方法不适用于该类型类岩堆体。

对于极度松散破碎的混合型或偏土型类岩堆体，根据上表确定施工方法之后，还应结合实际围岩条件进行超前加固措施的选择，确保开挖面的安全稳定，同时应积极探索新的适用于类岩堆体隧道围岩快速高效稳定施工的工法，拓宽复杂地质条件下隧道施工的思路。

5.3　类岩堆体隧道支护结构设计

5.3.1 一般设计方案

从一般意义的工程角度上来讲，类岩堆体围岩比较接近普遍接受的围岩分类方法中的Ⅳ、Ⅴ类围岩，结合一般的工程经验对Ⅳ、Ⅴ类围岩的支护结构设计方案，以及类岩堆体隧道围岩的特殊性以及实际工程中类岩堆体隧道施工的特殊经验，对不同类型的类岩堆体围岩以及同一类型不同区段的隧道的一般支护结构设计类型和支护措施如表 5-2 所示。

不同类型类岩堆体隧道支护结构设计方案

表 5-2

类岩堆体	适用条件	初期支护				二次衬砌 C30 混凝土	辅助施工
		锚杆	钢筋网	C25 喷射混凝土	钢拱架		
偏岩型	深埋且围岩抗压强度大于等于30MPa 的硬岩地段	C22 砂浆锚杆 $L=2.5$m 1.2m(纵)×1.2m(环)	拱墙 Φ6.5 钢筋网 25×25cm	拱墙厚 20cm（预留变形量 6cm）	拱墙格栅钢架 @120cm	拱墙 40cm	Φ42 超前小导管
偏岩型	围岩抗压强度小于 30MPa 的深埋一般岩地段	C22 砂浆锚杆 $L=2.5$m 1.0m(纵)×1.2m(环)	拱墙 Φ6.5 钢筋网 25×25cm	拱墙厚 20cm（预留变形量 6cm）	拱墙 I14 型钢 @100cm	拱墙、仰拱 40cm	Φ42 超前小导管
混合型	洞身浅埋加强，硬岩横通道交叉口及部分IV级和V级围岩过渡段等加强地段	C22 砂浆锚杆 $L=3.0$m 1.0m(纵)×1.2m(环)	拱墙 Φ6.5 钢筋网 20×20cm	拱墙厚 22cm（预留变形量 8cm）	拱墙 I16 型钢 @100cm	拱墙、仰拱 40cm	Φ42 超前小导管
混合型	洞口或洞身浅埋偏压、软岩横通道交叉口和断层破碎带及其他加强地段	C22 砂浆锚杆 $L=3.0$m 0.8m(纵)×1.2m(环)	拱墙 Φ6.5 钢筋网 20×20cm	拱墙厚 24cm 仰拱厚 10cm（预留变形量 10cm）	拱墙 I18 型钢 @80cm	拱墙、仰拱 45cm（钢筋混凝土）	Φ42 超前小导管
偏土型	深埋一般地段	Φ25 中空锚杆 $L=3.0$m 0.75m(纵)×1.2m(环)	拱墙 Φ8 钢筋网 20×20cm	拱墙厚 24cm 仰拱厚 10cm（预留变形量 10cm）	拱墙 I18 型钢 @75cm	拱墙、仰拱 45cm（钢筋混凝土）	Φ42 超前小导管
偏土型	洞身交叉口加强和洞身其他加强地段	Φ25 中空注浆锚杆 $L=3.0$m 0.6m(纵)×1.2m(环)	拱墙 Φ8 钢筋网 20×20cm	全断面厚 24cm（预留变形量 12cm）	全断面 I18 型钢 @60cm	拱墙、仰拱 50cm（钢筋混凝土）	Φ42 超前小导管
偏土型	洞口和洞身浅埋偏压及断层破碎带加强等地段	Φ25 中空注浆锚杆 $L=3.5$m 0.6m(纵)×1.2m(环)	拱墙 Φ8 钢筋网 20×20cm	全断面厚 26cm（预留变形量 14cm）	全断面 I20a 型钢 @60cm	拱墙、仰拱 50cm（钢筋混凝土）	Φ42 超前小导管

针对具体的类岩堆体围岩类型，依托表 5-2 中的设计系统类型，同时结合 5.2 节中选定的开挖方案，综合开挖方案与支护结构设计方案，同时针对具体围岩特征进行适当调整，确定最优的支护系统结构类型，图 5-10 为混合型类岩堆体三台阶施工支护系统设计示意图，增加了锁脚锚管，确保了初期支护结构的稳定和限制变形。

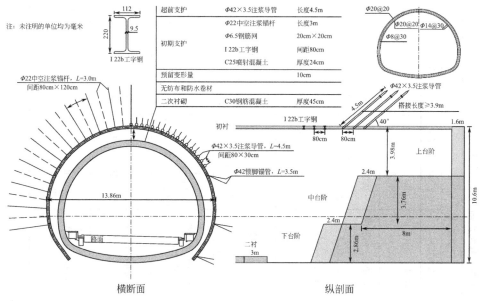

图 5-10　混合型类岩堆体三台阶施工支护系统设计示意图

5.3.2　增强设计方案

由于类岩堆体隧道围岩结构和成分复杂多变，施工中偶遇突发地质状况的概率极大，一般设计方案在针对极度复杂条件下的隧道围岩时往往难以做到安全与稳定，容易造成支护结构大变形、破坏乃至隧道塌方等事件的发生。结合类岩堆体隧道实际施工中遇到的难题和施工经验，对设计方案进行增强设计也是十分有必要的。

针对不同类型的类岩堆体围岩地质和工程问题，应提出不同的增强设计方案，其中对于突水突泥和塌方现象，超前支护和锁脚增强能够较为明显地保证施工的安全和稳定，在一般设计的基础上，将超前支护参数调整为 $\Phi76$ 管棚，$L=$ 9m，环向间距 30cm，每循环搭接 3m；左右侧工字钢 C 单元上部各增设 1 根 $\Phi76$ 锁脚锚管（$L=4.5$m），钢拱架调整为 I25a 型钢。改进后的衬砌断面如图 5-11 所示。

对于极度破碎区域，由于开挖后围岩松动圈的范围难以准确掌握，造成初期支护结构承受的围岩压力较大，为了维护开挖后初期支护结构的安全和稳定，采

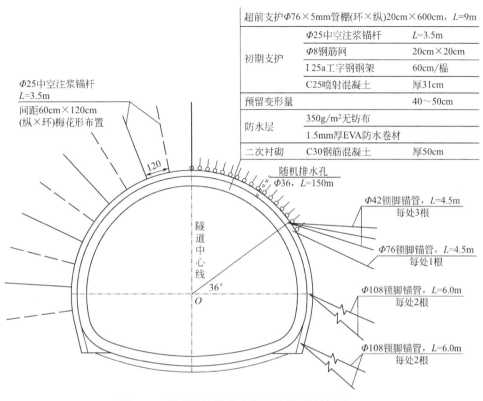

图 5-11 类岩堆体隧道支护系统增强设计方案一

用双层初期支护结构，同时增强初期支护结构强度和刚度的方法，并辅以扩大拱脚支撑的方案，能够较好的控制施工过程中的沉降大变形，增加二衬厚度来保证隧道的长期稳定性。具体来讲，采用双层衬砌，第一层拱架采用 I25b@60cm 工字钢，上台阶设置 4 根 5.0m 的 $\Phi42\times3.5mm$ 注浆锁脚锚管，中、下台阶设置 6 根 6.0m 的 $\Phi89\times5.5mm$ 注浆锁脚锚管；在最大开挖线处施作扩大拱脚，宽度 40cm，高度 120cm，斜撑采用 I18 工字钢，与主体钢架连接，从而减小拱部变形量；二次衬砌厚度增加为 60cm，主筋采用 $\Phi22HRB400$ 钢筋，间距为 16.67cm；同时加深仰拱深度，在原设计基础上将仰拱深度增加 80cm。增强后的衬砌结构断面如图 5-12 所示。

对于不同的工程地质问题，应在一般设计方案的基础上，参考增强设计方案，并结合实际情况，进行优化设计，选取最优的支护设计方案，以达到施工安全稳定和经济最优化的双赢目的。

5.3.3 类岩堆体地层动态自适应支护系统

一般来说，类岩堆体围岩的力学特性类似于普通软弱岩体或层状岩体。然

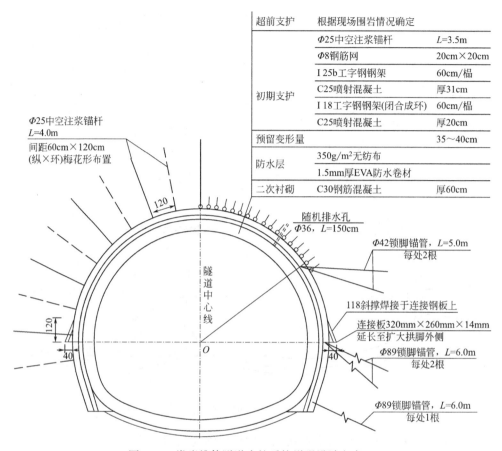

超前支护	根据现场围岩情况确定	
初期支护	Φ25中空注浆锚杆	L=3.5m
	Φ8钢筋网	20cm×20cm
	I 25b工字钢钢架	60cm/榀
	C25喷射混凝土	厚31cm
	I 18工字钢钢架(闭合成环)	60cm/榀
	C25喷射混凝土	厚20cm
预留变形量		35～40cm
防水层	350g/m²无纺布	
	1.5mm厚EVA防水卷材	
二次衬砌	C30钢筋混凝土	厚60cm

图 5-12 类岩堆体隧道支护系统增强设计方案二

而，这两种类型的岩体仍然存在差异。首先，类岩堆体比普通软弱岩体受开挖活动的影响更大，通过施工现场围岩压力监测结果显示，采用台阶法开挖，下台阶开挖能够明显释放上台阶周围的围岩压力，导致初衬围岩压力和钢拱架应力下降。下台阶初衬安装后，围岩压力和钢拱架应力略有增加，最终趋于稳定。钢拱架的应力增量和速度大于围岩压力增量和速度。其次，类岩堆体的块体形态复杂，尺寸范围广，构成组分不同。因此，在开挖过程中很难保证隧道周边的均匀性，这将导致围岩与初衬接触的不均匀、不对称。因此，初衬的围岩压力、钢拱架的应力以及初衬的变形沿隧道周边往往具有离散性和不均匀性的特点。基于此，围岩和衬砌之间的相互作用过程可以总结为三个阶段：①变形后的围岩与初衬接触，围岩变形大于初衬变形，对初衬产生较大的压力；②围岩与初衬之间的相互作用压力释放并减小，围岩变形速率小于初衬变形速率；③围岩压力趋于稳定，围岩与衬砌变形协调。

由于岩体结构复杂、软弱，隧道开挖过程中应重点关注围岩变形。为了提前获得岩体的破碎程度、岩性成分、含水率等信息，建议定期采用超前探测技术。如果超前探测到的是较差的岩体，则应及时采取超前支护措施。为了保证衬砌的性能，应及时开挖并浇筑仰拱，将初衬封闭成环。当初衬变形趋于稳定时，应尽快浇筑二次衬砌结构，以缩短初衬暴露时间。

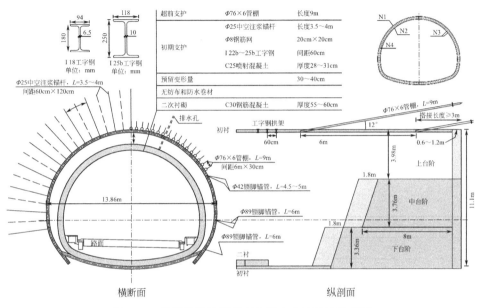

图 5-13　类岩堆体地层动态自适应支护系统示意图

根据不同的设计方案和实际施工经验以及现场工程问题，针对类岩堆体地层对隧道支护系统的影响，对支护系统进行合理改进与系统协调。首先，将被划分为 V 级或更差条件岩体的类岩堆体，根据地层条件分为 3 个亚类：①极其软弱破碎与裂隙发育，但无明显涌水的岩体为 Vd-1；②极其软弱破碎，裂隙发育，有涌水的为 Vd-2；③极其软弱的裂隙岩体，夹杂有一定量的土和地下水，为 Vd-3。需要注意的是，符号"Vd"来源于类岩堆体隧道地质调查报告，这里的字母"d"只是表示该类岩体比 V 级岩体更弱、更危险。其次，提出了一种动态自适应支护系统，以适应类岩堆体地层的变化条件，如图 5-13 所示。将钢拱架间距改为 60cm，Vd-1 和 Vd-2 级岩体上台阶开挖长度改为 120cm，Vd-3 级岩体开挖长度改为 6 cm。中下台阶开挖长度设定为 180cm，为钢拱架间距的 3 倍。在动态自适应支护系统中，超前支护方案采用管棚，以防止开挖工作面前方围岩变形。初衬采用了较强的结构构件，以保证初衬变形不侵犯二次衬砌的设计空间。特别是对于 Vd-3 级岩体，采用双层初衬（图 5-14），防止围岩变形过大。此外，初衬与二次衬砌参数之间的预留变形量也可根据地层条件进行调整。类岩堆体地层动态自适应支护系统配置如表 5-3 所示。在开挖过程中，每隔 6m（10 次开挖步长），采用瞬变电磁法、探地雷达、超前探测钻孔法等，对开挖面前方的地质水文条件进行探测，确定围岩的子类和合适的支护参数。

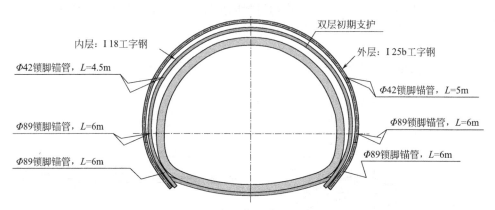

图 5-14 类岩堆体围岩双层衬砌锁脚锚管配置

类岩堆体地层动态自适应支护系统配置 表 5-3

支护系统		Vd-1	Vd-2	Vd-3
超前支护		Φ76×6 管棚，长度 9m，间距 6m×30cm，搭接长度大于等于 3m		
初期支护	中空注浆锚杆	Φ25，间距 60cm×120cm		
		长度 3.5m	长度 4m	长度 4m
	钢筋网	Φ8，间距 20cm×20cm		
	钢拱架	间距 60cm		
		I 22b	I 25b	双层
	喷射混凝土	C25		
		28cm	31cm	双层
	锁脚锚管（两侧）	上台阶:Φ42×2，长度 4.5m	上台阶:Φ42×2，长度 5m	与钢拱架相匹配
		中台阶:Φ89×2，长度 6m 下台阶:Φ89×1，长度 6m		
预留变形量		30~35cm	35~40cm	35~40cm
二次衬砌	钢筋混凝土	C30		
		50cm	60cm	60cm
	钢筋	N1:Φ22@20 N2:Φ22@20 N3:Φ14@30 N4:Φ8@30	N1:Φ22@16.67 N2:Φ22@20 N3:Φ14@30 N4:Φ8@30	N1:Φ22@16.67 N2:Φ22@20 N3:Φ14@30 N4:Φ8@30

如前所述，类岩堆体地层对开挖活动非常敏感，因此对于极度破碎区域，应根据上述动态自适应支护系统，选定合理支护参数，同时需要适当减慢隧道的施工速度，以减少围岩变形，防止围岩塌方事件的发生。

5.4 类岩堆体隧道超前支护

超前支护对于类岩堆体这种软弱破碎围岩的掌子面开挖稳定性具有重要的意义，在开挖之前或者开挖之后立即进行超前支护，能够有效加固掌子面前方围岩，防止开挖后掌子面临空暴露时间过长导致拱顶掉块或者发生较大范围的塌方。根据类岩堆体围岩特性以及相关施工经验，可选择的超前支护方式有超前锚杆支护、超前小导管预注浆、超前大管棚支护和掌子面预注浆支护等超前支护措施。

5.4.1 超前锚杆支护

对于稳定性相对较好的混合型类岩堆体而言，因胶结程度不均匀而导致拱顶处发生掉块，可在拱顶位置处安装超前锚杆，起到稳固和支撑围岩，防止掉块的作用。

超前锚杆安装前应测量开挖面中线标高，画出开挖轮廓线，并标出锚杆孔位，孔位允许偏差为±20mm。超前锚杆宜和钢架支撑配合使用，超前锚杆与隧道纵向开挖轮廓线间的外插角可为 5°～10°，长度宜大于循环进尺，为 3～5m。钻孔台车或凿岩机就位，应对正孔位钻孔，达到设计要求后，用吹管、掏勺将孔内碎渣和水排出。

超前锚杆安装需用人工持铁锤或用风机打入，以锚杆至孔底且孔口有浆液流出为止。将锚杆的尾部和系统支护的环向钢筋或钢架连接，以增强共同支护作用。超前锚杆搭接长度应大于 1m，锚杆插入孔内的长度不得小于设计长度。锚杆沿开挖轮廓线周边均匀布置，尾端与钢架焊接牢固。当超前锚杆和钢架配合使用时，宜先安装钢架，再穿过钢架腹部钻孔、安装锚杆，以利于钢架顺利安装。类岩堆体隧道掌子面超前锚杆安装如图 5-15 所示。

5.4.2 超前小导管预注浆支护

对于胶结程度差、块石尺寸较小的松散型的混合型或偏土型类岩堆体，超前锚杆的支护效果有限，可采用超前小导管预注浆的超前支护方式，提高前方掌子面上方围岩的强度和刚度，在开挖掌子面前方拱顶位置形成一个保护圈层，确保掌子面继续开挖后拱顶位置的暂时稳定，同时紧跟初期支护，保证围岩的安全与稳定。

超前小导管直径应按设计要求选用和加工制作，长度应满足设计要求。与钢架联合支护时，应从钢架腹部穿过，尾端与钢架焊接。每排锚杆纵向搭接长度不

图 5-15　类岩堆体隧道掌子面超前锚杆安装

小于 1m。超前锚杆施工时，小导管以 $10°\sim15°$ 外插角打入围岩，超前支护环向间距宜为 40cm，并根据围岩条件和实际设计方案进行调整。

小导管的长度一般可选用 4.5m 的 $\Phi42\times3.5$ 的无缝热轧钢花管，前端 10cm 加工成尖锥状，尾部焊 $\Phi8$ 的加劲箍，预留 100cm 止浆段，其余段落管壁四周按 15cm 梅花形钻设 $\Phi6$ 注浆管，安装可采用挖掘机配合人工的方法安装。注浆一般采用水泥浆液，也可采用水玻璃水泥混合浆液，水泥浆液水灰比 1：1（质量比），注浆压力一般为 $0.5\sim1MPa$。超前小导管布置示意图如图 5-16 所示。

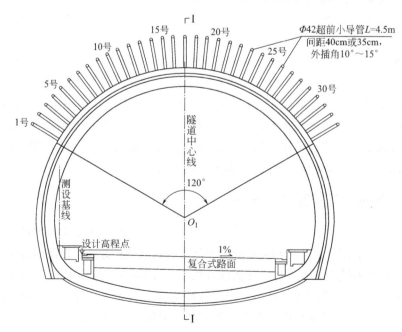

图 5-16　超前小导管布置示意图

5.4.3　超前大管棚支护

对于类岩堆体极度破碎松散、支护结构发生大变形的区段，可采用超前大管棚进行支护，同时辅以注浆措施，确保开挖面前方围岩强度和刚度得到一定程度的提高，有利于后续施工的进行。

管棚直径一般可选用76mm热轧无缝钢管，壁厚6mm，管节长度可根据设计要求和作业空间，选用6m或9m长度。钻孔一般采用专用机械，固定好机械设备后按设计要求进行钻孔，环向间距一般25cm，前后排搭接长度不小于3m，可根据围岩条件和设计方案进行微调。超前大管棚设计示意图如图5-17所示，管棚现场钻孔如图5-18所示。

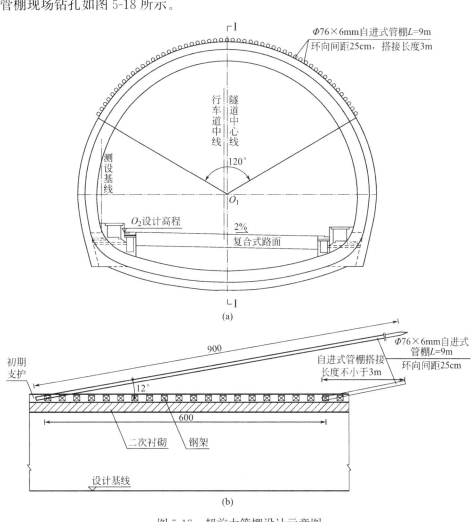

图 5-17　超前大管棚设计示意图

（a）横断面图；（b）纵断面图

图 5-18　管棚现场钻孔

超前大管棚安装完成后，注浆工序可参考超前小导管注浆工艺。

5.4.4　掌子面超前预注浆

对于极度破碎的类岩堆体围岩，可以采用台阶法、预留核心土法或中隔壁法等分割断面的方法进行开挖，也可采用基于"新意法"理念的掌子面超前预注浆的方法进行稳固掌子面然后进行大断面或全断面开挖。注浆材料及浆液配合比的选择应根据地质条件、注浆目的、注浆工艺等因素确定，一般情况下注浆材料应选用水泥系浆材，不宜采用化学浆材，水泥一般选用普通硅酸盐水泥。在细小裂隙岩层、断层泥、砂层中，可采用超细水泥类浆液或渗透性好、无毒及遇水膨胀的化学类浆液，在富水和动水条件下，可采用普通水泥-水玻璃双液浆。采用水泥浆液时，水灰比可采用 0.5∶1～1∶1。采用水泥-水玻璃浆液，应根据胶凝时间配制。一般水泥浆液的水灰比为 0.5∶1～1∶1，水玻璃浓度为 25～40 波美度，水泥浆与水玻璃的体积比宜为 1∶1～1∶0.3。注浆过程中应根据浆液扩散情况、注浆量、注浆压力等参数调整注浆材料和配合比。

超前预注浆施工应注意，注浆段的长度应满足设计要求。注浆管的布置角度及深度应符合设计要求，孔口位置与设计位置的允许偏差为 ±5cm，孔底位置偏差应小于孔深的 10%。钻孔结束后应掏孔检查，在确认无塌孔和石块时，才可安设注浆管。当出现严重卡钻、孔口不出水时应停止钻孔，立刻注浆。注浆管应根据设计要求选用相应规格的钢管加工或袖阀管。检查注浆设备，准备注浆材料，注浆压力应根据岩性、施工条件等因素在现场试验确定。注浆方式可选用前进式、后退式或全孔式，注浆顺序宜为先内圈孔、后外圈孔，先无水孔、后有水孔，从拱顶顺序向下进行。当钻孔遇到较大涌水时，应暂停钻孔，待压浆后钻孔，重复钻孔、注浆，这种注浆方式称为前进式注浆；当钻孔中涌水量较小时，则钻孔可直接钻到设计深度，然后从孔底向孔口分段注浆，这种注浆方式称为后退式注浆；当钻孔直到孔底，然后一次注浆完毕，这种注浆方式称为全孔式注浆。

根据开挖面揭露的基本特性，以及"新意法"的基本理念，开挖面注浆范围可选择全断面注浆，也可选择开挖面中心附近一定范围内注浆，具体可根据相关分析和工程经验确定。掌子面不同注浆范围示意图如图 5-19 所示。

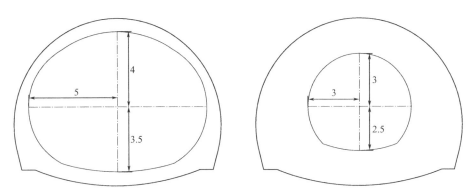

图 5-19　掌子面不同注浆范围示意图（单位：m）

钻孔施工时，8～15m 的浅孔可采用钻孔台车或重型风钻钻孔，当孔深超过15m 时，则应采用地质钻机钻孔。注浆作业时还应注意，类岩堆体地层特性变化较大，注浆前应进行压水或压入稀浆试验，判断地层的吸浆和扩散情况，确定浆液种类、浓度和注浆压力，发现与设计不符时，应立即调整。软弱破碎围岩掌子面超前注浆效果示意图如图 5-20 所示。

图 5-20　软弱破碎围岩掌子面超前注浆效果示意图

5.5　连拱隧道衬砌结构解析研究

选择合理的开挖施工方式和支护结构设计方案对于隧道工程的前期施工安全与稳定性至关重要，但如何根据地质条件、设计方案和参数进而较为准确地了解和掌握支护结构的受力特性也是十分关键的，这不仅关系到隧道衬砌结构的长期稳定性，也可为隧道结构的后续设计和施工提供十分有意义的指导，尤其对于连拱隧道这样一种结构形式较为复杂、受力特征多变的隧道结构而言更为重要。为此，本节选取连拱隧道进行衬砌结构的解析研究，旨在通过解析和数值的方式探究浅埋连拱隧道衬砌结构的受力特征和力学行为，为后续相关工程的设计施工提供一定指导。

5.5.1　模型组成

在连拱隧道衬砌结构解析解推导过程中，采用了以下基本假设和方法：

(1) 连拱隧道为浅埋隧道；

(2) 双拱隧道中墙为直线形，可视为悬臂梁，边墙为弹性基础梁；

(3) 边墙底部为铰接，底部受围岩弹性抗力作用，中墙底部为固定连接；

(4) 解析推导过程中不考虑仰拱的作用；

(5) 拱圈、边墙和中墙的解析解分别进行推导；

(6) 力法和弹性地基梁模型分别用于拱圈内力和边墙内力的推导；

(7) 隧道衬砌和中墙厚度不考虑，推导过程中采用衬砌结构外围尺寸；

(8) 隧道衬砌结构视为线弹性。

基于以上假设，可以将图 5-21 (a) 所示的隧道基本力学模型简化为图 5-21 (b)。图 5-21 中所示的符号定义如下：H 为连拱隧道拱顶处埋深；H_1 为中墙顶部到地表的高度；H_2 为连拱隧道的高度；B 为连拱隧道总宽度；R 为左洞拱圈外半径；α_1、α_2 和 α_3 为三种侧压力沿深度方向的倾角，计算方法为 $\tan\alpha_1 = (e_2 - e_1)/H_2$，$\tan\alpha_2 = (e_2' - e_1')/f_2$，$\tan\alpha_3 = q'/l_2$；$a$ 表示左洞边墙底部位置；h 表示左洞拱圈左拱脚；d 表示左洞拱圈右拱脚；l 为左洞边墙高度；l_1 和 l_2 分别表示左洞左、右半拱圈的宽度；f_1 和 f_2 分别表示左洞左、右半拱圈的高度；h_a 表示左洞边墙底部宽度。将相应符号加上上标表示对应的右洞参数。根据浅埋连拱隧道相应假设，可以确定隧道围岩压力。

浅、深埋隧道分界深度（H_p）可根据式（5-1）计算：

$$H_p = (2 \sim 2.5)h_p \qquad (5-1)$$

式中，h_p 为荷载等效高度。

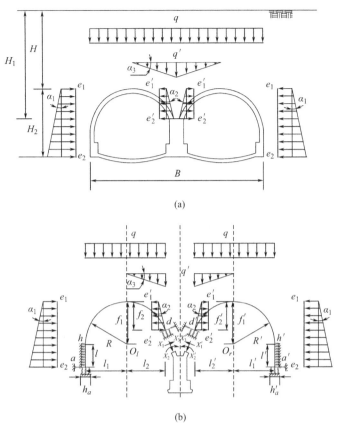

图 5-21　连拱隧道模型

（a）基本力学模型；（b）简化力学模型

如图 5-21（a）所示，根据 H_p 和 h_p 的结果，浅埋连拱隧道的围岩压力可根据表 5-4 所示的两种不同条件确定。

在表 5-4 中，γ 表示围岩的重度；φ 表示围岩的计算摩擦角；λ 为侧压力系数；β 为围岩产生最大推力时破裂角；θ 为顶板土柱两侧摩擦角，可根据表 5-5 确定。

连拱隧道压力确定　　　　　　　　　　　　　　　　　表 5-4

条件 1，$H \leqslant h_p$	条件 2，$h_p < H \leqslant H_p$	注释
$q = \gamma H$	$q = \gamma H \left(1 - \dfrac{H}{B} \lambda \tan\theta \right)$	$\lambda = \dfrac{\tan\beta - \tan\varphi}{\tan\beta\left[1 + \tan\beta(\tan\varphi - \tan\theta) + \tan\varphi\tan\theta\right]}$
$\left. \begin{aligned} e_1 &= \gamma H \tan^2\left(45° - \dfrac{\varphi}{2}\right) \\ e_2 &= \gamma(H + H_2)\tan^2\left(45° - \dfrac{\varphi}{2}\right) \end{aligned} \right\}$	$\left. \begin{aligned} e_1 &= \lambda\gamma H \\ e_2 &= \lambda\gamma(H + H_2) \end{aligned} \right\}$	$\tan\beta = \tan\varphi + \sqrt{\dfrac{\tan\varphi(\tan^2\varphi + 1)}{\tan\varphi - \tan\theta}}$

续表

条件 $1, H \leqslant h_p$	条件 $2, h_p < H \leqslant H_p$	注释
$q' = \gamma(H_1 - H)$	—	—
$\begin{aligned} e'_1 &= q\tan^2\left(45° - \dfrac{\varphi}{2}\right) \\ e'_2 &= (q+q')\tan^2\left(45° - \dfrac{\varphi}{2}\right) \end{aligned}$	—	—

不同等级围岩 θ 值的确定 表 5-5

围岩等级	I、II、III	IV	V	VI
θ	0.9φ	$(0.7 \sim 0.9)\varphi$	$(0.5 \sim 0.7)\varphi$	$(0.3 \sim 0.5)\varphi$

5.5.2 模型推导

根据图 5-21（b）的简化力学模型分别推导拱圈、边墙和中墙的内力解析解。由于结构布置和压力分布都是对称的，所以在接下来的推导中只使用左洞为例进行。中墙的内力可由两个拱圈的相应量叠加而得。

5.5.2.1 拱圈解析解

左洞拱圈力法简化模型如图 5-22 所示。图中所示作用于拱圈上的作用力均

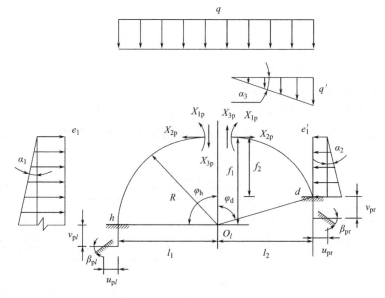

图 5-22 左洞拱圈力法简化模型

为主动压力，且均为正值。主动压力作用下拱顶截面处的冗余应力分别为 X_{1p}、X_{2p} 和 X_{3p}。拱脚的转角以向外侧旋转为正，水平位移以向外移动为正，竖向位移右边拱脚以向上为正，左边拱脚以向下为正。

β_{pl}、u_{pl} 和 v_{pl} 分别代表左拱脚的角位移、水平位移和竖向位移；β_{pr}、u_{pr} 和 v_{pr} 分别代表右拱脚的相应位移。

根据拱顶处位移协调条件，可得力法位移方程：

$$\left.\begin{array}{l} X_{1p}\delta_{11} + X_{2p}\delta_{12} + X_{3p}\delta_{13} + \Delta_{1p} + \beta_{pl} + \beta_{pr} = 0 \\ X_{1p}\delta_{21} + X_{2p}\delta_{22} + X_{3p}\delta_{23} + \Delta_{2p} + u_{pl} + u_{pr} + f_1\beta_{pl} + f_2\beta_{pr} = 0 \\ X_{1p}\delta_{31} + X_{2p}\delta_{32} + X_{3p}\delta_{33} + \Delta_{3p} + v_{pl} + v_{pr} + l_2\beta_{pr} - l_1\beta_{pl} = 0 \end{array}\right\} \quad (5\text{-}2)$$

式中，$\delta_{ij}(i, j = 1, 2, 3)$ 为拱顶截面处的柔度系数；Δ_{ip} 主动荷载引起拱顶截面处沿 X_{ip} 方向的位移。

利用叠加原理，求得左、右拱脚处位移：

$$\left.\begin{array}{l} \beta_{pl} = X_{1p}\beta_{1l} + X_{2p}(\beta_{2l} + f_1\beta_{1l}) + X_{3p}(\beta_{3l} - l_1\beta_{1l}) + \beta_{pl}^{o} \\ \beta_{pr} = X_{1p}\beta_{1r} + X_{2p}(\beta_{2r} + f_2\beta_{1r}) + X_{3p}(\beta_{3r} + l_2\beta_{1r}) + \beta_{pr}^{o} \\ u_{pl} = X_{1p}u_{1l} + X_{2p}(u_{2l} + f_1u_{1l}) + X_{3p}(u_{3l} - l_1u_{1l}) + u_{pl}^{o} \\ u_{pr} = X_{1p}u_{1r} + X_{2p}(u_{2r} + f_2u_{1r}) + X_{3p}(u_{3r} + l_2u_{1r}) + u_{pr}^{o} \\ v_{pl} = X_{1p}v_{1l} + X_{2p}(v_{2l} + f_1v_{1l}) + X_{3p}(v_{3l} - l_1v_{1l}) + v_{pl}^{o} \\ v_{pr} = X_{1p}v_{1r} + X_{2p}(v_{2r} + f_2v_{1r}) + X_{3p}(v_{3r} + l_2v_{1r}) + v_{pr}^{o} \end{array}\right\} \quad (5\text{-}3)$$

式中，β_{il}、u_{il} 和 v_{il} 分别为左拱脚处截面作用 $X_i = 1$ 时该截面产生的转角位移、水平位移和竖向位移；β_{ir}，u_{ir} 和 v_{ir} 表示右拱脚处相应的位移；β_{pl}^{o}，u_{pl}^{o} 和 v_{pl}^{o} 分别表示主动荷载作用在基本结构上时左拱脚处截面所产生的转角位移、水平位移和竖向位移；β_{pr}^{o}，u_{pr}^{o} 和 v_{pr}^{o} 表示右拱脚处相应的位移。

由位移互等定理可知：

$$\left.\begin{array}{l} \beta_{2l} = u_{1l}, \\ \beta_{3l} = v_{1l}, \\ u_{3l} = v_{2l}, \\ \beta_{2r} = u_{1r}, \\ \beta_{3r} = v_{1r}, \\ u_{3r} = v_{2r} \end{array}\right\} \quad (5\text{-}4)$$

将式（5-3）中的位移代入式（5-2），得到关于 X_{1p}、X_{2p} 和 X_{3p} 的方程组：

$$\left.\begin{array}{l} a_{11}X_{1p} + a_{12}X_{2p} + a_{13}X_{3p} + a_{10} = 0 \\ a_{21}X_{1p} + a_{22}X_{2p} + a_{23}X_{3p} + a_{20} = 0 \\ a_{31}X_{1p} + a_{32}X_{2p} + a_{33}X_{3p} + a_{30} = 0 \end{array}\right\} \quad (5\text{-}5)$$

式中，系数 a_{ij} 分别为：

$$
\left.
\begin{aligned}
a_{11} &= \delta_{11} + \beta_{1l} + \beta_{1r} \\
a_{12} &= \delta_{12} + \beta_{2l} + \beta_{2r} + f_1\beta_{1l} + f_2\beta_{1r} \\
a_{13} &= \delta_{13} + \beta_{3l} + \beta_{3r} + l_2\beta_{1r} - l_1\beta_{1l} \\
a_{10} &= \Delta_{1p} + \beta_{pl}^{\circ} + \beta_{pr}^{\circ} \\
a_{21} &= \delta_{21} + u_{1l} + u_{1r} + f_1\beta_{1l} + f_2\beta_{1r} \\
a_{22} &= \delta_{22} + u_{2l} + u_{2r} + f_1 u_{1l} + f_2 u_{1r} + f_1\beta_{2l} + f_1^2\beta_{1l} + f_2\beta_{2r} + f_2^2\beta_{1r} \\
a_{23} &= \delta_{23} + u_{3l} + u_{3r} + l_2 u_{1r} - l_1 u_{1l} + f_1\beta_{3l} - f_1 l_1\beta_{1l} + f_2\beta_{3r} + f_2 l_2\beta_{1r} \\
a_{20} &= \Delta_{2p} + u_{pl}^{\circ} + u_{pr}^{\circ} + f_1\beta_{pl}^{\circ} + f_2\beta_{pr}^{\circ} \\
a_{31} &= \delta_{31} + v_{1l} + v_{1r} + l_2\beta_{1r} - l_1\beta_{1l} \\
a_{32} &= \delta_{32} + v_{2l} + v_{2r} + f_1 v_{1l} + f_2 v_{1r} + l_2\beta_{2r} + l_2 f_2\beta_{1r} - l_1\beta_{2l} - l_1 f_1\beta_{1l} \\
a_{33} &= \delta_{33} + v_{3l} + v_{3r} - l_1 v_{1l} + l_2 v_{1r} + l_2\beta_{3r} + l_2^2\beta_{1r} - l_1\beta_{3l} + l_1^2\beta_{1l} \\
a_{30} &= \Delta_{3p} + v_{pl}^{\circ} + v_{pr}^{\circ} + l_2\beta_{pr}^{\circ} - l_1\beta_{pl}^{\circ}
\end{aligned}
\right\}
\quad (5\text{-}6)
$$

求解式（5-5），可得 X_{1p}、X_{2p} 和 X_{3p} 如下：

$$
\left.
\begin{aligned}
X_{1p} &= \frac{\Delta_1}{\Delta} \\
X_{2p} &= \frac{\Delta_2}{\Delta} \\
X_{3p} &= \frac{\Delta_3}{\Delta}
\end{aligned}
\right\}
\quad (5\text{-}7)
$$

式中，$\Delta = \begin{bmatrix} a_{11} & a_{12} & a_{13} \\ a_{21} & a_{22} & a_{23} \\ a_{31} & a_{32} & a_{33} \end{bmatrix}$；$\Delta_1 = -\begin{bmatrix} a_{10} & a_{12} & a_{13} \\ a_{20} & a_{22} & a_{23} \\ a_{30} & a_{32} & a_{33} \end{bmatrix}$；$\Delta_2 = -\begin{bmatrix} a_{11} & a_{10} & a_{13} \\ a_{21} & a_{20} & a_{23} \\ a_{31} & a_{30} & a_{33} \end{bmatrix}$；

$\Delta_3 = -\begin{bmatrix} a_{11} & a_{12} & a_{10} \\ a_{21} & a_{22} & a_{20} \\ a_{31} & a_{32} & a_{30} \end{bmatrix}$。

拱圈结构未知系数可根据结构力学进行计算得到。单位荷载 $X_i = 1$（$i = 1$, 2, 3）作用下拱圈基本结构如图 5-23 所示。在 $X_1 = 1$、$X_2 = 1$ 和 $X_3 = 1$ 时，基本结构内力为式（5-8）、式（5-9）和式（5-10）。

$$
\begin{cases}
M_1 = 1 \\
N_1 = 0 \\
Q_1 = 0
\end{cases}
\quad (5\text{-}8)
$$

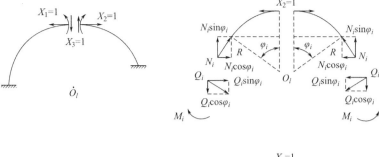

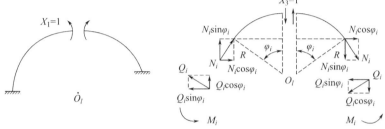

图 5-23　单位荷载作用下拱圈基本结构

$$左半拱圈：\begin{cases} M_2 = R(1-\cos\varphi_i) \\ N_2 = \cos\varphi_i \\ Q_2 = -\sin\varphi_i \end{cases}$$

$$右半拱圈：\begin{cases} M_2 = R(1-\cos\varphi_i) \\ N_2 = \cos\varphi_i \\ Q_2 = \sin\varphi_i \end{cases}$$

$$(5\text{-}9)$$

$$左半拱圈：\begin{cases} M_3 = -R\sin\varphi_i \\ N_3 = \sin\varphi_i \\ Q_3 = \cos\varphi_i \end{cases}$$

$$右半拱圈：\begin{cases} M_3 = R\sin\varphi_i \\ N_3 = -\sin\varphi_i \\ Q_3 = \cos\varphi_i \end{cases}$$

$$(5\text{-}10)$$

轴力和剪力对位移的影响较小，因此，通常情况下只考虑弯矩的影响。但是本文为了更全面地考虑内力的影响，将轴力和剪力也包括进来。根据结构力学相关内容，拱圈柔度系数可由下式计算：

$$\delta_{ij} = \sum \int \frac{M_i M_j}{E'I} \mathrm{d}s + \sum \int \frac{N_i N_j}{E'A} \mathrm{d}s + \sum \int \frac{kQ_i Q_j}{GA} \mathrm{d}s \qquad (5\text{-}11)$$

式中，$M_i(M_j)$、$N_i(N_j)$ 和 $Q_i(Q_j)$ 为单位荷载 $X_i(X_j) = 1$（i，$j = 1$，2，

3) 作用下的弯矩、轴力和剪力；E' 为拱圈弹性模量；G 为拱圈剪切模量；I 为拱圈沿纵向的极惯性矩；A 为拱圈横截面积；k 为剪应力不均匀系数，本书中矩形截面取 1.2；s 为拱圈弧长。

将式（5-8）、式（5-9）和式（5-10）代入式（5-11），则左洞柔度系数分别为：

$$
\left.
\begin{aligned}
&\delta_{11} = \frac{R}{EI}(\varphi_h + \varphi_d) \\
&\delta_{22} = \frac{R^3}{EI}\left[\frac{3}{2}(\varphi_h + \varphi_d) - 2(\sin\varphi_h + \sin\varphi_d) + \frac{1}{4}(\sin2\varphi_h + \sin2\varphi_d)\right] \\
&\qquad + \left(\frac{R}{EA} + \frac{kR}{GA}\right)\frac{1}{2}(\varphi_h + \varphi_d) + \left(\frac{R}{EA} - \frac{kR}{GA}\right)\frac{1}{4}(\sin2\varphi_h + \sin2\varphi_d) \\
&\delta_{33} = \left(\frac{R^3}{EI} + \frac{R}{EA}\right)\left[\frac{1}{2}(\varphi_h + \varphi_d) - \frac{1}{4}(\sin2\varphi_h + \sin2\varphi_d)\right] \\
&\qquad + \frac{kR}{GA}\left[\frac{1}{2}(\varphi_h + \varphi_d) + \frac{1}{4}(\sin2\varphi_h + \sin2\varphi_d)\right] \\
&\delta_{12} = \delta_{21} = \frac{R^2}{EI}\left[(\varphi_h + \varphi_d) - (\sin\varphi_h + \sin\varphi_d)\right] \\
&\delta_{13} = \delta_{31} = \frac{R^2}{EI}(\cos\varphi_h - \cos\varphi_d) \\
&\delta_{23} = \delta_{32} = \frac{R^3}{EI}\left[(\cos\varphi_h - \cos\varphi_d) + \frac{1}{4}(\cos2\varphi_d - \cos2\varphi_h)\right] \\
&\qquad + \left(\frac{kR}{4GA} - \frac{R}{4EA}\right)(\cos2\varphi_h - \cos2\varphi_d)
\end{aligned}
\right\}
\tag{5-12}
$$

对于左半拱圈，φ_i 的变化范围为 $0 \sim \varphi_h$，而对右半拱圈则为 $0 \sim \varphi_d$。将左洞柔度系数表达式中的 φ_h 和 φ_d 分别用 φ'_d 和 φ'_h 替换，即为右洞拱圈对应的柔度系数。

主动压力作用下的拱圈内力可以由图 5-24 所示的拱圈基本结构示意图中压力结果累加计算所得，即竖向均布压力 q，竖向三角形压力 q'，两侧的侧向梯形压力。梯形压力又可分解为左半拱圈侧向均布压力 $e = e_1$ 和侧向三角形压力 $\Delta e = f_1\tan\alpha_1$，以及右半拱圈侧向均布压力 $e = e'_1$ 和侧向三角形压力 $\Delta e = f_2\tan\alpha_2$：

$$
\begin{cases}
M^\circ_{ip} = M^\circ_{iq} + M^\circ_{iq'} + M^\circ_{ie} + M^\circ_{i\Delta e} \\
N^\circ_{ip} = N^\circ_{iq} + N^\circ_{iq'} + N^\circ_{ie} + N^\circ_{i\Delta e} \\
Q^\circ_{ip} = Q^\circ_{iq} + Q^\circ_{iq'} + Q^\circ_{ie} + Q^\circ_{i\Delta e}
\end{cases}
\tag{5-13}
$$

式中，M°_{ip}、N°_{ip} 和 Q°_{ip} 分别表示主动压力作用下的弯矩、轴力和剪力。

对于竖向均布压力 q：

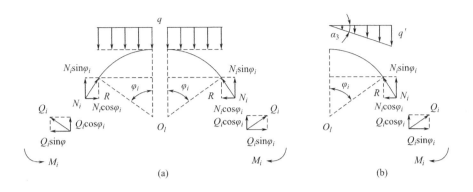

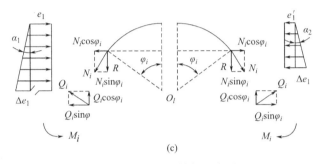

图 5-24　拱圈基本结构示意图

（a）竖向均布压力；（b）竖向三角形压力；（c）侧向梯形压力

$$
左半拱圈：\begin{cases}
M_{iq}^{\circ}=-\dfrac{1}{2}qR^2\sin^2\varphi_i \\[2mm]
N_{iq}^{\circ}=qR\sin^2\varphi_i \\[2mm]
Q_{iq}^{\circ}=Rq\sin\varphi_i\cos\varphi_i
\end{cases}
$$

$$
右半拱圈：\begin{cases}
M_{iq}^{\circ}=-\dfrac{1}{2}qR^2\sin^2\varphi_i \\[2mm]
N_{iq}^{\circ}=qR\sin^2\varphi_i \\[2mm]
Q_{iq}^{\circ}=-qR\sin\varphi_i\cos\varphi_i
\end{cases}
$$

（5-14）

对于竖向三角形压力 q'：

$$
\begin{cases}
M_{iq'}^{\circ}=-\dfrac{1}{6}R^3\tan\alpha_3\cdot\sin^3\varphi_i \\[3mm]
N_{iq'}^{\circ}=\dfrac{1}{2}R^2\tan\alpha_3\cdot\sin^3\varphi_i \\[3mm]
Q_{iq'}^{\circ}=-\dfrac{1}{2}R^2\tan\alpha_3\cdot\sin^2\varphi_i\cos\varphi_i
\end{cases}
$$

（5-15）

对于侧向均布压力 e：

左半拱圈：
$$
\begin{cases}
M_{ie}^{\circ} = -\dfrac{1}{2}e_1 R^2(1-\cos\varphi_i)^2 \\[2mm]
N_{ie}^{\circ} = -e_1 R(1-\cos\varphi_i)\cos\varphi_i \\[2mm]
Q_{ie}^{\circ} = e_1 R(1-\cos\varphi_i)\sin\varphi_i
\end{cases}
$$

右半拱圈：
$$
\begin{cases}
M_{ie}^{\circ} = -\dfrac{1}{2}e_1' R^2(1-\cos\varphi_i)^2 \\[2mm]
N_{ie}^{\circ} = -e_1' R(1-\cos\varphi_i)\cos\varphi_i \\[2mm]
Q_{ie}^{\circ} = -e_1' R(1-\cos\varphi_i)\sin\varphi_i
\end{cases}
\tag{5-16}
$$

对于侧向三角形压力 Δe：

左半拱圈：
$$
\begin{cases}
M_{i\Delta e}^{\circ} = -\dfrac{1}{6}R^3(1-\cos\varphi_i)^3\tan\alpha_1 \\[2mm]
N_{i\Delta e}^{\circ} = -\dfrac{1}{2}R^2(1-\cos\varphi_i)^2\cos\varphi_i\tan\alpha_1 \\[2mm]
Q_{i\Delta e}^{\circ} = \dfrac{1}{2}R^2(1-\cos\varphi_i)^2\sin\varphi_i\tan\alpha_1
\end{cases}
$$

右半拱圈：
$$
\begin{cases}
M_{i\Delta e}^{\circ} = -\dfrac{1}{6}R^3(1-\cos\varphi_i)^3\tan\alpha_2 \\[2mm]
N_{i\Delta e}^{\circ} = -\dfrac{1}{2}R^2(1-\cos\varphi_i)^2\cos\varphi_i\tan\alpha_2 \\[2mm]
Q_{i\Delta e}^{\circ} = -\dfrac{1}{2}R^2(1-\cos\varphi_i)^2\sin\varphi_i\tan\alpha_2
\end{cases}
\tag{5-17}
$$

拱圈位移系数 Δ_{ip} 可由下式计算：

$$
\Delta_{ip} = \sum\int\frac{M_i M_P^{\circ}}{E'I}\mathrm{d}s + \sum\int\frac{N_i N_P^{\circ}}{E'A}\mathrm{d}s + \sum\int\frac{kQ_i Q_P^{\circ}}{GA}\mathrm{d}s
\tag{5-18}
$$

将式（5-8）、式（5-9）、（5-10）和式（5-14）带入式（5-18），可得竖向均布压力 q 作用下的拱圈位移系数：

$$
\left.
\begin{aligned}
\Delta_{1q} =& -\frac{R^3 q}{4EI}(\varphi_h+\varphi_d) + \frac{R^3 q}{8EI}(\sin2\varphi_h+\sin2\varphi_d) \\[2mm]
\Delta_{2q} =& -\frac{1}{EI}\left[\frac{1}{4}qR^4(\varphi_h+\varphi_d) - \frac{1}{8}qR^4(\sin2\varphi_h+\sin2\varphi_d)\right. \\[2mm]
& \left. -\frac{1}{6}qR^4(\sin^3\varphi_h+\sin^3\varphi_d)\right] + \left(\frac{1}{EA}-\frac{k}{GA}\right)\frac{1}{3}R^2 q(\sin^3\varphi_h+\sin^3\varphi_d) \\[2mm]
\Delta_{3q} =& \frac{1}{EI}\left[\frac{1}{2}qR^4(\cos\varphi_d-\cos\varphi_h) + \frac{1}{6}qR^4(\cos^3\varphi_h-\cos^3\varphi_d)\right] \\[2mm]
& + \frac{1}{EA}\left[qR^2(\cos\varphi_d-\cos\varphi_h) + \frac{1}{3}qR^2(\cos^3\varphi_h-\cos^3\varphi_d)\right] \\[2mm]
& + \frac{k}{GA}\frac{1}{3}qR^2(\cos^3\varphi_d-\cos^3\varphi_h)
\end{aligned}
\right\}
\tag{5-19}
$$

采用同样的方法，其他主动压力作用下的位移系数也可计算如下：

$$\Delta_{1q'} = \frac{R^4 \tan\alpha_3}{6EI}\left(\cos\varphi_d - \frac{1}{3}\cos^3\varphi_d - \frac{2}{3}\right)$$

$$\Delta_{2q'} = \frac{R^5 \tan\alpha_3}{6EI}\left(\cos\varphi_d - \frac{1}{3}\cos^3\varphi_d - \frac{2}{3} + \frac{1}{4}\sin^4\varphi_d\right) + \frac{R^3 \tan\alpha_3}{8EA}\sin^4\varphi_d$$

$$\qquad - \frac{kR^3 \tan\alpha_3}{8GA}\sin^4\varphi_d$$

$$\Delta_{3q'} = -\left(\frac{R^5 \tan\alpha_3}{6EI} + \frac{R^3 \tan\alpha_3}{2EA}\right)\left(\frac{3}{8}\varphi_d - \frac{1}{4}\sin2\varphi_d + \frac{1}{32}\sin4\varphi_d\right)$$

$$\qquad - \frac{kR^3 \tan\alpha_3}{2GA}\left(\frac{1}{8}\varphi_d - \frac{1}{32}\sin4\varphi_d\right)$$

$$(5\text{-}20)$$

$$\Delta_{1e} = -\left[\frac{3R^3}{4EI}(e_1\varphi_h + e_1'\varphi_d) - \frac{R^3}{EI}(e_1\sin\varphi_h + e_1'\sin\varphi_d)\right.$$

$$\qquad \left. + \frac{R^3}{8EI}(e_1\sin2\varphi_h + e_1'\sin2\varphi_d)\right]$$

$$\Delta_{2e} = -\frac{R^4}{2EI}\left[\frac{5}{2}(e_1\varphi_h + e_1'\varphi_d) - 4(e_1\sin\varphi_h + e_1'\sin\varphi_d)\right.$$

$$\qquad \left. + \frac{3}{4}(e_1\sin2\varphi_h + e_1'\sin2\varphi_d) + \frac{1}{3}(e_1\sin^3\varphi_h + e_1'\sin^3\varphi_d)\right]$$

$$\qquad - \frac{R^2}{EA}\left[\frac{1}{2}(e_1\varphi_h + e_1'\varphi_d) - (e_1\sin\varphi_h + e_1'\sin\varphi_d)\right.$$

$$\qquad \left. + \frac{1}{4}(e_1\sin2\varphi_h + e_1'\sin2\varphi_d) + \frac{1}{3}(e_1\sin^3\varphi_h + e_1'\sin^3\varphi_d)\right]$$

$$\qquad - \frac{kR^2}{GA}\left[\frac{1}{2}(e_1\varphi_h + e_1'\varphi_d) - \frac{1}{4}(e_1\sin2\varphi_h + e_1'\sin2\varphi_d)\right.$$

$$\qquad \left. - \frac{1}{3}(e_1\sin^3\varphi_h + e_1'\sin^3\varphi_d)\right]$$

$$(5\text{-}21)$$

$$\Delta_{3e} = \frac{R^4}{2EI}\left[e_1\frac{(1-\cos\varphi_h)^3}{3} - e_1'\frac{(1-\cos\varphi_d)^3}{3}\right] + \left(\frac{R^2}{EA} - \frac{kR^2}{GA}\right)$$

$$\qquad \left[\frac{1}{2}(e_1\cos^2\varphi_h - e_1'\cos^2\varphi_d) + \frac{1}{3}(e_1'\cos^3\varphi_d - e_1\cos^3\varphi_h)\right]$$

$$
\begin{aligned}
\Delta_{1\Delta e} = -\frac{R^4}{6EI} &\left[\frac{5}{2}(\varphi_h\tan\alpha_1 + \varphi_d\tan\alpha_2) - 4(\tan\alpha_1\sin\varphi_h + \tan\alpha_2\sin\varphi_d)\right.\\
&\left.+ \frac{3}{4}(\tan\alpha_1\sin2\varphi_h + \tan\alpha_2\sin2\varphi_d) + \frac{1}{3}(\tan\alpha_1\sin^3\varphi_h + \tan\alpha_2\sin^3\varphi_d)\right]
\end{aligned}
$$

$$
\begin{aligned}
\Delta_{2\Delta e} = -\frac{R^5}{6EI} &\left[\frac{35}{8}(\varphi_h\tan\alpha_1 + \varphi_d\tan\alpha_2) - 8(\tan\alpha_1\sin\varphi_h + \tan\alpha_2\sin\varphi_d)\right.\\
&+ \frac{7}{4}(\tan\alpha_1\sin2\varphi_h + \tan\alpha_2\sin2\varphi_d) + \frac{4}{3}(\tan\alpha_1\sin^3\varphi_h + \tan\alpha_2\sin^3\varphi_d)\\
&\left.+ \frac{1}{32}(\tan\alpha_1\sin4\varphi_h + \tan\alpha_2\sin4\varphi_d)\right] - \frac{R^3}{2EA}\left[\frac{7}{8}(\varphi_h\tan\alpha_1 + \varphi_d\tan\alpha_2)\right.\\
&+ \frac{1}{2}(\tan\alpha_1\sin2\varphi_h + \tan\alpha_2\sin2\varphi_d) - 2(\tan\alpha_1\sin\varphi_h + \tan\alpha_2\sin\varphi_d)\\
&\left.+ \frac{2}{3}(\tan\alpha_1\sin^3\varphi_h + \tan\alpha_2\sin^3\varphi_d) + \frac{1}{32}(\tan\alpha_1\sin4\varphi_h + \tan\alpha_2\sin4\varphi_d)\right]\\
&- \frac{kR^3}{2GA}\left[\frac{5}{8}(\varphi_h\tan\alpha_1 + \varphi_d\tan\alpha_2) - \frac{1}{4}(\tan\alpha_1\sin2\varphi_h + \tan\alpha_2\sin2\varphi_d)\right.\\
&\left.- \frac{2}{3}(\tan\alpha_1\sin^3\varphi_h + \tan\alpha_2\sin^3\varphi_d) - \frac{1}{32}(\tan\alpha_1\sin4\varphi_h + \tan\alpha_2\sin4\varphi_d)\right]
\end{aligned}
$$

$$
\begin{aligned}
\Delta_{3\Delta e} = \frac{R^5}{6EI} &\left[(\cos\varphi_d\tan\alpha_2 - \cos\varphi_h\tan\alpha_1) + \frac{3}{2}(\cos^2\varphi_h\tan\alpha_1 - \cos^2\varphi_d\tan\alpha_2)\right.\\
&\left.+ (\cos^3\varphi_d\tan\alpha_2 - \cos^3\varphi_h\tan\alpha_1) + \frac{1}{4}(\cos^4\varphi_h\tan\alpha_1 - \cos^4\varphi_d\tan\alpha_2)\right]\\
&+ \left(\frac{R^3}{2EA} - \frac{kR^3}{2GA}\right)\left[\frac{1}{2}(\cos^2\varphi_h\tan\alpha_1 - \cos^2\varphi_d\tan\alpha_2)\right.\\
&\left.- \frac{2}{3}(\cos^3\varphi_h\tan\alpha_1 - \cos^3\varphi_d\tan\alpha_2) + \frac{1}{4}(\cos^4\varphi_h\tan\alpha_1 - \cos^4\varphi_d\tan\alpha_2)\right]
\end{aligned}
$$

$$(5\text{-}22)$$

主动压力作用下的总的位移系数可以通过上述各式累加获得：

$$
\left.\begin{aligned}
\Delta_{1p} &= \Delta_{1q} + \Delta_{1q'} + \Delta_{1e} + \Delta_{1\Delta e}\\
\Delta_{2p} &= \Delta_{2q} + \Delta_{2q'} + \Delta_{2e} + \Delta_{2\Delta e}\\
\Delta_{3p} &= \Delta_{3q} + \Delta_{3q'} + \Delta_{3e} + \Delta_{3\Delta e}
\end{aligned}\right\}
\qquad (5\text{-}23)
$$

右洞位移系数可以通过相同的方法获得。

拱圈系数计算以后，边墙和中墙顶部的未知系数可以通过弹性地基梁模型和力学分析来分别获得，具体分析可参考隧道结构力学相关理论。

根据获得的系数，冗余力 X_{1p}、X_{2p} 和 X_{3p} 可以通过式（5-7）计算得到，进而可以根据式（5-7）通过力学平衡计算得到拱圈任意位置的内力，如式（5-24）和式（5-25）所示。其中，弯矩 M_{ia} 以拱圈内部受拉为正，轴力 N_{ia} 以截面受压为正，剪力 Q_{ia} 以使其所作用的拱段顺时针转动为正。

$$\begin{cases} M_{ia} = X_{1p} + X_{2p}y_i - X_{3p}x_i + M^{\circ}_{ip} \\ N_{ia} = X_{2p}\cos\varphi_i + X_{3p}\sin\varphi_i + N^{\circ}_{ip} \\ Q_{ia} = -X_{2p}\sin\varphi_i + X_{3p}\cos\varphi_i + Q^{\circ}_{ip} \end{cases} \tag{5-24}$$

$$\begin{cases} M_{ia} = X_{1p} + X_{2p}y_i - X_{3p}x_i + M^{\circ}_{ip} \\ N_{ia} = X_{2p}\cos\varphi_i + X_{3p}\sin\varphi_i + N^{\circ}_{ip} \\ Q_{ia} = -X_{2p}\sin\varphi_i + X_{3p}\cos\varphi_i + Q^{\circ}_{ip} \end{cases} \tag{5-25}$$

式中，M°_{ip}、N°_{ip} 和 Q°_{ip} 为拱圈在主动压力作用下任意位置的内力；φ_i 为所分析断面与拱顶断面的夹角，对于左半拱圈其范围为 $0\sim\varphi_h$，对于右半拱圈为 $0\sim\varphi_d$。

根据对称性，采用同样的方法可以获得右洞拱圈的内力解析解。

5.5.2.2 边墙解析解

拱圈内力可以通过拱脚传递给边墙，如图 5-25（a）所示。对于边墙，弯矩 M_{is} 以边墙内部受拉为正，轴力 N_{is} 以边墙截面受压为正，剪力 Q_{is} 以使其所作用的区段顺时针转动为正。

一般情况下，边墙与拱脚连接处角度，即左洞的 φ_h 和右洞的 φ'_h 均为直角，因此拱圈拱脚内力不需要分解可以直接作用于边墙顶部。然而，为了考虑更一般的情况，本书在解析解求解过程中考虑 φ_h 和 φ'_h 为任意角度，相应的内力传递和分解如图 5-25（b）所示。

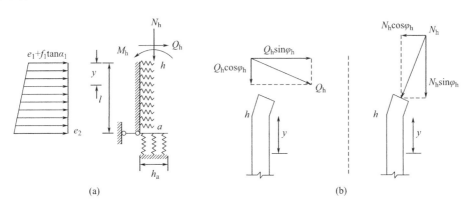

图 5-25 左边墙内力图

（a）内力传递至边墙顶部；（b）边墙顶部内力分解

在解析解推导过程中，将边墙假设为弹性地基梁。首先分别推导出边墙顶部作用单位弯矩、单位水平作用力和单位竖向作用力时所产生的内力，具体可参见弹性地基梁相关内容。通过叠加原则可以获得边墙总的内力，左洞边墙内力解析解如式（5-26）所示：

$$
\begin{cases}
M_{is} = M_{\mathrm{h}}M_{\mathrm{M=1}} + (-Q_{\mathrm{h}}\sin\varphi_{\mathrm{h}} + N_{\mathrm{h}}\cos\varphi_{\mathrm{h}})M_{\mathrm{H=1}} \\
\qquad + (Q_{\mathrm{h}}\cos\varphi_{\mathrm{h}} + N_{\mathrm{h}}\sin\varphi_{\mathrm{h}})M_{\mathrm{V=1}} + M_{\mathrm{e}} + M_{\Delta\mathrm{e}} \\
Q_{is} = M_{\mathrm{h}}Q_{\mathrm{M=1}} + (-Q_{\mathrm{h}}\sin\varphi_{\mathrm{h}} + N_{\mathrm{h}}\cos\varphi_{\mathrm{h}})Q_{\mathrm{H=1}} \\
\qquad + (Q_{\mathrm{h}}\cos\varphi_{\mathrm{h}} + N_{\mathrm{h}}\sin\varphi_{\mathrm{h}})Q_{\mathrm{V=1}} + Q_{\mathrm{e}} + Q_{\Delta\mathrm{e}} \\
N_{is} = Q_{\mathrm{h}}\cos\varphi_{\mathrm{h}} + N_{\mathrm{h}}\sin\varphi_{\mathrm{h}}
\end{cases}
\tag{5-26}
$$

式中，$M_{\mathrm{M=1}}$ 和 $Q_{\mathrm{M=1}}$、$M_{\mathrm{H=1}}$ 和 $Q_{\mathrm{H=1}}$、$M_{\mathrm{V=1}}$ 和 $Q_{\mathrm{V=1}}$ 分别为边墙顶部作用单位弯矩、单位水平作用力和单位竖向作用力时在边墙内部产生的弯矩和剪力。M_{e} 和 Q_{e}、$M_{\Delta\mathrm{e}}$ 和 $Q_{\Delta\mathrm{e}}$ 分别为在侧向均布压力和三角形压力作用下在边墙上产生的弯矩和剪力。这些弯矩和剪力结果都与弹性地基梁方法中的弹性抗力相关，具体推导过程可参考弹性地基梁相关内容。

右洞边墙的解析解可以通过类似的方法推导得到。

5.5.2.3 中墙解析解

中墙假设为悬臂梁。拱圈内力结果可以通过与中墙顶部相连接的拱脚直接传递给中墙。弯矩 M_{im} 以使中墙逆时针旋转为正，剪力 Q_{im} 以使中墙顺时针转动为正，轴力 N_{im} 以使中墙受压为正。中墙受力与分解示意图如图 5-26 所示。

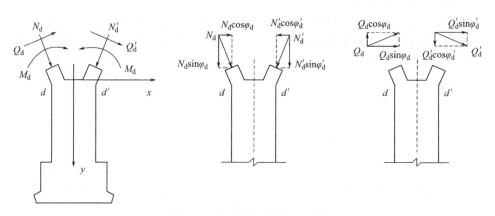

图 5-26　中墙受力与分解示意图

根据图 5-26 所示结果，将各力叠加，可以获得中墙内力解析解：

$$
\begin{cases}
M_{im} = M_{d'} - M_d - (Q_d\sin\varphi_d + Q_{d'}\sin\varphi_{d'})y_i + (N_{d'}\cos\varphi_{d'} - N_d\cos\varphi_d)y_i \\
N_{im} = N_d\sin\varphi_d + N_{d'}\sin\varphi_{d'} - Q_d\cos\varphi_d + Q_{d'}\cos\varphi_{d'} \\
Q_{im} = Q_d\sin\varphi_d + Q_{d'}\sin\varphi_{d'} + N_d\cos\varphi_d - N_{d'}\cos\varphi_{d'}
\end{cases}
$$

$$\tag{5-27}$$

式（5-24）、式（5-25）、式（5-26）和式（5-27）共同构成了浅埋连拱隧道左洞和中墙的衬砌内力解析解。

5.5.3　模型验证

5.5.3.1　模型概述

为了验证解析解推导的准确性，采取典型的连拱隧道结构模型，采用解析解和数值解对比的方式进行计算结果的验证，采用的连拱隧道模型如图 5-27 （a）所示。虽然实际工程中采取的连拱隧道结构具体形式可能会有差异，但是一般山岭隧道连拱隧道的结构设计均大同小异，采用如图 5-27 所示的典型连拱隧道结构模型进行计算分析的结果还是具有较为一定的普遍意义的，同时结合后续参数分析，可基本覆盖所有类型的隧道结构形式。

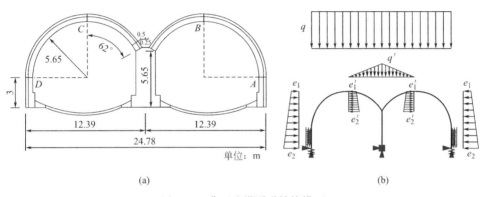

(a)　　　　　　　　　　　　　　　　(b)

图 5-27　典型连拱隧道结构模型

（a）模型横断面；（b）二维有限元模型

考虑到类岩堆体围岩松散破碎，为了更好体现其围岩基本特征，计算时围岩参数选取较差的 Ⅴ 级围岩参数，主要物理力学性质如表 5-6 所示。

Ⅴ 级围岩主要物理力学性质　　　　　　　　　　表 5-6

黏聚力 （MPa）	内摩擦角 （°）	弹性模量 （GPa）	重度 （kN/m³）
0.07~0.1	27~40	0.8~1.9	27.5~31.5

考虑到解析解适用条件为浅埋，根据荷载等效高度和浅埋条件，选取洞口附近区段为主要研究对象，隧道埋深取为 $H=9.5\mathrm{m}$。解析解中关于地层条件和衬砌结构的详细信息，如表 5-7 所示。

解析解输入信息　　　　　　　　　　表 5-7

项目		值
围岩	等效埋深 H(m)	9.5
	重度 γ(kN/m³)	27.5~31.5

项目		值
围岩	弹性模量 E(GPa)	0.8~1.9
	泊松比 μ	0.35~0.45
	弹性抗力系数 K(MPa/m)	100~200
	计算摩擦角 φ(°)	40~50
	滑移面摩擦角 θ(°)	(0.5~0.7)φ
衬砌	弹性模量 E'(GPa)	31.75
	剪切模量 G(GPa)	13.65
	泊松比 μ'	0.2
	重度 γ'(kN/m³)	23

5.5.3.2　有限元数值模型

为了准确地获取弹性地基梁的关键特性和计算结果，在二维有限元模型中采用荷载-结构方法。根据表 5-4 介绍的方法，连拱隧道的围岩压力可按表 5-7 对应值计算。确定后的围岩压力将被导入基于载荷-结构方法的有限元模型中。

有限元分析基于平面应变条件进行，数值模型如图 5-27（b）所示，其中不考虑初衬结构，根据图 5-27（a）中的尺寸采用梁单元模拟衬砌结构。两边墙的外部和底部采用单向压缩弹簧进行约束，其刚度为 $K=200$MPa/m，用以模拟围岩的弹性抗力。边墙和中墙的底部在水平和垂直方向进行固定。中墙的转动也被固定。需要注意的是，有限元模型中采用与解析解推导过程中相同的荷载形式和材料性能的假设。因此，不考虑衬砌结构与地层的相互作用以及材料的塑性屈服。

5.5.3.3　结果对比

图 5-28 比较了解析解和数值模拟得到的隧道衬砌内力结果。两种方法的内力变化趋势和分布规律非常接近。除了在拱圈接近中墙时，解析解获得的弯矩与数值模拟数据的偏差越来越大外，两者之间的差异总体较小，误差是可以接受的。出现偏差可能是因为解析解中将中墙顶部与拱圈之间的弹性阻力系数 k_d 指定为解析解中衬砌结构的弹性模量 E'。数值模型中对中墙顶部梁单元的简化处理也可能与实际情况有偏差，这也可能是造成这种差异的原因。连拱隧道中墙顶部与拱圈的实际接触特性需要进一步研究。

尽管存在部分差异，但解析解和数值解的计算结果总体上是非常一致的。结果表明：剪力小于轴力，最大剪力位于拱圈与边墙的结合处，这也是剪力分布的拐点，这样一个明显的拐点存在的原因可能是因为只在侧壁边墙外侧施加了弹性抗力。中墙只承受轴力，不存在弯矩和剪力，这与推导解析解时所采用的衬砌结

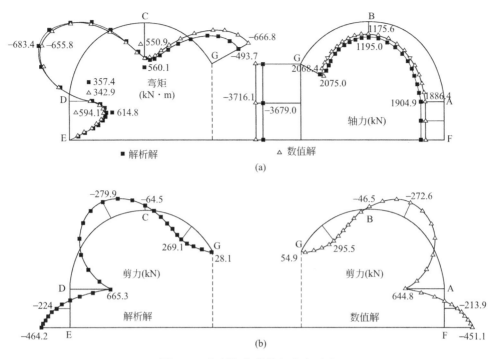

图 5-28   解析解与数值解内力对比
(a) 弯矩和轴力；(b) 剪力

构和荷载形式均是对称的是一致的。

图 5-28 还可以看出衬砌内力的分布规律。边墙的弯矩为正，从底部向上逐渐增加，但在接近拱脚时减小。弯矩最大的地方出现在边墙上部，可能是由于外部弹性抗力对变形的约束而产生的。图 5-29 的变形分析也证实了这一点，从图中可以看出，边墙上部向外侧的变形比下部要大。拱圈的最大正弯矩靠近拱圈顶部，其最大值要小于最大负弯矩，而最大负弯矩位于外侧拱圈与拱顶夹角约 60°的位置。这一点也可以从图 5-29 所示的变形中得到证实，两个隧道的拱顶和拱腰处的变形都比较大。这样的内力分布结果表明，拱圈的拱顶内侧和外侧拱腰的外部均受到较大的拉力。这样的受力特性在隧道衬砌结构设计和施工时应加以注意。从结果来看，轴力沿拱圈分布较为均匀，而靠近边墙的轴力略大于靠近拱圈顶部的轴力。因此，边墙处于较大的压力作用之下。拱顶附近的轴力较小可能是因为拱顶处的竖向压力较大，有助于降低水平方向的推力。图 5-28 (b) 中拱圈剪力的最大值主要出现在弯矩零点附近，剪力零点位于最大弯矩出现处附近，这与梁单元内力的一般分布规律是一致的。此外，在设计和施工中应考虑边墙底部较大剪力的影响。

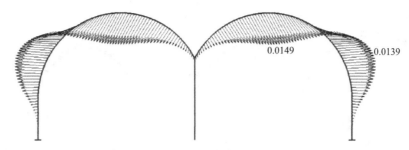

图 5-29 连拱隧道有限元分析变形矢量图

5.5.4 参数分析

在推导解析解的过程中，可以根据衬砌结构的力学性能和几何特征确定大部分参数。然而，仍有一些参数不能直接确定，如实际等效深度 H，弹性基础梁的弹性抗力系数 K，这些因素可能会影响内力分布。此外，连拱隧道张开角 φ_d 也是影响衬砌结构内力的主要几何参数。同时，为适应日益增长的运输需求，山岭隧道往往具有较大的尺寸，不同的隧道跨度也会改变衬砌结构的受力状态。因此，有必要探讨这些因素对内力的影响，为设计优化提供有益的指导。在本节中，采用模型验证部分利用的隧道模型，系统地改变这四个参数，以研究它们的变化对衬砌内力的影响。由于内力的对称性，下文仅对连拱隧道左洞和中墙的内力进行分析。需要注意的是，右半部分的剪力与左半部分的剪力符号相反，而弯矩和轴力在两侧是相同的。

5.5.4.1 埋深的影响

埋深 H 从 5m 逐渐增加至 10m，每次增量为 1m。图 5-30、图 5-31 和图 5-32 为不同 H 值下衬砌结构的内力分布情况。内力变化趋势和最大、最小值的位置基本与 H 无关，但内力绝对值随着 H 的增大而持续增大。

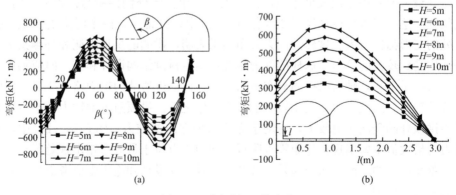

(a)   (b)

图 5-30 弯矩随 H 的变化
（a）拱圈；（b）边墙

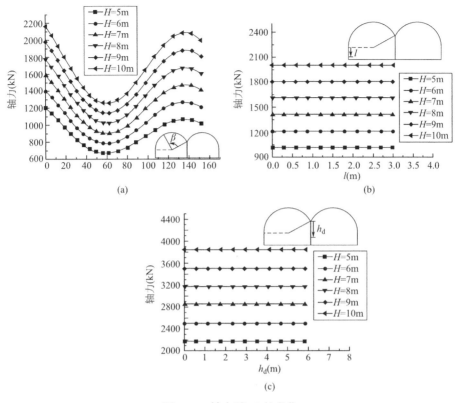

图 5-31　轴力随 H 的变化

（a）拱圈；（b）边墙；（c）中墙

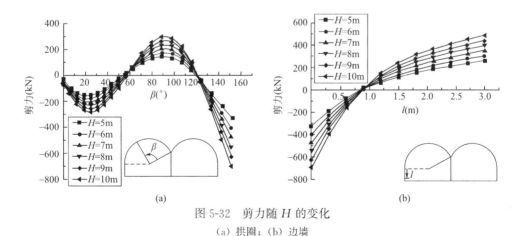

图 5-32　剪力随 H 的变化

（a）拱圈；（b）边墙

　　如图 5-30 所示，最大的正弯矩和负弯矩分别出现在 $l = 0.9\text{m}$ 附近的边墙和 $\beta = 125°$ 附近的拱圈位置处。最大轴力在中墙位置，如图 5-31 所示。最大剪力发生在边墙底部和顶部，如图 5-32 所示。最大内力值随 H 增大的变化如图 5-33 所示，均呈线性关系。从图 5-33 还可以看出，埋深对内力的影响和预期的规律是一致的。

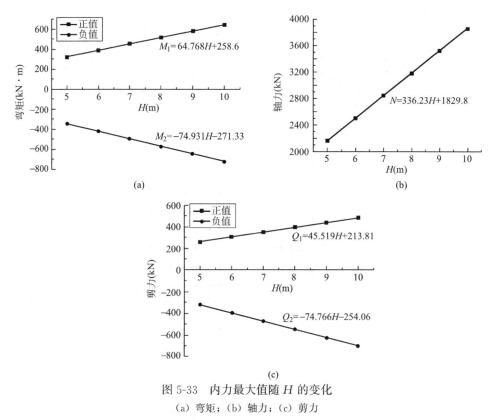

图 5-33　内力最大值随 H 的变化

（a）弯矩；（b）轴力；（c）剪力

5.5.4.2　弹性抗力系数的影响

前文中对 V 级围岩的解析分析和有限元分析均采用弹性抗力系数 $K = 200\text{MPa/m}$。为了探究不同等级围岩的弹性抗力系数对衬砌内力的影响，本节采用 K（$K = 100\text{MPa/m}$、200MPa/m、500MPa/m、1200MPa/m、1800MPa/m、2800MPa/m）在较大的范围内取值，可以代表 I～V 级岩体。图 5-34、图 5-35 和图 5-36 为不同弹性抗力系数作用下衬砌结构的内力。

随着 K 的增大，拱圈弯矩值在较大范围内均逐渐减小，但靠近边墙顶部的弯矩值随着 K 的增大而增大。边墙弯矩随着 K 从 100MPa/m 增加到 200MPa/m 时增加。当 K 大于 500MPa/m 时，边墙上部约 1/5 区段的弯矩随着 K 的增大而增大，而其余部分随着 K 的增大而减小。随着 K 的增加，拱圈轴力起初是减小的，但当 K 达到 1200MPa/m 时，轴力基本趋于恒定。边墙轴力随着 K 的增大而增大，中墙的轴力随着 K 的增大而减小，但幅度变化不大。随着 K 的增大，

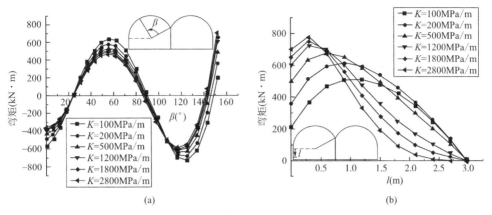

图 5-34　弯矩随 K 的变化

（a）拱圈；（b）边墙

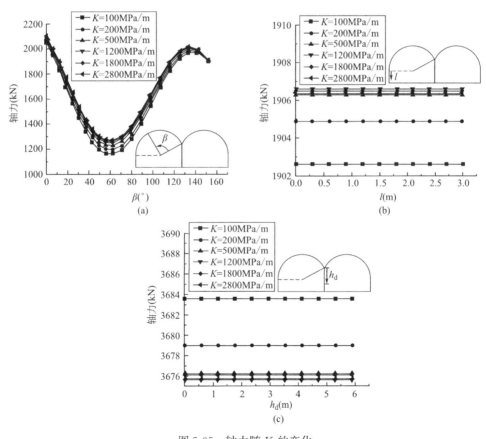

图 5-35　轴力随 K 的变化

（a）拱圈；（b）边墙；（c）中墙

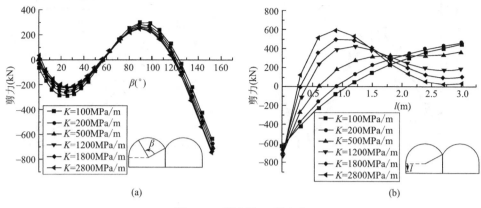

图 5-36　剪力随 K 的变化
(a) 拱圈；(b) 边墙

在 $0°\sim120°$ 范围内，随着 β 的增大，沿拱圈的剪力减小，而当 β 大于 $120°$ 时，拱圈的剪力逐渐增大。在 $100\sim200$MPa/m 范围内，随着 K 的增加，边墙上部约 3/10 区域的剪力减小，其余部分剪力增大。当 K 大于 500MPa/m 时，上部 1/10 和下部 4/10 的剪力随着 K 的增大而减小，而剩余部分的剪力随着 K 的增大而增大。总体而言，弹性抗力系数对边墙的内力影响较大，这可能是因为弹性抗力仅作用于边墙，而拱圈没有考虑。对于整个衬砌全部存在弹性抗力的情况，今后还需进一步研究。

5.5.4.3　张开角的影响

张开角 φ_d 是确定连拱隧道尺寸的主要几何参数之一。连拱隧道从拱顶到中墙顶部的张开角测量可参考图 5-22。张开角的分析为连拱隧道断面的设计和优化提供了重要参考。

假设拱圈半径 R 为定常量。在这种情况下，隧道宽度 B 和中墙高度 h_d 会随着 φ_d 的变化而变化。分析中采用的各几何参数值如表 5-8 所示。不同情况下的内力计算结果如图 5-37、图 5-38 和图 5-39 所示。

不同张开角 φ_d 及对应的几何参数　　　　　　　　　　　　　表 5-8

φ_d(°)	f_2(m)	h_d(m)	B(m)
35	1.11	8.04	19.35
45	1.80	7.35	21.00
55	2.62	6.53	22.38
65	3.55	5.60	23.45
75	4.56	4.59	24.18

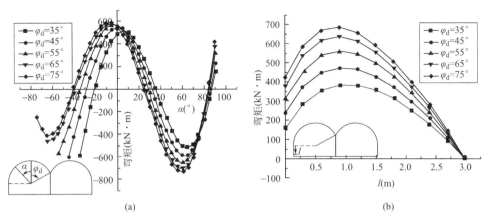

图 5-37　弯矩随 φ_d 的变化

（a）拱圈；（b）边墙

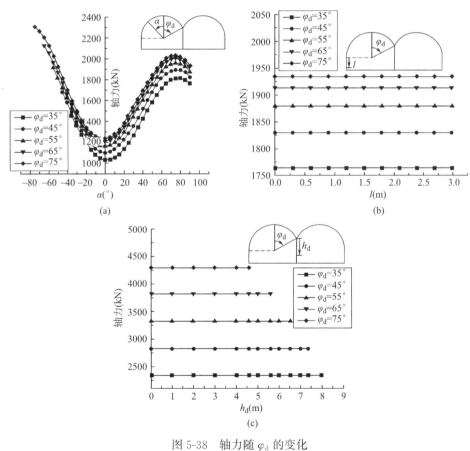

图 5-38　轴力随 φ_d 的变化

（a）拱圈；（b）边墙；（c）中墙

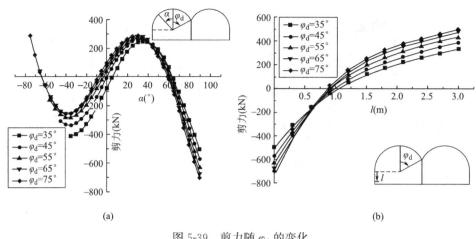

图 5-39　剪力随 φ_d 的变化

(a) 拱圈；(b) 边墙

计算结果表明，边墙与中墙的弯矩和轴力都随着 φ_d 的增大而增大。除了 $l=0.6\sim1.0\mathrm{m}$ 范围之外，边墙剪力也随 φ_d 的增大而增大。拱圈的轴力随着张开角的增大而增大。拱圈的弯矩和剪力随 φ_d 的变化规律较为复杂。拱圈与中墙顶部连接处的内力变化较大。由于拱圈与中墙顶部的结合处是一个与 φ_d 密切相关的特殊位置，在这里往往可能有裂缝发生，且经常发生渗流现象，是施工和设计的重点。因此，将该位置的内力随 φ_d 的变化进行更详细的探讨。图 5-40 为不同 φ_d 条件下拱圈与中墙顶部结合处的内力变化。从图中可以看出，在考虑的张开角变化范围内，弯矩先是增加到大约 $630\mathrm{kN \cdot m}$，然后随着 φ_d 的增加而减小。而随着 φ_d 的增大，剪力开始逐渐减小至零，而后反向增大。随着 φ_d 的增大，轴向力几乎呈线性增加。从图 5-38（a）中可以看出，当 φ_d 超过 55°时，连接区域的轴向力沿拱圈最大。考虑到连接区域是施工最困难的部分，与衬砌结构的其他部分相比，该位置衬砌施工的质量可能是最低的，在实际施工中轴力越小相对越安全。因此，根据计算结果建议 φ_d 不宜超过 55°。

5.5.4.4　隧道跨度的影响

连拱隧道的跨度可以用总宽度 B 来表示，主要由拱圈半径 R 和中墙厚度决定。为了分析隧道跨度对内力的影响，将拱圈的外半径按 1m 的增量从 5m 增加到 9m，同时保留图 5-27（a）中的原始半径 6.15m。边墙和中墙的高度以及张开角不变，埋深仍然取 9.5m。分析过程中忽略中墙厚度，连拱隧道的总宽度从 18.83m 增加到 33.89m。不同情况下的内力计算结果如图 5-41、图 5-42 和图 5-43 所示。

隧道跨度越大，隧道顶部所承受的竖向压力范围越大。图 5-41、图 5-42 和图 5-43 的数据显示，内力的变化趋势与图 5-30、图 5-31 和图 5-32 分析埋深影响

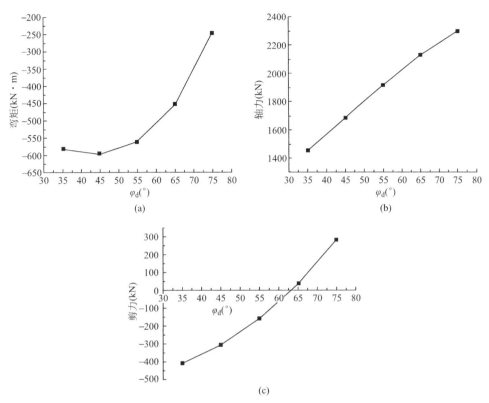

图 5-40　拱圈与中墙顶接结合处内力随 φ_d 的变化

（a）弯矩；（b）轴力；（c）剪力

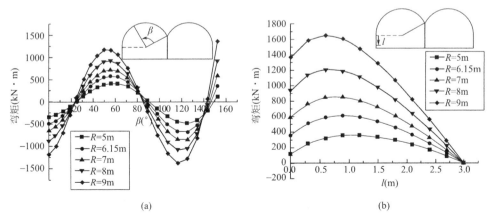

图 5-41　弯矩随 R 的变化

（a）拱圈；（b）边墙

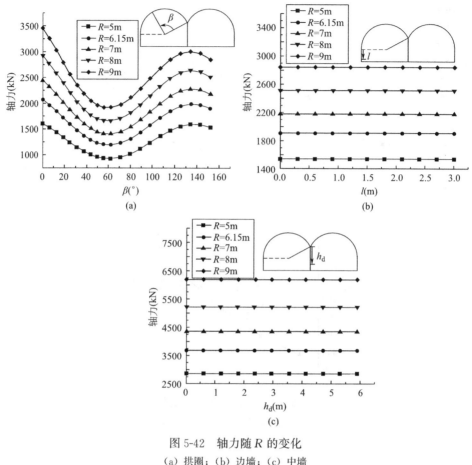

图 5-42　轴力随 R 的变化

（a）拱圈；（b）边墙；（c）中墙

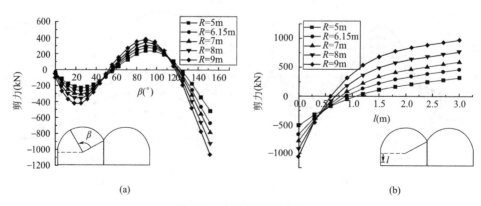

图 5-43　剪力随 R 的变化

（a）拱圈；（b）边墙

的结果趋势非常相似。轴力值明显随着 R 的增加而增加。除了拐点位置附近，弯矩和剪力绝对值也都是随着 R 的增加而增大。随着 R 的增大，边墙正弯矩最大值和剪力零点位置从 1.2m 左右向边墙顶部移动到 0.6m 左右。同时，随着 R 的增大，拱圈内 $\beta = 125° \sim 116°$ 处的负弯矩最大。这些位置与埋深 H 分析时的位置有所不同。当 $R=5$m 时，最大正弯矩在 $\beta = 56°$ 左右的拱圈处。除了 $R=5$m 之外，最大正弯矩在边墙 $l = 0.6 \sim 1.2$m 附近。最大轴力在中墙处，如图 5-42 所示。最大剪力发生在边墙底部和顶部，如图 5-43 所示。最大内力值随 R 的变化如图 5-44 所示，内力随半径增加呈现非线性相关关系，这与图 5-33 埋深分析中所呈现的线性相关关系不同。结合拱圈和边墙弯矩最大值点和剪力零点部分位置的变化，说明隧道跨度的影响要大于埋深。

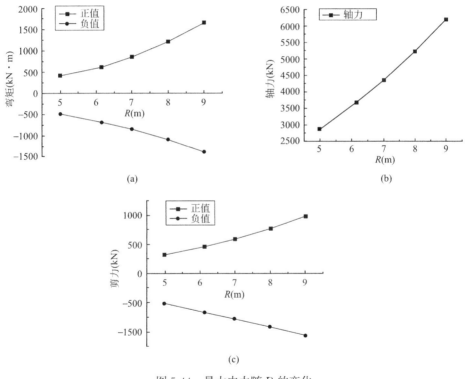

图 5-44　最大内力随 R 的变化

（a）弯矩；（b）轴力；（c）剪力

5.6　小结

本章从类岩堆体隧道的开挖施工方案选择、支护结构设计方法与思路、超前支护的选择以及衬砌结构解析等方面，对类岩堆体隧道的相关设计关键技术进行了系统梳理和阐述，为保障类岩堆体隧道设计和施工的安全与稳定提供了建议和指导。

（1）类岩堆体隧道的施工开挖应以确保围岩安全稳定、减小围岩扰动为基本抓手，针对不同类型的类岩堆体围岩，科学分析、系统研究，选择与地层结构和围岩类型相适应的开挖方法。结合类岩堆体分类方法、开挖施工方案特点以及实际工程经验，给出了不同类型类岩堆体的适宜的开挖方法，以供后续工程进行参考。

（2）类岩堆体隧道支护结构设计应当充分考虑围岩的胶结程度和松散特征，针对不同类型的类岩堆体结构，进行不同形式和强度的支护结构设计，同时针对出现的特殊地质区段，应做好备用增强设计方案，加强超前支护和初期支护强度与刚度，抵抗初期变形。总结了不同类型类岩堆体的支护结构设计方案，并结合实际工程经验提出了类岩堆体自适应支护系统，为类岩堆体隧道支护结构设计提供理论和实践依据。

（3）超前支护对类岩堆体开挖面稳定性具有重要意义，可防止掌子面上方松散掉块及大范围塌方事件的发生。根据理论分析和实践经验，类岩堆体隧道超前支护可适宜采取的措施有超前锚杆支护、超前小导管预注浆、超前大管棚和掌子面超前预注浆等技术，针对不同类型的地层结构和类岩堆体形态，以及不同的工程特点和要求，可进行相应的超前支护方案的设计和选择。

（4）连拱隧道结构形式复杂，受力特征也比较多变，解析解研究结果可以较为准确地预测隧道结构的受力形式和特点，内力计算结果表明，拱顶内侧和两侧拱腰外部承受拉力较大，边墙和中墙受压力较大。这些区域在设计和施工时需要给予特别注意。参数分析表明，连拱隧道张开角的取值宜在 $35°\sim55°$ 范围内，跨度和埋深的增加均会增大结构受力，且跨度的影响更为明显。因此，在类岩堆体地层中进行连拱隧道设计，应综合考虑地层结构特点和交通需求，慎重考虑具体结构形式和跨度范围，降低结构施工难度和受力复杂程度。

第6章

类岩堆体隧道地质特征及围岩
变化规律超前预报技术研究

6.1 概述

我国西南地区地质条件复杂，造成类岩堆体地层结构同样复杂多变，难以准确把握，在隧道工程施工过程中容易出现对掌子面前方地质特征和围岩变化规律掌握不准确从而造成开挖后出现大变形、塌方乃至突水突泥等工程灾害。近些年随着超前预测、预报技术的发展，了解和掌握隧道开挖掌子面前方的实际地质特征和围岩变化规律成为一种可能，并逐步在隧道施工过程中加以采用。隧道超前地质预测、预报是指利用钻探和现代物探等，探测隧道、地下厂房等地下工程的岩土体开挖面前方的地质情况，力图在施工前掌握前方的岩土体结构、性质、状态，以及地下水、瓦斯等的赋存情况，地应力情况等地质信息的一种手段。目前比较成熟的预报方法有地质雷达法、瞬变电磁法、地震波超前预报等。类岩堆体这种复杂多变的地层结构使得超前地质预报技术在隧道工程施工中变得更加重要，本章将结合工程实际，介绍相关的超前地质预测、预报方法及其在类岩堆体隧道工程中的应用情况。

6.2 隧道超前地质预报技术

隧道超前地质预报是指利用钻探和现代物探等，探测隧道以及地下厂房等地下工程结构的围岩结构在掌子面前方的实际工程地质情况和围岩变化规律特征，力图在开挖施工前掌握前方的岩土体结构、性质、状态，以及地下水、岩溶等的赋存情况，地应力情况等地质信息的一种手段。隧道超前地质预报为进一步的施工提供指导，以避免工程施工及运营过程中发生突水、涌水、岩爆、大变形等地质灾害，保证施工的安全和顺利进行。

6.2.1 超前地质预报目的

开挖前了解地质情况，对于隧道工程建设有着十分重要的作用。通过超前预报，及时发现异常情况，预报掌子面前方不良地质体的位置、产状及其围岩结构的完整性与含水的可能性，为正确选择开挖断面、支护设计参数和优化施工方案提供依据，并为预防隧道涌水、突泥、突气等可能形成的灾害性事故及时提供信息，使工程单位提前做好施工准备，保证施工安全，同时还可节约大量资金。所以隧道超前预报对于安全科学施工、提高施工效率、缩短施工周期、避免事故损失、节约投资等具有重大的社会效益和经济效益。超前地质预报应达到下列目的：

（1）进一步查清隧道开挖工作面前方的工程地质和水文地质条件，指导工程施工的顺利进行。

（2）降低地质灾害发生的概率和危害程度。

（3）为优化工程设计提供地质依据。

（4）为编制竣工文件提供地质资料。

6.2.2 超前地质预报内容

隧道施工超前预报的内容一般包括：

（1）不良地质预报及灾害地质预报。预报掌子面前方一定范围内有无突水、突泥、岩爆及有害气体等，并查明其范围、规模、性质，提出施工措施或建议。

（2）水文地质预报。预报洞内突涌水量的大小及其变化规律，并评价其对环境地质、水文地质的影响。

（3）断层及其破碎带的预报。预报断层的位置、宽度、产状、性质、填充物的状态，是否为充水断层，并判断其稳定程度，提出施工对策。

（4）围岩类别及其稳定性预报。预报掌子面前方的围岩类别与设计是否吻合，并判断其稳定性，随时提供修改设计、调整支护类型、确定二次衬砌时间的建议等。

（5）预测隧道内有害气体含量、成分及动态变化。

针对不同的隧道围岩类型和施工方案，预报内容的侧重点也可以有所不同，应根据实际要求和所采用的技术手段进行最终确定。

6.2.3 超前预报分类

6.2.3.1 按预报的作用划分

1. 常规预报

常规预报是勘测设计阶段地质工作的继续，也是隧道施工的一个作业过程。其目的是结合施工进程，收集地质资料，判断围岩类别，了解掌子面前方短距离内的工程地质条件，为正确选择断面大小、衬砌类型、施工方法和支护设计或修改施工设计等提供依据，其成果可作为隧道竣工后维修养护参考。该预报是短距离预报的主要任务，目前已有比较成熟的经验。常规预报多以地质素描为主，配合简单的物探测试了解掌子面前方地质条件。常规预报应以施工单位为主，作定量预报，并结合施工进行，预报时尽量不占或少占施工作业时间。

2. 成灾预报

隧道施工中的地质灾害，是指隧道施工过程中因前方地质条件的突然变化，导致施工失去控制的非常事件。该事件可引起人员伤亡、机械设备失效并严重破坏，甚至被迫长时间停工，致使工程部门蒙受重大的经济损失。隧道地质灾害主要有大规模塌方、涌水、涌泥、涌石、岩爆、瓦斯等。成灾预报是对可能的灾害性地质条件进行预报，以指导隧道施工中的防灾和减灾工作。该预报是中、长距离预报的主要任务，是为隧道施工战略决策服务的。对可能成灾的地质条件，应从设计和施工方法上考虑特殊对策，否则可按常规预报进行。成灾预报应由设计、科研、施工单位组成专家小组，采用地质、物探综合分析法进行定性和定量预报，并视工作需要占用部分施工作业时间。

3. 专门预报

对特殊地质问题进行预报，如膨胀岩、侵蚀性地下水、高地温、岩溶等。这些特殊地质条件，常常使施工陷入困境或破坏隧道衬砌，如果处理不及时或处理失当，甚至可能酿成大的地质灾害。可见，专门预报也是隧道施工预报的重要内容之一。该预报应由设计、科研和施工部门组成专门小组，采用综合手段作定性和定量预报。

6.2.3.2　按距掌子面的距离划分

隧道施工超前预报距离与隧道施工速度和工程实际需要密切相关。结合我国隧道开挖技术水平和快速施工要求，按掌子面前方距离可分为三类。

1. 短距离预报：0～15m

就我国目前快速施工的水平，一般采用钻爆与 TBM 相结合的方法。一个循环进尺 2～3m，二个循环是 4～6m，三个循环是 6～9m。实践表明，预报三个循环的前方地质条件，即能满足安全施工要求。根据我国目前的探测技术，要预报掌子面前方 15m 范围内的地质条件并不困难，且测试基本可与施工同步进行。对成灾预报而言，短距离预报相当于临灾预报或防灾处理阶段。

2. 中距离预报：15～50m

对于防灾预报来说，只有 15m 范围内的临灾预报是不够的。发现有可能成灾的地质条件，马上要准备处理，显然太紧张。比较理想至少应有 30m 的距离。因此，进行范围超过 15m 的中距离预报是隧道施工所必须的。另外，从目前已有的预报实践来看，用物探方法在开挖面上进行 20～40m 的超前探测已十分有效。说明物探方法在中、长距离预报中是有潜力的。

3. 长距离预报

50m 以上为长距离预报。

6.2.3.3　按采用的手段划分

1. 经验预报

在以往工程经验的基础上，凭感觉就能进行的预报。它对临灾预报有特殊意义，如凿孔过程中发现有岩粉异常喷出，可能遇到了瓦斯或有害气体；听到岩石劈裂声且随后出现岩块弹射现象可能是岩爆；凿孔异常喷水可能是大量涌水的先兆；隧道塌方也有先兆等。直接预报法或地质分析法的预报效果与从事预报人员的经验丰富程度密切相关。

2. 采用仪器预报

预报目的不同，方法各异，所用仪器也是多种多样的。如地质分析法只需罗盘、地质锤、放大镜、稀盐酸和皮尺等；水平钻孔法需用大型水平钻机；物探方法需各种物探仪器等。

3. 综合预报

地质体是复杂的综合体，企图用单一方法查明隧道的全部地质条件是不可能的，因此应采用综合预报方法。根据地质条件的差异和不同精度要求，适时选用若干种方法相互补充和印证，才能获得良好效果。

6.2.3.4　按精度划分

1. 定量预报

"定量"是对前方地质体具体位置、规模、设计参数变化等给出量的概念，对灾害性地质条件，除明确灾害性质外，还应明确可能成灾的位置、规模和影响范围等。当然对量的精度要求也是相对的，如短距离预报精度要求最高；中距离预报精度要求次之；长距离预报则以定性为主，强调战略上的指导作用。

2. 定性预报

定性是对定量而言，定性一定要准，具体位置的精度可不作严格规定。

6.2.4　超前预报方法

目前常见的超前地质预报方法有很多，其具体功能、作用和操作手段也有明显差异。从大类上来区分，大致可以区分为直接预报法、地质分析法、物探法和综合分析法等。

直接预报法一般包括水平钻孔、超前导坑等，需要在隧道内进行超前钻探，一般需要占用较长的施工作业时间，时间和费用成本较高。地质分析法往往根据开挖揭露的地质条件、地质勘探结果以及地质经验等综合分析开挖面前方的地层岩性、构造和节理裂隙发育情况、地下水状态、围岩稳定性及初期支护采用方法等，一般包括断层参数预测法、地质体投射法和正洞地质编录与预报等。其优点是占用施工时间很短，设备简单，不干扰施工，成果快速，预报效果较好，而且为整个隧洞提供了完整的地质资料；缺点是与隧洞夹角较大而又向前倾的结构面容易产生漏报。物探法则是借助于各种先进的超前探测设备，通过各种弹性波的发生和反射，以弹性波的反射或折射路径的变化，通过专门的分析软件进行处理后，来预测前方围岩的地质情况，常见的有地质雷达法、瞬变电磁法、地震波超前预报以及各种声波、地震波超前预测、预报技术方法等，物探法是目前应用最为广泛也预测准确度较高的方法。综合分析法是将地质调查方法与多种物探方法有机结合起来，对地质物探资料进行系统处理和综合分析。其工作方法和主要内容包括收集并熟悉地质资料、施工地质编录、围岩特性测试、地球物理探测、地质物探综合分析等，是一种更为综合的超前预报方法，预报精确度也比较高。但是对于工程施工而言，其工作内容和预测过程也都较为繁琐，容易出现与工程施工进度不一致、不协调的情况。

综合来看，物探法是目前应用最为广泛的方法，其具有方便、快捷、准确度高的特点，且容易与隧道工程施工进度相协调，不会因超前预报工作而影响工期。本章主要探讨的内容就是几种物探方法的使用技术以及在工程中的实际应用情况。

6.3 地质雷达法超前地质预报及其应用

地质雷达法主要是利用高频电磁波以宽频带短脉冲的形式，由掌子面通过发射天线向前发射，当遇到异常地质体或介质分界面时发生反射并返回，被接收天线接收，并由主机记录下来，形成雷达剖面图。由于电磁波在介质中传播时，其路径、电磁波场强度以及波形将随所通过介质的电磁特性及其几何形态而发生变化。因此，根据接收到的电磁波特征，即波的旅行时间、幅度、频率和波形等，通过雷达图像的处理和分析，可确定掌子面前方界面或目标体的空间位置或结构特征。当前方岩体完整的情况下，可以预报 30m 的距离；当岩石不完整或存在构造的条件下，预报距离变小，甚至小于 10m。雷达探测的效果主要取决于不同介质的电性差异，即介电常数，若介质之间的介电常数差异大，则探测效果就好。由于该法对空洞、水体等的反映较灵敏，因而在岩溶地区用得较普遍。缺点是洞内测试时，受干扰因素较多。此外它预报的距离有限，一般不超过 30m，且要占用掌子面的工作时间。

应用地质雷达进行超前预报，在钻爆法施工的隧洞中使用相对较多，由于探测时需要适当占用掌子面的工作时间，故在掌子面上测试时需要短暂停工进行。地质雷达法超前地质预报现场操作如图 6-1 所示。

图 6-1　地质雷达法超前地质预报现场操作

6.3.1　预报内容、方法及原理

6.3.1.1　预报内容

根据类岩堆体隧道围岩的基本结构特点和工程实际开挖方式和施工特点，采用地质雷达技术进行超前地质预报的主要内容包括以下 4 个方面：

（1）提供开挖掌子面前方的围岩级别。

（2）超前探测断层破碎带、富水带、节理密集带、岩溶的位置、产状、宽度等地质情况。

（3）超前探测开挖掌子面前方水文情况。

（4）超前探测开挖掌子面前方溶洞的尺寸和位置情况。

6.3.1.2　地质雷达系统简介

地质雷达是一种宽带高频电磁波信号探测方法，它是利用电磁波信号在物体内部传播时电磁波的运动特点进行探测的。

地质雷达系统组成示意如图 6-2 所示，其主要由以下几部分组成：

（1）控制单元。控制单元是整个雷达系统的管理器，计算机对如何测量给出详细的指令。系统由控制单元控制着发射机和接收机，同时跟踪当前的位置和时间。

（2）发射机。发射机根据控制单元的指令，产生相应频率的电信号并由发射天线将一定频率的电信号转换为电磁波信号向地下发射，其中电磁信号主要能量集中于被研究的介质方向传播。

（3）接收机。接收机把接收天线接收到的电磁波信号转换成电信号并以数字信息方式进行存储。

（4）电源、通信电缆、触发盒、测量轮等辅助元件。

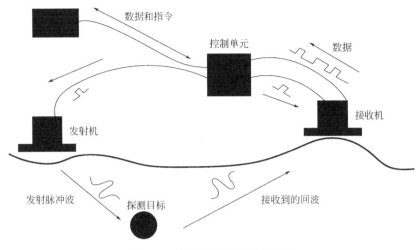

图 6-2　地质雷达系统组成示意

6.3.1.3　地质雷达法预报原理

地质雷达法（Ground Penetraing Radar，GPR）是一种用于确定地下介质分布的电磁波法。其方法原理类似反射地震勘探技术，是一种高分辨率探测方法。GPR 方法是用高频电磁波（1MHz～1GHz），以脉冲形式通过发射天线被定向地向地下发射。电磁波在地下介质中传播，当遇到存在电性差异介质的界面时，电磁波便发生反射，返回地面后由接收天线接收（图 6-3），并由采集系统（主机）以数字形式记录下来。

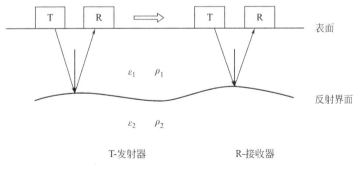

图 6-3　地质雷达法（GPR）工作原理示意

采集的数据通过处理，可以获得时间或深度剖面。根据记录到的反射波的到达时间和求得电磁波在介质中传播的速度，来确定反射界面和目标体的深度；同时根据反射波同向轴的形态以及反射波振幅的相对强弱变化等因素来判断目标体的性质及空间规模，从而达到对地层或地下目标体的探测。

地质雷达资料的分析实际上就是对反射回来的电磁波的分析，反射电磁波的强弱取决于相应介质的相对介电常数的差异，相对介电常数的差异越大，其反射的电磁波的振幅就越强。空气、水及地质岩层的相对介电常数分别是1、81、7～9，三者之间均有一定的差异，从理论上讲，界面反射信号的强弱及反射波及同向轴的形状是判断空坑等异常的依据。

具体资料处理及解释流程如图6-4所示。

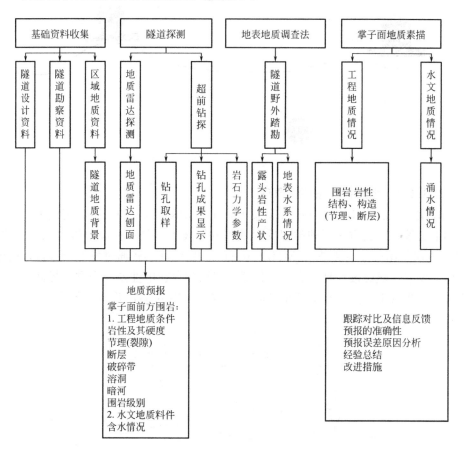

图6-4　地质雷达法超前预报资料处理及解释流程

6.3.1.4　预报仪器设备

地质雷达法预报的仪器和设备种类多样，功能也有一定差异，针对类岩堆体隧道地质特点和施工实际情况，现场地质雷达法超前地质预报工作主要采用如下仪器设备：

（1）美国GSSI公司生产的SIR-4000型地质雷达主机及100MHz收发一体式屏蔽天线（图6-5），仪器编号：TJ/SBSD1020。

（2）地质罗盘、地质锤等辅助工具。

采用地质雷达方法进行超前地质预报在建（个）元高速公路多条隧道中进行

(a) (b)

图 6-5　SIR-4000 型地质雷达主机及 100MHz 天线

（a）SIR-4000 雷达主机；（b）100MHz 屏蔽天线

了应用，下面选取不同隧道的典型预报区段进行阐述和分析。

6.3.2　五老峰隧道地质雷达法超前地质预报

6.3.2.1　掌子面概况

五老峰隧道左线进口 Z3K22＋903～Z3K22＋923 区段采用地质雷达法进行了超前地质预报，预测区段长度 20m。掌子面（Z3K22＋903）地质情况为：掌子面揭示围岩为泥质灰岩，强-中风化，锤击易碎，属较软岩；岩体整体呈薄层状构造，节理裂隙发育，岩体破碎呈碎裂状结构，层间结合差，正面不能自稳；岩体泥质含量较高，遇水易软化，掉块。掌子面潮湿，伴有渗滴水现象。属于典型的软弱松散类岩堆体结构特征，五老峰隧道掌子面概貌（Z3K22＋903）如图 6-6 所示。

图 6-6　五老峰隧道掌子面概貌（Z3K22＋903）

6.3.2.2 测线布置

超前预报区段采用三台阶开挖预留核心土法施工，结合现场实际情况，地质雷达法超前地质预报在当前掌子面共布置两条地质雷达测线，测线布置情况具体如图 6-7 所示。

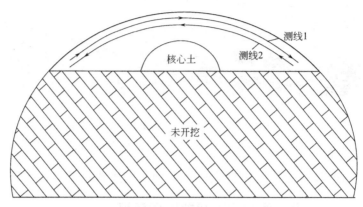

图 6-7　五老峰隧道地质雷达法测线布置示意

6.3.2.3 数据处理及分析

采用 RADAN 7 专用地质雷达数据处理软件，对本次预报的两条地质雷达测线，进行背景清除、带通滤波、距离归一化、静校正及增益恢复等室内处理后，得到地质雷达测线处理结果如图 6-8 所示。

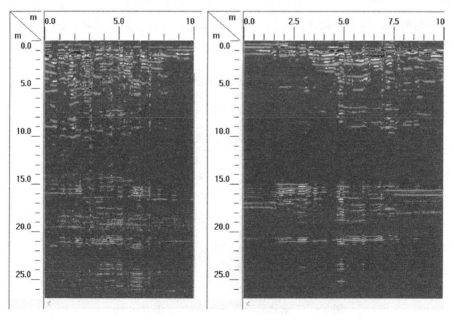

图 6-8　五老峰隧道左线进口测线一和测线二雷达探测波谱

由图 6-8 看出，在本次预报的掌子面前方约 20m 范围内，即从 Z3K22＋903～Z3K23＋923，整体上电磁波反射较强。根据上图推测本次预报里程段 Z3K22＋903～Z3K22＋923 范围内围岩的电阻率性质与当前掌子面围岩的电阻率性质相差不大，未出现较大异常区域。

6.3.2.4　预报结论及建议

通过以上的地质雷达数据处理及图像分析，结合现场地质调查，综合分析后推测五老峰隧道左线进口本次预报里程段围岩地质情况如下：

本次预报里程段主要为泥质灰岩，深灰色，强-中风化，锤击易碎，属较软岩；岩体整体薄层状构造，节理裂隙发育，岩体破碎，呈碎裂状结构；围岩自稳能力差，层间结合力差，正面不能自稳；掌子面有渗滴水现象。

综合分析认为，本次预报里程段 Z3K22＋903～Z3K22＋923 围岩整体上将继续以薄层状泥质灰岩为主，节理裂隙发育，围岩自稳能力差，易发生坍塌等事故。此外，本预报段里程地下水稍发育，以渗滴水为主，当前隧道埋深较浅，降雨会加大周围围岩的含水量，致岩石软化从而进一步降低隧道围岩的承载能力，对于该里程段围岩的整体稳定非常不利。

鉴于以上分析，并考虑到五老峰隧道左线进口本次预报里程段埋深较浅，为确保该隧道施工安全及后续长期安全稳定运营，建议五老峰隧道左线进口本次预报里程段 Z3K22＋903～Z3K22＋923 围岩级别为 V 2 级，原设计围岩级别为 V 级，即应严格按照原设计进行本次预报里程段隧道的开挖支护施工。

预测区段当前施工段埋深较浅，基于该隧道的实际地质条件，针对以上分析，为降低该隧道施工安全风险，对该隧道施工提出如下建议。

（1）鉴于该隧道目前围岩完整性及稳定性差，建议目前五老峰隧道左线进口施工应严格遵循"管超前、严注浆、短进尺、强支护、早封闭、勤量测"等地下工程施工基本原则，根据围岩的实际地质情况科学合理地安排施工，依据围岩地质情况的变化及时调整超前支护方式及参数、开挖方法、单循环进尺及支护类型等关键的施工参数，以便在保证安全避免坍塌的前提条件下，确保该隧道的安全快速掘进。

（2）施工段隧道埋深较浅，由于洞内开挖后出现的围岩应力释放及应力重新分布，拱顶以上岩体会出现较大的沉降变形，若变形过大，可能会出现坍塌等风险，故应严格做好洞内及地表的监控量测工作，以及时了解隧道围岩变形，开挖后应及时采取开挖面及拱部排险、素喷等安全措施，避免因变形过大而导致的安全风险。

（3）严格控制单循环进尺，做到随挖随撑，缩短开挖面暴露时间，减少围岩变形，充分利用围岩自承载能力；并特别注意锁脚锚杆的施工数量及质量；建议每循环进尺不宜超过 2 榀拱架距离。

（4）受地下水影响，部分区域围岩软化程度明显，围岩变形较大，加之当前隧道处于洞口浅埋段，为灾害易发区域，建议加强隧道监控量测工作频率，实时监控，避免灾害事故的发生。

6.3.3 阿白寺隧道地质雷达法超前地质预报

6.3.3.1 掌子面概况

阿白寺隧道右线进口 K20＋180～K20＋205 区段采用地质雷达法进行了超前地质预报，预测区段长度 25m。掌子面（K20＋180）地质情况为：掌子面揭示围岩主要为中风化的灰岩，呈镶嵌碎裂结构，黄褐色（新鲜面揭示）；岩石锤击声不清脆，无回弹，较易击碎，判定为偏岩型类岩堆体；节理裂隙发育，结构面结合程度差，岩体破碎；溶蚀迹象明显，溶蚀裂隙发育；岩层面杂粉质黏土，局部有次生泥；完整性、稳定性一般，拱顶及掌子面两侧易掉块；掌子面潮湿，现场照片如图 6-9 所示。

图 6-9　阿白寺隧道掌子面概貌（K20＋180）

6.3.3.2 测线布置

阿白寺隧道右线进口采用台阶法施工，结合现场实际情况，本次地质雷达法超前地质预报在当前掌子面共布置四条地质雷达测线，测线布置情况具体如图 6-10 所示。

6.3.3.3 数据处理及分析

采用 RADAN 7 专用地质雷达数据处理软件，对本次预报的地质雷达测线，进行背景清除、带通滤波、距离归一化、静校正及增益恢复等室内处理后，得到地质雷达测线处理结果如图 6-11、图 6-12 所示。

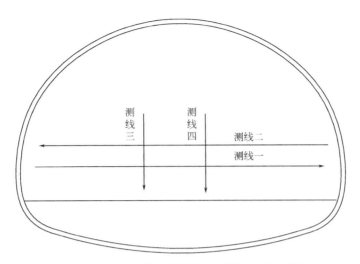

图 6-10　阿白寺隧道地质雷达法测线布置示意图

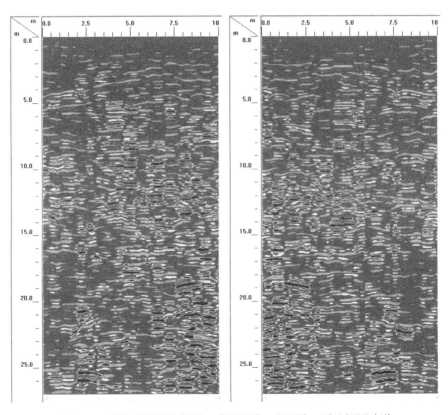

图 6-11　阿白寺隧道右线进口水平测线一和测线二雷达探测波谱

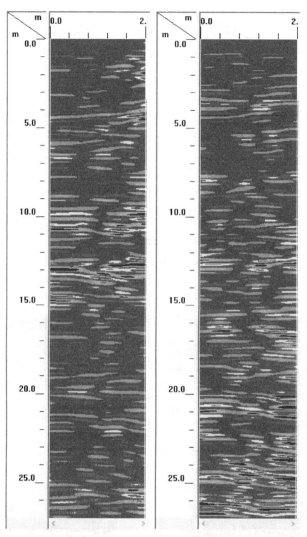

图 6-12　阿白寺隧道右线进口竖向测线三和测线四雷达探测波谱

由图 6-11 和图 6-12 看出，在本次预报的掌子面前方约 25m 范围内，即从 K20＋180～K20＋205 里程段内，雷达波的同相轴连续性差，局部有缺失，反射波形杂乱；电磁波能量分布不均；电磁波频率整体以不均匀的中低频率为主；所布测线均未发现明显的双曲线强反射异常，但在局部有电磁绕射现象。

6.3.3.4　预报结论及建议

根据以上的地质雷达图像分析并结合现场地质调查，推测本次预报里程段 K20＋180～K20＋205 开挖轮廓线范围内围岩地质情况如下：

本次预报里程段 K20＋180～K20＋205 围岩主要以中风化灰岩为主，呈镶嵌碎裂结构，夹杂黏土，节理裂隙发育，溶蚀裂隙发育，局部赋存较大溶隙，岩体破碎，K20+185～K20+195 里程段存在极破碎岩体，地下水轻微发育，岩体潮湿。

拱顶及两侧极易出现崩塌、掉块现象，若超前支护措施不当或初期支护不及时，极易产生坍塌甚至大规模的失稳坍塌等安全风险，侧壁有局部失稳现象。

鉴于以上分析，为确保该隧道施工安全及后续长期安全稳定运营，建议阿白寺隧道右线进口本次预报里程段 K20+180～K20+205 围岩级别为Ⅳ 2级，建议对 K20+180～K20+205 段加强支护，进行现场会勘，根据现场实际情况确定围岩级别及支护形式，并严格按照现场勘测结果进行本次预报里程段的开挖支护施工。

基于该隧道实际地质条件，针对以上分析，为降低该隧道施工安全风险，对该隧道目前的施工提出如下建议。

（1）该隧道施工应制定针对性的隧道防坍塌应急预案，在洞口附近储备适量的应急支护材料，并在洞内做好逃生通道等安全措施。

（2）施工应严格遵循"短进尺、弱爆破、早支护、早封闭、勤量测"等地下工程施工基本原则，并根据围岩的实际地质情况科学合理地安排施工，依据围岩地质情况的变化及时调整超前支护方式及参数、开挖方法、单循环进尺及支护类型等关键的施工参数，以便在保证安全避免坍塌的前提条件下，确保该隧道的安全快速掘进。

（3）预报里程段局部有破碎岩体，开挖后易掉块，爆破出渣后应及时采取排险，加强安全措施，以避免作业人员受伤。

（4）开挖后出现的围岩应力释放及应力重新分布，拱顶以上岩体会出现较大的沉降变形，若变形过大，可能会出现坍塌甚至冒顶等风险，故应严格做好洞内及地表的监控量测工作，以及时了解隧道围岩变形，避免因变形过大而导致的安全风险。

（5）严格控制单循环进尺，做到随挖随撑，缩短开挖面暴露时间，减少围岩变形，充分利用围岩自承载能力，并特别注意锁脚锚杆的施工数量及质量，建议每循环进尺不宜超过 2 榀拱架距离。

6.3.4 新寨隧道地质雷达法超前地质预报

6.3.4.1 掌子面概况

新寨隧道右线出口 K13+101～K13+081 区段采用地质雷达法进行了超前地质预报，预测区段长度 20m。掌子面（K13+101）地质情况为：掌子面揭示围岩主要为全风化灰岩，呈红褐色，散体状结构，围岩锤击声哑，无回弹，有较深凹痕，手可捏碎，判定为偏土型类岩堆体；节理裂隙极发育，结构面结合程度差，岩体极破碎，拱顶及侧壁极易大面积掉块；自稳性差，地下水轻微发育，掌子面潮湿。掌子面现场照片如图 6-13 所示。

图 6-13　新寨隧道掌子面概貌（K13＋101）

6.3.4.2　测线布置

新寨隧道右线出口采用台阶法开挖预留核心土法施工，结合现场实际情况，本次地质雷达法超前地质预报在当前掌子面共布置四条地质雷达测线，测线布置情况具体如图 6-14 所示。

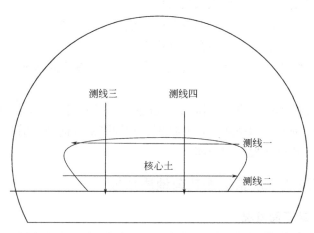

图 6-14　新寨隧道地质雷达法测线布置示意

6.3.4.3　数据分析及处理

采用 RADAN 7 专用地质雷达数据处理软件，对本次预报的四条地质雷达测线，进行背景清除、带通滤波、距离归一化、静校正及增益恢复等室内处理后，得到地质雷达测线处理结果如图 6-15、图 6-16 所示。

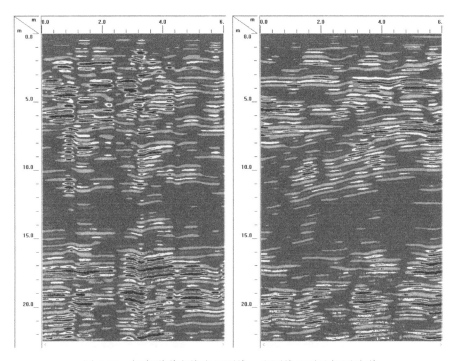

图 6-15　新寨隧道右线出口测线一和测线二雷达探测波谱

由图 6-15 和图 6-16 看出，在本次预报的掌子面前方约 20m 范围内，即从 K13＋101～K13＋081，雷达反射波的同相轴连续性差，甚至局部有缺失；雷达反射波形杂乱，局部电磁波信号有较为明显的畸变；雷达电磁波信号整体以低频信号为主，电磁波能量团分布不均，在预报里程段内存在明显的强反射波组（条带状强反射为干扰所致），且电磁波能量衰减极快；所布测线均未发现存在明显的双曲线反射异常。

6.3.4.4　预报结论及建议

根据以上的地质雷达图像分析并结合现场地质调查，推测本次预报里程段 K13＋101～K13＋081 开挖轮廓线范围内围岩地质情况如下：

本次预报里程段围岩掌子面揭示围岩主要为强风化灰岩，节理裂隙极发育，结合性差，岩体极破碎，推测在本次预报里程段内存在极破碎岩体并大量夹杂黏土，风化程度不均匀，局部为松散土体；拱顶及侧壁易掉块，自稳性差，岩体潮湿，局部有渗滴水现象。

在隧道开挖作业时，若超前支护措施不当或初期支护不及时，极易导致围岩由于失去支撑而出现较大规模的失稳坍塌等安全风险。

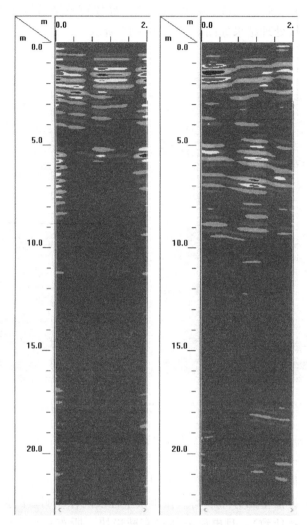

图 6-16　新寨隧道右线出口测线三和测线四雷达探测波谱

　　鉴于以上分析，为确保该隧道施工安全及后续长期安全稳定运营，建议新寨隧道右线出口本次预报里程段 K13+101～K13+081 围岩级别为 Ⅴ2 级，提请严格按照设计文件进行本次预报里程段的开挖支护施工。

　　基于该隧道目前的地质条件，针对以上分析，为降低该隧道施工安全风险，对该隧道目前的施工提出如下建议。

　　（1）该隧道施工应制定针对性的隧道防坍塌应急预案，在洞口附近储备适量的应急支护材料，并在洞内做好逃生通道等安全措施。

　　（2）新寨隧道右线出口进入浅埋段，施工应严格遵循"短进尺、弱爆破、早支护、早封闭、勤量测"等地下工程施工基本原则，及时做好洞顶地表的截、排水沟，并根据围岩的实际地质情况科学合理地安排施工，依据围岩地质情况的变化及时调整超前支护方式及参数、开挖方法、单循环进尺和支护类型等关键的施工参数，以便在保证安全避免坍塌的前提条件下，确保该隧道的安全快速掘进。

（3）由于洞内开挖后出现的围岩应力释放及应力重新分布现象，拱顶以上岩体会出现较大的沉降变形，若变形过大，可能会出现坍塌甚至冒顶等风险，故应严格做好洞内及地表的监控量测工作，以及时了解隧道围岩变形，避免因变形过大而导致的安全风险。

（4）严格控制单循环进尺，做到随挖随撑，缩短开挖面暴露时间，减少围岩变形，充分利用围岩自承载能力，并特别注意锁脚锚杆的施工数量及质量，建议每循环进尺不宜超过1榀拱架距离。

（5）在开挖过程中对围岩相对较差的地段建议加强支护，以保证施工安全进行。

（6）本次预报里程段围岩岩性主要为炭质泥岩，围岩稳定性极差，要加强系统锚杆施作质量和保障超前小导管的注浆质量。

6.4 地震波法超前地质预报及其应用

地震波法（TGP）超前探测是利用地震波反射方法测量的原理，采用高灵敏度的地震检波接收器，广泛收集布置在隧道单侧壁上多个地震激发点产生的地震波，及其在围岩传播时遇到不同反射界面的反射波。反射信号的传播时间与传播距离成正比，与传播速度成反比。因此通过测量直达波速度、反射回波的时间、波形和强度，可达到预报隧道掌子面前方地质条件的目的。在一定间隔距离内连续采用上述方法，结合施工地质调查，可以得到隧道围岩的地质特征以及地质力学参数。

6.4.1 预报内容、原理及方法

6.4.1.1 预报内容

（1）提供开挖面前方的建议围岩级别。

（2）不良地质体预报，预报开挖工作面前方可能出现的岩溶、断层、岩脉、岩体破碎带等异常地质情况。

（3）开挖掌子面前方的水文地质条件和可能出现的涌水预报。

6.4.1.2 预报原理

隧道地震波超前预报是利用地震波在岩体传播过程中，在声阻抗界面会产生地震反射波，利用仪器设备采集隧道岩体中地震波传播的信息，通过相关处理系统进行数据处理，结合已有的地质资料综合分析，实现对隧道前方地质条件的推断，达到地质超前预报的目的。

6.4.1.3 预报方法

记录检波器接收孔、激发孔的起止炮孔隧道里程，对于不等道间距的炮孔要测量炮孔间距，记录隧道掌子面里程；定向并耦合安置孔中三分量检波器；逐炮孔安置带有计时线的炸药卷，药量一般控制在 60～120g；根据隧道岩体条件选择仪器采集参数，通过选择采样点数的多少保障地震记录的长度不小于 300ms。以上有关数据填写在 TGP 现场数据记录表中。而后进行逐炮地震波数据的采集工作，测量中要求隧道内具有安静的条件，有关的产生振动施工的项目需要暂时停止，所有炮孔数据采集完毕，在检查采集数据合格后结束现场测量工作。地震波法（TGP）超前预报现场示意如图 6-17 所示。

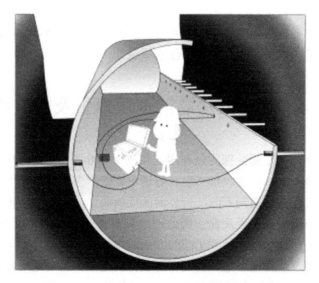

图 6-17　地震波法（TGP）超前预报现场示意

6.4.2　五老峰隧道地震波法超前地质预报

6.4.2.1　掌子面概况

五老峰隧道左线进口大里程（1 号斜井正洞左线大里程）掌子面 Z3K26＋786 处采用地震波法（TGP）结合地质调查分析法进行综合超前地质预报，预报里程范围为 Z3K26＋786～Z3K26＋936，共预报 150m。掌子面地质情况：当前掌子面揭露的岩性为灰岩，微风化，锤击声较清脆，轻微回弹，稍震手，较难击碎，判定为偏岩型类岩堆体；结构面较发育，结构面结合程度较好，呈层状结构，岩体较完整，稳定性较好。掌子面湿润。掌子面详情如图 6-18 所示。

图 6-18 五老峰隧道掌子面概貌（Z3K26＋786）

6.4.2.2 数据处理与分析

采用地震波法进行相关数据采集和处理，各组数据处理结果如图 6-19～图 6-25 所示。

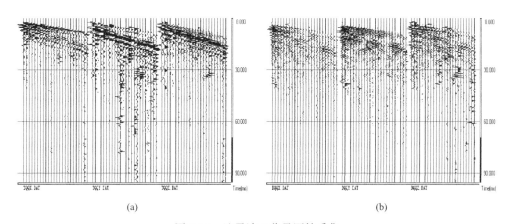

(a)	(b)

图 6-19 地震波三分量原始采集

（a）同侧地震波三分量原始采集；（b）对侧地震波三分量原始采集

1. 现场原始记录评估

由地震波三分量原始采集图（图 6-19）可见，地震纵波同相轴初至明确，横波同相轴的幅度和频率明显区别于纵波，纵横波同相轴的速度具有明显差别且分离清晰。认为现场采集的地震波三分量记录属于优良记录，符合数据处理的质量要求。

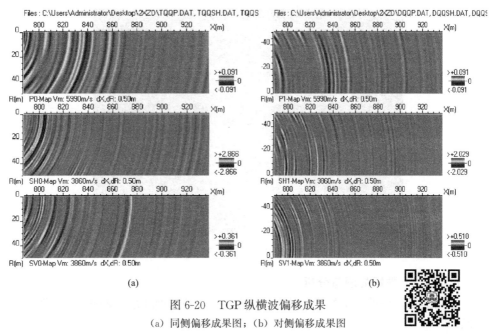

图 6-20　TGP 纵横波偏移成果

（a）同侧偏移成果图；（b）对侧偏移成果图

6-1　TGP 纵横波偏移
成果（彩色图）

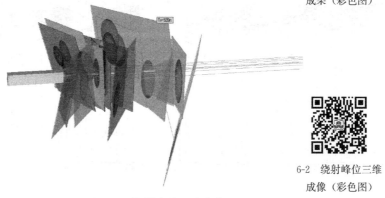

6-2　绕射峰位三维
成像（彩色图）

图 6-21　绕射峰位三维成像

2. 测量段岩体参数

测量段即炮孔布置段，其岩体参数利用地震波三分量原始采集图（图 6-19）计算获得。本次测量段岩体的弹性参数如下：纵波速度 V_p＝5990m/s；横波速度 V_{sh}＝3860m/s；泊松比为 0.145；地质勘察报告中该段岩性为灰岩夹砂质板岩，岩体的围岩级别为Ⅲ级，以上参数代表测量段岩体的弹性性质。TGP 系统利用开挖暴露出的岩体条件作为预报分析的基础。

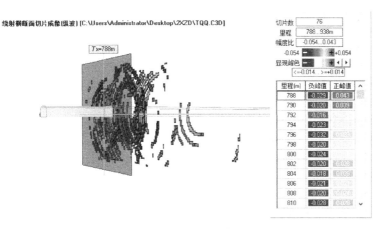

6-3 绕射横断面
切片成像（异常
保留）（彩色图）

图 6-22 绕射横断面切片成像（异常保留）

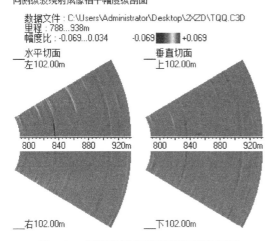

6-4 同侧纵波绕
射相干幅度纵
剖面（彩色图）

图 6-23 同侧纵波绕射相干幅度纵剖面

3. 成果数据分析及地质单元划分

将原始数据软件处理分析可见绕射峰位三维成像图（图 6-21）负反射界面较多，TGP 纵波偏移成果图（图 6-20）中 Z3K26＋820～Z3K26＋870 段揭露明显宽且长的正负性条带相间，图 6-25 中比速度曲线可见纵波在本次预报里程 Z3K26＋806～Z3K26＋822 段呈段形成凹形比速度，Z3K26＋834～Z3K26＋864 段呈段呈阶梯状陡降趋势，横波在 Z3K26＋800～Z3K26＋810、Z3K26＋824～Z3K26＋834、Z3K26＋840～Z3K26＋850 段呈段形成凹形比速度。

通过对 TGP 隧道地质超前预报成果的分析，划分掌子面前方 150m 范围的隧道围岩为 3 个地质单元。

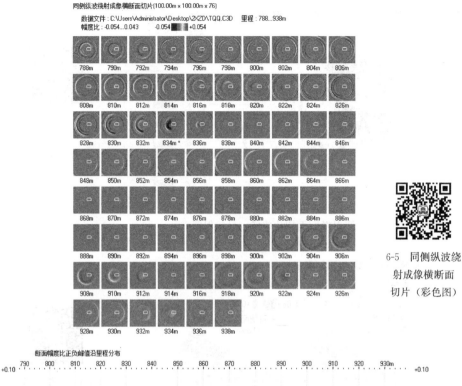

图 6-24　同侧纵波绕射成像横断面切片

6-5　同侧纵波绕
射成像横断面
切片（彩色图）

1）Z3K26＋786～Z3K26＋806 段，该段长度 20m

综合分析 Z3K26＋786～Z3K26＋806 段围岩地层岩性主要为灰岩，微风化，岩石较坚硬，节理裂隙发育，结构面结合程度较差。掌子面整体较破碎。Z3K26＋800～Z3K26＋810 段呈段横波凹形比速度，故推测该段地下水稍发育，在实际开挖过程中地下水会通过结构面裂隙呈淋雨状出露。提前做好防排水措施。该地质单元设计围岩级别为Ⅲ级，建议围岩级别为Ⅳ 1 级。

2）Z3K26＋806～Z3K26＋870 段，该段长度 64m

该段围岩地层岩性主要为灰岩，中风化，岩性较前一地质单元差，负反射界面增多推测该段围岩节理裂隙发育，结构面结合程度差。掌子面破碎，呈碎裂状结构。横波在 Z3K26＋824～Z3K26＋834、Z3K26＋840～Z3K26＋850 段呈段形成凹形比速度，故推测该里程段落地下水发育，在 Z3K26＋834 左右地下水离开

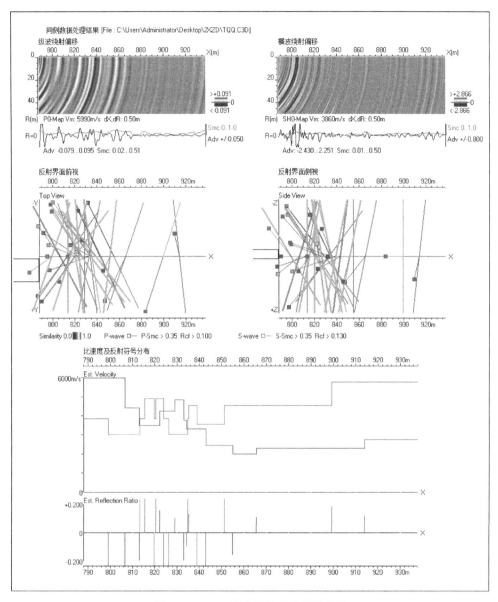

图 6-25　TGP 隧道超前地质预报成果

挖轮廓线较近，在实际开挖过程中地下水会通过结构面
呈淋雨状、股状出露。提前做好防排水措施。该段设计
围岩级别为Ⅲ级，建议围岩级别为Ⅳ 2 级。

　　3）Z3K26＋870～Z3K26＋936 段，该段长度 66m
综合分析 Z3K26＋540～Z3K26＋5900 段围岩地层

6-6　TGP 隧道超前地质
预报成果（彩色图）

岩性主要为灰岩，微风化，岩石较坚硬，结构面少量发育，岩体较完整，呈厚层状结构；该段设计围岩级别为Ⅲ级，建议围岩级别为Ⅲ 2 级。

6.4.2.3　结论及建议

（1）本次预报里程段为偏岩型类岩堆体，围岩类别为Ⅲ级，纵波 Z3K26＋820～Z3K26＋840 段呈段形成凹形比速度，故推测这段围岩坚硬程度较差，节理裂隙发育，结构面结合较差。开挖过程中应防范落石、掉块等安全风险；横波在 Z3K26＋834 附近地下水发育，在实际开挖过程中地下水会通过结构面裂隙呈淋雨状、股状出露。在 Z3K26＋834 附近提前做好防排水措施，建议对预报富水段落提前施作超前钻验证。

（2）围岩结构松散，裂隙发育且结构面结合较差，开挖过程中应注意施工强度，防止超欠挖。

（3）控制好Ⅲ级围岩段初期支护喷射混凝土的施工质量。

（4）对于人行横通道、车行横通道相交段应按照设计加强支护。

6.4.3　咪的村隧道地震波法超前地质预报

6.4.3.1　掌子面概况

咪的村隧道左线进口掌子面 Z3K36＋741 采用地震波法（TGP）结合地质调查分析法进行综合超前地质预报，预报里程范围为 Z3K36＋741～Z3K36＋891，共预报 150m。掌子面地质情况：当前掌子面揭露的岩性为燕山期白垩纪花岗岩，风化程度主要为中、微风化，灰褐色，锤击声较清脆，有轻微回弹，稍震手，较难击碎，浸水后有轻微吸水反应，故判定为偏岩型类岩堆体；围岩节理裂隙较发育，结构面结合程度较好，岩体完整性程度为较完整，呈块状结构，掌子面状态稳定，掌子面干燥。咪的村隧道掌子面概貌（Z3K36＋741）如图 6-26 所示。

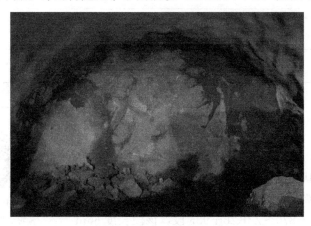

图 6-26　咪的村隧道掌子面概貌（Z3K36＋741）

6.4.3.2 数据处理与分析

采用地震波法进行相关数据采集和处理，各组数据处理结果如图 6-27～图 6-33 所示。

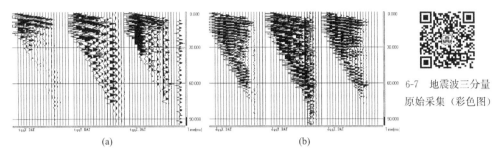

6-7 地震波三分量
原始采集（彩色图）

图 6-27 地震波三分量原始采集

（a）同侧地震波三分量原始采集；（b）对侧地震波三分量原始数据采集

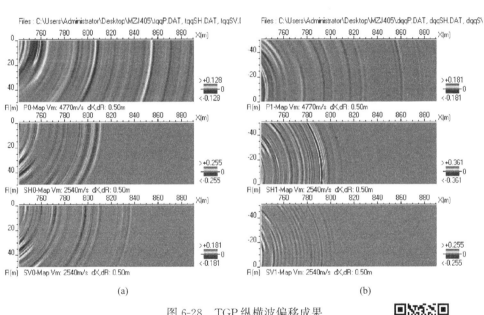

图 6-28 TGP 纵横波偏移成果

（a）同侧偏移成果；（b）对测偏移成果

1. 现场原始记录评估

由地震波三分量原始采集图（图 6-27）可见，地震纵波同相轴初至明确，横波同相轴的幅度和频率明显区别于纵波，纵横波同相轴的速度具有明显差别且分离清晰。认为现场采集的地震波三分量记录属于优良记录，符合数据处理的质量要求。

6-8 TGP 纵横波偏移
成果（彩色图）

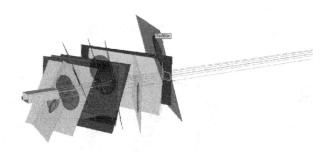

6-9 同侧绕射
峰位三维成像
（彩色图）

图 6-29 同侧绕射峰位三维成像

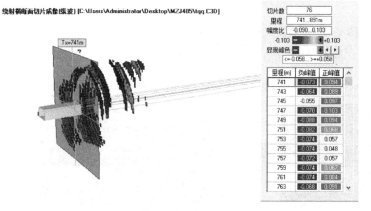

6-10 同侧绕射
横断面切片成像
（彩色图）

图 6-30 同侧绕射横断面切片成像

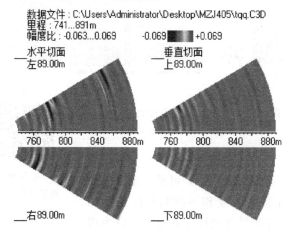

6-11 同侧纵波
绕射相干幅度
纵剖面（彩色图）

图 6-31 同侧纵波绕射相干幅度纵剖面

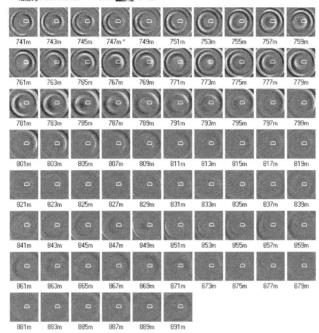

6-12 同侧纵波
绕射成像横断面
切片（彩色图）

图 6-32　同侧纵波绕射成像横断面切片

2. 测量段岩体参数

测量段即炮孔布置段，其岩体参数利用地震波三分量原始采集图（图 6-27）计算获得。本次测量段岩体的弹性参数如下：纵波速度 $V_p = 4770 \text{m/s}$；横波速度 $V_{sh} = 2540 \text{m/s}$；泊松比为 0.302；地质勘察报告中该段岩性为花岗岩，岩体的围岩级别为Ⅲ级，以上参数代表测量段岩体的弹性性质。TGP 系统利用开挖暴露出的岩体条件作为预报分析的基础。

3. 成果数据分析及地质单元划分

将原始数据软件处理分析，由图 6-29 和图 6-32 可见纵波在 Z3K36+760～Z3K36+780 段比速度呈台阶状大幅度下降，横波在 Z3K36+760～Z3K36+780 段呈凹形比速度。

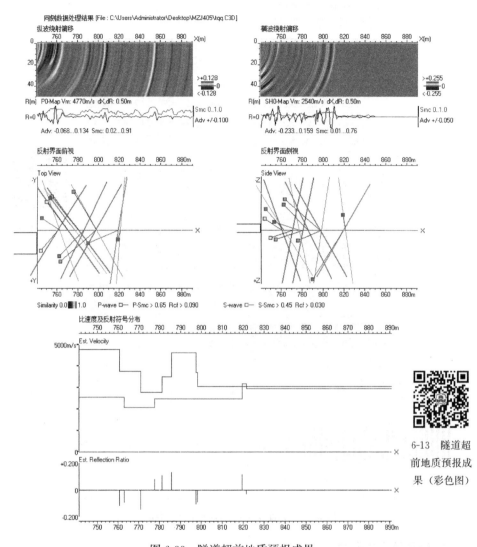

图 6-33 隧道超前地质预报成果

6-13 隧道超前地质预报成果（彩色图）

通过对 TGP 隧道地质超前预报成果的分析，划分掌子面前方 150m 范围的隧道围岩为 3 个地质单元。

1）Z3K36＋741～Z3K36＋760 段，该段长度 19m

结合地质情况综合分析推测该地质单元地层岩性为花岗岩，微风化，岩石较坚硬。推测该里程段落岩体较完整，结构面结合程度较好；地下水不发育。在该段设计围岩级别为Ⅲ级，建议围岩级别为Ⅲ1级。

2）Z3K36＋760～Z3K36＋800 段，该段长度 40m

结合地质情况综合分析推测该段地层岩性为花岗岩，微风化，岩石较坚硬，节理裂隙发育，结构面结合程度一般，岩体完整性一般，Z3K36＋760～Z3K36＋780 段地下水稍发育，推测主要以点滴状、淋雨状形式沿结构面节理裂隙出露。该段设计围岩级别为Ⅲ级，建议围岩级别为Ⅲ2级。

3）Z3K36＋800～Z3K36＋891 段，该段长度 91m

结合地质情况综合分析推测该段地层岩性为花岗岩，微风化，岩石较坚硬，节理裂隙不发育，结构面结合程度较好，岩体完整性较前一地质单元有所变好，围岩整体自稳性较好；地下水不发育。该段设计围岩级别为Ⅲ级，建议围岩级别为Ⅲ1级。

6.4.3.3　结论及建议

（1）本次预报里程段建议为偏岩型类岩堆体，Ⅲ级围岩，受节理裂隙等构造及地下水等影响围岩完整性局部段落有一定差异化，提请加强地质核查；在 Z3K36＋760～Z3K36＋780 程段落围岩结构面较发育。提请在破碎、软弱段防范俯结构面的塌落及拱顶掉块、落石带来的安全风险。在 Z3K36＋760～Z3K36＋780 地下水较发育，地下水主要以点滴状、淋雨状形式出露；对地下水发育段做好防排水措施。

（2）结合监控量测数据分析结果，控制好预留变形量，防止超欠挖。

（3）控制好Ⅲ级围岩段初期支护喷射混凝土的施工质量。

（4）对于车行、人行横通道、紧急停车带、变电所横洞等应按照设计要求加强支护。

6.5　瞬变电磁法超前地质预报及其应用

瞬变电磁法也称时间域电磁法（Time Domain Electromagnetic Methods，TEM）。它是利用不接地回线或接地线源向地下发射一次脉冲磁场，在一次脉冲磁场间歇期间，利用线圈或接地电极观测二次涡流场的方法。简单地说，瞬变电磁法的基本原理就是电磁感应定律。衰减过程一般分为早、中和晚期。早期的电磁场相当于频率域中的高频成分，衰减快，趋肤深度小；而晚期成分则相当于频率域中的低频成分，衰减慢，趋肤深度大。通过测量断电后各个时间段的二次场随时间变化规律，可得到不同深度的地电特征。

6.5.1　预报内容和原理

6.5.1.1　预报内容

对开挖掌子面前方进行超前地质预报，判断掌子面前方富水情况，为掘进前的超前探水和灌浆堵水施工提供参考。

6.5.1.2　预报原理

瞬变电磁法所用仪器为地大华睿 CUGTEM-GKⅡ瞬变电磁仪。瞬变电磁法原理是：在发送回线上提供一个电流脉冲方波，在方波后沿下降的瞬间，产生一个向回线法线方向传播的一次磁场，在一次磁场的激励下，地质体将产生涡流，其大小取决于地质体的导电程度，在一次场消失后，该涡流不会立即消失，它将有一个过渡（衰减）过程。回线中阶跃电流的磁力线如图 6-34 所示，全空间中的等效电流云图如图 6-35 所示。

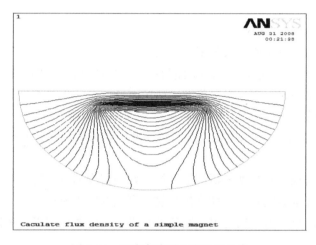

图 6-34　回线中阶跃电流的磁力线

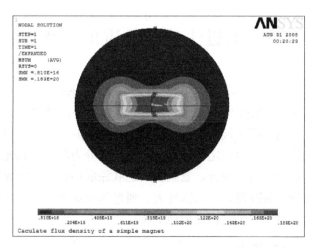

6-14　全空间中的等效电流云图（彩色图）

图 6-35　全空间中的等效电流云图

过渡过程又产生一个衰减的二次磁场向掌子面传播，由接收回线接收二次磁场，该二次磁场的变化将反映地质体的电性分布情况。如按不同的延迟时间测量二次感生电动势 $V(t)$，就得到了二次磁场随时间衰减的特性曲线。如果没有良导体存在时，将观测到快速衰减的过渡过程；当存在良导体时，由于电源切断的一瞬间，在导体内部将产生涡流以维持一次场的切断，所观测到的过渡过程衰变速度将变慢，从而发现导体的存在，全空间电磁场"烟圈"扩散现象如图6-36所示，良导体瞬变电磁感应原理如图6-37所示。

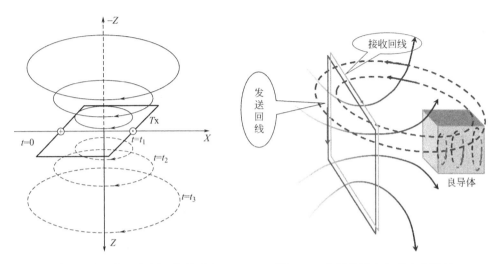

图6-36 全空间电磁场"烟圈"扩散现象　　　图6-37 良导体瞬变电磁感应原理

采用瞬变电磁法进行超前预报的技术措施如下。

（1）施测前工作面附近可移动铁质物体转移至10m外，施测时附近铁质物体应避免移动。

（2）施测时工作面附近做停电处理，控制工频干扰。

（3）施测时线圈平面倾角用坡度仪测量，保证准确。

6.5.2　五老峰隧道1号斜井瞬变电磁法超前地质预报

6.5.2.1　掌子面概况

五老峰隧道1号斜井 XJK0＋831 里程掌子面处富水情况明显，采用瞬变电磁法进行了超前预报，预报范围为 XJK0＋826～XJK0＋726，共100m。现场地质调查发现当前掌子面、拱顶及边墙出水现象严重，出水以股状出水、渗滴水为主，受斜井坡度影响，掌子面后方边墙出水均回流到当前掌子面，掌子面下部积水严重，五老峰隧道1号斜井掌子面如图6-38所示。

6.5.2.2　测线布置

根据掌子面工作条件，本次隧道瞬变电磁法布置了3条测线，即3个横向扫描断面。以掌子面现有掘进方向为基准，分别为水平斜向上30°顶板方向、水平斜向上45°顶板方向、顺层掌子面方向（平行隧道掘进方向），掌子面横向扇形观

图 6-38　五老峰隧道 1 号斜井掌子面

测系统测线示意如图 6-39 所示。

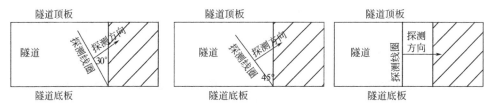

图 6-39　掌子面横向扇形观测系统测线示意

现场从 9 个不同方位对每个扫描断面进行探测，将不同方位（隧道轴线方向与瞬变电磁探测线圈轴线夹角）探测得到数据经过分析加工处理得到能够反映岩层富水情况云图。方位布置示意如图 6-40 所示。

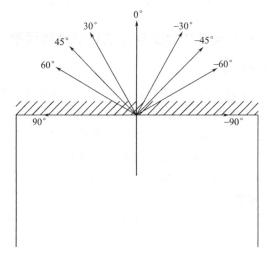

图 6-40　方位布置示意

6.5.2.3 数据处理与分析

瞬变电磁数据处理选择 CUGTEM-GK 隧道瞬变电磁仪配套数据处理解释软件，常规资料解释流程为：数据文件导入→数据预处理（电感校正、曲线偏移、小波变换）→计算晚期视电阻率→时深转换→成图，隧道瞬变电磁法资料解释流程如图 6-41 所示。

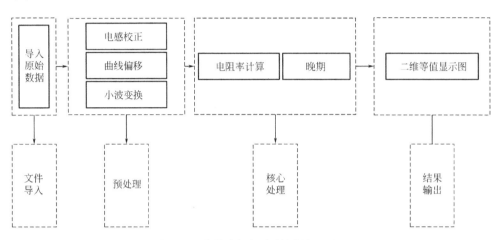

图 6-41 隧道瞬变电磁法资料解释流程

1. 顺层方向（信号发射方向与隧道轴向相同）

由顺层方向视电阻率云图（图 6-42）可知，隧道掌子面前方中线左右两侧差异化明显，集中表现为掌子面中线左侧视电阻率低，右侧视电阻率高，表明围岩

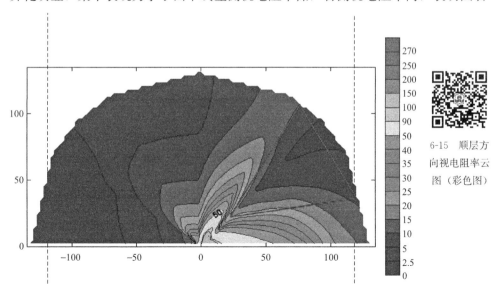

图 6-42 顺层方向视电阻率云图

富水性左侧高于右侧；从水平方向观察分析围岩视电阻率可知，隧道左侧围岩视电阻率与距隧道水平距离成反比，即越靠近隧道视电阻率越高，表明水平方向越靠近隧道，围岩富水性在逐渐减弱，但衰减差值较小；掌子面中线右侧 0～30m 范围视电阻率较高，表明围岩富水性较低，且在与隧道轴线水平夹角为−45°方位距当前掌子面 40～100m 范围（图 6-42 中三角区域），有一低阻区域，该三角区域随距掌子面距离增加，视电阻率较低，表明该区域围岩富水性呈上升趋势。

2. 水平斜向上 30°（信号发射方向与隧道轴向垂直夹角 30°）

掌子面顶板 30°方向视电阻率分布状态与顺层方向基本相同，围岩富水分布分析见顺层方向，水平斜向上 30°视电阻率之图如图 6-43 所示。

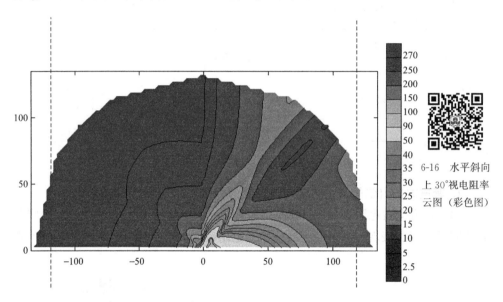

6-16 水平斜向上 30°视电阻率云图（彩色图）

图 6-43 水平斜向上 30°视电阻率云图

3. 水平斜向上 45°（信号发射方向与隧道轴向垂直夹角 45°）

掌子面右侧 0°～30°方向有一三角区域（图中黄色区域）视电阻率较高与周围围岩视电阻率差异化明显，在右侧视电阻率变化明显，表明该区域围岩富水性较低，水平斜向上 45°视电阻率云图如图 6-44 所示。

6.5.2.4 结论及建议

本次探测结果表明：掌子面前方中线左侧（大里程向小里程方向）围岩视电阻率明显低于其他区域，该异常从顶板和顺层方向均表现明显，围岩富水性较强，综合各个方向的结果分析，该异常可能受周围构造引起的断层破碎带所致；此外，掌子面前方右侧−45°～−50°方位有狭长贯通低阻区域，该异常从顶板和顺层方向均表现明显，综合各个方向的结果推断该贯通区域为裂隙导水通道，隧道开挖时会加大隧道出水量。

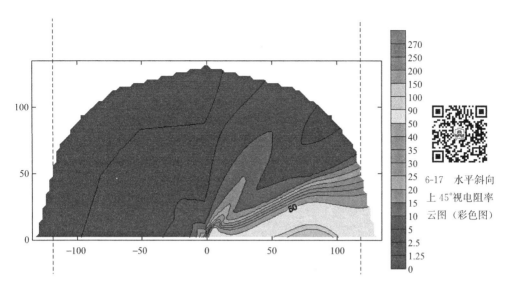

6-17 水平斜向上45°视电阻率云图（彩色图）

图 6-44 水平斜向上 45°视电阻率云图

综合以上分析，掌子面前方围岩富水区域主要集中在掌子面两侧，掌子面左侧尤为严重，影响范围主要集中在与隧道轴线夹角 0°～90°方位，随着隧道向前开挖，出水量仍有增大趋势，需提前防范和处理。

根据上述结论，对下一步施工提出如下建议。

（1）对以上推测的富水区域进行必要的钻探验证，并提前做好后期防水堵水措施。

（2）建议对掌子面前方顶板和顺层可能存在的断层或破碎带位置进行钻探验证，根据探孔涌水情况进行灌浆。

（3）密切注意各出水点水量和水压，要求做详细记录，如有异常应及时进行进一步探测与分析。

6.5.3 五老峰隧道左线出口瞬变电磁法超前地质预报

6.5.3.1 掌子面概况

五老峰隧道左线出口 Z3K28＋106 里程掌子面进行了瞬变电磁超前地质预报，预报范围为 Z3K28＋106～Z3K28＋026，共 80m。掌子面揭露围岩以花岗岩为主，节理裂隙不发育，结构面结合程度较好，掌子面完整性较好，掌子面略有潮湿，五老峰隧道左线出口掌子面如图 6-45 所示。

6.5.3.2 测线布置

根据掌子面工作条件，现场测线布置具体如下：

扇形布置方法共布置 3 条测线，即 3 个横向扫描断面。以掌子面现有掘进方向为基准，分别为水平斜向下 30°底板方向，水平斜向上 30°顶板方向，顺层掌子面方

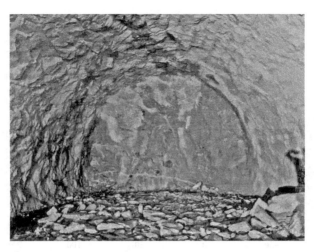

图 6-45　五老峰隧道左线出口掌子面

向（平行隧道掘进方向）。掌子面横向扇形观测系统测线示意如图 6-46 所示。

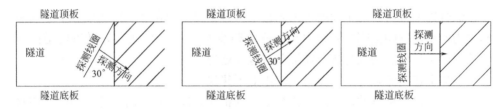

图 6-46　掌子面横向扇形观测系统测线示意

现场从 7 个不同方位对每个扫描断面进行探测，将不同方位（隧道轴线方向与瞬变电磁探测线圈轴线夹角）探测得到数据经过分析加工处理得到能够反映岩层富水情况云图。方位布置示意如图 6-47 所示。

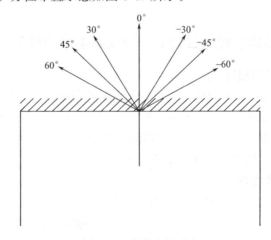

图 6-47　方位布置示意

6.5.3.3 数据处理及分析

1. 顺层方向（信号发射方向与隧道轴向相同）

由顺层方向视电阻率云图（图6-48）可知，掌子面正前方80m范围内视电阻率较高，围岩中间较两侧差，未见可疑异常区域。推测该区域地下水不发育。

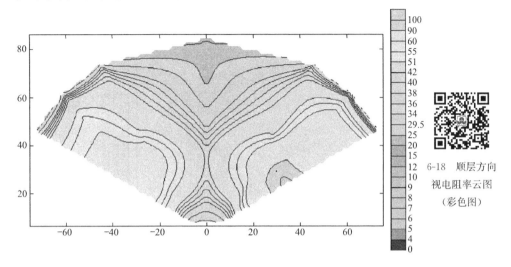

6-18 顺层方向
视电阻率云图
（彩色图）

图6-48 顺层方向视电阻率云图

2. 水平斜向上45°（信号发射方向与隧道轴向垂直夹角45°）

由水平斜向上45°视电阻率云图（图6-49）可知，掌子面顶板45°方向80m范围内视电阻率较高，整体差异化较小，未见可疑异常区域。推测该区域地下水不发育。

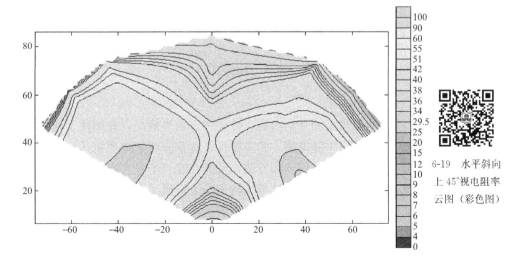

6-19 水平斜向
上45°视电阻率
云图（彩色图）

图6-49 水平斜向上45°视电阻率云图

3. 水平斜向下 45°（信号发射方向与隧道轴向垂直夹角 45°）

由水平斜向下 45°视电阻率云图（图 6-50）可知，掌子面底板 45°方向 80m 范围内视电阻率较低，中间较两侧稍差。围岩较顺层和顶板方向较差。推测该区域地下水稍发育。

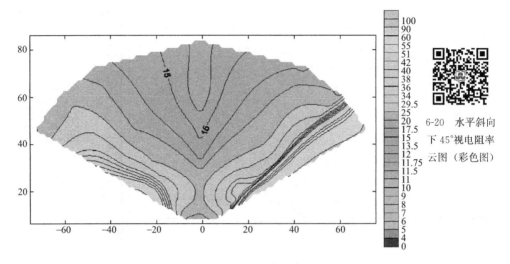

6-20　水平斜向下 45°视电阻率云图（彩色图）

图 6-50　水平斜向下 45°视电阻率云图

6.5.3.4　结论及建议

综合分析图 6-48、图 6-49 和图 6-50 可知，在掌子面前方 80m 范围内电阻率中间较两侧差，底板方向整体视电阻率较顺层和顶板方向较差。推测该预报区域底板方向地下水稍发育。建议在施工过程中密切关注底板方向的异常，并采取相应的措施。

6.6　小结

本章介绍了超前地质预报的基本内容、分类和方法等情况，并阐述了超前地质预报方法对类岩堆体地层中隧道施工的重要性，着重介绍了地质雷达法、地震波法和瞬变电磁法的预报内容、原理和方法，及其在建（个）元高速公路项目中多条隧道的实际应用情况，预测预报结果为隧道施工提供了良好的参考和依据。

（1）地质雷达法对于预测类岩堆体隧道围岩这种破碎松散程度较高的围岩具有较好的适用性，对掌子面前方围岩的破碎程度以及工程和水文地质条件都有较为详尽的预测结果，较为准确可靠，同时操作相对简便快捷。

（2）地震波法对于地质条件稍好的围岩具有良好的预测结果，且预报距离较长，避免了反复预报给施工以及工期带来的不利影响。

（3）瞬变电磁法对隧道前方的水文地质情况和富水条件具有良好的预测预报效果，且操作便捷，预报范围广泛，对于富水区域的类岩堆体隧道围岩的超前地质预报结果具有良好的适用性。

■第7章■

类岩堆体隧道开挖卸荷稳定性和结构监测试验研究

7.1　概述

隧道工程的开挖施工将不可避免地对围岩造成扰动，进而导致不同程度的变形和破坏作用。同时，由前文试验研究可知，围岩类别与质量的差异，会导致强度参数、扰动程度与破坏形式和范围等出现明显的差异化特征。在隧道施工过程中，首要任务是进行围岩稳定性控制，确保围岩不发生大的变形和塌方破坏等工程问题，针对不同类别的围岩，应采取有针对性的支护结构和工程措施，维护施工的安全和稳定。

类岩堆体地层隧道围岩的极度破碎与松散特征，导致其受开挖施工的扰动作用极为明显，主要表现为大变形、塌方以及支护结构破坏等施工难题。因此，在现场施工过程中，对类岩堆体隧道围岩的稳定性控制难度更大，要求也更高，支护结构的作用机制与破坏特征，以及隧道开挖围岩-支护结构协同作用机制也更为复杂、难以准确把握。传统的经验法以及工程类比法等设计方法在针对类岩堆体隧道结构设计和施工过程中往往出现较大问题，难以保证隧道围岩的稳定，同时，对于类岩堆体地层中小净距隧道施工中的互相影响机制也有待进一步研究。因此，有必要通过现场监测试验，直观地了解和掌握类岩堆体围岩变形与破坏特征，以及类岩堆体隧道支护结构受力特征与破坏形式，并通过监测结果深入分析类岩堆体隧道围岩-支护结构协同作用机理，进而为类岩堆体隧道结构设计与施工提供深入的理论参考和实践指导。本章以建（个）元高速公路项目他白依隧道为例，开展类岩堆体隧道开挖卸荷稳定性和现场监测试验研究。

7.2　施工扰动对围岩变形的影响分析

施工扰动对围岩的影响是客观存在的，无论采用何种方法，总会对掌子面及其附近的围岩和衬砌结构产生不可避免的扰动作用，增加围岩以及衬砌结构的变形。同时，在现场施工过程中，往往因为设备检修等无法避免的原因出现停工，从而对围岩的扰动也会出现短暂的消失。因此，将停工期与正常施工期的隧道围岩变形进行对比，可以探究施工扰动对围岩变形影响的程度和范围，结合不同围岩条件下的施工方法，从而分析不同施工方式的扰动作用对围岩变形的影响。本节结合他白依隧道现场变形监测数据，分析机械开挖和爆破开挖作用下对围岩变形的扰动影响和范围，以便为后续施工提供借鉴。

现场变形监测主要采用全站仪进行。如图 7-1 所示，每个监测断面布置 5 个监测点。在隧道开挖和初衬喷射混凝土完成后建立监测点，监测点位固定在钢拱架上，随钢拱架结构协同变形，从而真实反映围岩和衬砌结构的变形特征。一般情况下沿掘进方向每 5m 左右布置一个监测断面，围岩条件较好时间距会适当增大。为保持变形数据的连续性，无论现场施工与否，每天均进行数据采集和分析，从而能够全面分析隧道围岩的变形特性。

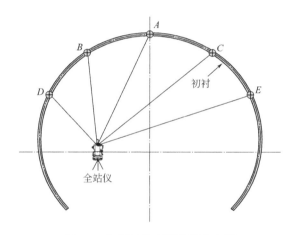

图 7-1　初衬结构变形监测点布置

7.2.1　机械开挖的影响

他白依隧道左线出口段 Z5K64＋606～Z5K64＋580 区段由于围岩破碎、稳定性差，采用机械法开挖施工，2020 年 9 月 20 日～23 日由于机械设备维修经历了短暂的停工期，停工期掌子面里程号为 Z5K64＋576.6，将掌子面后方一定范围内的初衬变形监测数据进行统计分析。根据监测断面布置情况，每隔 5m 一个断面，从 Z5K64＋606 到 Z5K64＋580 共计 6 个断面，其中 Z5K64＋605 断面从 2020 年 9 月 1 日开始监测，各断面初衬每日变形监测数据如图 7-2 所示。

从图 7-2 中可以看出，测点安装以后，每日变形量急剧增大，随着时间的推移逐渐降低，一般情况下在 7～10 天达到基本稳定的状态。但在停工期前后的施工阶段，测点每日变形增量均较停工期大，其中，9 月 21 日至 23 日的变形增量减小规律更明显，此段时间内的变形主要由围岩的蠕变所引起。此外，越靠近掌子面的断面，在恢复施工后变形量越大，对距离较远的 Z5K64＋605 断面的影响已经相对较小，以此断面为基准计算，影响距离为 28.4m，考虑到掌子面开挖推进的影响，则影响距离可判断为约 30m。由此可见，类岩堆体围岩变形受施工扰动的影响十分明显，施工期的开挖、钻孔等对岩体扰动相对较大的施工活动引起的围岩变形远大于围岩自身由于蠕变或者失稳造成的变形，因此对类岩堆体围岩，应注意施工期间的施工作业强度，并加强变形监测。

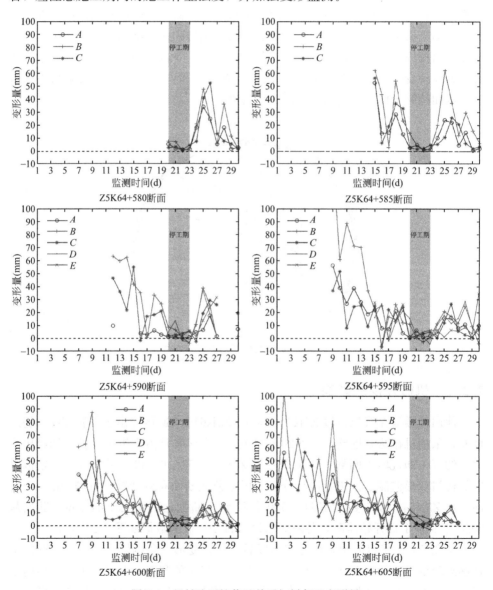

图 7-2　机械法开挖停工前后初衬每日变形量

7.2.2　钻爆法开挖的影响

随着施工的不断推进，他白依隧道左洞围岩逐步变好，并改用钻爆法进行开挖，大大加快了施工进度，在 2021 年 6 月份经历了短暂停工期，采用机械法开挖分析相类似的方法，将停工期间的初期支护变形数据进行分析，以分析停工期前后钻爆法施工对支护结构变形的影响。

此次停工期间的掌子面里程号为 Z5K64＋876.4，将掌子面后方 50m 范围内的变形监测点的数据进行统计分析，汇总统计结果如图 7-3 所示，各断面数据均以其

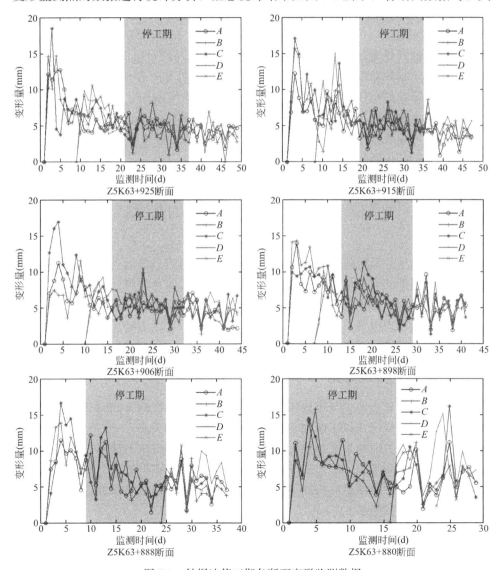

图 7-3　钻爆法停工期各断面变形监测数据

设立测点开始监测为起始点。从图 7-3 中可以看出，停工期间，Z5K64＋925～Z5K64＋906 三个断面的日变形量已经处于基本趋于平稳，恢复施工后除了 Z5K64＋915 断面个别测点在 6 月 19 日出现一次异常变形之外，其余各断面均未出现明显的异常变形。Z5K64＋898～Z5K64＋880 三个断面的监测数据在停工期内逐渐趋于平稳，其平稳后的变形量范围接近前三个断面对应的结果，但是在恢复施工以后，这三个断面的日变形量数据发生了明显的增加，并且距离掌子面越近，变形量的变化幅度越大，由于 Z5K64＋906～Z5K64＋898 这 8m 范围内没有变形数据，若以 Z5K64＋898 断面计算，其到停工期间掌子面（Z5K64＋876.4）的距离为 21.6m，若考虑到无监测数据的 8m 范围，则与之前一次的分析结果（28.4m）非常接近。

值得注意的是，机械法开挖与钻爆法开挖两个时期现场的围岩情况差异较大，所采用的开挖方法也不相同（三台阶机械开挖与两台阶爆破开挖），但无论从定性还是定量的角度，施工作业的扰动都会对初期支护结构的变形造成一定的影响，并且影响的范围都在掌子面后方接近 30m 的范围内。因此，对类岩堆体围岩来说，无论岩性如何以及采用什么开挖方法，都应该注意施工开挖对围岩的扰动作用，注意观察掌子面后方的初期支护结构的变形特性，尤其是后方 30m 范围内的支护结构特性。

7.3 初衬结构围岩压力监测

初衬结构往往紧跟隧道掌子面施工，是隧道开挖后最早承受围岩压力荷载并与围岩协同变形的支护结构，同时也是维护隧道施工安全的第一道屏障，对施工稳定性以及洞内作业人员的安全起到至关重要的作用。因此，了解并掌握隧道初衬结构的围岩压力极为重要，不仅能了解隧道地层围岩压力特征，也为隧道初期支护结构设计和优化提供重要的第一手参考资料。

7.3.1 监测内容及方案

初衬结构监测主要包括围岩压力监测和钢拱架内力监测，同时分析相应应监测点的衬砌结构变形，以了解和掌握变形与围岩压力的关系。

初衬围岩压力监测主要是通过埋设土压力计进行，将压力计固定在钢拱架背面，受压一侧面向围岩，以监测围岩变形产生的压力。钢拱架内力监测主要通过钢筋应力计实现，将钢筋应力计平行焊接在钢拱架内部两侧翼缘处。土压力计与钢筋应力计安装如图 7-4 所示。

7.3.2 单洞开挖响应

单洞开挖响应是指先行洞单独开挖时的监测结果响应分析，即未受到相邻隧

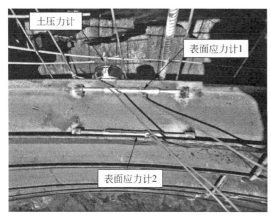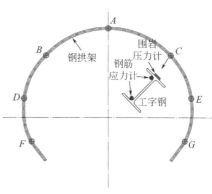

图 7-4　土压力计与钢筋应力计安装

道开挖的影响，围岩未受二次扰动。他白依隧道左洞作为先行洞施工较快，开挖过程中在 Z5K64＋540 断面安装了土压力计监测围岩压力，在 Z5K64＋500 断面安装了土压力计和钢筋应力计监测围岩压力和钢拱架内力。

1. 围岩压力分析

Z5K64＋540 和 Z5K64＋500 两个断面的初衬结构围岩压力如图 7-5 所示，从图 7-5 中可以看出，上台阶开挖后的前 5d，初衬围岩压力迅速增大，随后几天围岩压力逐渐减小。中台阶开挖后，上台阶周围围岩压力下降。与此同时，中台阶围岩压力增大。同样，下台阶初衬安装后，上、中台阶初衬围岩压力略有下降。下台阶开挖一定程度上可以释放上台阶周围围岩压力，这是导致压力下降的主要原因。此外，下台阶开挖对中台阶初衬围岩压力的影响相对上台阶较大。上台阶初衬围岩压力峰值出现在开挖后 4～6d。上台阶开挖后 35d 左右，围岩压力趋于稳定。稳定值由上至下逐渐减小，表明初衬上部承受的围岩压力大于下部。

图 7-5 中围岩压力的空间分布受围岩性质、开挖方式、支护参数、地应力水平等耦合因素的影响，具有明显的离散性特征。Z5K64＋500 和 Z5K64＋540 的峰值和稳定值有较大差异。从图 7-5 中可以看出，Z5K64＋540 处的变形比 Z5K64＋500 处的变形更大，在 Z5K64＋540 处产生了更大的围岩压力峰值和稳定值。根据现场调查，两个剖面周围的优势层均为强风化板岩，而 Z5K64＋540 附近有少量软碳质泥岩夹层，导致该剖面地层条件较差。因此，Z4K64＋540 段围岩压力峰值和稳定值较大。

受地应力和隧道周边开挖不均匀的影响，围岩压力表现出明显的不对称性。对于上台阶的初衬结构，在两个断面中右侧的压力均大于左侧，出现明显的偏压现象。然而，对中下台阶的压力却产生了相反的结果。围岩压力沿隧道周边的空间分布也具有明显的离散性特征。总体上，上部围岩压力大于下部围

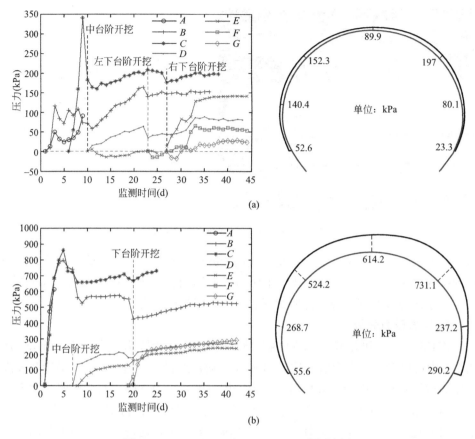

图 7-5　Z5K64＋540 和 Z5K64＋500 围岩压力
(a) Z5K64＋500 断面围岩压力；(b) Z5K64＋540 断面围岩压力

岩压力。

2. 钢拱架应力

在每个监测点，两个应力传感器测量工字钢的外部和内部的应力。钢拱架的实际应力可以通过两者的平均值计算得到。Z5K64＋500 断面钢拱架内力如图 7-6 所示。与围岩压力规律相似，上台阶钢拱架的应力在开挖后迅速增大，然后下降并最终趋于稳定。中、下台阶钢拱架应力受开挖的影响较小，上台阶钢拱架应力先增大后趋于稳定，中、下台阶数据曲线没有明显下降阶段。下台阶开挖释放了初衬的围岩压力，使初衬受力减小，这一现象以钢拱架应力下降的形式出现，如图 7-6 所示。上台阶开挖后约 40d，钢拱架应力趋于稳定。与围岩压力相似，钢拱架的应力沿隧道周边分布不均匀（图 7-6）。上台阶钢拱架在隧道拱顶处应力最大，右拱肩应力大于左拱肩应力，在数据曲线的稳定阶段，稳定应力由上台阶向下台阶递减。

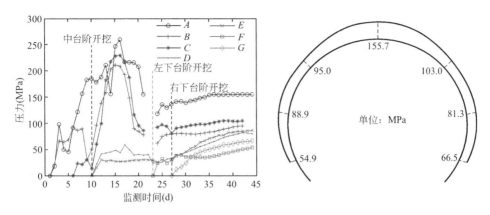

图 7-6 Z5K64＋500 断面钢拱架内力

7.3.3 临近开挖的影响

临近开挖的影响主要是分析监测点附近车行洞、相邻隧道开挖或者后行洞的围岩压力监测结果，以便分析临近扰动施工以及在先行洞开挖之后进行后行洞开挖时的围岩压力特征和规律。

左洞 Z5K64＋140 断面安装了土压力计和钢筋应力计，二衬浇筑结束后，后续监测过程中在其附近开挖了从左洞进至右洞的施工车行洞，并且随之进行了右洞的开挖，车行洞和相邻右洞的开挖造成了该断面监测数据发生了明显的变化。同时，右洞开挖后在右洞 K64＋179 和 K64＋227 两个断面安装了土压力计监测围岩压力，分析右洞作为后行洞的围岩压力规律。

1. 围岩压力

如图 7-7 所示为 Z6K64＋140 断面围岩压力与测点安装位置，从图 7-7 中可以看出，开挖后压力快速增大，6～7d 达到极值而后开始降低（右拱肩除外），这一规律与之前的围岩压力监测结果基本类似。同样由于地层结构的偏压现象较为明显，右拱肩围岩压力明显偏大，二衬浇筑前最大压力 350kPa；下台阶和仰拱的开挖造成压力释放，导致围岩压力出现短暂释放后整体趋于稳定。二衬浇筑后拱顶压力短暂降低，拱肩边墙压力增加，形成明显的压力拱效应。随着临近车行洞的施工开挖，造成左洞初衬围岩压力增大，尤其靠近车行洞的左侧拱肩影响较大，进入右洞开挖空间扩大后持续增加至平稳，可能是开挖空间增大造成围岩压力向右洞方向挤压释放。整体上，临近车行洞和右洞的开挖增大了左洞初衬结构的围岩压力。

右洞 K64＋179 和 K64＋227 两个断面的围岩压力分别如图 7-8 和图 7-9 所示，其中，J 和 L 点为靠近左洞一侧的测点。从图 7-8 和图 7-9 中可以看出，右洞围岩压力变化规律整体和左洞各断面结果规律类似，即开挖后上台阶压力快速

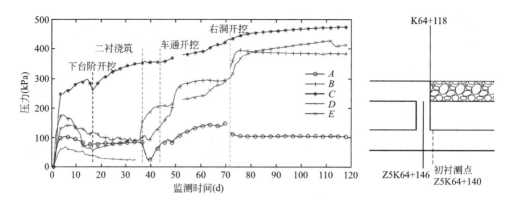

图 7-7　Z5K64＋140 断面围岩压力与测点安装位置

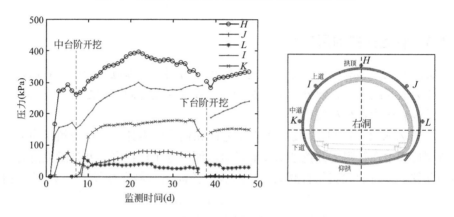

图 7-8　右洞 K64＋179 围岩压力

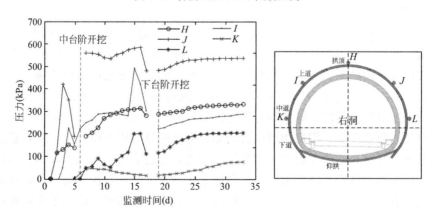

图 7-9　右洞 K64＋227 围岩压力

增大，中下台阶开挖会显著降低上部围岩压力。中下台阶开挖后压力逐渐上升，整体小于上部压力。

　　值得注意的是，右洞围岩受左洞（先行洞）开挖施工已经扰动过一次，右洞

（后行洞）开挖属于二次扰动，造成围岩压力较大（400kPa 和 550kPa），在围岩类别近乎相同的情况下，明显大于左洞相关监测断面在二衬试作之前的围岩压力数据。

2. 钢拱架内力

如图 7-10 所示为 Z5K64＋140 断面钢拱架内力监测结果，从图 7-10 中可以看出，其压力分布和变化规律与图 7-7 所示的围岩压力规律较为一致。相比之下，钢拱架内力受二衬浇筑影响较大，因为刚性的混凝土二衬结构限制了初衬结构的变形，导致其内力出现明显的增大与调整。同时，也正是因为变形受到限制，造成钢拱架内力受相邻开挖的影响并不明显，临近车行洞开挖和相邻右洞开挖对钢拱架内力变化的影响不大，整体上趋于平稳。

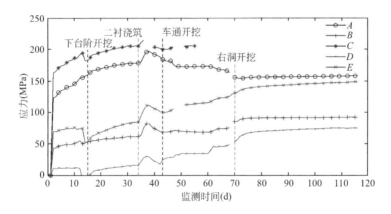

图 7-10　Z5K64＋140 断面钢拱架内力监测结果

7.4　二衬结构受力监测

由 7.3 节的分析可知，初期支护结构在施工以后承受了较大的围岩压力，并且随着不同的施工阶段围岩压力和钢拱架内力会出现不同的规律性变化。从各监测结果可知，监测期内各测点围岩压力基本趋于稳定，表明初衬结构和围岩基本形成稳定结构，那么在后续施工中二衬结构的受力特性如何，以及随着不同的施工进程如何发展尚无清晰的了解。因此，在初衬结构监测的基础上，进行类岩堆体隧道二衬结构受力的监测，分析其受力特性和变化规律。

7.4.1　监测内容及方案

二衬结构监测主要是通过在初衬结构表面安装土压力计，监测二衬结构和初衬结构之间的接触压力。二衬测点围岩压力计需要固定在相应位置的初衬喷混表面，为确保压力计与初衬表面贴合紧密，保证监测数据的准确可靠，在安装之前，需先将安装位置的初衬表面锤击平整，然后在初衬表面钻孔，采用膨胀螺栓将压力计牢固地固定在初衬表面。同时，为避免二次衬砌混凝土浇筑过程中监测引线被拉断，安装压力计时应将引线沿着隧道初支表面固定并在两固定点之间留足富余量，避免浇筑混凝土时挤压拉断，将引线顺延至底部仰拱位置并引出固定，便于测量记录数据。此外，还对个别断面二衬结构的钢筋应力进行监测，主要是将钢筋表面应力计焊接在二衬两排钢筋上，随钢筋一起受力。二衬结构监测土压力计和钢筋应力计安装如图 7-11 所示。

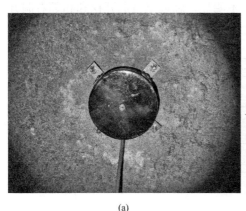
(a)

(b)

图 7-11　土压力计和钢筋应力计安装
（a）土压力计安装；（b）钢筋应力计安装

7.4.2　单洞开挖响应

1. 二衬压力分析

在现场的二衬结构监测过程中，分不同情况布置了多个监测断面进行数据采集，其中 Z5K64＋058.6 和 Z5K63＋952 两个断面为全断面布置测点，并且监测期内未受到相邻隧道开挖的影响，两个断面的二衬压力监测结果分别如图 7-12 和图 7-13 所示，图 7-12 和图 7-13 中时间以二衬混凝土浇筑完成时刻为零点。

由图 7-12 和图 7-13 可以看出，两个监测断面的规律具有相当程度的一致性。在二衬浇筑之前，各个测点位置的压力计均维持在初始值，个别位置可能受到挂防水板和钢筋绑扎的影响略有起伏，但总体影响不大。二衬浇筑完成以后，除拱顶测点之外，各个测点的压力均有明显增加，大约在浇筑完成后 8h 达到最大值，之后在拆模至浇筑完成 12h 后压力开始出现明显降低，起拱线以上测点在浇筑完成 2d 后压力值降至较低值并接近于 0，之后出现基本维持稳定或缓慢增加两种情况；起拱线以下拱脚位置测点则在浇筑完成一定时间后先下降，然后逐渐增加，不同位置测点的压力增加规律略有不同。拱顶位置的测点压力始终处于较低水平，没有明显变化，分析其原因可能是因为拱顶压力计安装位置周围区域初衬表面不够完全平整，同时二衬混凝土浇筑可能未做到完全密实所致。

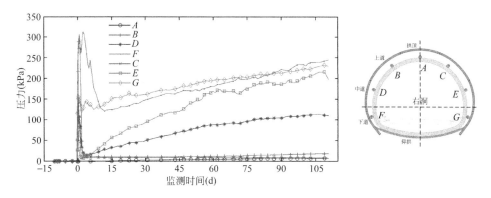

图 7-12　Z5K64＋058.6 断面二衬压力监测结果

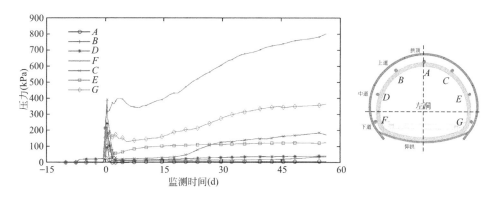

图 7-13　Z5K63＋952 断面二衬压力监测结果

分析二衬压力曲线变化的具体原因，在拆模前，二衬混凝土由于受到二衬台车以及模板的限制，模板提供了一定的"支座反力"，使得混凝土处于三向受力状态，同时由于混凝土内部的水化及热膨胀性质，导致二衬混凝土所受压力逐渐增大；拆模以后，混凝土失去了二衬台车和模板的"支座反力"，导致压力明显降低，同时，由于拆模时混凝土尚未达到其实际抗压强度，围岩、支护间应力状态不断调整，初期支护与二次衬砌之间的接触压力逐渐减小，导致在拆模后一段时间二衬压力仍在降低。在浇筑完成 2d 以后，由于围岩本身的流变特性以及拆模后二衬混凝土的强度和刚度逐渐提高，抵抗压力的能力逐渐增强，导致压力逐渐增大。拱顶和拱肩位置压力处于较低水平，则可能是因为初期支护的作用导致地层结构已经形成拱效应，所以拱顶和拱肩位置压力比较小，主要集中在隧道边墙和拱脚位置。

整体上，二衬结构围岩压力在混凝土浇筑前后，存在一个先增大后减小，然后缓慢增大并逐渐趋于稳定的过程，受围岩特性的影响，趋于稳定的时间有所不同。不同的监测断面在不同测点的具体数据也具有明显的差异性，主要是与围岩特性、地形偏压、初期支护结构受力不均以及两侧结构变形不协调等有关。

根据上面的分析结果，发现靠近拱脚位置的 F、G 点是二衬中受力较大的点，因此，在 Z5K63＋938.6 和 Z5K63＋932.6 两个位置的拱脚位置继续安装压力计以监测其压力变化，断面二衬压力监测结果如图 7-14 所示。从图 7-14 中可以看出，这两个断面的监测结果与图 7-12 和图 7-13 所示的拱脚位置 F、G 点的压力规律具有明显的一致性，即整体上仍呈现出先增大后减小而后逐渐增大并趋于稳定的过程。

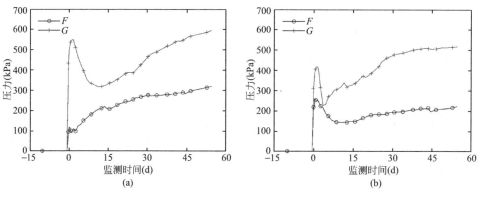

图 7-14　Z5K63＋938.6 和 Z5K63＋932.6 断面二衬压力

(a) Z5K63＋938.6；(b) Z5K63＋932.6

2. 二衬钢筋应力分析

上述各二衬监测断面关注的都是二衬所受到的初衬传递的围岩压力，即二衬结构外部受力，对二衬结构的内力变化的监测和分析较少。为了获得二衬结构内力变化规律，在二衬钢筋上焊接安装钢筋表面应力计，以监测二衬内力数据。通过前期相关理论分析可知，一般情况下隧道二衬结构边墙位置的轴力往往是最大的，边墙上部的弯矩也是偏大的。按照这一分析规律，同时考虑到现场实际操作空间和平台的限制，本次监测仅在二衬拱脚位置钢筋上安装钢筋表面应力计，每个位置在内外两排钢筋上各安装一个，安装位置和示意图如图 7-15 所示，其中 $F1$ 和 $G1$ 点靠近初衬表面，$F2$ 和 $G2$ 点靠近隧道内临空面。

Z5K63＋952 和 Z5K63＋946 两个断面二衬钢筋应力监测数据分别如图 7-15 和图 7-16 所示，其中 Z5K63＋946 断面 $G1$ 点处应力计在混凝土浇筑开始后测不到数据，可能是在浇筑过程中受到了损坏或者测线被破坏。一般来讲，钢筋应力计安装以后其内部应力会随着钢筋受力状态的扰动而发生变化，但是整体幅度较小，为了更准确地分析混凝土浇筑以后应力的变化状态，以混凝土浇筑前1～2d内的数据为基准进行数据计算。

从图7-15和图7-16中可以看出，两个断面的钢筋应力计数据在混凝土浇筑以后急剧增大，F2、G2点处的应力计在刚拆模后达到最大值，然后数据开始出现持续降低，F1、G1点处的应力计，尤其是F1点处应力计在拆模后压力仍在增加，但在浇筑完成2d以后也开始出现下降。测点2大于测点1则可能是因为测点1的压力计靠近或紧贴初衬表面，被混凝土裹挟程度有限，测点2压力计靠近隧道内侧临空面，受到混凝土的完全包裹，协同受力，衬砌结构整体上受到向隧道内侧的弯矩作用。

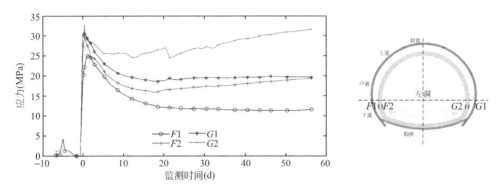

图 7-15　Z5K63＋952 断面二衬钢筋应力监测数据

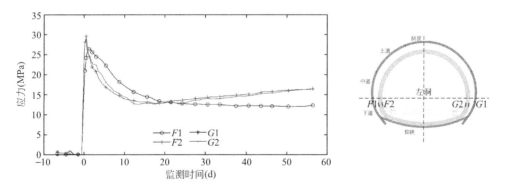

图 7-16　Z5K63＋946 断面二衬钢筋应力监测数据

继续在 Z5K63＋938.6 和 Z5K63＋932.6 两个断面安装钢筋应力计进行监测，其断面二衬钢筋压力监测结果如图 7-17 所示，整体上应力变化规律与前期监测结果一致，混凝土浇筑后快速增大，然后逐渐降低，大约浇筑完成后 20d 作用达到一个最小值，并基本上趋于稳定。

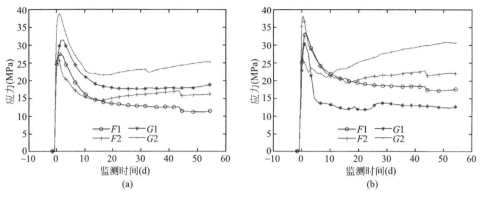

图 7-17　Z5K63＋938.6 和 Z5K63＋932.6 断面二衬钢筋压力
(a) Z5K63＋938.6；(b) Z5K63＋932.6

7.4.3　相邻开挖的影响

二衬监测断面 Z5K64＋251.4 和 Z5K64＋203.7 在监测过程中，相邻位置的右洞进行了开挖，从监测数据可以明显地分析相邻隧道开挖对二衬结构压力的影响。

Z5K64＋251.4 和 Z5K64＋203.7 两个监测断面二衬压力监测结果分别如图 7-18 和图 7-19 所示，从图 7-18 和图 7-19 中可以看出，两个断面前期的监测结果与之前单独开挖响应下的分析规律基本一致，即先增大后减小，而后逐步增加并趋于稳定，同时边墙拱脚位置的压力明显大于起拱线以上各点的压力。但是，当相邻右洞开挖的掌子面逐渐接近监测断面的时候，二衬围岩压力开始出现显著变化，各点压力逐步增大，并且拱顶压力变化最为明显。

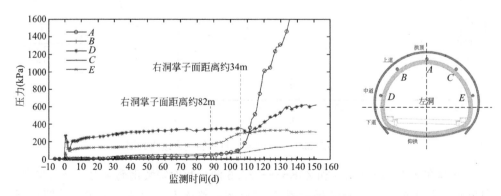

图 7-18　Z5K64＋251.4 断面二衬压力

对于 Z5K64＋251.4 断面，右洞掌子面距离该监测断面的距离大约 82m 时，由于距离相对较远，压力增加并不明显，但仍然说明该断面的围岩已经进

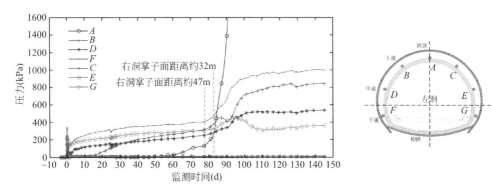

图 7-19　Z5K64＋203.7 断面二衬压力监测结果

入了右洞开挖的影响范围。随着右洞进一步开挖，影响持续增大，当右洞掌子面距离该断面约 34m 时，拱顶位置的压力增速开始明显增大，同时由于掌子面接近的影响，会造成一定程度的围岩压力释放，从而可以明显看出左下和右下位置压力出现降低或趋于收敛，而拱顶位置由于处在右洞掌子面开挖范围之上导致压力无处释放，因此数据处于持续增加的状态，并超出压力计的监测量程 1600kPa。

Z5K64＋203.7 断面的监测结果也较为类似，相应的影响范围略有不同，为 47m 和 32m。对比 Z5K64＋251.4 和 Z5K64＋203.7 两个监测断面的二衬压力数据可以看出，两个断面进入右洞开挖影响范围的距离存在明显不同（82m 和 47m），其主要原因可能是 Z5K64＋203.7 断面本身距离 4 号车行洞比较近（约 58m），在 4 号车行洞逐步开挖的过程中已经造成了部分压力的增加以及释放，围岩内部压力已经发生了变化与调整，但并未与压力正常增加规律有过于明显的区别，直至右洞掌子面开挖距离进一步接近时（47m）才出现了较为明显的增加。而 Z5K64＋251.4 断面与 4 号车行洞距离较远，未受到车行洞开挖影响，围岩应力也未受到明显的开挖扰动影响，因此当右洞掌子面距离该断面较远距离时（82m），即对其围岩应力状态产生了影响。因此从拱顶压力变化来判断，可以大致推断出右洞开挖对左洞围岩应力状态的影响范围约为 80m。同时还应注意到 Z5K64＋251.4 和 Z5K64＋203.7 两个断面分别进入影响范围以后的压力增加并不十分明显，对二衬受力状态影响较小，重点应注意压力开始急剧增大时的掌子面距离，可以看到两个断面拱顶压力开始急剧增大时与右洞掌子面的距离则较为接近，分别为 34m 和 32m，说明两个断面二衬压力受右洞开挖的影响规律还是较为一致的，同时也说明右洞开挖对左洞二衬压力的显著影响距离为开挖面前方 32～34m 左右，进入该范围以后左洞二衬压力，尤其是拱顶压力开始急剧增加，对二衬受力状态影响较大。

7.5　小结

　　本章通过对他白依隧道施工过程中的围岩变形、初衬结构和二衬结构的围岩压力进行监测和分析，研究了类岩堆体围岩在隧道施工过程中的围岩变形特性、围岩压力变化规律以及受隧道开挖的影响特征，主要获得以下结论。

　　（1）不同的开挖施工方式对类岩堆体围岩的变形具有明显的扰动作用，扰动的范围均在开挖面后方约 30m 的范围，施工中应尽量控制施工强度，避免对围岩和衬砌结构过大扰动。

　　（2）初衬结构位移压力和钢拱架内力监测结果表明，台采用台阶法开挖，上台阶开挖后，围岩压力和钢拱架应力迅速增加，然后略有下降，最后趋于稳定；下台阶开挖明显释放上台阶周围的围岩压力，导致初衬围岩压力下降，钢拱架应力下降；在空间分布上，由于围岩与初衬接触不均匀、不对称，监测数据沿隧道周边往往具有离散性和非均匀性的特征，这种非均匀性本质上是由复杂类岩堆体地层形成的不均匀开挖空间所主导的。

　　（3）二衬结构受力随时间的变化基本上表现为先增大后减小再逐步增加并趋于稳定的过程，在拆模时二衬受力较大，是最不安全的状态，因此为了保证二衬安全，应尽量减缓拆模。

　　（4）相邻隧道开挖对隧道衬砌结构，尤其是二衬结构的影响十分明显，后行洞开挖的显著影响范围为开挖面前方 30m，主要表现为先行洞拱顶压力急剧增加，靠近新开挖隧道一侧的压力显著增大，对于先行洞衬砌结构的稳定性十分不利，因此在施工中应尽量保证先后行洞的施工距离，确保后行洞开挖时先行洞的衬砌结构达到一定的强度，并且尽量减小后行洞的施工扰动强度。

第 **8** 章

类岩堆体隧道开挖围岩稳定性
数值仿真研究

8.1 概述

在隧道开挖过程中，现场监测试验研究能够从宏观上定性或定量地分析隧道衬砌结构的变形和受力特征，但是对隧道开挖后围岩的影响范围和状态，以及围岩内部的细、微观力学特性以及变化却难以全面把控。而数值仿真研究则能够较为全面地分析隧道开挖和围岩内部的全过程力学状态变化和稳定性演化特征，因此，本章采用数值仿真的研究方法，利用土工离心模型试验原理，对类岩堆体隧道开挖围岩稳定性进行模拟研究，主要从不同的颗粒形状影响、不同含石量前提下的不同类型类岩堆体围岩特征等方面进行模拟分析，探究类岩堆体不同内部结构对隧道开挖稳定性的影响。

8.2 基于离心模型试验原理的数值仿真

考虑到如果按照标定试验用到的颗粒参数进行隧道开挖模型的建模，那么所需要的颗粒数将远远超出计算机的运算能力和内存空间，仅仅是一个宽 71mm，高 142mm 的模型盒就用了近 15 万个颗粒，若要建立一个常见盾构隧道（直径 6.25m）的开挖模型，考虑边界效应，模型尺寸长宽都需要至少 30m，这样模型颗粒数将达到 130 亿个之多，因此本章将参考离心机试验原理，将整个地层模型缩小，然后通过放大重力加速度的方法使模型内的应力状态接近实际的地应力状态。

早在 1869 年，法国人 Phillips 就提出了用离心机做模型试验的设想，他根据弹性体的平衡微分方程，推导出原型与模型之间的相似关系，并指出，当重力是模型的主要因素时，可以使用离心机对模型施加一个重力场，使模型内的重力得到放大，从而与原型相似，只是这一设想受限于条件当时未能实现。

经过多年的发展，如今的土工离心模型试验的理论、仪器与技术都已经取得了长足的发展，其能够再现自重应力场，直观揭示变形和破坏机理，已经成为验证计算方法、解决土工问题的一种有效方法。

根据 Fuglsang 的总结，土工离心模型试验中的各参数与工程问题中常见参数的比尺关系如表 8-1 所示，表 8-1 中模型采用了与原型完全相同的材料，模型长度为原型长度的 $1/N$，并加上了 N 倍的重力加速度：

离心模型试验中的相似比尺（模型/原型）　　　　　表 8-1

物理量	相似比	物理量	相似比
加速度	N	弹性模量	1
模型长度	$1/N$	泊松比	1
模型面积	$1/N^2$	重度	N
应力/应变	1	剪切模量	1
密度	1	颗粒强度	1
孔隙比	1	惯性时间	$1/N$
摩擦系数	1	固结时间	$1/N^2$
位移/沉降	$1/N$	蠕变时间	1

可以看到，在采用了完全相同的材料，加以 N 倍重力加速度后，模型的应力状态可以做到对原型的等值模拟，但时间、位移等参数无法对应相等，因此在力学特性上离心模型可以做到等值模拟，而几何特性与时间等参数需要通过相似比换算。

8.3　模型基本假设

为使数值模型容易计算且尽可能地反映真实地层状态，做以下基本假设。
（1）初始应力场只考虑自重应力场，不考虑构造应力场。
（2）计算模型不考虑地下水的影响。
（3）隧道为全断面一次开挖，并且忽略施工的时间影响。
（4）将衬砌视为不会移动的墙体，忽略衬砌收敛所带来的应力重分布。
以上基本假设适用于下述各计算模型。

8.4　颗粒形状对隧道开挖稳定影响分析

8.4.1　模型物理力学参数

数值模拟软件选取 PFC2D 颗粒流软件，与第 4 章类似，类岩堆体颗粒单元选取 AR2C1（$AR=0.7$，$C=0.95$）、AR2C2（$AR=0.7$，$C=0.97$）、AR2C3（$AR=0.7$，$C=0.99$）、AR4C3（$AR=0.85$，$C=0.99$）以及 AR6C3（$AR=1.0$，$C=0.99$）五种典型的形状，形成细长比不变、凹凸度变化及细长比变化、凹凸度不变两组对照组，其他颗粒的物理力学参数和4.3.5节的完全相同。因为有自然堆积的步骤，为了防止初始状态颗粒重叠面积过大，计算时间过长，初始孔隙率设置稍大些，为0.3。墙体刚度远大于颗粒刚度，且不设置摩擦。具体如表8-2所示。

隧道开挖模型物理力学参数表　　　　　表 8-2

参数名称	参数取值
颗粒密度（kg/m^3）	2640
初始孔隙率	0.3
颗粒粒径（mm）	0.380～0.468（20%）
	0.468～0.521（20%）
	0.521～0.568（20%）
	0.568～0.623（20%）
	0.623～0.749（20%）
颗粒法向刚度（Pa）	2×10^9
颗粒切向刚度（Pa）	1.333×10^9
颗粒摩擦系数	0.5
颗粒转动摩擦系数	0.5
颗粒阻尼	0.5
墙体法向刚度（Pa）	1×10^{12}
墙体摩擦系数	0

8.4.2　计算模型的建立

数值计算模型的建立主要分为以下两步，地层生成以及隧道开挖。

1. 地层生成

地层模型宽100mm，高150mm，重力加速度设置为400g，根据土工离心模型试验原理，模型尺寸相当于线性上放大了400倍。模型盒左右两侧墙体刚度相比颗粒为无限大，提供水平方向位移约束，模型底面同理施加竖直方向位移约束，地表不设约束。所有墙体 wall 单元均视为光滑，无摩擦力。

以初始孔隙率0.3在整个模型内填充不同粒径相同形状的颗粒，如图8-1（a）所示，设置摩擦系数为0，让它们在重力的作用下自然堆积、固结并达到平衡状态，然后删去上部多余的颗粒使地表处于水平状态，并重新达到平衡状态，最后调回正常的摩擦系数 0.5，如图 8-1（b）所示，颗粒总数约 1.8×10^5。

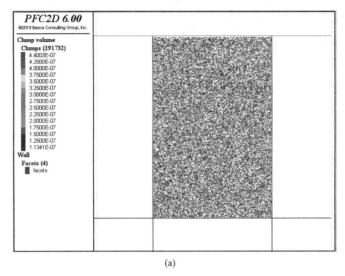

8-1 地层模型建立初始状态和自然堆积稳定状态竖向应力分布（彩色图）

(a)

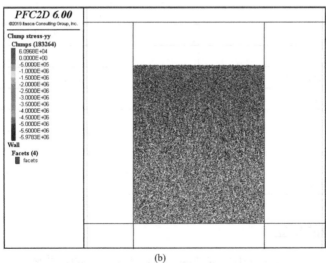

(b)

图 8-1 地层模型建立初始状态和自然堆积稳定状态竖向应力分布
（a）建模初始状态；（b）自然堆积稳定状态

2. 隧道开挖

考虑到模型尺寸效应和边界效应，确定隧道断面为圆形，直径 $6.5\mathrm{m}$，隧道上覆层厚度为三倍隧道直径，即 $19.5\mathrm{m}$。由于离心模型的放大作用，在数值模型中隧道断面圆心位于地表中点向下 $0.0569\mathrm{m}$ 处，断面圆直径为 $0.0163\mathrm{m}$，对应实际尺寸直径 $6.5\mathrm{m}$，隧道断面圆心位于地表下方 $22.75\mathrm{m}$。

在开挖时一次删去断面圆范围内的所有颗粒簇，并在断面圆周上添加墙体单元，衬砌刚度设置为 1×10^{12} Pa，然后让模型运行 30 个时间单位 T，每个 T 长度为 2×10^{-4} s。

8.4.3　监测内容及断面设置

为研究隧道开挖前后地层应力变化与位移变化，如图 8-2 所示，设定若干水平与竖直断面，后续计算将针对这些断面上的数据进行，具体操作如下。

（1）应力状态通过模型内建 measure 单元，其可以导出该测量圆的 σ_{xx}、σ_{xy}、σ_{yx}、σ_{yy} 四个参数。

（2）由于颗粒数过多，位移数据需要做一定程度的合并与简化，方法是将开挖前的整个模型区域分割为 30×30 个小方格，每个方格内的颗粒进行追踪位移变化，在开挖完模型稳定后读出每个颗粒的位移数据，然后按照颗粒面积取加权平均，最后得到的值代表这个小方格的平均位移量，如式（8-1）所示。

$$z_{ij} = \frac{\sum\limits_{c \in N_c} S_c z_c}{\sum\limits_{c \in N_c} S_c} \tag{8-1}$$

式中，z_{ij} 表示第 i 行第 j 个小方格的平均位移值；N_c 表示该方格内的所有颗粒；S_c 表示颗粒面积；z_c 表示颗粒位移，取 x 方向位移算得横向位移，取 y 方向位移算得纵向位移。

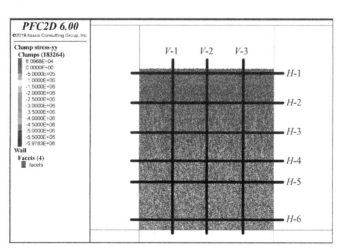

8-2　测线布置
（彩色图）

图 8-2　测线布置

以地表中心点为原点，建立平面直角坐标系，则测线具体布置位置如下。

（1）三条竖直测线 V-1（$x = -0.025$ m），V-2（$x = 0$ m）、V-3（$x = 0.025$ m）。

（2）六条水平测线 H-1（$y = 0$ m），H-2（$y = -0.0244$ m），H-3（$y = $

－0.0488m）、H-4（$y=-0.065$m）、H-5（$y=-0.0813$m）、H-6（$y=$ －0.114m），其分别对应了埋深0D、1.5D、3D、4D、5D、7D。

8.4.4 隧道开挖计算结果及分析

8.4.4.1 开挖前后土压力分布

针对 AR2C3（$AR=0.7$，$C=0.99$）形状的地层隧道模型，开挖前竖向应力 σ_{yy} 分布如图 8-3 所示。从图 8-3 开始，本章的图参数均转算为隧道原型的数值，而不是离心模型缩尺之后的数值。

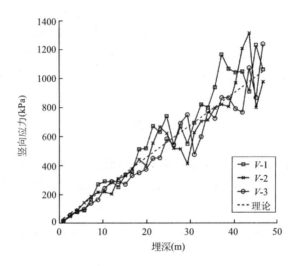

图 8-3 开挖前竖向应力 σ_{yy} 分布

图 8-3 中理论解是假设某埋深范围内所有颗粒重量均匀压在该埋深水平线上计算得到的，所有颗粒位置与大小数据可通过软件导出，具体公式如式（8-2）所示。

$$P_y = \frac{\sum_{y_i \leqslant y} \rho g S_i}{D} \tag{8-2}$$

式中，y 为某埋深值；ρ 为颗粒密度；y_i、S_i 分别为某个颗粒的埋深与面积；D 为模型盒的宽度。

从图 8-3 中可以看到，三条竖向测线上的竖向应力分布基本相同，随着深度的增加呈线性增长，波动是由于颗粒材料的非连续性与非均质性所致。竖向应力曲线在埋深较浅时基本符合理论解，深度越大，波动越大，这表明深部地层应力平衡机制可能与浅部不同，不能简单地采用自重应力场计算。

开挖前水平应力 σ_{xx}（实线）及侧压力系数（虚线）分布如图 8-4 所示。

可以看到水平应力也基本随着深度的增加线性增长，且随着深度越大，其震荡幅度也越大，体现出更强的不均匀性。水平应力与竖向应力的比值，即侧压力

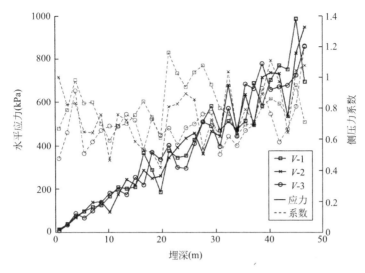

图 8-4 开挖前水平应力 σ_{xx}（实线）及侧压力系数（虚线）分布

系数，整个区段内在 0.5～1 之间振荡。一般土的侧压系数在 0.2～1.0 范围之内，硬质土侧压系数较低，软质土侧压系数较高，此模型用到的类岩堆体材料无黏聚力且颗粒粒径极小，有着较高的侧压力系数。

取 V-2 整个埋深段的侧压力系数取平均值，得到 0.764 作为整个地层的侧压力系数。

在开挖隧道并达到稳定后，开挖后竖向应力 σ_{yy}（实线）及变化量（虚线）分布如图 8-5 所示，开挖后水平应力 σ_{xx}（实线）及变化量（虚线）分布如图 8-6所示。

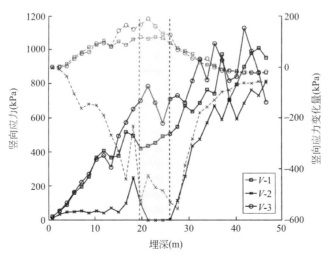

图 8-5 开挖后竖向应力 σ_{yy}（实线）及变化量（虚线）分布

217

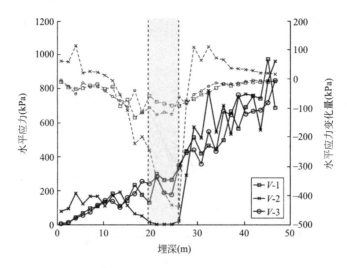

图 8-6　开挖后水平应力 σ_{xx}（实线）及变化量（虚线）分布

图 8-5 和图 8-6 中两条竖虚线为界的阴影部分表示隧道开挖的埋深范围。可以看到，在图 8-5 中，V-2 在开洞区域的上方和下方都有明显的应力减小，竖向应力几乎减为零，而 V-1 和 V-3 在隧道开洞的埋深左右存在竖向应力提高的情况，这证明了开挖后隧道周围存在着拱效应，隧道上方和下方的竖向应力被卸荷到隧道的左右两侧。而在远离隧道的区域，竖向应力的分布与开挖前区别较小，这表明离得越远，隧道开挖的影响越小。

图 8-6 中，V-2 在开洞上下方有很显著的应力减小，在开洞下方和上方稍远处有小幅度的应力增加，V-1 和 V-3 两条曲线在隧道埋深处的水平应力略有减小。

综合图 8-5 和图 8-6，可见隧道周围一圈（主要是左、右、下方）的径向应力有所减小，而切向应力有所增加，符合土拱理论。

使用深埋圆形洞室的二次应力状态经典理论解作为对照，由于数值模型中计算得到土体的侧压力系数 $\lambda = 0.764$，因此选用 $\lambda \neq 1$ 时的计算简图，如图 8-7 所示。

该理论解作了以下几点简化假设。

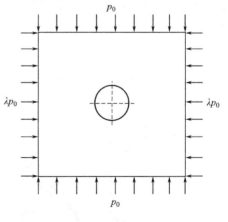

图 8-7　深埋圆形洞室开挖计算简图

（1）不计土体的自重，不计洞室开挖带来的重力变化。

（2）仅考虑弹性，材料需满足弹性力学中的基本假设条件，包括连续、完全弹性、均匀、各向同性与小变形。

（3）洞室开挖处不加衬砌，因此边界条件是洞周的法向应力为零。

在 $\lambda \neq 1$ 的情况下，任意一点的应力状态为：

$$\sigma_r = \frac{p_0}{2}\left[(1+\lambda)\left(1-\frac{r_a^2}{r^2}\right)-(1-\lambda)\left(1-4\frac{r_a^2}{r^2}+3\frac{r_a^4}{r^4}\right)\cos 2\theta\right] \tag{8-3}$$

$$\sigma_\theta = \frac{p_0}{2}\left[(1+\lambda)\left(1+\frac{r_a^2}{r^2}\right)+(1-\lambda)\left(1+3\frac{r_a^4}{r^4}\right)\cos 2\theta\right] \tag{8-4}$$

$$\tau_{r\theta} = -\frac{p_0}{2}\left[(1-\lambda)\left(1+2\frac{r_a^2}{r^2}-3\frac{r_a^4}{r^4}\right)\sin 2\theta\right] \tag{8-5}$$

开挖产生的位移计算公式为：

$$\Delta u = \frac{(1+\mu)\,p_0}{2E}\frac{r_a^2}{r}\left\{(1+\lambda)-(1-\lambda)\left[4(1-\mu)-\frac{r_a^2}{r^2}\right]\cos 2\theta\right\} \tag{8-6}$$

$$\Delta v = \frac{(1+\mu)\,p_0}{2E}\frac{r_a^2}{r}\left\{(1-\lambda)\left[2(1-2\mu)+\frac{r_a^2}{r^2}\right]\sin 2\theta\right\} \tag{8-7}$$

式中，$p_0 = \rho g h \approx 589\text{kPa}$ 为隧道轴心处的理论竖向土压力；$\lambda = 0.764$ 为侧压力系数；r、θ 分别是某点处的两个极坐标分量；r_a 是开挖圆形洞室的半径；E 是弹性模量，在 4.4 节三轴压缩试验中选用围压为 500kPa，与此隧道开挖模型中隧道轴心处的土压力十分接近，测出 4.4 节中对 AR2C3 颗粒形状的偏应力-应变曲线图中的初始斜率，得到 $E = 35\text{MPa}$；μ 为土体泊松比，通过式（8-8）算出。

$$\lambda = \frac{\mu}{1-\mu} \tag{8-8}$$

该理论解是以开挖隧道边界处径向应力为零作为边界条件的，而在数值模型中有无限刚度衬砌的存在，与此同时，为了删去所有接触到衬砌内部的颗粒，存在一定量的超挖，衬砌上不同位置超挖的部分各不相同，如图 8-8 所示。

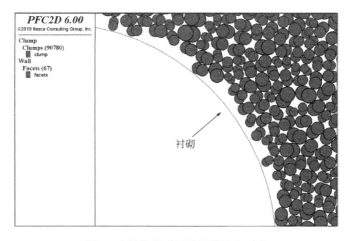

图 8-8　数值模型超挖部分放大示意

因此，再以隧道边界径向应力为零作为边界条件是不合适的，在此选择颗粒的平均半径作为整体的超挖程度，统计结果约为 0.25mm（模型中），对应于实际尺寸为 0.1m。将目前开洞处的位移设置为 0.1m 作为边界位移约束条件，考虑到径向位移为主导，将其代入式（8-6）中，其中含 $\cos 2\theta$ 项表明在整个圆周范围有正有负，且数学期望值为零，仅考虑平均可忽略此项，这样该式可简化为式（8-9）。

$$\Delta u = \frac{(1+\mu)\,p_0}{2E}\frac{r_a^2}{r}(1+\lambda) \tag{8-9}$$

通过式（8-9）求出 $r_a = 3.91\text{m}$，假想开挖了一个半径为 3.91m 的圆形隧道，在理论解中，将在半径为 3.25m 处产生径向平均 0.1m 的位移，在这种假想下，3.91m 的开挖面处的径向位移不足 0.1m，在此处的径向应力为零，而在 3.25m 至 3.91m 的区间内径向应力理论值会算出一个负值，而无黏聚力的颗粒材料是不能抗拉的，因此在理论解中修正为零。

考虑到隧道上下方在数值模型中的竖向压力差近 170kPa，并不完全符合理论解的假设条件，因此只验算隧道轴心水平线上的应力场，隧道轴心水平线应力场数值解与理论解对比如图 8-9 所示。

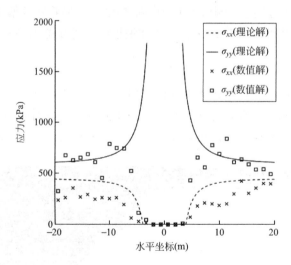

图 8-9　隧道轴心水平线应力场数值解与理论解对比

可以看到，水平应力上数值解与理论解的趋势相同，从衬砌边起都是从零开始逐渐增大，且数值上偏差不大；而竖向应力在洞周的偏差较大，弹性条件的理论解算出了一个很大的值，这显然是不符合实际的，这种应力状态早已超过土体破坏包络线。因此使用式（8-10）的摩尔库仑屈服准则将塑性考虑进来。

$$\sigma_\theta = \frac{1+\sin\phi}{1-\sin\phi}\sigma_r + \frac{2c\cos\phi}{1-\sin\phi} \tag{8-10}$$

式中，$\phi = 34.148°$，取自表 4-4；$c = 0$。

考虑塑性的隧道轴心水平线应力场数值解与理论解对比如图 8-10 所示。

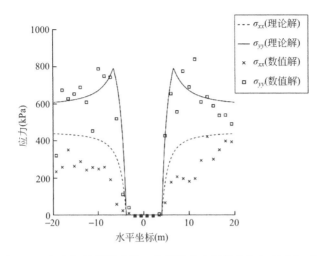

图 8-10　考虑塑性的隧道轴心水平线应力场数值解与理论解对比

由图 8-10 可知，竖向应力分布的理论解与数值解趋势相同，且数值上相差也不大。

8.4.4.2　开挖后地层变形特性

针对 AR2C3（$AR = 0.7$，$C = 0.99$）形状的地层隧道模型，统计其开挖前后水平六条测线上的平均沉降量，如图 8-11 所示。

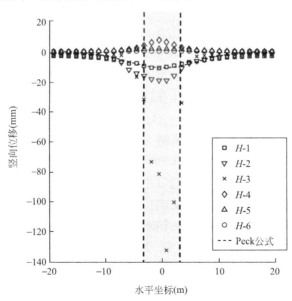

图 8-11　AR2C3 开挖后测线上的平均沉降量

由图 8-11 可知，在隧道开洞上方的测线 H-1、H-2、H-3 都有下沉趋势，而隧道开洞下方的测线 H-4、H-5、H-6 都有上浮的趋势。因为开挖是一种卸荷过程，原本存在的地应力被移除，且凡是进入隧道区域的颗粒均被删除，存在一定超挖，洞周颗粒必将产生指向隧道的位移。观察竖向位移随水平坐标的变化，可以看到在隧道轴线处的土体位移一般都是最大的，且不论是隧道上方土体的沉降曲线，还是下方土体的隆起曲线，都基本符合 Peck 公式的形状。

最后比较沉降主要的影响区域，画出沉降云图如图 8-12 所示。

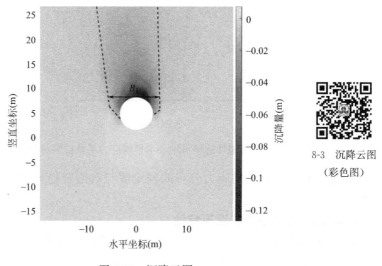

图 8-12　沉降云图

图 8-12 中 B_1 取紧邻隧道的上方影响区域宽度。可以从图 8-12 中看出，隧道上方发生较大沉降的区域近似为一个烟囱形，其影响宽度大致在 $1.5D$ 左右，和理论的区别在于数值模型中的影响范围非对称，这可能是由于地层孔隙分布不均匀，导致更大的沉降量偏向于发生在隧道轴线的某一侧。根据 4.4.3 节总结的内摩擦角表，AR2C3 的内摩擦角 $\varphi=34.148°$，得到 $\alpha=45°-\varphi/2=27.926°$。

8.4.4.3　地层-隧道相互作用机制

针对 AR2C3（$AR=0.7$，$C=0.99$）形状的地层隧道模型，因为忽略了衬砌变形所引起的应力重分布，本节通过导出作用在衬砌上的力与方向角（与 x 轴正半轴的夹角），观察作用在衬砌上法向应力的分布情况，在 PFC 软件中以 2×10^{-4}s 为一个时间单位 T，每计算一个时间单位软件就导出所有颗粒及接触的数据。$0T$ 代表开挖开始的时刻，对 $1T$、$2T$、$5T$、$15T$、$30T$ 五个时刻作出不同时刻衬砌上应力分布如图 8-13 所示，方向角为点到隧道轴心连线与 x 轴正半轴的夹角。

从图 8-13 中可以看出，对于最终稳定状态，衬砌上应力大小波动十分剧烈，

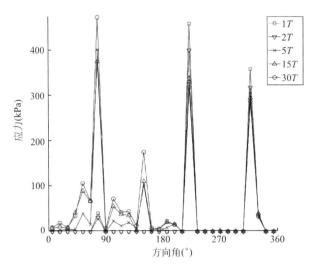

图 8-13　不同时刻衬砌上应力分布

在一些位置存在非常强的应力集中情况。对这个模型，应力集中点分别在 85°附近、220°附近和 320°附近，位于衬砌的正上方与两个侧下方。这些位置的应力大小达到了其他位置的应力值数倍，这是因为颗粒材料的不均匀性，这么多颗粒同时与衬砌接触并传递力的概率是很小的，更多可能是颗粒与颗粒之间互锁成一个整体，然后与衬砌形成一个点接触。

观察稳定初期时刻的衬砌应力分布，可以看到衬砌首先受力部位是两个侧下方（即"土拱"拱脚），这是因为隧道下方地应力比上方地应力更大，让地层更快地收敛到了衬砌边界上，之后这两个位置的应力有所减小，而衬砌上方的集中应力变大，因为隧道上方的地层无法形成完整土拱，还是需要由衬砌支撑起来。随着 T 继续增大，各点应力值就逐渐向稳定阶段的应力值靠拢，T 时刻越大变化幅度越小。

取衬砌上半部的半圆环，利用式（8-11）可以计算得到作用在衬砌上方的竖向土压应力。

$$\sigma_{v} = \frac{\int\limits_{0<\alpha<\pi} \sigma_{c} \dfrac{D}{2} \sin\alpha \, \mathrm{d}\alpha}{D} = \frac{1}{2} \int\limits_{0<\alpha<\pi} \sigma_{c} \sin\alpha \, \mathrm{d}\alpha \qquad (8\text{-}11)$$

式中，σ_{c} 为衬砌上的法向应力，与图 8-13 纵轴一致；α 为该应力所处的方向角；σ_{v} 为平均在衬砌直径上的土体法向应力。

不同时刻衬砌上竖向平均应力分布如图 8-14 所示。

可以看到，作用在衬砌上半圆的竖向土压应力在开挖后很快上升，小幅度振荡后稳定在了一个值上，计算得到这个值为 94kPa。

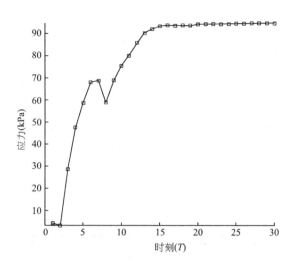

图 8-14　不同时刻衬砌上竖向平均应力分布

在太沙基土压力公式中，所有的参数都已得到，可近似计算出一个作用在衬砌上方应力的理论解。

$$\sigma_v = \frac{B_1\left(\gamma - \dfrac{c}{B_1}\right)}{2K_a\tan\varphi}(1 - e^{-2K_a\frac{H}{B_1}\tan\varphi}) \tag{8-12}$$

式中，$\varphi = 34.148°$；$K_a = \tan^2(45° - \varphi/2) = 0.281$；$B_1 = 1.53D = 9.95\mathrm{m}$；$\gamma = 2640 \times 9.8 = 25872\mathrm{N/m^3}$；$H = 3D = 19.5\mathrm{m}$，$c = 0$。

由此可得 $\sigma_v = 355\mathrm{kPa}$。

可以看到，数值解中衬砌上方受到的平均竖向应力要比理论解小很多，这是因为虽然模型中的颗粒材料无法形成完整土拱，但仍存在着一定的自承能力，因此为衬砌分担走了相当多的力。另外，太沙基理论假设破坏面为延伸至地表的竖直面，然而，从图 8-12 可知，数值模拟中形成明显的坍落拱且坍落区域并未延伸至地表。由此可见，真实地层的拱效应要明显区别于理论假设，太沙基土拱理论有可能低估了土拱效应，偏保守。

8.4.5　隧道开挖地层稳定性微观力学机理分析

8.4.5.1　微观参量分析

针对 AR2C3（$AR = 0.7$，$C = 0.99$）形状的地层隧道模型，图 8-15 为 AR2C3 隧道开挖前后颗粒旋转，红色表示顺时针旋转，蓝色表示逆时针旋转，颜色越深表示旋转角度越大。

可以看到，旋转角度大的颗粒大多集中在开挖隧道的上方附近，离隧道越远，颗粒旋转角越小，可见隧道开挖所造成的影响仅

8-4　AR2C3 隧道开挖前后颗粒旋转（彩色图）

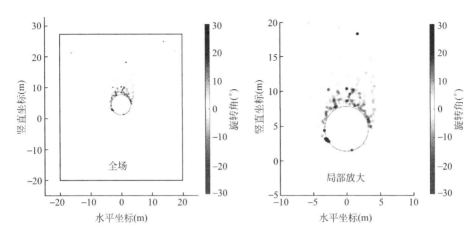

图 8-15　AR2C3 隧道开挖前后颗粒旋转

在上方一个有限的区域内，离隧道越远，这种影响越小，且隐约可见图 8-12 沉降云图开挖影响范围的边界，该边界的下侧出现了较为明显的剪切条带，上方位移过小，该条带不再明显。

通过颗粒旋转颜色可知，隧道上方右侧的颗粒主要是顺时针旋转，上方左侧的颗粒主要是逆时针旋转，结合隧道的位置，隧道开挖后上方土体的微观表现为沿着衬砌外表面向下方滚动。

AR2C3 开挖前后主应力方向如图 8-16 所示，用线条表示模型内各点的两个主应力方向，红色为大主应力方向，蓝色为小主应力方向。

在开挖前，由于颗粒材料的不连续性使得土层有非均质性，地层中各点的主应力方向一开始存在不同程度的偏转，但总体还是以竖直方向（90°）为最大主应力方向的。

在开挖后的隧道四周，如果将最大主应力连成一条线，能近似看到如图 8-16 所示的一段圆弧线，应力如此偏转的结果就导致隧道周围一圈的最大主应力方向往往为环向，这标志着围绕着隧道的土拱形成，少部分例外的位置（径向为最大主应力方向）正好对应于衬砌上应力集中的位置。

AR2C3 开挖前后主应力偏转角度云图（图 8-17）显示，隧道左下和右上方颜色偏蓝，土体最大主应力方向出现了顺时针偏转，而在隧道右下和左上方颜色偏黄，土体最大主应力方向出现了逆时针偏转，这造成的结果是原本竖向的主应力方向变为指向隧道方向。

主应力偏转角度大的区域与沉降影响区域十分接近，隧道上方呈烟囱形状，且烟囱形的左侧逆时针偏转近 90°，右侧顺时针偏转近 90°，体现在图 8-16 中，这片区域的主应力方向由原本的竖直方向转为了水平方向。

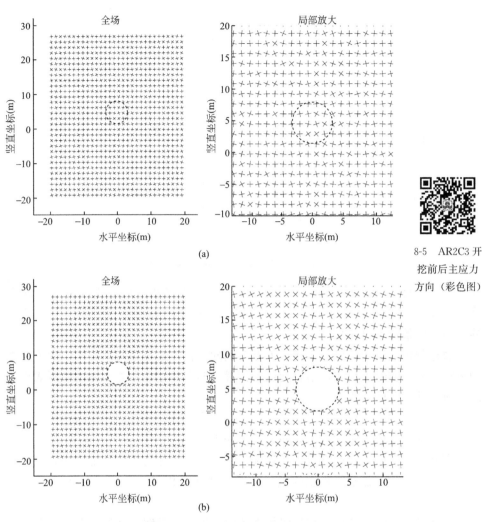

8-5 AR2C3 开挖前后主应力方向（彩色图）

图 8-16　AR2C3 开挖前后主应力方向

（a）开挖前主应力方向；（b）开挖后主应力方向

图 8-18 为 AR2C3 开挖后孔隙率变化云图，由图 8-18 可见隧道下方孔隙率几乎没有变化，隧道上方附近孔隙率变小，这是原本超挖造成的空隙被填满所致。而上方较远处存在一片孔隙率变大的区域，说明此处发生了局部坍塌，这些位置的颗粒下落并填满了下方的空隙，再往上孔隙率变化不再明显，这是由于土拱的形成，此处土体基本能够自承，结构几乎没有发生破坏。

从 AR2C3 开挖前后配位数云图（图 8-19）中可以很清晰地看到，在隧道开挖前，基本符合压力越大处，配位数越大的规律，而在开挖后，隧道下方配位数几乎没有变化，一直在 4.5 左右，而隧道周围一圈以及上方近处的配位数有较大幅度的减少，配位数减小的范围基本与图 8-15 相一致，也与图 8-12 中的影响范

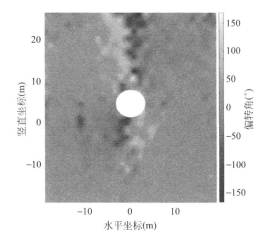

图 8-17 AR2C3 开挖前后主应力偏转角度云图

8-6 AR2C3 开挖前后主应力偏转角度云图（彩色图）

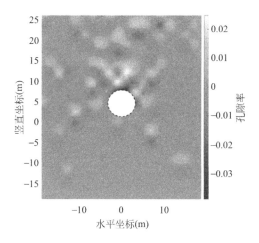

图 8-18 AR2C3 开挖后孔隙率变化云图

8-7 AR2C3 开挖后孔隙率变化云图（彩色图）

围一致，表明该区域地层变得松散，不能形成有效的整体承力构造。

配位数变小的位置是剪切带发生的位置（图 8-19），剪切发生的区域也代表着隧道开挖的影响区域，区域内土体收到扰动，剪切变形较大。

可以看到在隧道开挖后，整个地层在逐渐稳定的时间内，各向异性系数略有增加（图 8-20），考虑到统计的范围是整个地层，而隧道开挖影响范围是有限的，因此变化幅度很小。

8.4.5.2 传力机制

针对 AR2C3（$AR=0.7$，$C=0.99$）形状的地层隧道模型，由软件导出其在开挖前后的力链形态（图 8-21）。图 8-21 中每个接触力都用一段线来表示，且力越大，这段线就越粗。

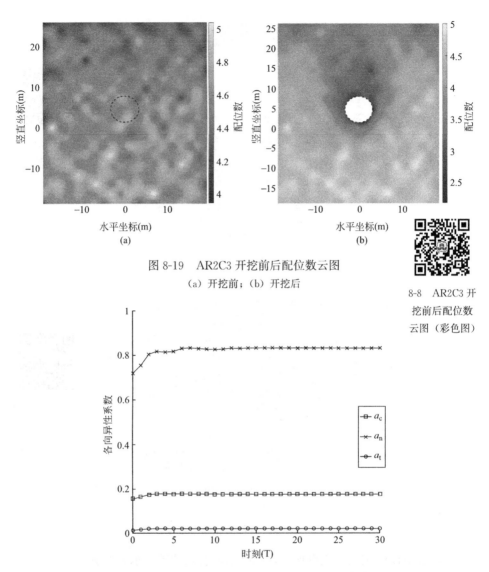

图 8-19　AR2C3 开挖前后配位数云图

(a) 开挖前；(b) 开挖后

8-8　AR2C3 开
挖前后配位数
云图（彩色图）

图 8-20　接触的各向异性系数随时刻 T 变化曲线

从图 8-21 中可以看到，原本在开挖前由上至下，由疏至密的力链分布，到了开挖后的状态，处于隧道周围的力链与同深度的力链相比要稀疏不少，可以看到隧道开挖对周围土体有明显的卸荷作用，在开挖后的隧道上方，力链形成了弧形的拱，这些拱形力链承担了部分土体的自重，减小了作用在衬砌上的土压应力。远离隧道的土体力链形态几乎不受影响。

作出 AR2C3 滑动接触发生位置分布（图 8-22），可以明显地看到两条剪切带位置，且与图 8-12 中的影响区域边界相一致，说明沉降发生时在这些区域发生了土体的相对错动。

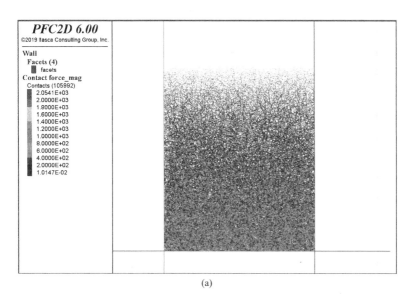

8-9　开挖前后
AR2C3 颗粒形状
地层力链（彩色图）

(a)

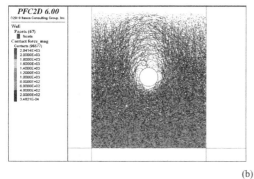
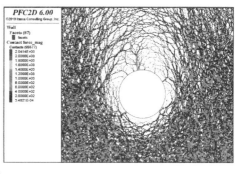

(b)

图 8-21　开挖前后 AR2C3 颗粒形状地层力链
(a) 开挖前；(b) 开挖后

而在图 8-15 中未观察到这一点，说明这种错动是一种平动，由于颗粒之间互锁的作用，剪切带两侧颗粒发生了相对位移，却没有产生较大的相对转角。而松动圈内颗粒发生了明显的转动，而却没有明显的剪切滑移。这说明隧道开挖后，土拱外周界以剪切滑移的变形机制为主，而土拱内部则以颗粒堆积重组机制为主。

8.4.6　颗粒形状影响的对比及讨论

8.4.6.1　细长比影响

首先仅增大颗粒细长比 AR 至 0.85 与 1.0，即颗粒形状组 AR4C3（$AR=$ 0.85，$C=0.99$）与 AR6C3（$AR=1.0$，$C=0.99$），改变 AR 后 $H-3$ 与 $H-1$ 测线上最大沉降量如图 8-23 所示，沉降云图如图 8-24 所示。

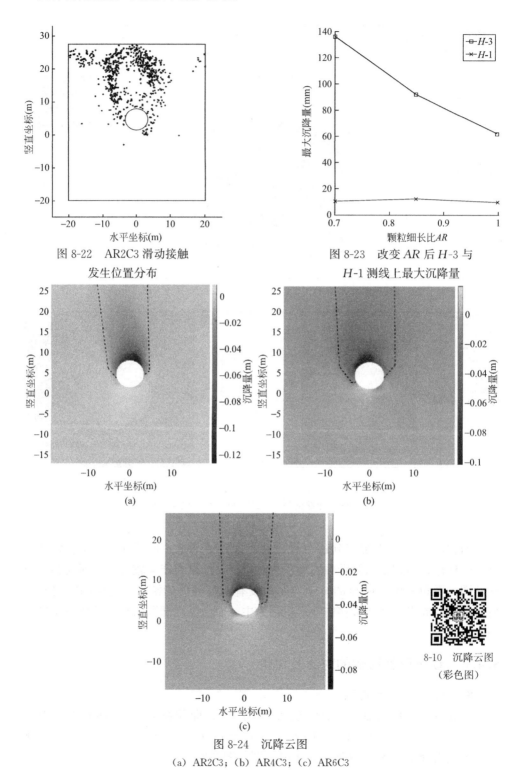

图 8-22　AR2C3 滑动接触
发生位置分布

图 8-23　改变 AR 后 H-3 与
H-1 测线上最大沉降量

(a)

(b)

(c)

图 8-24　沉降云图

(a) AR2C3；(b) AR4C3；(c) AR6C3

8-10　沉降云图
（彩色图）

可以看到，在保持凹凸性 C 不变，增大颗粒细长比 AR 后，衬砌上方 H-3 测线的最大沉降量从 138mm 逐渐减小至 62mm，近似一个线性关系，但是位于地表处 H-1 测线上的沉降量变化不明显。

随着细长比 AR 的增大，影响范围边界线越来越不明显，有变大的趋势，反映在 Peck 公式中是沉降槽宽度系数 i 的增大。

微观参量选取主应力偏转角度、配位数与颗粒旋转角。

从图 8-25、图 8-26 和图 8-27 中，也可以看到随着 AR 增大，虽然沉降有明显的降低，但由于开挖引起的地层颗粒微观力学响应影响范围逐渐扩大。

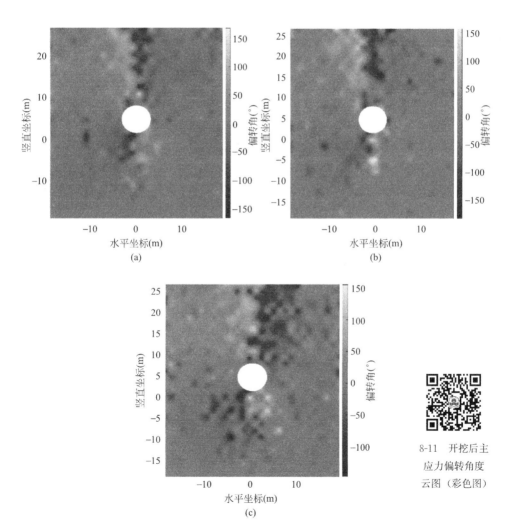

8-11 开挖后主应力偏转角度云图（彩色图）

图 8-25 开挖后主应力偏转角度云图
（a）AR2C3；（b）AR4C3；（c）AR6C3

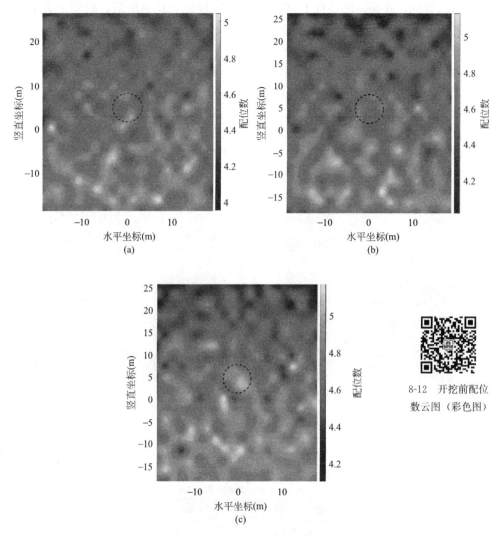

图 8-26 开挖前配位数云图
(a) AR2C3；(b) AR4C3；(c) AR6C3

8-12 开挖前配位
数云图（彩色图）

　　隧道开挖前后颗粒旋转如图 8-28 所示，可以看到，随着 AR 增大，颗粒发生较大旋转的区域越来越小，说明细长比 AR 越大，土体的整体性越差，一个颗粒旋转后更不容易带动周围颗粒一起旋转。

　　衬砌应力分布如图 8-29 所示，不同 AR 衬砌上竖向平均应力随时间变化如图 8-30 所示。可以看出，作用在衬砌上的集中力位置大体上是随机分布的，但衬砌左下或右下侧一定会有一个集中力，对应于土拱的拱脚位置。

　　而观察图 8-30 可知，随着颗粒细长比 AR 增大，作用在衬砌上方的竖向应力越快进入稳定状态，且该平均应力随着 AR 的增大而增大。之前已经说明过，

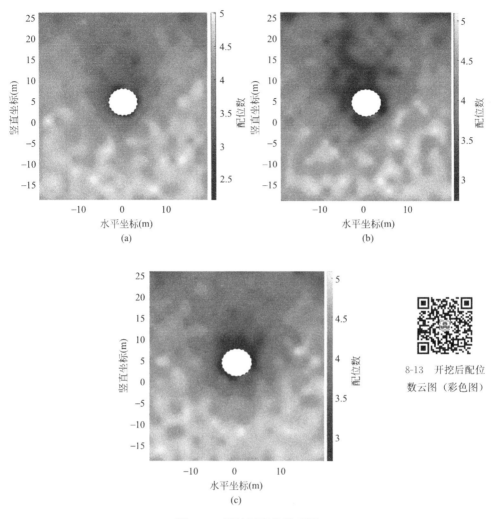

8-13　开挖后配位
数云图（彩色图）

图 8-27　开挖后配位数云图

（a）AR2C3；（b）AR4C3；（c）AR6C3

作用在衬砌上的力小于太沙基公式的理论值是由于土拱的存在能分担一部分土压应力，因此在埋深相同的情况下，作用在衬砌上的竖向应力可以一定程度反映土拱形成的好坏，因此随着 AR 增大，衬砌上竖向应力增加，说明土拱分担走的土压应力越来越小，方正的颗粒相比于扁平的颗粒更难以形成自承能力较好的土拱。

　　地层力链图与滑动接触位置分布图如图 8-31 所示，衬砌周围的力链形成了一道道弧形的拱包围着衬砌，这便是土拱的形成，其拱形结构分担着一部分土压应力。由不同形状颗粒下滑动接触位置分布图可推测，AR 小的时候与 AR 大的时候地层变形模式有所区别，在 $AR=0.7$ 时，土体整体结构较好，土拱形成较

233

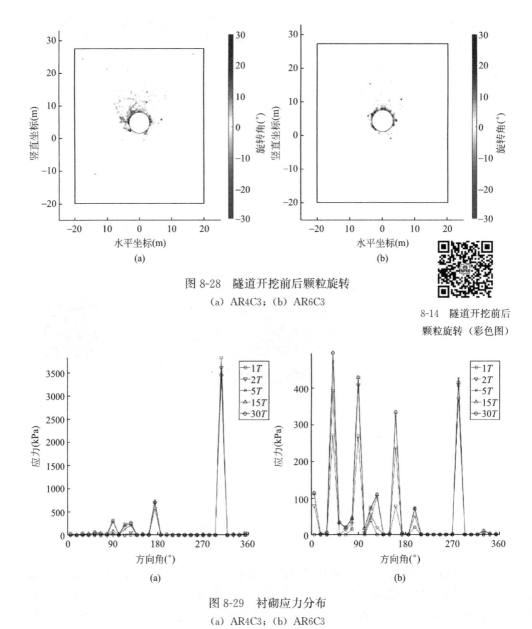

图 8-28　隧道开挖前后颗粒旋转
(a) AR4C3；(b) AR6C3

8-14　隧道开挖前后
颗粒旋转（彩色图）

图 8-29　衬砌应力分布
(a) AR4C3；(b) AR6C3

好，滑动接触均匀分布在土拱上，表明发生了局部坍塌与堆积重组。而在 $AR=0.85$ 与 $AR=1.0$ 时，滑动接触位置分布有了明显的左或右的倾向，其中一边存在大量滑动接触，而另一边几乎没有，推测此时的变形模式为土拱与其内部土体整体发生了剪切滑移，滑动接触密布区即剪切带的位置。

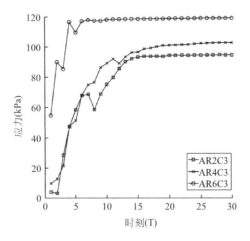

图 8-30　不同 *AR* 衬砌上竖向平均应力随时间变化

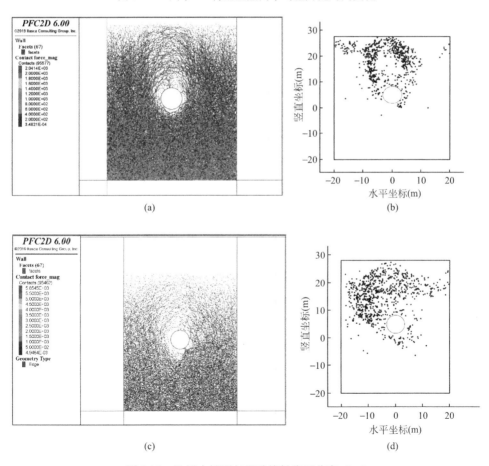

图 8-31　地层力链图与滑动接触位置分布（一）

（a）AR2C3 力链图；（b）AR2C3 滑动接触位置分布；（c）AR4C3 力链图；（d）AR4C3 滑动接触位置分布

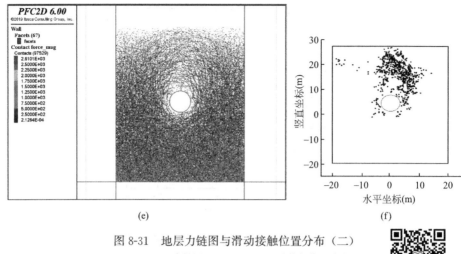

(e)　　　　　　　　　　　　　　　(f)

图 8-31　地层力链图与滑动接触位置分布（二）

（e）AR6C3 力链图；（f）AR6C3 滑动接触位置分布

8-15　地层力链图与
滑动接触位置分布
（彩色图）

综合上述内容可知，增大颗粒细长比 AR 对沉降影响主要体现为减小衬砌周围的土体沉降，同时沉降影响范围越来越大，沉降槽宽度系数 i 变大，对地表沉降峰值影响不大；随着 AR 增大，土拱形成得越来越差，土体自承能力减弱，作用在衬砌上的竖向应力增加；随着 AR 增加，土体变形的形式可能向整体滑移转变。

8.4.6.2　凹凸性影响

保持颗粒细长比 AR 不变，仅减小颗粒凹凸性 C 至 0.97 与 0.95，即颗粒形状组 AR2C2（$AR=0.7$，$C=0.97$）与 AR2C1（$AR=0.7$，$C=0.95$），则改变 C 后 H-3 与 H-1 测线上最大沉降量如图 8-32 所示，沉降云图如图 8-33 所示。

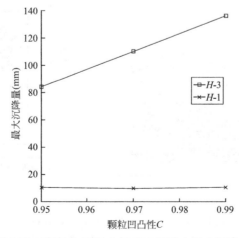

图 8-32　改变 C 后 H-3 与 H-1 测线上最大沉降量

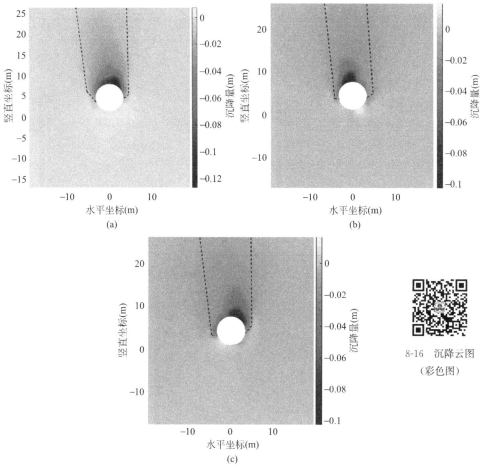

图 8-33　沉降云图

（a）AR2C3　（b）AR2C2　（c）AR2C1

可以看到，在保持 AR 不变，减小 C 后，衬砌上方 H-3 测线上的最大沉降量从 138mm 逐渐减小至 84mm，且近似保持线性关系。位于地表处 H-1 测线上的最大沉降量变化不明显。

在改变 C 值时，影响范围几乎没有变化，说明 C 对沉降槽宽度系数 i 的影响很小。

开挖前后主应力偏转云图如图 8-34 所示，开挖前配位数云图如图 8-35 所示，开挖后配位数云图如图 8-36 所示，可以看到在改变颗粒凹凸性 C 时，开挖影响区域几乎没有变化，符合图 8-33 中观察到的结论。

从隧道开挖前后颗粒旋转（图 8-37）中可以看到，颗粒有着较大旋转的区域都较大，说明这时的土颗粒形成了互锁，将隧道周围的颗粒旋转带到了远离隧道的位置。

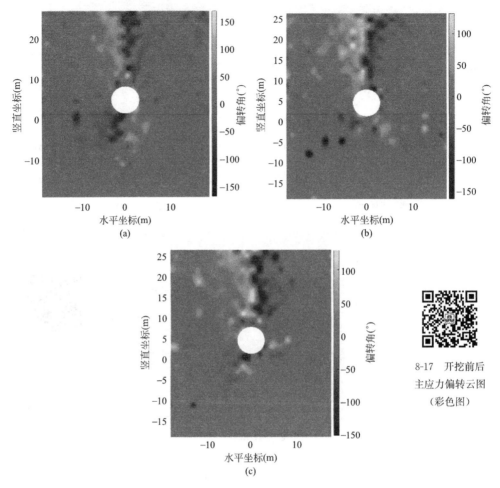

图 8-34 开挖前后主应力偏转云图
(a) AR2C3；(b) AR2C2；(c) AR2C1

8-17 开挖前后
主应力偏转云图
（彩色图）

衬砌应力分布如图 8-38 所示，不同 C 衬砌上竖向平均应力随时间变化如图 8-39 所示。

作用在衬砌上集中力仍然是随机的，结论与前文改变 AR 时的相同。

由图 8-39 可知，随着凹凸性 C 的减小，进入稳定的时间几乎没有变化，而平均竖向应力逐渐增大，从 94 到 100，再到 123，这说明了颗粒凹陷程度越大，地层形成的土拱越差，土拱分担走的土压应力更小，凹凸性指数 C 越小，即凹陷程度大的颗粒更难形成自承能力较好的土拱。

从图 8-40 中依然可以看到十分清晰的拱形力链，而滑动接触位置分布规律性较为不明显，AR2C1 出现了和 AR2C3 相类似的规律，而 AR2C2 则是出现了局部滑移，表明变形模式均为局部坍塌，而没有出现整体剪切滑移。

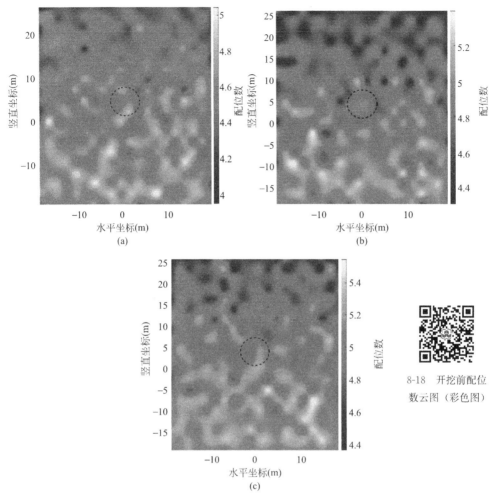

8-18　开挖前配位
数云图（彩色图）

图 8-35　开挖前配位数云图
（a）AR2C3；（b）AR2C2；（c）AR2C1

综上，减小颗粒凹凸性 C 对沉降影响主要体现为减小了衬砌周围土体的沉降，对沉降影响范围的影响不大，对地表沉降影响也不大；随着 C 的减小，土拱形成得越来越差，土体自承能力减弱，作用在衬砌上方的竖向应力增加。

与第 4 章的结论对比可发现，增大颗粒细长比 AR 或减小凹凸性 C 在三轴试验中均宏观上表现为减弱了土体的变形能力，而在隧道开挖试验中，上述改变会使土拱形成得越差，这说明变形能力越强，土体内部应力重分布会更合理，进而形成更完整的土拱，能帮衬砌分担更多的土压应力。

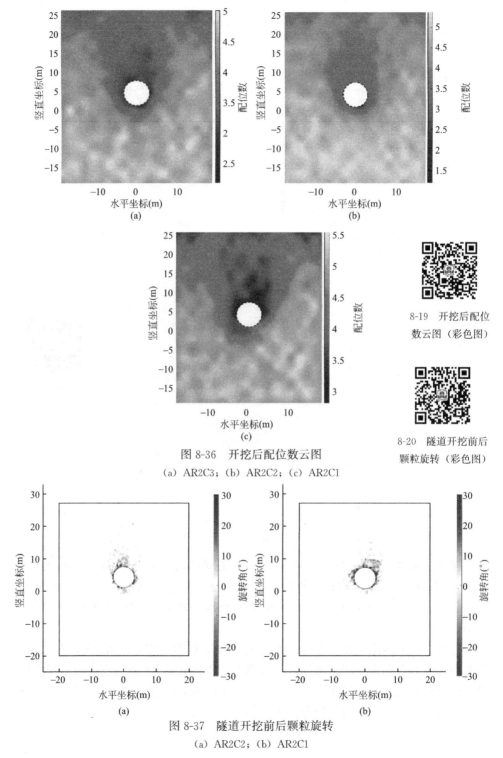

图 8-36 开挖后配位数云图

(a) AR2C3；(b) AR2C2；(c) AR2C1

8-19 开挖后配位
数云图（彩色图）

8-20 隧道开挖前后
颗粒旋转（彩色图）

图 8-37 隧道开挖前后颗粒旋转

(a) AR2C2；(b) AR2C1

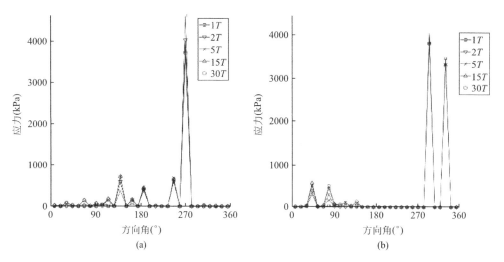

图 8-38　衬砌应力分布

（a）AR2C2；（b）AR2C1

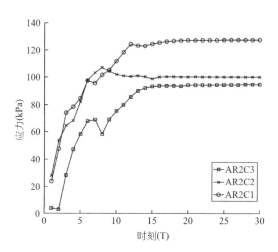

图 8-39　不同 C 衬砌上竖向平均应力随时间变化

8-21　地层力链图与

滑动接触位置分布

（彩色图）

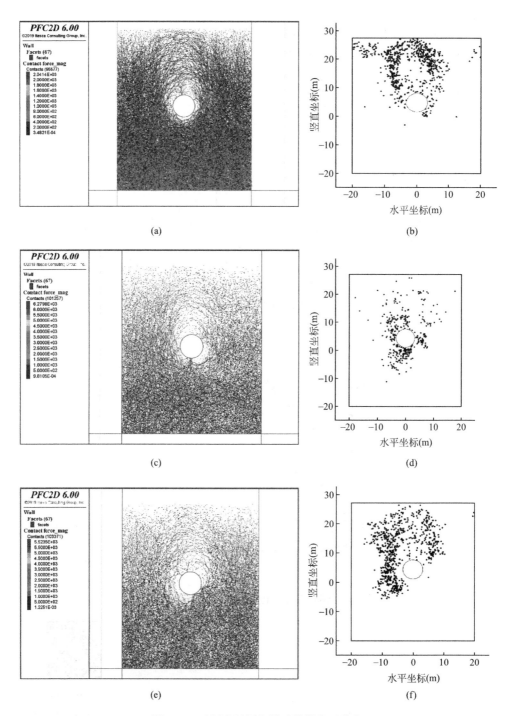

图 8-40　地层力链图与滑动接触位置分布

（a）AR2C3 力链图；（b）AR2C3 滑动接触位置分布；（c）AR2C2 力链图；

（d）AR2C2 滑动接触位置分布；（e）AR2C1 力链图；（f）AR2C1 滑动接触位置分布

8.5 不同类型类岩堆体隧道开挖稳定性分析

本节针对类岩堆体分类方法的分类结果,针对偏土型、混合型和偏岩型这3种类型的类岩堆体,进行隧道开挖稳定性数值模拟分析。

8.5.1 模型物理力学参数

土体采用单个 ball 模拟,块石采用 cluster 模拟,可以观察隧道开挖过程中块石破碎情况,土颗粒内、块石之间以及土石之间均采用抵抗转动模型,块石内部采用平行黏结模型,颗粒的物理力学参数和参数标定得到的完全相同,具体如表 8-3 和表 8-4 所示。

隧道开挖模型接触参数 表 8-3

参数名称	块石内部	土颗粒内	块石之间、土石之间
颗粒法向刚度(Pa)	1×10^8	5×10^7	1×10^8
颗粒刚度比	1.5	1.5	1.5
颗粒摩擦系数	0.25	0.5	0.45
颗粒转动摩擦系数	—	3.0	1.0
颗粒平行黏结模量(Pa)	1×10^8	—	—
颗粒平行黏结刚度比	1.5	—	—
平行黏结抗拉强度(Pa)	1×10^7	—	—
平行黏结黏聚力(Pa)	1×10^7	—	—
平行黏结摩擦角	45	—	—

隧道开挖模型细观参数 表 8-4

参数名称	参数取值
颗粒密度(kg/m³)	2710(土颗粒)
	2900(块石颗粒)
某一粒径块石占块石总体比例	5~10 (26.2%)
	10~16 (26.1%)
	16~20 (9.0%)
	20~25 (28.1%)
	25~31.5 (10.6%)
颗粒阻尼	0.1
墙体法向刚度(Pa)	1×10^{12}
墙体摩擦系数	0.1

8.5.2 计算模型的建立

数值计算模型的建立主要分为以下两步，地层生成以及隧道开挖。

1. 地层生成

地层模型宽400mm，高600mm，重力加速度设置为100g，根据土工离心模型试验原理，模型尺寸相当于线性上放大了100倍。模型盒左右两侧墙体刚度相比颗粒为无限大，提供水平方向位移约束，模型底面同理施加竖直方向位移约束，地表不设约束。

在400mm×900mm的模型空间内以0.3的初始孔隙率填充无重叠的颗粒，颗粒粒径为1.25～5mm，设置摩擦系数为0，让它们在重力的作用下自然堆积、固结并达到平衡状态，然后删去上部多余的颗粒使地表处于水平状态，并重新达到平衡状态，最后设定摩擦系数为0.3，如图8-41所示，颗粒总数约8万。

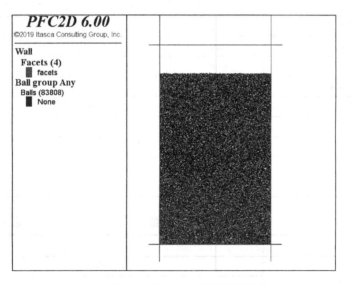

8-22 基本地层
模型（彩色图）

图 8-41 基本地层模型

根据分级分类方法，隧道开挖共模拟偏土型、混合型以及偏岩型类岩堆体隧道模型三种，含石率分别取15%、60%、85%。不同类型类岩堆体地层模型如图8-42所示。

2. 隧道开挖

隧道开挖尺寸和方法与8.4.2节保持一致，在开挖时一次删去断面圆范围内的所有土颗粒和块石，并分别研究无衬砌和有衬砌两种工况下的围岩稳定性。衬砌用墙体单元模拟，衬砌刚度设置为1000GPa。

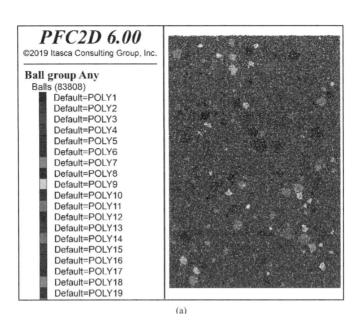

(a)

(b)

图 8-42 不同类型类岩堆体地层模型（一）

（a）含石率为 15% 的偏土型类岩堆体地层模型；

（b）含石率为 60% 的混合型类岩堆体地层模型

8-23 不同类型

类岩堆体地层模型

（彩色图）

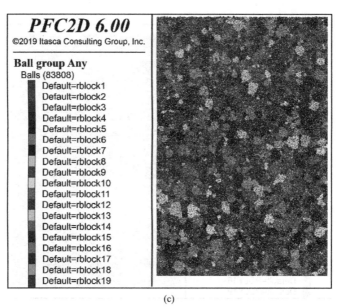

(c)

图 8-42　不同类型类岩堆体地层模型（二）

（c）含石率为 80％的偏岩型类岩堆体地层模型

8.5.3　监测内容及断面设置

为研究隧道开挖前后地层应力变化与位移变化，如图 8-43 所示设定若干竖直断面，后续计算将针对这些断面上的数据进行，应力状态通过模型内建 measure 单元测量。

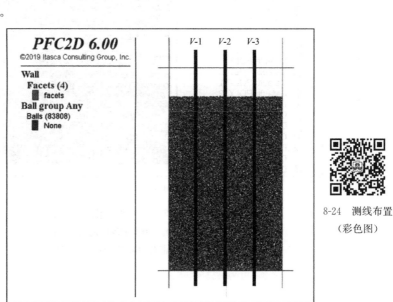

8-24　测线布置
（彩色图）

图 8-43　测线布置

以模型左下角为原点，建立平面直角坐标系，则三条竖直测线具体水平布置位置为：V-1（0.1m），V-2（0.2m）、V-3（0.3m）。

8.5.4　计算结果及分析

8.5.4.1　隧道开挖即时状态

为了删去所有接触到衬砌内部的颗粒，存在一定量的超挖，衬砌上不同位置超挖的部分各不相同，对于含石率为 15% 的类岩堆体，其超挖部分放大示意如图 8-44 所示。

8-25　超挖部分放大示意（彩色图）

图 8-44　超挖部分放大示意

以含石率为 15% 的偏土型类岩堆体为例，刚开挖隧道区域颗粒接触力如图 8-45（a）所示，三条竖直测线的竖向应力分布如图 8-45（b）所示，水平应力分布如图 8-45（c）所示，随着埋深的增加，竖向应力和水平应力均增大，且三条测线上的竖向应力和水平应力的波动均变大。下面将以此为基点，分别研究无衬砌和有衬砌两种工况下的围岩稳定性，对不同类型类岩堆体隧道破坏形式和衬砌效果进行评价。

8.5.4.2　无支护条件下隧道稳定性分析

隧道开挖后，使模型运行 30 个时间单位 T，每个 T 长度为 2×10^{-4}s。计算完成后，无支护状态下隧道开挖破坏形态如图 8-46 所示。从图 8-46 中可以看出，隧道拱顶处颗粒开始出现垮塌，且含石率越小，隧道垮塌越严重，这说明块石起到骨架支撑作用，在开挖之后可阻止拱顶垮塌的发展。

图 8-47 为无支护状态下隧道开挖后地层力链，从图 8-47 中可以看到，原本在开挖即时状态由上至下，由疏至密的力链分布，到了开挖后的状态，处于隧道两侧拱腰的力链与同深度的力链相比要密实不少，拱顶上方力链与同深度的力链

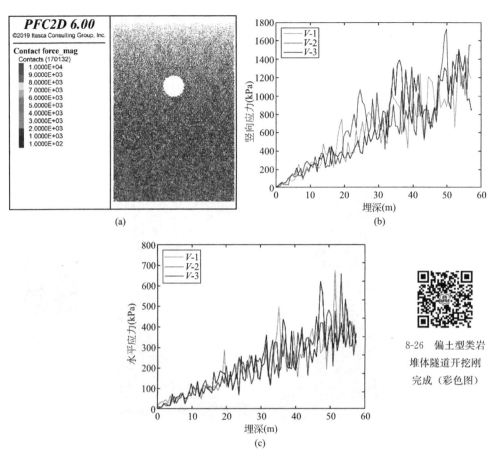

图 8-45　偏土型类岩堆体隧道开挖刚完成
（a）颗粒接触力；（b）竖向应力分布；（c）水平应力分布

8-26　偏土型类岩堆体隧道开挖刚完成（彩色图）

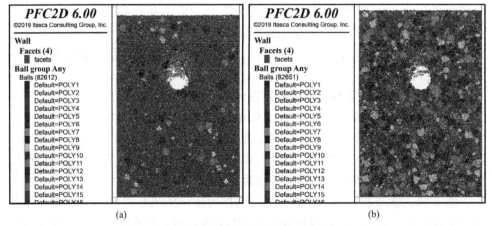

图 8-46　无支护状态下隧道开挖破坏形态（一）
（a）偏土型类岩堆体；（b）混合型类岩堆体

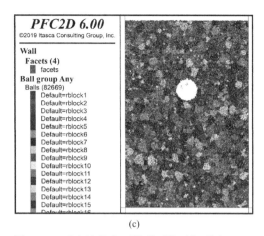

8-27　无支护状态下
隧道开挖破坏形态
（彩色图）

图 8-46　无支护状态下隧道开挖破坏形态（二）

（c）偏岩型类岩堆体

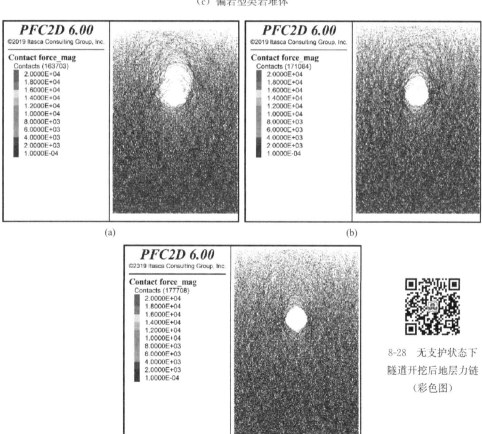

8-28　无支护状态下
隧道开挖后地层力链
（彩色图）

图 8-47　无支护状态下隧道开挖后地层力链

（a）偏土型类岩堆体；（b）混合型类岩堆体；（c）偏岩型类岩堆体

相比要稀疏不少，总体上两侧接触力明显大于中间区域的接触力。这主要是上覆土压力向两侧土体荷载传递过程中，由于颗粒的错动，致使颗粒最大主应力由最初的竖向发生偏转，形成更有利于土体内部应力传递的土拱，进一步增大了土体侧向应力。随着沉降进一步发展，土拱拱顶逐渐向浅层移动，有逐渐向地表延伸的趋势。含石率较小的偏土型类岩堆体隧道开挖后形成的拱形力链范围更大，含石率较大的偏岩型类岩堆体隧道开挖后形成的拱形力链范围更小，拱顶上方力链变化更小。同时，含石率较大的偏岩型类岩堆体拱腰处力链更密集。

图 8-48 为无支护状态下隧道开挖后竖向应力，图 8-49 为无支护状态下隧道开挖后水平应力。从图 8-48 和图 8-49 中可以看出，隧道开挖后，含石率越高，拱顶上方竖向应力为 0 的范围越小，这说明松动区范围越小，隧道稳定性也越好。

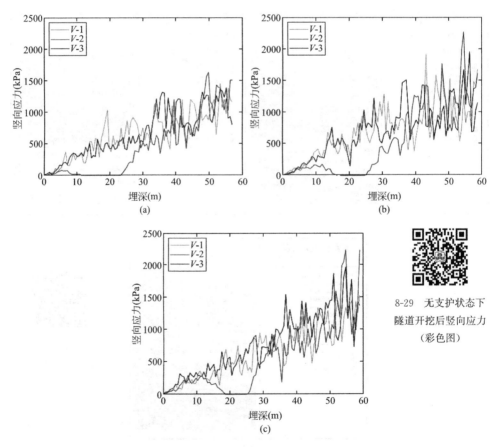

8-29　无支护状态下
隧道开挖后竖向应力
（彩色图）

图 8-48　无支护状态下隧道开挖后竖向应力
（a）偏土型类岩堆体；（b）混合型类岩堆体；（c）偏岩型类岩堆体

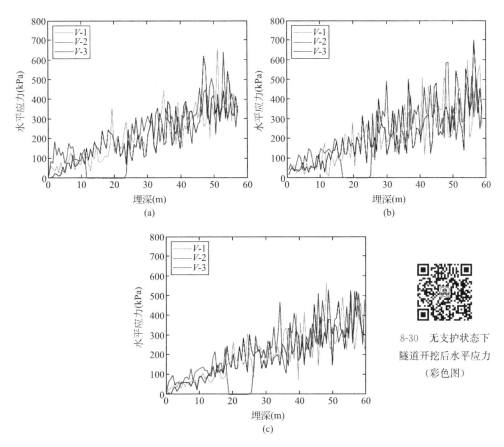

图 8-49　无支护状态下隧道开挖后水平应力
(a) 偏土型类岩堆体；(b) 混合型类岩堆体；(c) 偏岩型类岩堆体

8-30　无支护状态下
隧道开挖后水平应力
（彩色图）

　　进一步分析地层位移变化规律，如图 8-50 所示，隧道开挖完成后，最大沉降区域发生在隧道轴线正上方，隧道轴线以上地层沉降较为明显；隧道拱顶上覆地层沉降形态类似楔形体的分布，最大沉降量发生在隧道拱顶上方，随着距隧道拱顶越远，即距地面距离越近，地层的沉降越小，而水平方向距隧道中轴线距离越远，地层的沉降越小，拱顶上方地层向下移动，拱底下方地层向上隆起。比较不同类型类岩堆体隧道开挖后的位移，含石率越大，隧道拱顶上方地层位移越小，这说明含石率越大，地层越容易形成稳定的传力体系，受开挖扰动的影响小。

　　图 8-51 为无支护状态下不同类型类岩堆体地表横向沉降曲线，从图 8-51 可以看出，三种类型的类岩堆体隧道在开挖后地表都形成了沉降槽，距离隧道中轴线越近，地表下沉量越大；同时，由于类岩堆体形成的地层非均质，因而沉降槽并不对称，地表最大沉降位置并不在拱顶正上方的地表处。偏土型的类岩堆体隧

道中轴线处地表沉降比偏岩型、混合型类岩堆体隧道大很多，偏土型类岩堆体左侧地表沉降量更大。

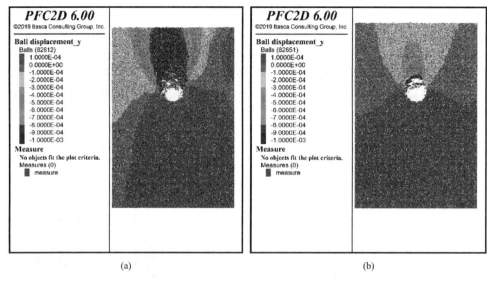

(a)　　　　　　　　　　　　　　　　(b)

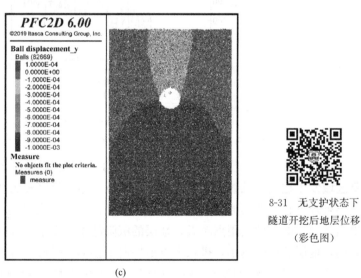

8-31　无支护状态下
隧道开挖后地层位移
（彩色图）

(c)

图 8-50　无支护状态下隧道开挖后地层位移

（a）偏土型类岩堆体；（b）混合型类岩堆体；（c）偏岩型类岩堆体

8.5.4.3　有支护条件下隧道稳定性分析

删除隧道开挖范围内的颗粒后，生成用 wall 代表的衬砌，衬砌与隧道开挖轮廓相对位置如图 8-52 所示。

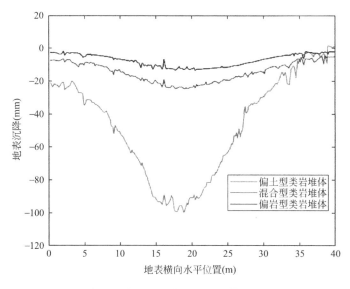

8-32 无支护状态下
不同类型类岩堆体
地表横向沉降曲线
（彩色图）

图 8-51 无支护状态下不同类型类岩堆体地表横向沉降曲线

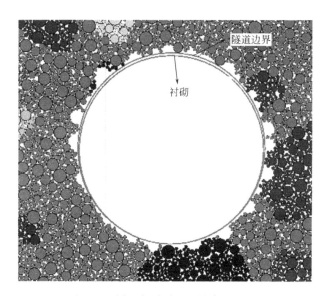

8-33 衬砌与隧道
开挖轮廓相对位置
（彩色图）

图 8-52 衬砌与隧道开挖轮廓相对位置

隧道开挖后立即进行支护，衬砌刚度设置为趋近于无穷大，运行 30T 后，有支护状态下隧道开挖地层力链如图 8-53 所示，相比于偏土型和偏岩型的类岩堆体，混合型的类岩堆体隧道拱顶上方的力链更加稀疏，力链的成拱效应更加明显。这可能是由于相比于偏土型和偏岩型类岩堆体，混合型类岩堆体非均质性更强，隧道开挖对周围地层有明显的卸荷作用，在开挖后的隧道上方，力链形成了弧形的拱，这些拱形力链承担了部分土体的自重，减小了作用在衬砌上方的荷载。

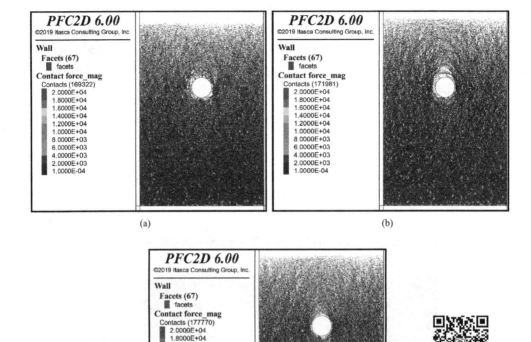

(a)

(b)

(c)

8-34　有支护状态下
隧道开挖地层力链
（彩色图）

图 8-53　有支护状态下隧道开挖地层力链

（a）偏土型类岩堆体；（b）混合型类岩堆体；（c）偏岩型类岩堆体

　　为了更好进行对比，将初始状态、无支护和有支护三种情况下的竖向应力和水平应力放在进行对比分析，如图 8-54 和图 8-55 所示。从图 8-54 和图 8-55 中可以看出，对于偏岩型和混合型类岩堆体，隧道开挖后对于松动区范围影响较小，而对于偏土型类岩堆体，隧道开挖后进行支护可以明显减小松动区范围。

　　有支护状态下隧道开挖后地层位移如图 8-56 所示，相比于未支护条件下的计算结果，支护以后隧道上方地层位移明显减小。

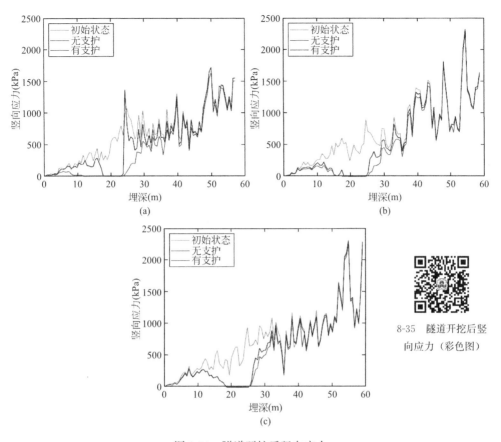

图 8-54 隧道开挖后竖向应力

（a）偏土型类岩堆体；（b）混合型类岩堆体；（c）偏岩型类岩堆体

8-35 隧道开挖后竖向应力（彩色图）

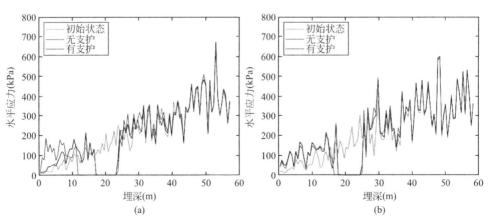

图 8-55 隧道开挖后水平应力（一）

（a）偏土型类岩堆体；（b）混合型类岩堆体

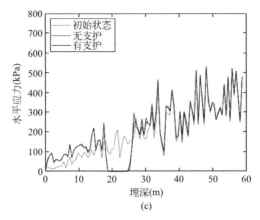

8-36 隧道开挖后
水平应力（彩色图）

（c）

图 8-55 隧道开挖后水平应力（二）

（c）偏岩型类岩堆体

隧道开挖后有支护时与无支护地表沉降对比如图 8-57 所示。对于混合型和偏岩型类岩堆体，有支护时地表沉降比无支护时大；而对于偏土型类岩堆体，有支护时隧道中轴线附近地表沉降会减小，而模型边界附近地表沉降与无支护时相差不大，甚至比无支护时大。对于混合型和偏岩型类岩堆体在有支护时的沉降大于无支护的情况，推测其原因是在有支护条件下，颗粒向隧道轮廓内的运动被支护结构阻止，隧道上方地层颗粒更多接近于整体沉降，同时，由于完全刚性支护结构的存在，隧道结构本身也因为受到压缩而有整体下沉的趋势，也抵消了无支

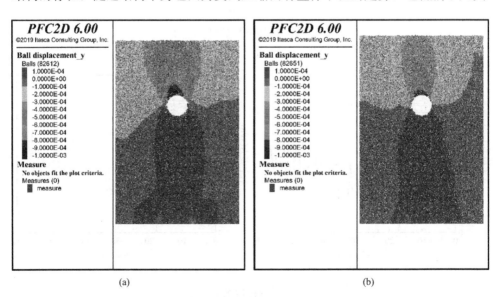

（a）   （b）

图 8-56 有支护状态下隧道开挖后地层位移（一）

（a）偏土型类岩堆体；（b）混合型类岩堆体

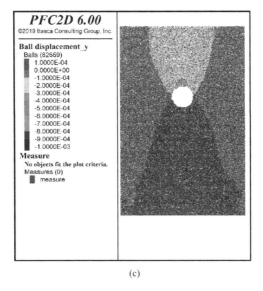

(c)

图 8-56　有支护状态下隧道开挖后地层位移（二）

（c）偏岩型类岩堆体

8-37　有支护状态下
隧道开挖后地层位移
（彩色图）

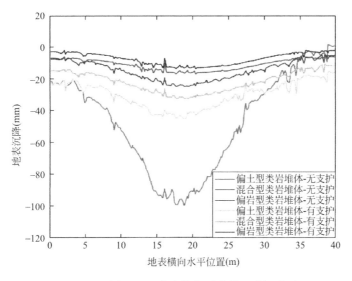

8-38　有支护与无
支护地表沉降对比
（彩色图）

图 8-57　有支护与无支护地表沉降对比

护条件下的隧道拱底隆起的部分位移。因此，对于隧道支护结构而言，也应适当注意结构刚度，避免刚度过大，应保留一定的韧性和变形性能，以有利于同地层结构的协同变形。

8.6 小结

本章构建了类岩堆体隧道离心模型试验的数值仿真模型，从类岩堆体颗粒形状影响和不同类型类岩堆体两个方面，模拟了圆形隧道开挖的过程。颗粒形状影响方面，从开挖前后土压力分布、地层变形特性以及衬砌上受到的压应力分布等角度观察了隧道开挖对地层的扰动影响；微观力学机理方面研究了颗粒旋转角的分布、主应力方向及偏转、孔隙率、配位数、各向异性系数等微观参数；从力链形态与滑动接触的分布位置分析了隧道的稳定性；分别改变颗粒细长比 AR 和凹凸性 C，分析了颗粒形状对隧道开挖宏微观上的影响。不同类型类岩堆体结构影响方面，主要针对有无支护条件下的隧道破坏形式、类岩堆体地层力链分布、应力和位移分布等进行研究和分析。所得到的结论主要有以下几点。

（1）在隧道开挖之后，地应力场的分布大体符合弹塑性理论解，体现为拱效应，隧道周围的径向应力和法向应力都减小；稍远处的径向应力仍较小，而切向应力迅速增加到一个较大的值；继续远离隧道，两者应力逐渐趋于一个稳定值。

（2）开挖隧道稳定后，隧道上方的沉降基本符合 Peck 公式，即隧道轴线处最大，在远离轴线的过程中沉降量不断减小，并存在一个反弯点；而隧道下方的土体会因为卸荷作用而隆起。

（3）开挖隧道稳定后，衬砌上受到的土压力十分不均匀，存在一处或多处应力集中的点，计算作用在衬砌上方的竖向土压应力，其值远小于太沙基理论解公式，认为是土拱的形成承担了一定的土体自重，为深埋隧道的衬砌分担了压力。

（4）主应力偏转角观察到主应力方向向隧道方向偏转，分析孔隙率以及力链形态，均证明了土拱的形成，配位数能清晰地体现开挖影响区域的范围，验证了宏观沉降云图的影响区域范围，滑移接触位置分布可以看到颗粒发生相对错动的区域，揭示了土体形变的方式。

（5）当颗粒凹凸性 C 不变，增大颗粒细长比 AR 时，对沉降影响主要体现为减小衬砌周围的土体沉降，同时沉降影响范围越来越大，沉降槽宽度系数 i 变大，对地表沉降峰值影响不大；随着 AR 增大，土拱形成得越来越差，土体自承能力减弱，作用在衬砌上的竖向应力增加；随着 AR 增加，土体变形的形式可能向整体剪切滑移转变。

（6）当颗粒细长比 AR 不变，减小颗粒凹凸性 C 时，对沉降影响主要体现为减小了衬砌周围土体的沉降，对沉降影响范围的影响不大，对地表沉降影响也不大；随着 C 的减小，土拱形成得越来越差，土体自承能力减弱，作用在衬砌上方的竖向应力增加。

（7）有无支护结构对类岩堆体地层隧道开挖稳定性影响十分明显，无支护的隧道开挖后会出现明显的垮塌现象，尤其对于偏土型和混合型类岩堆体而言更为明显。类岩堆体地层中隧道开挖后应及时进行支护。

（8）偏土型和混合型类岩堆体隧道在开挖后隧道上方位移较大，更难形成拱效应，地表沉降也更大，因此对于此种类型的类岩堆体隧道，在开挖过程中应注意超期加固与支护，提前稳固掌子面前方围岩，同时紧跟支护，避免因围岩松散而发生塌方。

（9）类岩堆体结构中，颗粒形状和结构类型（三种类型）的不同都会对隧道开挖后的地层稳定性造成不同影响。因此，在隧道开挖之前，应根据地质勘探和地层结构分析，确定合理的类岩堆体结构特征和类型，进行有针对性的合理分析和设计，避免施工过程中出现工程问题。

第**9**章

类岩堆体隧道开挖稳定性-
非连续变形协同控制法

9.1 概述

隧道工程特别是类岩堆体隧道，具有地层环境复杂、开挖风险大、施工技术要求高、不可预见风险因素多和对环境影响大等特点，属于高风险工程。目前，我国隧道建设，一旦发生风险通常找不到确切的责任人，政府和社会要为此负责，造成不良的社会影响、对社会建设有不利的作用，因此对隧道建设进行风险管理是势在必行。

国内隧道工程的风险管理水平相比欧美发达国家还是比较落后的。在世界范围内，瑞士高度重视隧道风险管理技术的研发和应用，通过研究、实践和经验的积累，成就了瑞士隧道建设及其管理技术的世界领先地位。例如，瑞士勒奇山隧道成功地应用了风险管理技术对隧道建设进行管理，它是该隧道工程的核心管理技术。该项目总投资折合人民币近 300 亿，通过风险管理，使该隧道能按期、按质、按费用完成，这证实了该技术的实用性。

在瑞士，尽管风险管理的理念和模式已在各行业应用多年，特别是银行业，但风险管理在隧道工程中的应用时间并不长。在世界上，风险管理技术在隧道工程的应用是该工程领域的发展潮流。风险管理技术在中国隧道建设的应用是"新产品进入新市场"，具有很大的市场潜力。

风险管理是一个管理体系，它把主要风险因素的确定、应对措施的规划和执行以及负责者有机地联系起来，通过风险管理合约、定期报告和定期检查把各项措施落实到人并执行到位，层层问责。风险管理通过甲方（投资者或业主）、设计人和施工人员的共同参与，能够提高他们之间的合作和相互信任。通过建立风险管理组织机构可以对隧道工程的质量进行全程的管理，把"特殊状态"下的重难点管理变为"常态管理"和全程管理。

目前，我国山岭隧道的施工在风险管理上可以说是发展迅速的，但纵阅近些年的风险论文和研究报告，基本上均是甲方或关联方委托相关高校或科研单位开展的简单风险评估，与实际工程的风险控制和管理相去甚远，与国际上真正的风险控制理念也有很大差距，更无法在工程中实现前摄性的风险控制，而对于云南红土高原类岩堆体复杂地层的新工法研究和工程实践尚处于空白。

基于隧道开挖科研和工程经验，针对云南建（个）元类岩堆体隧道开挖的特点，本研究提出了类岩堆体隧道开挖稳定性-非连续变形协同控制法。该方法的内涵是指在隧道开挖前，基于对同类隧道历史资料的统计及未来可能发生情况的预测，在考虑其不确定性的基础上，预先对隧道开挖相关开挖方法和参数进行规划设计，并由此形成类岩堆体隧道稳定性-非连续变形协同控制法。毋庸置疑，合理科学的隧道开挖控制可以提高隧道开挖的效率，并能对隧道开挖岩土体的变形控制和开挖活动的顺利实施提供有效的指导和保障。因此，对类岩堆体隧道开挖稳定性-非连续变形协同控制法进行研究，对于提升山岭隧道开挖效率和开挖控制具有重要的现实意义。

本章将充分利用前面的试验和理论分析成果，并密切结合依托工程——云南红土高原建（个）元高速公路隧道工程，进行类岩堆体隧道开挖稳定性-非连续变形协同控制法归纳和总结，便于将来为类似工程建设提供参考。

9.2 隧道开挖稳定性-非连续变形协同控制法

9.2.1 基本理念

本方法基于类岩堆体隧道开挖全过程的特点，研究考虑下述两个目标的隧道开挖稳定性-非连续变形协同控制法及其在类岩堆体隧道工程中的应用。

（1）开挖时间最短化（min-makespan），即要求隧道开挖活动尽可能早地安全完成。

（2）开挖参数鲁棒性最大化（max-robustness），即要求隧道设计的开挖方法和参数具有尽可能高的稳定性。

第一个目标对应于隧道开挖的"紧迫性"特点，使得整个隧道开挖能够在最短的时间内完成；第二个目标对应于类岩堆体隧道开挖的"高度不确定性"特点，使得开挖方式和匹配参数在变化性环境中仍能发挥其指导作用。通过本课题的研究，可以形成综合考虑开挖时间、开挖模式和开挖参数鲁棒性的稳定性-非连续变形协同控制法，进而提升类岩堆体等复杂地层隧道的建设水平。

9.2.2 类岩堆体隧道稳定性-非连续变形协同控制法关键因素

9.2.2.1 类岩堆体隧道施工诱发非连续变形的关键因素

地层变形是隧道开挖施工不可避免的结果，隧道开挖引起原位应力释放，其仅有部分受到隧道支护结构的限制。实际上，隧道开挖不可能瞬间形成一个空腔并提供无限刚性衬砌来进行准确填充。因此，在隧道埋深处将出现一定程度的非连续地层变形，这将触发一系列位移，导致地层变形或地表出现沉降，随着隧道埋深的减小这种情况变得愈加明显。

非连续变形主要是由三个方面的因素引起。

（1）隧道开挖引起的短期（或立即）变形，是以下各项因素综合影响的结果。隧道工作面稳定性、开挖速率、安装隧道衬砌结构所需时间。沿隧道轴线的立即变形出现在隧道工作面前方一定距离处，当支护强度到足以抵制任何进一步径向位移时变形（沉降）终止。

（2）因隧道衬砌变形引起的非连续变形，它与浅埋、大直径隧道密切相关。尤其在山岭隧道中，初支多为柔性被动支护体系，其强度形成也需要一定时间，在此阶段引起的非连续变形会占最终变形的很大一部分。

（3）因以下原因造成的蠕变变形。①初始固结（一般在超孔隙压力消散期间出现在黏性或可压缩土壤中）。②二次固结（一种土壤蠕动形式，其很大程度上受到土壤骨架屈服和压缩速率控制）。

山岭隧道开挖全过程中重点关注的是开挖面及初衬非连续变形诱发的土体沉降或坍塌。在隧道开挖过程中，隧道开挖面及刚刚开挖的部分处于未支护或部分支护状态，此时地层会产生应力释放导致向隧道内变形。因此，挖出的岩土量总是高于完工隧道理论体积。这个额外的开挖量即为"地层损失"。

引起体积损失的非连续变形大小取决于地层类型、开挖速度、隧道直径、开挖方法、临时初期支护形式和刚度等。

如图 9-1 所示，对于一般的类岩堆体隧道，造成地层损失的各个因素如下。

（1）隧道开挖面非连续变形。开挖面形成后，无法立刻进行支护，在支护强度达到设计要求之前，岩土体会向隧道内部挤出变形。开挖面挤出会引起超前核心岩土体向隧道内部变形，进而引起预收敛。

（2）便于初支架立的非均匀超挖。为方便开挖面附近的初支架设，通常都要进行一定的超挖，此时非均匀超挖区域会向隧道内部变形，直至围岩压力转移到支护结构体系上。

（3）初支变形，在初支体系与岩土体共同变形之后，隧道洞身进一步发生收敛，此时初支刚度发挥作用，若设计得当，地层损失速度会在此阶段减小并开始趋于稳定。

（4）二衬变形，很多山岭隧道的设计会把二衬作为安全储备，并在初支变形稳定后再进行浇筑；也有部分隧道会给二衬分配一定比例的荷载（例如类岩堆体隧道），此时岩土体会继续施压在二衬上从而引起二衬附加应力或变形。在该阶段，地层损失发展减缓，并最终达到稳定值。

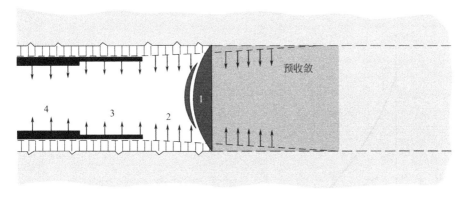

图 9-1 隧道开挖地层损失因素

1——开挖面挤出变形；2——轻微超挖；3——初支变形；4——二衬变形

如何减小类岩堆体隧道的地层损失，需要在设计和施工两个方面进行控制。在设计方面，需要提前确定合理的支护方案，包括开挖面到达前的超前核心岩土体预加固和初衬、二衬的强度，特别是超前核心岩土体的预加固，因为在开挖面附近的岩土体经常处于暴露状态，非连续变形发展较快。在施工方面，对于类岩堆体隧道，特别是矿山法，及时进行初支安装并封闭成环尤为重要，单次循环进尺和不同导洞的距离控制也会影响隧道的变形，为此，施工过程应进行精细化管理与控制。

9.2.2.2 类岩堆体隧道超前核心岩土体预加固

合理的支护方案对于类岩堆体隧道非常重要。与传统矿山法隧道不同，对于类岩堆体隧道稳定性-非连续变形协同控制法，支护方案包括两个方面：衬砌设计及超前核心岩土体加固设计。衬砌设计包括初衬和二衬，二衬通常在初衬变形达到相对稳定后再进行浇筑，因此初衬对于隧道初期非连续变形的控制最为关键。根据研究成果及工程实践，初衬能否发挥作用，除了自身设计的因素之外，还取决于"超前核心岩土体加固"的效果。合理的加固参数能够控制开挖面的挤出变形，同时利于开挖面附近拱效应的形成。

9.2.2.3 类岩堆体隧道施工控制措施

在类岩堆体隧道的开挖施工过程中，小型坍塌事故屡见不鲜，其主要特征可以概括为"见风变渣土，遇水成泥巴，扰动即坍塌，非连续变形大"。新奥法强调充分利用岩土体的自稳能力，故支护时机与刚度非常重要。图 9-2 是非常典型的隧道围岩应力重分布和支护反力的关系曲线。如果在 u_1 时间施加支护 1 和支护 2，则可以在围岩失稳前使隧道达到稳定状态，但由于支护 2 较支护 1 刚度较弱，因此作用在支护上的压力 p_2 小于 p_1；若使支护 3（刚度与支护 2 相同）在 u_2 施加，对于无法自稳的围岩，则支护时机太晚，会导致围岩失稳，对于可自稳的围岩，会获得更小的支护压力。

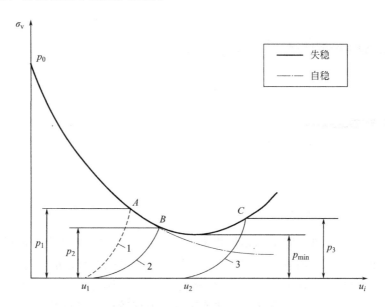

图 9-2 隧道围岩应力重分布和支护反力的关系曲线

对于埋置于类岩堆体地层中的隧道，地层自稳能力非常差，最佳支护时机距离开挖完成非常短，因此要求在第一时间进行支护安装，否则开挖临空面将很快失稳坍塌。

由前文的分析与结论可知，类岩堆体隧道中收敛变形和开挖面内推变形主要发生在初喷前，在钢拱架安装前就可基本完成，这两项变形的最终值随应力释放程度的增加而增加。这个阶段发生的地层损失是引起非连续变形的主要原因。

根据上述两项分析，在类岩堆体隧道这样的软弱土石混合地层中的隧道开挖，其施工控制的核心主要有以下两点。

1. 加固超前核心岩土体，提高土体自稳能力

加固超前核心岩土体有利于开挖面前方拱效应的形成，能够有效控制开挖面挤出和预收敛。对于软弱类岩堆体地层，其自身强度不足以形成有效的拱效应，因此更需要对超前核心岩土体进行加固，加固必须要先于开挖面到达，范围则是越大越好，至少是开挖面前方 3m 范围内的核心岩土体。

2. 开挖-支护的衔接要紧密

开挖面附近的地层损失对隧道稳定及地层变形至关重要，开挖面在初衬施作期间就可以完成大部分变形；又由于软弱类岩堆体地层的自稳时间非常短，因此，必须要在开挖完成之后尽快施作钢拱架及初喷混凝土，保护开挖面稳定，减小地层损失。

9.2.3　类岩堆体隧道稳定性-非连续变形协同控制法概念体系

如今隧道设计师在设计隧道时首先想到的不应再是被动支护结构和衬砌，而应该从一开始就考虑怎么解决围岩（介质）的一系列静力学问题，这样就能在围岩实际需要支护的地方提前采取主动支护措施，提高其稳定性。保护、改良和加固开挖面-超前核心岩土体可以确保在更靠近隧道断面的围岩中形成拱效应（应力传递），以抵抗增大的偏移应力。

不管地质条件和建造环境如何，不管初期非确定性有多大，如果能够把握隧道工程特性的复杂机理，那么从隧道工程设计施工开始，这种方法便是唯一正确的选择。

按照这个观点，分析和控制非连续变形（围岩对开挖的反应）是隧道工程设计施工过程中不可或缺的基础工序。

在设计阶段必须利用解析法或数值法分析预测开挖将会导致的非连续变形。据此，设计师可对开挖系统、开挖步骤、作业循环、围岩的加固改良和支护措施做出正确的决定。另一方面，在施工阶段控制非连续变形反应，施工中通过评价围岩变形来验证设计方案，并据此采取优化控制措施。

正确的隧道工程设计施工程序如下。

1. 设计阶段

1）详细了解开挖介质的强度和变形特性。

2）在没有支护措施的前提下，初步分析围岩介质的应力-应变状态变化（非连续变形）。

3）确定用以调整和控制围岩介质非连续变形的约束及预约束措施形式。

4）在现有技术条件下能采用的预约束和约束措施中选择合适的支护措施。

5）根据围岩介质变形预测值设计隧道断面形状和预留空间值，不仅要确定适宜的支护措施，还要确定各施工阶段、作业循环和施工时间。

6）为了达到预期的围岩介质变形和施工安全系数，通过数学计算确定所选支护措施的尺寸。

2. 施工阶段

确认施工过程中的围岩介质变形是否符合设计阶段的计算结果；然后对设计进行微调，平衡开挖面和隧道洞壁的支护强度。

通常情况下，采用概念正确、普遍适用的方法进行隧道工程设计和施工需要依次经过以下工序。

（1）勘察阶段。收集围岩介质的地质、岩土力学、水文地质方面的信息。

（2）诊断阶段。运用理论方法预测在没有支护措施的情况下，围岩介质对隧道开挖的非连续变形反应。

（3）处治阶段。确定开挖方法和调节变形的支护措施，并用理论方法评估支护措施是否有效。

（4）监测阶段。用试验方法监测围岩介质对于开挖的实际变形，以便对开挖方法和支护措施进行调整。

基于类岩堆体隧道的理论分析和现场试验研究结论，图 9-3 对类岩堆体地层中隧道开挖进行了总结。

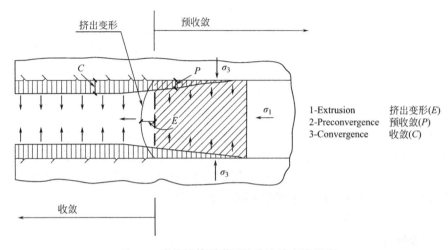

图 9-3 类岩堆体隧道开挖非连续变形机理

（1）变形反应（D. R.）有 3 种基本形式：挤出变形（E）、隧道预收敛（P）和收敛变形（C）。

（2）挤出变形是隧道预收敛和收敛变形的起因，是非连续变形反应中最重要的部分。

（3）如果能控制挤出变形（例如采用超前预加固法），隧道预收敛和收敛变形也同时被控制。

（4）调整开挖面-超前核心岩土体的大小、硬度、位置、分布形式及硬度和与之相关的强度与变形特性就可以控制挤出变形。

（5）存在调整开挖面-超前核心岩土体硬度的措施（保护和加固）。挤出变形可以对挤出变形进行全尺测量并得出其绝对值；隧道预收敛可以由挤出变形进行估算（体积守恒）；隧道收敛可以对隧道收敛进行全尺测量并得出其相对值。

9.2.3.1 类岩堆体隧道稳定性-非连续变形协同控制法变形控制体系

隧道稳定性-非连续变形协同控制法和其他普通的方法主要有以下几方面的差异。

（1）隧道的设计和施工并不像过去所认为的那样，而是两个全然不同的阶段，各阶段的时间和主要工作内容各异。

（2）隧道稳定性-非连续变形协同控制法关于隧道工程的概念体系都是以同一个参数非连续变形为基础，即开挖面-超前核心岩土体的应力-应变特性。

（3）隧道稳定性-非连续变形协同控制法所考虑的唯一参照参数是围岩对于开挖的非连续变形反应，其基本要点就是预测、判断和控制围岩非连续变形，首先是用理论或数值方法预测调整围岩非连续变形，然后通过试验方法量测判释围岩非连续变形机制，以便在施工中对设计方案进行调整。

（4）预约束（例如采用超前预加固）传统约束概念拓展。它可以通过既定程序解决非常困难的静力学问题，而不必临场发挥。

（5）隧道稳定性-非连续变形协同控制法包含保持地层岩土力学性质和结构的保护体系，尽可能地将其维持 3D 空间内的不变，以保证隧道工程的施工速度。

隧道稳定性-非连续变形协同控制法为隧道工程提供了一种新的概念体系。

通过观察开挖过程中围岩的非连续变形，可知超前核心岩土体的变形决定隧道的稳定性，因此开挖面-超前核心岩土体的稳定是隧道稳定性-非连续变形协同控制法概念体系中最基本的元素。通过将适用于所有地层状况的超前核心岩土体的变形作为唯一的参考参数，隧道开挖稳定性-非连续变形协同控制法克服了传统方法的局限性，特别是在类岩堆体地层中。

类岩堆体地层隧道开挖稳定性-非连续变形协同控制法确定了 3 种基本的变形类型（图 9-4）。

（1）A 类：开挖面-超前核心岩土体稳定（类岩岩堆体）。

（2）B 类：开挖面-超前核心岩土体短期稳定（土石混合岩堆体）。

（3）C 类：开挖面-超前核心岩土体不稳定（类土岩堆体）。

9.2.3.2 类岩堆体隧道稳定性-非连续变形协同控制法非连续变形类别

1. A 类

A 类是开挖面及其周围的应力状态未达到围岩的强度极限。隧道实际轮廓面越接近理论轮廓面，成拱效应就会越靠近实际轮廓面。变形都在弹性区域内且立即发生，变形大小以厘米计。

开挖面整体稳定（图 9-5），唯一不稳定的就是由于围岩结构引起的孤石部分的掉落。这种情况下地层应力-应变状态的各向异性起主要作用。

即使存在流体动压的情况，隧道的稳定通常不会受地下水的影响，除非地层断裂、对风化作用很敏感或者水力梯度很大，以致水流冲刷破坏了滑动面的剪切强度。支护技术主要是防止围岩恶化、维持开挖断面的稳定。

2. B 类

B 类是开挖面及其周围的应力状态达到围岩的弹性极限。

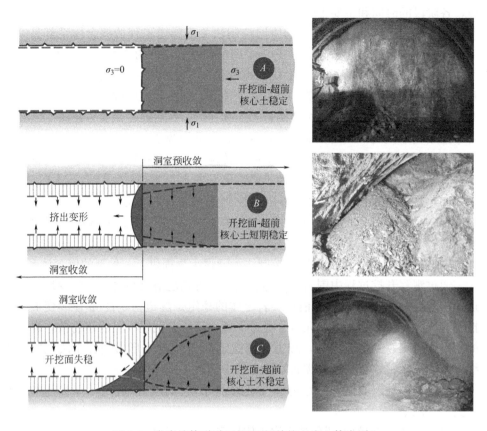

图 9-4　类岩堆体隧道开挖面-超前核心岩土体类别

图 9-5　A 类（较稳定的类岩堆体隧道）

成拱效应在远离开挖面的地方形成，其距离与围岩塑性区域的尺寸有关。变形处在弹-塑性范围，延迟发生，大小以分米计。

时间对开挖稳定性有重大影响：正常的开挖速度下隧道短期稳定，速度的增加和减小会相应造成稳定性的提高和削弱（图 9-6）。超前核心岩土体的挤出变形影响不到隧道的稳定性，因为围岩还有足够的残余强度。

隧道不稳定表现为开挖面和洞室周围岩石大范围剥落，开挖面开挖通过后有足够的时间采取传统的径向加固措施。有时需要对洞室采取超前加固措施以及平衡开挖面和隧道洞壁的支护措施，使变形维持在允许的极限范围内。

有地下水时，特别是存在动压的情况下，地层的剪切强度降低，出现大范围塑性变形，不稳定性增加。为此必须在开挖面前方地层进行排水，避免这种情况的产生。

图 9-6 B 类（需要初期支护的类岩堆体隧道）

3. C 类

C 类是围岩甚至开挖面周围的岩石受力超过其强度极限。由于围岩没有足够的残余强度，开挖面和隧道洞壁都不会形成拱效应。由于变形发展很快，导致开挖面失稳和隧道坍塌（图 9-7），没有时间采取地层加固支护措施以形成成拱效应，所以这样产生的非连续变形是不可接受的。

如果对承压地下水没有采取应有的措施，将会进一步降低地层的剪切强度、增大塑化范围和增加变形。在有动压的情况下，地下水会冲走围岩材料，形成管路，这是不允许发生的。和 B 类相同，必须通过在开挖面前方采取引排措施将水导出，避免这种情况的产生。

9.2.3.3 类岩堆体隧道稳定性-非连续变形协同控制法变形控制各阶段

类岩堆体隧道稳定性-非连续变形协同控制法变形控制法基于对岩土体非连

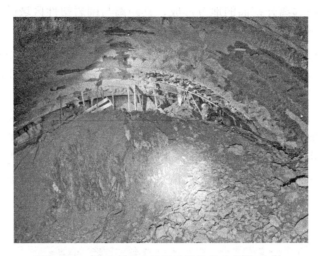

图 9-7 C 类（需采取较强支护的类岩堆体隧道）

续变形的分析和控制。隧道的设计和施工要按照表 9-1 所归纳的程序进行操作。

类岩堆体隧道稳定性-非连续变形协同控制法程序　　　　　表 9-1

阶段	过程	说明
设计	勘察	分析已有的自然平衡
	诊断	分析预测无支护措施下的非连续变形现象[*]
	处治	采取支护加固措施控制非连续变形现象[*]
施工	实施	运用支护加固手段控制非连续变形现象[*]
	监测	控制和量测施工中的围岩非连续变形现象[*]，量测开挖面-超前核心土的挤出变形、洞室周围及开挖面后方不同位置处的收敛变形
	调整最终设计方案	判断非连续变形现象[*]
		平衡开挖面-超前核心岩土体及洞室周围的支护加固体系

（*）——变形现象包括开挖面-超前核心岩土体的挤出变形和开挖面后方的围岩收敛变形。

1. 设计阶段

1）勘察阶段

确定隧道围岩的岩土力学性质，分析地层原有的平衡状态，为接下来的诊断阶段做准备。

2）诊断阶段

利用勘察阶段获得的数据，把整个隧道划分成其应力-应变条件相同的几个部分（A 类：开挖面稳定；B 类：开挖面短期稳定；C 类：开挖面不稳定），确定各部分的详细变形和挖掘产生的载荷形式。

3）处治阶段

根据诊断阶段所划分的隧道变形反应类别，确定采取相应加固形式（约束或预约束措施），以保证隧道处于完全稳定状态，继而设计工程师需要设计出隧道的典型纵横断面形式，并用数学工具验证其有效性。

2. 施工阶段

1）实施阶段

设计完成后进入实施阶段。根据围岩的实际变形，采取合适的约束和预约束措施，并用事先确定的质量控制程序进行监测。

2）监测阶段

监测和判释隧道开挖过程中的围岩变形，验证诊断和处治阶段所做预测的准确性，然后调整设计方案，采取平衡开挖面和洞壁的支护措施。监测阶段并不是在隧道完工后就结束了，在隧道使用的整个寿命期都要监测以保证其安全性。

隧道工程的正确设计意味着要在了解原有平衡状态的基础上怎样去预测开挖过程中的围岩变形，以及了解其产生机理及发展趋势。然后就要划分隧道的非连续变形类型和确定相应的支护措施（约束或预约束）。另外，还要根据隧道开挖情况和开挖面位置，确定加固措施的实施时间和作业循环，将隧道的非连续变形控制在允许的范围内。

隧道工程的正确施工就是根据设计进行施工。首先要正确判断开挖过程中的围岩非连续变形反应（以开挖面-超前核心土的挤出变形为主要判断依据）和针对开挖面挤出变形及隧道洞壁收敛变形的干预措施的有效性，然后确定隧道开挖的循环长度、速度，确定平衡开挖面和隧道洞壁的支护措施的强度、实施时间和位置。

■附录 **1** ■

类岩堆体隧道围岩分类方法

1 研究背景

1.1 类岩堆体概念

岩堆体是指松散岩石堆积体，属于不良工程地质，主要存在于第四系坡积层、崩积层、残积层等地层中。对隧道工程，尤其是隧道洞口浅埋段影响极其显著，给隧道工程施工带来很大困难。类岩堆体一般指岩土混合体，组成物质复杂，粒径跨度大，呈碎裂、松散状，节理、裂隙极其发育，自稳能力差，且容易受到地下水的影响，在我国云南地区的红土高原分布极为广泛，属于特殊软弱围岩体。不同于岩堆体，类岩堆体既不属于岩体，也不属于土体，且不同的类岩堆体围岩在机械开挖或爆破开挖扰动下的力学响应不同。目前的国家规范没有针对类岩堆体隧道的标准或指南，这给类岩堆体隧道支护结构设计带来较大的不确定性，安全隐患较多。

在隧道类岩堆体的地质特征和围岩力学行为特征研究基础上，结合Bineshian 提出的 I-System 分类法，以及有关 bimrocks 的研究成果，建立了类岩堆体分类、分级方法，可为类岩堆体隧道针对性设计、稳定性分析和变形预测奠定基础，进而提出针对类岩堆体隧道的设计优化方法和技术措施。

1.2 I-System 分类法

I-System，简记为（I），由 Bineshian 提出，在山岭隧道、地铁隧道、大坝工程、道路工程、边坡稳定、桥梁和采矿工程的设计和施工中都得到了验证。RMR 和 Q 分类法是现有的常用工程分类法，分别由 Bieniawski 和 Barton 提出。它们都只适用于岩石材料，RMR 是针对地面和地下工程提出来的，但它对水压的考虑存疑，节理产状的量化不明确，而且没有充分考虑水对岩体的影响。Q 分类法仅针对隧道提出，它在结构面间隙、产状、贯通性、尺寸和岩石强度等输入参数方面存在局限性。而 I-System 作为一种新近提出的工程分类法，不仅适用于岩体，也适用于土体，考虑了结构配置、开口尺度效应、地震效应和开挖技术等的影响。此外，I-System 可以对特殊的地层行为进行预测，这些地层行为包括但不限于依赖时间的挤压、膨胀、隆起（SSH），黏弹塑性（VP），全塑性，重力驱动（GD）和岩爆。附表 1-1 展示了上述三种分类方法的应用总结。因此，考虑类岩堆体的特点，把 I-System 分类法应用到类岩堆体工程中是合理且有效的。

常用的现有工程分类法的应用总结（与 I-System 相比）   附表 1-1

应用	材料		工程（土木、采矿、石油、燃气）	
	岩石	土体	地面	地下
RMR（Bieniawski）	√	×	—	√
Q（Barton）	√	×	×	√
I-System（Bineshian）	√	√	√	√

注：√表示适用；—表示部分适用；×表示不适用。

2 类岩堆体分类方法

对于体积含石率（VBP）小于 25% 的类岩堆体，称为"偏土型类岩堆体（Soil-like Talus-type，ST）"，其力学性质与其赋存"土体"性质基本相同，将其视为土体结构进行分级；对于体积含石率大于 75% 的类岩堆体，称为"偏岩型类岩堆体（Rock-like Talus-type，RT）"，将其视为岩体结构进行分级；对于体积含石率在 25%~75% 的类岩堆体，称为"混合型类岩堆体（Hybrid Talus-type，HT）"，此类型类岩堆体的物理力学特性由"土""岩石""土石接触"共同决定，根据接触类型的不同，分为"混合胶结型类岩堆体（Hybrid Welded Talus-type，HWT）"和"混合松散型类岩堆体（Hybrid Unwelded Talus-type，HUT）"。

对 HWT 和 HUT 考虑类岩堆体颗粒级配（Particle Distribution of Talus-type，PDT），当不均匀系数 C_u 大于等于 5，曲率半径 C_c 大于等于 1，小于等于 3 的条件同时满足时，称为良好级配（Well Graded），其他情况称为不良级配（Poor Graded）。具体分类情况如附表 1-2。

类岩堆体分类   附表 1-2

名称	VBP	土石接触	PDT
类岩堆体	<25%	偏土型类岩堆体(ST)	

名称	VBP		土石接触	PDT	
类岩堆体	25%～75%	混合型类岩堆体（HT）	混合胶结型类岩堆体（HWT）	$C_u \geq 5$，$1 \leq C_c \leq 3$	HWWT
				其他	HWPT
			混合松散型类岩堆体（HUT）	$C_u \geq 5$，$1 \leq C_c \leq 3$	HUWT
				其他	HUPT
	＞75%	偏岩型类岩堆体（RT）			

3 类岩堆体分级方法

I-System 包含 5 个指标和 2 个影响因子，5 个指标分别为 A_i、C_i、H_i、P_i、S_i，它们定义了地层的力学行为。A_i 是地层骨架指标，描述岩体结构面特征；C_i 是地层组构指标；H_i 是水力指标；P_i 是反映土体剪切特性的指标；S_i 是强度指标。2 个影响因子分别为 DF_i 和 ET_i，考虑结构受到的动力（DF_i）和开挖技术（ET_i）的影响。

$$(I) = (A_i + C_i + H_i + P_i + S_i) \times DF_i \times ET_i \quad \text{（附 1-1）}$$

$$A_i = (a_{dn} + a_{ds} + a_{di}) \times a_{da} \times a_{dd} \times a_{dp} \times a_{dr} \quad \text{（附 1-2）}$$

$$C_i = c_{pc} \times c_{sc} \quad \text{（附 1-3）}$$

$$H_i = h_{gc} \times h_{gs} \quad \text{（附 1-4）}$$

$$P_i = [p_{cc} + p_{dc} + (p_{ps} \times p_{pm})] \times p_{bw} \text{ 且 } p_{bw} = f(V_p, V_s) \quad \text{（附 1-5）}$$

$$S_i = s_{cs} \times s_{se} \quad \text{（附 1-6）}$$

$$DF_i = f(PGA_{SD}, ERZ, MSK) \text{ 且 } PGA_{SD} = f(PGA, G_s, \rho, d) \quad \text{（附 1-7）}$$

$$ET_i = f(ET, PPV) \quad \text{（附 1-8）}$$

A_i 是地层骨架指标，通过地层不连续面特征来反映岩体重要的地质力学情况，A_i 占百分制中的 20 分，附表 1-3 定义了 A_i 的参数。

地层骨架指标（A_i） 附表 1-3

d_n	a_{dn}	d_s	a_{ds}	d_i	a_{di}（若 $a_{dn} \geq 2.50$，$a_{ds} \geq 4.00$）
0～9	10.00	0	10.00	N/A	0.00
10～14	7.50	1	9.00	0～10	−1.00

续表

d_n	a_{dn}	d_s	a_{ds}	d_i	a_{di}(若 $a_{dn}\geqslant2.50$,$a_{ds}\geqslant4.00$)
15~19	5.00	2	7.00	11~30	−1.50
20~24	2.50	3	4.00	31~60	−2.00
≥25	0.00	≥4	0.00	61~90	−2.50
N/A	0.00	N/A	0.00		

d_a	a_{da}	d_d	a_{dd}	d_f	a_{df}	d_p	a_{dp}
N/A	1.00	N/A	1.00	N/A	1.00	N/A	1.00
紧密	1.00	未风化	1.00	高摩擦-粗糙/不平整	1.00	<0.90D	1.00
半紧密	0.95	微风化	0.95	中等摩擦-不光滑	0.95	≥0.90D	0.90
张开	0.90	风化	0.90	低摩擦-光滑/平整	0.90		

注：a_{da}——d_a 对 A_i 的影响因子得分；

a_{dd}——d_d 对 A_i 的影响因子得分；

a_{df}——d_f 对 A_i 的影响因子得分；

a_{di}——d_i 对 A_i 的影响因子得分；

a_{dn}——d_n 对 A_i 的影响因子得分；

a_{dp}——d_p 对 A_i 的影响因子得分；

a_{ds}——d_i 对 A_i 的影响因子得分；

d_a——基于开口结构面的张开度；

d_d——基于风化和表面蚀变的结构面分解程度；

d_f——结构面摩擦程度；

d_i——基于最不利结构面（相对于隧道走向而言）的倾角；

d_n——基于1m扫描线（扫描线可以是水平、垂直或者倾斜）的结构面数量；

d_p——结构面延展性；

d_s——结构面组数。

值得注意的是，当 a_{dn} 和 a_{ds} 都为零时，a_{di} 的值也为零，因为当结构面数量大于等于25并且结构面组数大于等于4时，很难获得最不利结构面倾向的值。

对于偏土型类岩堆体（ST），由于其性质与土体基本相同，因此其 A_i 值为0；对于混合型类岩堆体（HT），考虑其土石接触情况，若为混合胶结型类岩堆体（HWT），则考虑结构面的影响，按附表1-4确定 A_i 的值，若为混合松散型类岩堆体（HUT），则 A_i 值直接定为0；对于偏岩型类岩堆体（RT），按附表1-4确定 A_i 的值。

C_i 是反映岩土体重要地质构造特征的地层组构指标，C_i 占百分制中的20分，附表1-4定义了 C_i 的参数。不论何种类型类岩堆体，均按附表1-4确定 C_i 的值。

地层组构指标（C_i）

附表 1-4

pc	c_{pc}
均质、各向同性、无接缝、颗粒状	1.00
裂隙——小	0.95
断层——单一脆性	0.90
褶皱——向斜/背斜	0.85
褶皱——穹窿/构造盆地	0.80
裂隙——中等	0.75
断层——地堑/地垒	0.70
褶皱——复杂/倾伏	0.65
裂隙——大	0.60
断层——多脆性/韧性	0.55
不同的不整合面	0.50
易于岩爆（BP）——高应力区/高覆盖层	0.45
复杂地质构造	0.40
剪切——高剪应力，如糜棱岩	0.35
依赖于时间的剪切行为（TD）——片状/云母状/高花纹，如煤、泥岩、千枚岩、片岩、页岩、板岩、新生砂岩	0.30
黏弹塑性（VP）——渐进-突发大剪切运动，周期性液化，有限的连续碎屑溢出	0.25
sc	c_{sc}
块状、无颗粒连续体	20.00
层状（>100cm）	17.00
层状（100～10cm）	15.00
碎屑角砾岩/砾岩	13.00
层状（<10cm）	11.00
叶状/片状/板状	9.00
粗粒度的骨架	7.00
有内聚力的基质骨架	4.00
单一粒度的骨架——密实结构	2.00
单一粒度的骨架——松散结构	0.00

注：c_{pc}——C_i 中与 pc 有关的表示地层构造状态的影响因素；

　　c_{sc}——sc 对 C_i 的影响作用得分；

　　pc——不良组构；

　　sc——结构形式。

H_i 是水对地层力学性能影响和水力相关特性的水力指标，考虑到 GCD 或湿度条件以及由于水的存在而导致的柔软度（用莫氏硬度衡量）。H_i 占百分制中的 20 分，附表 1-5 定义了 H_i 的参数。不论何种类型类岩堆体，均按附表 1-5 确定 H_i 的值。

水力指标（H_i）　　　　　　　　　　　　　　　　　　　附表 1-5

gc(GCD)	gc(湿度)	h_{gc}	gs(莫氏硬度)	h_{gs}
≤ 0.99	干燥	20.00	≥7	1.00
1~1.99	稍湿润	19.00	6	0.60
2~2.99	湿润	18.00	5	0.50
3~4.99	稍潮湿	16.00	4	0.40
5~6.99	漏水	15.00	3	0.30
7~9.99	潮湿	13.00	2	0.20
10~14.99	滴水	11.00	1	0.10
15~24.99	淋水	9.00	用手指轻压成型	0.05
25~49.99	流水	6.00	从手指间流出	0.00
50~99.99	涌水	3.00		
≥ 100	突水	0.00		

注：gc——岩土水力传导性；

　　GCD——Ground Conductivity Designation，作为衡量地面水力传导性标准的岩土水力传导标示（其定义见下文）；

　　gs——基于莫氏硬度，考虑水的软化作用对介质/填充材料的影响；

　　h_{gc}——作为 H_i 主要部分的 gc（以 GCD 或湿度图为标准，评价周围地层的水压效应）的评分；

　　h_{gs}——gs 对 H_i 的影响评分。

湿度一个划分地下水含量图表，它将地下水状况（通过观测识别）划分为 11 个范围（附图 1-1）。

GCD（岩土水力传导标示）是一个基于单次注水试验测定岩土体水力传导性的经验公式。即在灌浆/注水前后，以任何方向/角度泵入钻孔（NX 方向优先）测量取水/失水。GCD 是 Bineshian 基于吕荣概念和 18 年的实践验证于 2013 年提出的，作为实际工程中的快速检验技术。

附式（1-9）为 GCD 的无量纲经验方程，附图 1-2 为 GCD 试验设置示意。附表 1-7 给出了地层渗透系数和地层固结质量的分类。

$$GCD = \frac{Q_w}{P_m + L_i}$$ （附 1-9）

式中　GCD——岩土水力传导标示（无量纲）；

Q_w——流量（L/min）；

P_m——注入时最大水压（MPa）；

L_i——钻眼注水部分长度（充填长度）或打孔 SDA（自钻锚）长度（m）。

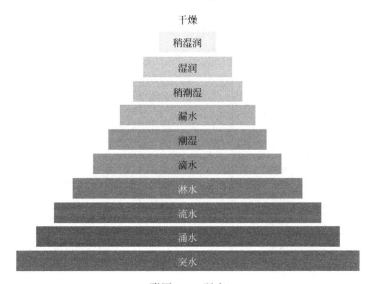

附图 1-1　湿度

建议重复试验 3 次取平均值，以提高 GCD 测量的精度。除非钻孔无法自稳，否则最好是在有颈孔上进行测试，如果该孔不能自稳，则使用全打孔的 SDA 或套管。如果在注水过程中没有获得压力，或者压力小于 0.20MPa，则认为岩土水力传导性为 VH（很高），即在孔处进行注浆的质量为 VP（很差）。在这种情况下，必须通过适当的固结材料和装置进行灌浆，以提高地层的固结质量。

开展 GCD 试验简单、快速，同时为预测岩土水力传导性提供了适当估计，以检查地层固结情况，为进一步固结、减少水的进入或密封提供条件。

在不使用 GCD 测量的情况下，观测地下水条件的标准是使用湿度图（附图 1-1）结合附表 1-5 对 h_{gc} 进行评分。附图 1-2 是基于观测确定的，它将地面湿度分为 11 个范围。

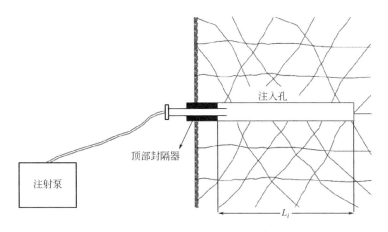

附图 1-2　GCD 试验设置示意

GCD 分类 　　　　　　　　　　　　　　　　　　　　附表 1-6

GCD	地层渗透系数	地层固结质量
>100	VH(非常高)	VP(非常差)
100~50	H(高)	P(差)
50~15	M$^+$(中)	F(一般)
15~5	M$^-$(适中)	G(好)
5~1	L(低)	VG(非常好)
<1	VL(非常低)	E(极好)

P_i 是根据土体质地、组构、形状、大小和体波速的函数定义的地面剪切特性的性质指数。P_i 是 I-System 综合适用性重要的组成部分，对土壤介质的重要地质特性进行建模。P_i 占百分制中的 20 分，附表 1-7 定义了 P_i 的参数。

对于偏土型类岩堆体（ST）和混合型类岩堆体（HT），只考虑其中"土体"成分，按附表 1-7 确定 P_i；对于偏岩型类岩堆体（RT），将其视为岩体按附表 1-7 确定 P_i 的值。

S_i 是围压条件下地层强度行为的强度指标。它是 I-System 中地层结构分类的一个重要指标，因此不论介质类型如何，都要考虑地层和结构的重要影响参数来确定该指标。在 S_i 的定义中，重点考虑了地层的无侧限抗压强度、结构的规模效应和形状因子以及结构布置位置/深度处的垂直和水平初始地应力之比。S_i 占百分制中的 20 分，附表 1-8 定义了 S_i 的参数。对于任何类型的类岩堆体，均考虑整体地层结构的强度。

剪切性能指标（P_i）　　　　　　　　　　　　　　　　　　　附表 1-7

cc	p_{cc}	dc	p_{dc}	ps	p_{ps}	pm	p_{pm}	bw(V_p)或[V_s](m/min)	p_{bw}
硬化的	8.00	无法用拇指指甲弄出凹痕	6.00	N/A	3.00	N/A	2.00	(≥6000) ‖ [≥3300]	1.00
大尺寸颗粒	6.50	很难用拇指指甲弄出凹痕	5.00	大卵石	3.00	有棱角	2.00	(5999~5000) ‖ [3299~2900]	0.90
很难挑选	5.00	用拇指指甲弄出凹痕	4.00	中卵石	2.50	部分有棱角	1.50	(4999~4500) ‖ [2899~2600]	0.80
容易挑选	3.50	用拇指弄出凹痕	3.00	小卵石	2.00	平的	0.75	(4499~4000) ‖ [2599~2200]	0.70
很难铲起	2.00	用大的手指压力成形	2.00	碎石	1.50	圆的	0.00	(3999~3500) ‖ [2199~2000]	0.65
容易铲起	0.50	用小的手指压力成形	1.00	沙土	1.00			(3499~3000) ‖ [1999~1500]	0.60
容易留下脚印	0.00	用手挤压从手指间渗出	0.00	淤泥	0.50			(2999~2500) ‖ [1499~1000]	0.55
				黏土	0.00			(2499~2000) ‖ [999~750]	0.50
								(1999~1000) ‖ [749~300]	0.45
								(≤999) ‖ [≤299]	0.40

注：bw——体波速度；
cc——体现土体剪切特性的内聚性；
dc——体现土体剪切特性的摩擦性；
p_{bw}——与 bw 相关的因素，使用 V_p 或 V_s 反映地层物理性质，以此修正 P_i；可以根据周围地面材料类型的现有参考资料确定，也可以使用隧道地震预测法（TSP）确定；
p_{cc}——与 P_i 相关的 cc 得分；
p_{dc}——与 P_i 相关的 dc 得分；
pm——基于颗粒形态的土壤形态的函数；
p_{pm}——影响 P_i 的与 pm 相关的参数；
p_{ps}——影响 P_i 的与 ps 相关的参数；
ps——基于颗粒大小的土壤颗粒尺寸的函数；
V_p——纵波（P 波）波速（m/min）；
V_s——横波（S 波）波速（m/min）。

强度指标（S_i）　　　　　　　　　　　　　　　　　　　　附表 1-8

cs-UCS	s_{cs}	se		s_{se}	
≥200MPa	20.00	地下（D/H）		$\sigma_v \geqslant \sigma_h$	$\sigma_v < \sigma_h$
199～150MPa	19.00	≥2.50	⬭	0.80	1.00
149～100MPa	18.00	1.90～1.30	◯	0.85	0.95
99～75MPa	16.00				
74～50MPa	14.00	1.20～0.80	◯	0.90	0.90
49～30MPa	12.00				
29～20MPa	10.00	0.70～0.50	◯	0.95	0.85
19～10MPa	9.00	≤0.40	◯	1.00	0.80
9～5MPa	8.00				
4.90～2MPa	7.00	地面（B/H）		s_{se}	
1.90～1MPa	6.00	≥2.50	◺	1.00	
999～400KPa	5.00	1.90～1.30	◺	0.95	
399～200KPa	4.00	1.20～0.80	◺	0.90	
199～100KPa	3.00	0.70～0.50	◺	0.85	
99～50KPa	2.00				
49～30KPa	1.00	≤0.40	◺	0.80	
≤29KPa	0.00				

注：B/H——地面结构形状/比例系数，表示斜坡或沟槽的宽度与高度之比；

cs——地层单轴抗压强度；

D/H——为地下洞口的宽度或水平跨度与洞口高度之比；

s_{cs}——与 S_i 相关的 cs 得分；

se——尺寸效应；

s_{se}——与 S_i 相关的 se 得分；

UCS——无侧限抗压强度；

σ_h——结构布置位置或深度处水平应力；

σ_v——结构布置位置或深度处垂直应力。

DF_i 体现动力对地层—结构的影响，用地震影响函数来表示，这个函数是关于按比例设计地震动峰值加速度（PGA$_{SD}$）或地震危险区域（ERZ）或 MSK 地震烈度的函数。设计师在使用 PGA$_{SD}$ = f（PGA，G_S，ρ，d）（其中 PGA$_{SD}$ = MSF × PGA$_D$，当震级比例因子小于等于 1.8 时，MSF = 6.9 × exp［$-M/4$］-0.058，M 是震级，PGA$_{SD}$ 为设计地震动峰值加速度，G_S 为剪切模量，ρ 是地层单位质量，d 是结构所处深度）时，建议将计算得到的 PGA$_{SD}$，对照附表1-9 中 PGA$_{SD}$ 的 7 个范围，选取正确的 DF_i。然而，如果使用 ERZ 或 MSK，则应从项目区域可用的参考资料中选择基于这些标准之一的地震分区，然后将附表1-9 用于选取相关的 DF_i。应当指出，ERZ 按附表1-9 所示分为 7 类地震损害风险区：EH（极高，MSK Ⅺ~Ⅻ），VH（非常高，MSK Ⅸ~Ⅹ），H（高，MSK Ⅶ~Ⅷ），M（中等，MSK Ⅴ~Ⅵ），L（低，MSK Ⅳ），VL（非常低，Ⅲ）和 EL（极低，MSK Ⅰ~Ⅱ）。DF_i 的范围是 0.75~1.00，附表1-9 定义了 DF_i 的参数。

动力影响（DF_i） 附表1-9

PGA$_{SD}$	ERZ	MSK	DF_i
$<0.05g$	EL	Ⅰ~Ⅱ	1.00
0.06~$0.10g$	VL	Ⅲ	0.99
0.11~$0.15g$	L	Ⅳ	0.97
0.16~$0.25g$	M	Ⅴ~Ⅵ	0.94
0.26~$0.35g$	H	Ⅶ~Ⅷ	0.90
0.36~$0.50g$	VH	Ⅸ~Ⅹ	0.85
$>0.50g$	EH	Ⅺ~Ⅻ	0.75

ET_i 是开挖技术对地层—结构的影响，代表开挖过程对结构的振动影响，是开挖技术（ET）或质点峰值振动速度（PPV）的函数。

如果选择 PPV 作为 ET_i 的评分标准，则建议采用爆破振动测量仪进行测量，否则，ET 类型是为 ET_i 选取适当分数的标准。ET_i 的范围是 0.50~1.00，附表1-10 定义了 ET_i 的参数。

开挖技术影响（ET_i） 附表1-10

ET	PPV(mm/min)	ET_i
人工挖掘		1.00
机械开挖/非爆炸破碎	<2	0.99
住宅爆破	2~9	0.98
商业爆破	10~24	0.97

ET	PPV(mm/min)	ET_i
工业爆破	25～59	0.96
基础设施爆破	60～119	0.95
控制爆破	120～449	0.90
采矿爆破	450～449	0.80
生产爆破	500～559	0.65
非控制爆破	600	0.50

注：人工挖掘——不使用炸药或非爆炸破碎的小规模开挖；

　　机械开挖——不使用炸药或非爆炸破碎的小规模开挖；

　非爆炸破碎——使用膨胀材料进行破碎；

　　住宅爆破——住宅区附近的工程爆破；

　　商业爆破——商业区附近工程爆破；

　　工业爆破——工业区附近工程爆破；

基础设施爆破——拆除基础设施的工程爆破；

　　控制爆破——土木工程中的普通工程爆破；

　　采矿爆破——地下/露天采矿标准的控制爆破；

　　生产爆破——大型岩石生产控制爆破；

　非控制爆破——非工程爆破。

参数的推导及其在分类中的应用是简单和无混淆的。这使得分类法在选择输入数据时更加准确，从而产生可信的输出。A_i、C_i、H_i、P_i 和 S_i 的指数分别在总分 100 分中占有 20% 的份额。DF_i 和 ET_i 分别是范围在 0.75～1.00 和 0.50～1.00 之间影响指数总和的因子（附图 1-3）。

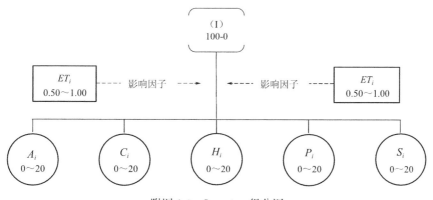

附图 1-3　I-system 得分图

I-System 输出值范围在 0～100 之间，并将地层结构划分为 10 个类：（I）-01～（I）-10，从最好到最差的级别。此外，针对特定类型的地层行为提供了 3 种特殊的类别：（Ⅰ）-BP、（Ⅰ）-TD 和（Ⅰ）-VP。附表 1-11 至附表 1-16 提供了地下和地面结构的 I-System 类别，包括每个类别的范围，建议的支护系统（SS），开挖技术（ET），监控技术（IT），预防技术（PT），预测技术（FT）和设计说明（DR）。

4 使用步骤

1) 确定是否为类岩堆体，类岩堆体由"岩石＋土体"组成，如果"岩石"和"土体"之间存在较大力学差异，这里取 E_{rock}/E_{soil} 大于 2.0，则认为"岩石"会对研究区域地质体产生影响，即初步视为类岩堆体。

2) 确定工程特征尺寸（Characteristic Engineering Dimension）L_c，场地面积 A 和 $\sqrt{A}$。工程特征尺寸是描述工程岩体的某些长度，例如边坡的坡高、基坑的宽度、隧道掌子面的宽度或室内试验试样的直径等，其选择取决于岩土工程师的判断。

3) 选择最为合理保守的土石阈值，$0.05\sqrt{A}$ 或 $0.05L_c$，块石最大尺寸界限取 $0.75L_c$，超过这一上限的块石视作普通岩体，不按类岩堆体对其进行工程分类。

4) 基于体积含石率（VBP）、土石接触情况和颗粒级配（PDT）对类岩堆体进行分类，计算体积含石率时，按 3) 所述土石阈值区分"岩块"和"土体"。

5) 基于 4) 得到的分类情况，对各类类岩堆体进行分级，具体步骤如下。

（1）推导出输入值。从现场考察或参考可用数据推导参数。

（2）指数的计算。利用（1）、附式（1-3）～附式（1-10）以及附表 1-3～附表 1-10 中推导出的数据计算 A_i、C_i、H_i、P_i、S_i、DF_i 和 ET_i。

（3）I-System 计算。使用附式（1-2）和（2）得出的指标计算 I-System。

（4）（Ⅰ）-类别的确定。使用（3）计算出的 I-System 值和附表 1-3～附表 1-10 来确定（Ⅰ）-类别。

（5）输出值的使用。利用附表 1-11～附表 1-16 中关于设计和施工的 SS、ET、IT、PT、FT 和 DR 的建议。

地下结构的 I-System 分类（SS、ET 和 IT）　　　　　　　附表 1-11

I		建议措施		
％	类别	SS	ET	IT
100～91	(Ⅰ)～01	Scng	FF-ME/DnB, PL$A200^-$	无
90～81	(Ⅰ)～02	Scng, IndiB25	FF-ME/DnB, PL$A000^-$	无

续表

I		建议措施		
%	类别	SS	ET	IT
80~71	(I)~03	Scng,SpotB25	FF-ME/DnB,PL3800⁻	无
70~61	(I)~04	Scng,SpotB25,PatchPS50	FF-ME/DnB,PL3600⁻	3DMS@400m
60~51	(I)~05	Scng,SpotB32/SysHB25. LS,PS50, PSFS50,RDH54. L	FF-ME/DnB,PL3300⁻	3DMS@200m
50~41	(I)~06	Scng,SysB32. L. S/SysHB32. L. S,FRS100,FRFS50,RDH54. L	HnB/(若 FF≤45m²)-ME/DnB,PL3000⁻	3DMS@100m,StrainM@300m
40~31	(I)~07	Scng, CPS32. L. S/FP32. 250. L. X1, SysB32. L. S/SysHB32. L. S,LG25. 20. 150. 1000-,FRS200,FRFS150,RDH54. L	HnB/(若 FF≤35m²)-ME/NonExBreak/DnB,PL2000⁻	3DMS@75m,StrainM@250m,PressC/LoadC@300m
30~21	(I)~08	FP32. 200. L. X1/FP76. 250. L. X1/PR100. 300. L. X1, SysLB32. L. S,LG32. 25. 180. 1000-/RigidR150UC23. 1000-, FRS225/FRC225,FaceButt. L, FRFS200, RDH54. L+CF	PSE-ME/NonEx-Break,PL1000⁻	3DMS@50m,StrainM@200m,PressC/LoadC@250m,SingleRodE@400m
20~11	(I)~09	PR100. 250. L. X1/FP76. 200. L. X1/FP32. 200. L. X2,FaceB25. L. S/FaceP300-, FaceButt. L, PreG/I,RigidR150UC23. 750-+RingC,SysN32. L. S, FRS225/FRC225,FRFS200,RDH54. L+CF	PSD-ME,PL750⁻	3DMS@25m,StrainM@150m,PressC/LoadC@200m,MultiRodE@400m,StrainG@500m
10~0	(I)~10	PR100. 200. L. X1/FP76. 200. L. X2, PreG/I, PostG/I, FaceB32. L. S/FaceP300-,FaceButt. L,RigidR200UC46. 500-+RingC,SysN32. L. S, FRS250/FRC250,FRFS225,(RDH54. L. WDH54. L)+CF	PSD-ME,PL500⁻	3DMS@15m,StrainM@100m,PressC/LoadC@150m,MultiRodE@300m,StrainG@400m,DIC@25m

地下结构的 I-System 分类（PT、FT 和 DR） 附表 1-12

I		建议措施		
%	类别	PT	FT	DR
100～91	(I)-01	避免非控制爆破	TSP/PH100. BH. L	主动承受荷载,不需要 SPL 和/或 SFL
90～81	(I)-02	避免非控制爆破	TSP/PH100. BH. L	主动承受荷载,不需要 SPL 和/或 SFL
80～71	(I)-03	避免非控制爆破	TSP/PH100. BH. L	主动承受荷载,不需要 SPL 和/或 SFL
70～61	(I)-04	避免生产爆破/非控制爆破	TSP/PH100. BH. L	主动承受荷载,不需要 SFL
60～51	(I)-05	避免生产爆破/非控制爆破	TSP/PH100. BH. L/ PH54. EC. L	主动承受荷载,不需要 SFL
50～41	(I)-06	避免生产爆破/非控制爆破	TSP/PH100. BH. L/PH54. EC. L	主动承受荷载
40～31	(I)-07	应用 CPS,避免采矿爆破/生产爆破/非控制爆破	TSP/PH100. BH. L/PH54. EC. L	临界承载力
30～21	(I)-08	应用 FP/PR,扶壁支撑,避免全断面开挖和钻爆法	TSP/PH54. EC. L	被动承受荷载,对规模敏感,无支撑跨度和自稳时间
20～11	(I)-09	应用 PreG/I 和 PR/FP,扶壁支撑,避免全断面开挖,非爆炸破碎/钻爆法和柔性的支护系统	TSP/PH54. EC. L	被动承受荷载,对规模敏感,无支撑跨度和自稳时间
10～0	(I)-10	应用 PreG/I 和 PR,扶壁支撑,避免全断面开挖,非爆炸破碎/钻爆法和柔性的支护系统	TSP/PH54. EC. L	被动承受荷载,对规模敏感,无支撑跨度和自稳时间

地表结构的 **I-System** 分类 (SS、ET 和 IT)　　　　　附表 1-13

I		建议措施		
%	类别	SS	ET	IT
100～91	(I)-01	Scng	PreS,DD12000⁻,ProdBlast,PD6000⁻	无
90～81	(I)-02	Scng,IndiB25	PreS,DD12000⁻,ProdBlast,PD4000⁻	无
80～71	(I)-03	Scng,SpotB25	PreS,DD9000⁻,ProdBlast,PD4000⁻	无
70～61	(I)-04	Scng,SpotB25/SpotA25,PatchHEAM/PatchWeldM,DH54.L	PreS,DD9000⁻,ProdBlast,PD3000⁻	3DMS@200m
60～51	(I)-05	Scng,SpotB32/SpotA32,HEAM/WeldM,DH54.L	PreS,DD6000⁻,ProdBlast,PD3000⁻	3DMS@150m
50～41	(I)-06	Scng,SysA25.L.S,FRS150,DH54.L	PreS,DD6000⁻,ProdBlast,PD2000⁻	3DMS@75m,IncM@500m
40～31	(I)-07	Scng,SysA32.L.S,FRS250,PostG/I,DH54.L	ME/NonExBreak	3DMS@25m,IncM@400m
30～21	(I)-08	RWall-SolP/FRS300/FRC300,SysN32.L.S,WH54.L+CF	PSE-ME	3DMS@10m,IncM@300m
20～11	(I)-09	DWall-TanP/FRS350/FRC350,SysN32.L.S,WH54.L+CF	PSE/OC-ME	3DMS@10m,IncM@200m,DIC
10～0	(I)-10	DWall-SecP/FRS400/FRC400,SysN32.L.S,WH54.L+CF	PSE/OC-ME	3DMS@10m,IncM@150m,DIC

地表结构的 I-System 分类（PT、FT 和 DR）　　　　　附表 1-14

I		建议措施		
%	类别	PT	FT	DR
100～91	(I)-01	避免非控制爆破	VPH54. L	永久稳定状态，不需要 SPL 和/或 SFL
90～81	(I)-02	避免非控制爆破	VPH54. L	用直线滑动面法检查，不需要 SPL 和/或 SFL
80～71	(I)-03	避免非控制爆破	VPH54. L	用直线/楔形体滑动法检查，不需要 SPL 和/或 SFL
70～61	(I)-04	避免生产爆破/非控制爆破	VPH54. L	用直线/楔形体滑动法和落石标准检查，不需要 SPL 和/或 SFL
60～51	(I)-05	用 FRS 保护坡顶，防止孔隙水压力增加，避免生产爆破/非控制爆破，坡脚破坏	ERT/VPH54. L	用直线滑动面/楔形体滑动/倾倒破坏和落石标准检查，不需要 SFL
50～41	(I)-06	在坡顶盖上宽度与高度相等的 WPM 和 FRS，有助于防止产生张裂缝，避免生产爆破/非控制爆破，坡顶超载，坡脚破坏	ERT/VPH54. L	用直线滑动面/楔形体滑动/倾倒破坏和落石标准检查
40～31	(I)-07	在坡顶盖上宽度与高度相等的 WPM 和 FRS，有助于防止产生张裂缝，避免生产爆破/非控制爆破，陡/高斜坡，短护堤，坡顶超载，坡脚破坏	ERT/SRT/VPH54. L	用直线滑动面/楔形体滑动/倾倒破坏和落石标准检查
30～21	(I)-08	在坡顶盖上宽度与高度相等的 WPM 和 FRS，有助于防止产生张裂缝，避免非爆炸破碎/钻爆法，陡/高斜坡，短护堤，坡顶超载	MASW/SRT/ERT/VPH54. L	用圆弧滑动面法检查
20～11	(I)-09	避免非爆炸破碎/钻爆法，无支撑的墙，以及坡顶超载	MASW/SRT/VPH54. L	用圆弧滑动面法检查
10～0	(I)-10	避免非爆炸破碎/钻爆法，无支撑的墙，以及坡顶超载	MASW/SRT/VPH54. L	用圆弧滑动面法检查

地下结构特殊的 I-System 类别 附表 1-15

I	建议措施					
类别	SS	ET	IT	PT	FT	DR
(I)-BP	Scng，SysDB25.L.S/ConeB25.L.S/YieldB25.L.S，FRS150，HEAM/CableL＋WeldM，FRFS50	HnB-ME/DnB，PL2700⁻	3DMS@25m，StrainM@100m，PressC/LoadC@300m，MultiRodE@600m	避免生产爆破/非控制爆破,刚性支护系统,以及裸露开挖面	TSP/PH100.BH.L	判断爆破起始时间及周边塑性区深度
(I)-TD	Mild-SevereSSH：YieldR1000＋RingC，SRH100.L.S.X2.YieldFRS200/Yield-FRC200，LSC，SysDB25.L.S‖MinorSSH：RigidR200UC46.1000-＋RingC，FRS200/FRC200＋SRH100.L.S.X1＋SysLB32.L.S	HnB-ME，PL1000⁻	3DMS@10m，StrainM@100m，PressC/LoadC@150m，MultiRodE@300m，StrainG@400m，DIC@25m	采用应力释放孔,对小的SSH采用SysLB,避免FF，DnB,刚性支护系统,以及对轻重度SSH采用SysLB	TSP/PH100.BH.L	变形不均匀、缓慢的应力松弛、尺度敏感
(I)-VP	BulkH300＋，FaceP300-，PR100.150.L.X1，PreI/JetG/PreF，PostG/I，RigidR200UC46.500-＋RingC，FRS300/FRC300，FRFS275，（RDH54.L，WDH54.L，ADH54.L）＋CF	PSD-ME，PL500⁻	3DMS@10m，StrainM@100m，PressC/LoadC@150m，MultiRodE@400m，StrainG@400m，DIC@25m	应用 PreG/I＆PR,扶壁支护,严格避免 FF，Non-ExBreak/DnB,柔性支护系统,以及在工作面产生静水压力/推力	TSP/PH54.EC.L	被动承受荷载,对尺度敏感,无支撑跨度和自稳时间

地表结构特殊的 I-System 类别 附表 1-16

I 类别	建议措施					
	SS	ET	IT	PT	FT	DR
(I)-VP	JetG/PreG/I/PreF, DWall-SecP/TanP, WH54.L+CF	PSE/OC-ME	3DMS@10m, DIC	使用开挖前预注浆/灌浆/冻结法, 严格避免 NonExBreak/DnB, 侧壁不支护, 以及顶部超载	MASW/VPH54.L	液化倾向, 对振动敏感, 设计的挡土墙结构承受高侧向荷载, 长期考虑的时间依赖特性

5 相关术语

（I）	地层, 结构指标或 I-System
3DM	三维监测, 使用双反射目标标记
3DMS	三维监测站
ADH	轴向排水孔, NX 型排水孔（带/不带套管）, 方向平行于地下洞口轴线, 垂直于洞口横截面, 长度 $L \leqslant 3D/2$, 间距根据地下水情况确定
B	斜坡/沟渠护堤的宽度
BH	盲孔, 利用盲孔的三角模式探测, 盲孔平行于地下空间轴线, 长度 $L = 2D$ 且直径大于 100mm
BP	易于岩爆, 具有岩爆或冲击地压特征的地层条件
BulkH	整个开挖段的工作面用喷射混凝土/混凝土洞塞防止地层流动
CableL	钢索带, 适用于控制地下深部空间的岩爆
CF	接箍过滤, 过滤排水孔出口, 防止碎屑/细粒排出
ConeB	锥形螺栓, $L = D/2$ 的定向/径向锥形螺栓
CPS	冠周超前支护, $L = 2/3D$
D	地下洞口的宽度或水平跨度
DD	钻孔深度

DH	排水孔，向上的 NX 型排水孔（带/不带套管），长度 $L=3D/2$，间距根据地下水情况确定
DIC	数字图像相关技术
DnB	钻爆法，可控的/光滑的
DR	设计评论
DWall	地下连续墙
EC	勘探取芯，平行于地下空间轴线的单孔取芯，钻孔尺寸为 NX 型，长度 $L=3D$
ElFootR	Elephant Foot Rib，适用于高度垂直/被动/恒载的情况，作为非常硬/刚性的支撑系统
ERT	电阻率层析成像，一种描述地层的非破坏性地球物理方法
ET	开挖技术
FaceB	面螺栓，平行于轴线，垂直于面，长度 $L=1D$ 的玻璃纤维/SDA 螺栓
FaceButt	面扶壁，维持面部所处位置，肋板长度 $L=D/4$（仅当 D 为 6m 时），作为支撑物平衡面部压力和推力，是保持面部稳定的一部分
FaceP	面堵头，采用 300mm 厚度喷射混凝土堵塞工作面的排渣口
FibreD	玻璃纤维传力杆
FF	全断面开挖
FP	超前支护，Umbrella 使用带孔/盲孔的 SDA，$L=1D$
FRC	纤维增强混凝土
Freezing	基坑开挖前地下及地表开孔的固化技术
FRFS	端面纤维增强密封
FRS	纤维增强喷射混凝土
FT	预测技术
GD	重力驱动，具有完全塑性行为的流动地层
H	斜坡/沟渠/开口/扶壁的高度
HEAM	高能吸收网，抗动载或湿喷混凝土的防护网
HnB	顶部导坑及平台法
IncM	测斜仪
IndiB	单螺栓，数量非常有限且具有针对性

IT	仪表技术
JetG	高压旋喷注浆，应用于地下或地面地铁站的建设
L	ADH、ConeB、CPS、DH、FaceB、FaceButt、FP、BH、EC、PR、RDH、SRH、SysA、SysB、SysDB、SysHB、SysLB、SysN、VPH、WDH、WH 和 YieldB 的长度
LG	钢格栅
LoadC	测力传感器
LSC	纵向压力控制器，橡胶/弹簧
MASW	面波的多道分析，一种用于地层特征描述的非破坏性地球物理方法
ME	机械开挖，TBM/掘进机/挖掘机/锤
MicroP	微型桩，适用于 Elephant Rigid Ribs，将集中荷载分配到更大的基础面积
MultiRodE	多点位移计，推荐测点间距 2m，4m，6m
OC	明挖法
PatchHEAM	高能吸收网补丁（动载防护网）
PatchPS	补喷普通喷射混凝土
PatchWeldM	焊接网修补，适用于地表/地下洞口的防护网，以防止掉落岩石
PCC	普通水泥混凝土
PD	拉深
PH	探测孔，使用直径大于 100mm 的盲孔进行探测，或使用 NX 型钻孔进行探测取芯
PL	进深-推进长度
PostG/I	开挖后注浆/灌浆，固结
PPV	质点峰值振动速度
PR	管幕法，使用穿孔管/盲管，$L=D$，有/无灌浆/注浆
PreF	开挖前冻结面或开挖线/周边
PreG/I	开挖前预注浆/灌浆，水泥/矿物/化工基础
PreS	预裂爆破
PressC	压力盒
ProbH	超前探孔，在地下洞室中，用盲孔或取芯法预测开挖面前方地层

PS	普通喷射混凝土
PSD	分部顺序挖掘法，考虑自稳时间和最大不支持跨度，小规模的分部挖掘分为几个步骤，例如小导洞
PSE	分部顺序开挖法，考虑自稳时间和最大不支持跨度，小规模的分部开挖在导洞和扩挖等开挖步骤上比分部挖掘规模大
PSFS	喷混凝土端面密封，用 50mm 素喷混凝土在工作面上防危害及解体
PT	防护技术
RCC	钢筋水泥混凝土（传统的）
RDH	径向排水孔，NX 型径向/轴向孔（带/不带套管），$L=D$，孔距根据地下水情况确定
RigidR	刚性筋，H 型钢梁
RingC	闭环
RWall	挡土墙
S	ConeB、CPS、FaceB、SRH、SysA、SysB、SysDB、SysHB、SysLB、SysN 或 YieldB 的间距；$S=L/3$
Scng	除锈-清除松散的碎片/块
SDA	自钻锚杆
SecP	钻孔咬合桩
SFL	结构二次衬砌
SingleRodE	单点位移计，建议测量点间距 3m
SolP	排桩
SPL	结构初期支护
SpotA	节点锚杆
SpotB	节点螺栓，面向有限数量
SRH	应力释放孔，长的径向收缩孔，直径至少 100mm，$L=1D$
SRT	地震折射层析成像法，一种表征地层的非破坏性地球物理方法
SS	支护系统
SSH	挤压/膨胀/起伏
StrainG	应变片
StrainM	应变仪

SurS	地表结构，包括地表和半地表结构或矿山结构，一般包括但不限于斜坡、沟渠、地基、开口、露天坑、切割和覆盖、地表发电厂开口和浅埋站。
SysA	系统锚杆，垂直于边坡表面的锚杆，$L=H/2$
SysB	系统螺栓，径向，$L=D/2$
SysDB	系统动力螺栓，定向/径向动力螺栓，$L=D/2$
SysHB	系统角螺栓，只高 SPL 的角度 $30°\sim45°$，$L=2D/3$
SysLB	系统长螺栓，长的径向岩石螺栓，$L=2D/3$
SysN	系统土钉，$L=1D=1H$ 的径向螺栓/锚杆
TanP	钻孔桩
TD	依赖时间，地层条件与时间有关的剪切行为，如挤压/膨胀/隆起，甚至蠕变
TSP	隧道超前预报
UC	按照澳大利亚标准通用柱（150UC23 和 200UC46）
UndS	地下结构，包括地下浅层和深层结构/开口/矿井，包括但不限于隧道、井、竖井、洞穴、采场、地下发电站和地铁站
VP	黏弹塑性，地面条件从黏弹塑性到全塑性的行为，包括弹性成分和黏滞成分，使地面应变率随时间变化；然而，由于在静态/动态循环加载过程中能量的损失，其性质转变为完全塑性，并可能像黏性物质一样流动。
VPH	垂直探测孔，使用垂直的 NX 型钻孔进行盲探/取心勘探，$L=H/2$
WeldM	焊接网，用于加强喷射混凝土或在岩爆条件下作为喷混凝土上网的常规焊接网
WDH	翼形排水孔，顶部呈机翼形状的 NX 型孔（带/不带套管），$30°\sim45°$，$L=2D$，间距根据地下水条件确定，适用于地下开口，用于从侧面和正面排水
WH	泄水孔，向上的 NX 型泄水孔（有/没有套管），$L=1H$，间距根据地下水条件确定
WPM	防水薄膜，用于密封的弹性/柔性不渗透土工织物或纤维增强土工膜或复合材料
X1	一行
X2	两行

YieldB	屈服螺栓，定向/径向屈服螺栓，$L=D/2$
YieldFRC	屈服纤维混凝土，嵌入 LSC 的铸型纤维混凝土
YieldFRS	屈服纤维喷射混凝土，采用嵌入 LSC 的铸型纤维喷射混凝土
YieldR	屈服肋，使用 T-H 型或任何能够滑动型材的套筒导肋

类岩堆体隧道施工技术指南

1 总则

（1）为给类岩堆体围岩区域和地段隧道工程的勘察、设计及施工工作提供技术依据和行为准则，使其达到安全适用、技术先进、经济合理、确保质量和保护环境的目的，特制订本指南。

（2）本指南适用于类岩堆体区域地段隧道工程的勘察、设计与施工。

（3）在类岩堆体区域地段修建隧道工程，应特别注意减少对围岩的扰动，并采取必要的稳定和加固措施。

（4）类岩堆体区域地段隧道工程建设应符合环境保护的要求，避免引发地质灾害，减少对生态环境的影响。

（5）类岩堆体隧道施工必须贯彻安全生产的方针，制定技术安全措施，加强安全教育，严格执行安全操作规程，确保安全生产。

（6）类岩堆体隧道工程建设除参照本指南外，尚应遵守国家及各部颁发的有关规范和标准。

（7）参考规范和标准：

《公路路基设计规范》JTG D30—2015

《建筑边坡工程技术规范》GB 50330—2013

《公路工程地质勘察规范》JTG C20—2011

《公路路基施工技术规范》JTG/T 3610—2019

《公路路线设计规范》JTG D20—2017

《公路工程地质勘查规范》JTG C20—2011

《滑坡防治工程勘查规范》GB/T 32864—2016

《公路隧道设计规范第二册　交通工程与附属设施》JTG D70/2—2014

《公路隧道设计细则》JTG/T D70—2010

《公路工程技术标准》JTG B01—2014

《公路隧道施工技术规范》JTG/T 3660—2020

《混凝土结构工程施工规范》GB 50666—2011

《公路隧道通风设计细则》JTG/T D70/2-02—2014

《公路隧道照明设计细则》JTG/T D70/2-01—2014

《施工现场临时用电安全技术规范》JGJ 46—2005

《公路工程施工安全技术规范》JTG F90—2015

《爆破安全规程》GB 6722—2014

《岩土锚杆与喷射混凝土支护工程技术规范》GB 50086—2015

《公路水泥混凝土路面施工技术细则》JTG/T F30—2014

2　术语

（1）类岩堆体 tTalus-like Rock Mass

隧道围岩成分以岩、土混合体为主，组成物质复杂，粒径跨度大，呈碎裂松散状，节理、裂隙极其发育，自稳能力差，极易受到地下水和外界扰动的影响，在我国红土高原的云南地区分布极为广泛，分布范围从地表到地下一定深度范围内不等，属于一种特殊类型的裂隙围岩体。

（2）围岩 Surrounding Rock Mass

隧道周围一定范围内对洞身产生影响的岩土体。

（3）地质勘察 Geological Survey

为了解岩体或地层的分布、形成年代、风化程度和地质构造等而进行的调查与勘察。

（4）软弱围岩 Weak Surrounding Rock Mass

强度低、完整性差、结构相对松散，围岩基本质量指标较小的围岩。

（5）围岩压力 Surrounding Rock Pressure

隧道开挖后，因围岩变形或松弛等原因，作用于支护或衬砌结构上的压力。

（6）松散压力 Loosening Pressure

由于隧道开挖、支护下沉以及衬砌背后的空隙等原因，使隧道上方的围岩松动，以相当于一定高度的围岩重量作用于支护或衬砌结构上的压力。

（7）隧道涌水 Water Inflow Into Tunnel

伴随隧道开挖，从隧道周边围岩流入隧道内的地下水。

（8）隧道超前地质预报 Geological Predication In Tunnel

在分析既有地质资料的基础上，采用地质调查、物探、超前地质雷达、超前地质钻探等手段，对隧道开挖工作面前方的工程地质与水文地质条件及不良地质体的工程性质、位置、产状、规模等进行探测、分析、判释及预报，并提出技术措施建议。

（9）新奥法 NATM（New Austrian Tunneling Method）

新奥法是应用岩体力学的理论，以维护和利用围岩的自承能力为基点，采用锚杆和喷射混凝土为主要支护手段，及时地进行支护，控制围岩的变形和松弛，使围岩成为支护体系的组成部分，并通过对围岩和支护的量测、监控来指导隧道和地下工程设计施工的方法和原则。

（10）新意法 NITM（New Italian Tunneling Method）

新意法是指通过超前支护措施对隧道超前核心土进行加固，提升其强度和刚度，控制核心土变形，进而控制隧道的洞周收敛变形，同时结合监控量测，及时跟进系统支护，从而确保隧道开挖施工过程的稳定性。

（11）小净距隧道 Neighborhood Tunnel

指上下行双洞洞壁净距较小，不能按独立双洞考虑的隧道结构。

（12）连拱隧道 Double-arched Tunnel

指两洞拱部衬砌结构通过中柱相连接的隧道结构。

（13）全断面法 Full Face Excavation Method

按设计断面一次基本开挖成形的施工方法。

（14）台阶法 Bench Cut Method

先开挖上半断面，待开挖至一定距离后再同时开挖下半断面，上、下半断面同时并进的施工方法。

（15）中隔壁法（CD法）Center Diagram Method

将隧道分为左右两部分进行开挖，先在隧道一侧采用二部或三部分层开挖，施作初期支护和中隔墙临时支护，再分台阶开挖隧道另一侧，并进行相应的初期支护的施工方法。

（16）交叉中隔壁法（CRD法）Center Cross Diagram Method

交叉中隔壁法（CRD法）是分部开挖、支护，分部闭合成小环，最后全断面闭合成大环。每开挖一部均及时施作初期支护、中隔壁及临时仰拱。

（17）监控量测 Monitoring Measurement

隧道施工中对围岩和支护结构动态进行的经常性观察和测量。

（18）喷锚衬砌 Shotcrete and Rock Bolt Lining

以喷射混凝土为主体，根据需要与锚杆、钢筋网、钢架等构件组成的衬砌。

（19）复合式衬砌 Composite Lining

容许围岩产生一定的变形，而又充分发挥围岩自承能力的一种衬砌。一般由初期支护、防水层和二次衬砌组合而成。

（20）超前支护 Advance Support

在隧道开挖前，将锚杆、小导管、管棚等沿隧道轴向以一定的角度斜插入开挖工作面拱部前方，对围岩进行预加固的支护。

（21）初期支护 Primary Support

隧道开挖后及时施作的支护结构，一般由喷射混凝土、锚杆、钢筋网、钢架等组成。

（22）喷混凝土 Spray Concrete

利用压缩空气以一定喷射压力形成的一种混凝土。

（23）系统锚杆 System Bolt

在隧道周边上按一定间距径向布置的锚杆群。

（24）钢架 Steel Frame Or Beam Support

用钢筋或型钢等制成的支护骨架构件。

（25）预注浆 Pioneer Grouting

为了固结围岩、封堵地下水或稳定开挖面，隧道开挖前在地面、开挖工作面或沿开挖轮廓线进行的超前注浆。

（26）回填注浆 Back Filling Grouting

复合衬砌完成后，为填充防水板与二次衬砌之间的空隙而进行的注浆。

（27）二次衬砌 Secondary Lining

隧道已经进行初期支护的条件下，用钢筋混凝土或混凝土等材料修建的内层衬砌，以达到加固支护、防止围岩变形、优化路线防排水系统、美化外观的作用，方便设置引水、排水、通风、通信、照明、监测、警示标志等设施，以适应现代化高速道路隧道建设的要求。

（28）隧道仰拱 Tunnel Invert

为改善隧道上部支护结构受力条件而设置在隧道底部的反向拱形结构。

（29）通风 Ventilation

将隧道内有害气体排出洞外的一种换气行为。

（30）照明 Lighting

通过在隧道内设置灯具，达到行车安全所要求的亮度。

（31）施工缝 Construction Joint

在混凝土浇筑过程中，因设计或施工要求需要分段浇筑，在先后浇筑的混凝土之间形成的接缝。

3　类岩堆体地段隧道工程选线原则

3.1　一般规定

3.1.1　隧道工程选线应包括确定路线基本走向、路线走廊带、路线方案至选定线位的全过程。

3.1.2 选线前应查清类岩堆体区域地段工程地质条件，其中主要有：地质构造、岩性特征、岩体组成成分及含量、水文地质条件、地形条件和不良物理地质现象等。

3.1.3 视类岩堆体地段对路线的影响程度，应分别对绕、避、穿等方案进行论证比选。当必须穿过时，应选择合适的位置，缩小穿越范围，并采取切实可行的工程措施。

3.1.4 选线方法

（1）高速公路、一级公路隧道工程应采用纸上定线并现场核定的方法。

（2）选线应在广泛搜集与路线方案有关的规划、计划、统计资料，相关部门的各种地形图、地质、气象等资料的基础上，深入调查、勘察，并运用遥感、航测、GPS、数字技术等新技术，确保其勘察工作的广度、深度和质量，以免遗漏有价值的比较方案。

3.2 类岩堆体地段隧道工程选线原则

3.2.1 对于表面发育不稳定的类岩堆体，若上方山坡可能有大中型崩塌，则以绕避为宜，避免隧道洞口及浅埋段处于不稳定滑坡之中。如有条件，也可及早提坡，让路线从上方山坡的稳定地带通过。

3.2.2 对趋于稳定的类岩堆体，如地形条件允许，在做好防护措施的情况下，可以选择"早进晚出"的原则，合理选定洞口位置，避免在洞口形成高边坡和高仰坡。

3.2.3 洞口不宜设在土质含量大、地质不良、排水困难的沟谷低洼或不稳定的悬崖陡壁下，并尽量避开滑坡、崩塌和泥石流等地段，当不能避开时，应采取有效措施，保证施工和正常运营安全。

3.2.4 在类岩堆体围岩内部，隧道应尽可能选择在地质构造相对简单，节理裂隙发育较少，岩、土混合类型和性质较为均匀的地层当中通过，当必须通过复杂地质构造区域时，应有切实可靠的工程措施。

3.2.5 对临河的类岩堆体区域，路线沿河傍山地段，当以隧道通过时，要在路线外侧留有适当余地，隧道位置宜向山侧内移，避免隧道一侧洞壁过薄、受河流冲刷和不良地质对隧道稳定的不利影响，并便于设置防护与加固建筑物。应对长隧道方案、短隧道群或桥隧群方案进行技术经济比较。

3.2.6 对基底倾斜较陡的类岩堆体，为便于采取防止滑移的加固措施，隧道路线宜选择在基础条件较好的部位。

3.2.7 对内部可能含有岩溶和地下暗河的类岩堆体区域，应做好超前地质预报，并尽量绕过。当不能绕过时，应根据岩性和区域构造特征，要求隧道与溶洞或暗河之间保持一定的安全岩壁厚度，并配套相应的引排水处理措施等；当特殊情况不能保持安全距离时，应采取一定的防护加固措施保证隧道施工的安全与稳定。

3.2.8　对处于大型滑坡、滑坡群或不稳定的滑坡体区域内的类岩堆体，隧道路线应以绕避为主。必须经过时，在洞口附近应采取加强措施，力求不恶化滑坡体，增强其稳定性。

3.2.9　对于含水量较大的类岩堆体地层，应全面考虑地下水位线高度、出水量、隧道埋深和断面尺寸，综合确定隧道线路位置，并配套合理的引排水措施，降低地下水对隧道施工运营的影响。

3.2.10　对于高地震烈度（Ⅷ度以上）的类岩堆体地段，线路应远离活动断裂带，无法避开的，应提高隧道抗震加固措施。

3.2.11　对于类岩堆体堆积明显的高山峡谷区，应尽量减少隧道进出口位置的出现，降低隧道洞口高陡边坡的产生。

4　类岩堆体地段工程地质勘察方法

4.1　一般规定

4.1.1　新建类岩堆体隧道工程地质勘察应与预可行性研究、可行性研究、初步设计、施工图设计等阶段相适应。通过各阶段工程地质勘察，逐步深入认识建设工程区域及工程场地类岩堆体工程地质条件，为不同设计阶段提供地质资料。

4.1.2　工程地质勘察前，应充分搜集、分析现有资料，明确工作重点，制订切实可行的勘察计划，必要时进行实地踏勘。

4.1.3　工程地质勘察中，地质点（观测点、勘探点、测试点）的布置目的应明确，密度应根据勘测阶段、成图比例、露头情况、地质复杂程度确定。选点应具有代表性，数量和勘探深度应能控制重要地质界线和说明工程地质条件。

4.1.4　工程地质勘察应重视工程地质调绘、工程勘探、地质测试、资料综合分析和文件编制过程中的每一环节，保证地质资料准确、可靠。

4.1.5　工程地质工作根据勘测阶段、区域、工程场地地质条件、工程类型、勘察手段的适宜性，统筹考虑勘察手段选配，合理开展综合勘察工作。

4.1.6　对类岩堆体地质条件特殊或有特殊要求的工程，应根据其特殊性，选择相适应的工程勘探、地质测试方法，获取所需的地质参数，满足类岩堆体隧道工程设计要求。

4.2 初步勘察

4.2.1 勘察重点

地貌调绘的范围宜超越类岩堆体区域周界以外 40m，其重点是：

（1）类岩堆体所在区域范围的地形地貌基本特征；

（2）类岩堆体边坡峭壁高度、长度、坡度（包括各变坡点的高程）；

（3）崖壁新近崩塌、坍塌、剥落的痕迹并估算其体积；

（4）坠石冲击点、跳跃距离、滚动距离及其最大石块的体积和形状；

（5）类岩堆体的分布范围及形状，各部位的坡度变化情况；

（6）类岩堆体各部位颗粒分选状况，土石混合比例，地表最大块石颗粒体积特征；

（7）类岩堆体各部位固结（或松散）程度、稳定状况等；

（8）地表冲沟发育状况，如各部位切割深度、横断面类型、沟壁稳定坡度、坡高、溯源侵蚀、泥石流发育状况；

（9）类岩堆体地表各部位植被覆盖程度，并区分乔木、灌木、蒿草等的分布范围。

工程地质勘察的重点是：

（1）收集大地构造、地壳应力场生成状态、新构造活动、断层破碎带、强烈褶皱带及地震资料，了解崩塌、滑坡及表层类岩堆体混合地层分布的规律性；

（2）调查陡崖地层、岩性、风化程度以及风化、侵蚀差异在地形上显示的特征；

（3）调查陡崖的地质构造，其内容一般包括褶皱、断裂、层理、节理、劈理、片理及其各部位代表性产状；

（4）调查类岩堆体地层内部层理、片理、节理、软弱夹层发育程度及它们产状的组合，描述节理及节理发育特性，尤其注意内部填充物含量及基本特征；

（5）调查含水层、地下水露头及其补给排泄关系。

崩塌与类岩堆体发育活动历史调查的重点是：

（1）访问当地居民，了解地层崩塌和类岩堆体活动情况，如活动时间、周期、规模，危害等；

（2）访问调查由崩塌和滑坡造成建筑物毁坏、修复、防治的经验；

（3）调查最新崩塌堆积物的进退情况、植被被吞噬、地层中含有腐朽植物枝干、上下坡树龄变化等。

气象、水文调查的重点是：

（1）调查降雨、冻融与崩塌的关系；

（2）调查类岩堆体表层运动与暴雨地表冲刷的关系；

（3）调查河流冲刷坡脚或河床被挤压变窄、弯曲等状况。

4.2.2　勘探

（1）探明类岩堆体地层结构与地质构造、岩性分布特征，尤其块石尺寸、分布特征以及细颗粒夹层、含腐朽植物夹层特性，地下水位分布范围等。

（2）勘探线应按崩塌（含坍塌、剥落）类岩堆体活动中心，贯穿崖顶、锥顶、岩堆前缘弧顶布置；连续分布，无明显锥顶、前缘弧顶的类岩堆体，应垂直地形等高线走向布置勘探线。勘探线间不宜大于 50m。每个勘探线上勘探点不少于 3 个（含露头）。

（3）岩石峭壁一般只采用地层岩性描述、节理统计方法，不宜布置勘探点。类岩堆体勘探可以物探为主，辅以钻探验证，并有一定数量挖探，取得类岩堆体地层层理产状资料及试样。钻探孔深宜钻至堆床 2m 以下。并应采取适当的钻探工艺，以查明岩土软弱夹层、含腐殖物夹层和地下水等资料。隧道钻孔勘探样本示意如附图 2-1 所示。

附图 2-1　隧道钻孔勘探样本示意

4.2.3　类岩堆体的取样方法

一般勘探方法有坑探、槽探、孔探，相应取样有全坑法、全槽法、全孔法取全样和分层样。对于一般性类岩堆体，钻孔法所取样本无法全面反映类岩堆体原样，故应采用坑、槽法。粒径较小的黏性类岩堆体亦可采用钻孔法。对于某些重要工程需取深部无黏性类岩堆体试样时，可用大孔径钻机取样。同时，由于类岩堆体主要特征呈现土石混合体性质，应保证所取试样中包含代表该区域明显土石混合特征的岩石和土体试样，并可以分别进行试验确定各自的强度参数。

对试样进行室内试验时，可依据取回的试样，按现场实测的天然含水量、天然密度、天然级配由人工配制成相似的试样后，再进行力学性质试验，或按天然级配和设计方案由人工配制成试样，进行有关隧道模型物理力学试验。

所取试样的数量，应根据工程要求的试验项目、试验类型、试验方法、仪器大小等综合确定。

4.2.4 试验

类岩堆体试验项目有：密度、相对密度、含水量、抗压强度、抗剪强度、天然休止角。也可利用天然陡坎坍塌、滑塌反算 c、φ 值或综合 φ 角，代替抗剪强度试验。也可在附近有类比条件的陡坎坍塌处进行类比反算 c、φ 值。

具体的试验项目还可因类岩堆体的类型（有黏性还是无黏性、不同的土石含量等）及在工程中的用途的不同而异。

为了保证勘探质量，充分掌握类岩堆体的性质，对勘探中所取的全部试样，皆需测定颗粒天然密度、级配组成等主要物性指标，并在各勘探点测定天然含水量和天然密度，在此基础上确定力学性质试验的工作量。

因类岩堆体颗粒粒径大，成分混合复杂，力学性质试验多为大型试验，工作量大、费力、费时、费用高，故在勘探资料的基础上，结合工程特点选定代表性试验点，进行现场载荷、动力触探等原位试验，以满足工程计算与分析的需要。或选择代表性级配按工程设计要求，用扰动土样人工制备成所需的试样，进行有关力学性质或模型试验，以满足工程分析的需要。

4.2.5 评价

（1）类岩堆体评价应包括其发展阶段、自身的稳定性以及其作为建筑物地基、路堑边坡和隧道围岩等周边环境的稳定性。

（2）类岩堆体的稳定性评价应包括类岩堆体沿表面、软弱夹层以及隧道开挖临空面变形的可能性，岩土体成分、岩块大小与均匀性、岩块结构的密实程度及不均匀下沉量等。

4.2.6 资料要求

1. 类岩堆体工程地质勘察报告基本内容

（1）阐述与类岩堆体形成与发展有关的自然地理条件，如地形、地貌、气候、水文、地层岩性、地质构造、新构造活动、地震及爆破振动等人为活动因素。

（2）阐述类岩堆体的成因类型、形态特征与类型、活动规律、规模大小及危害程度。

（3）论证类岩堆体稳定性范围与特征，做出代表性弱软结构面赤平极射投影分析；对明显不稳定类岩堆体的不利结构面做实体比例投影分析，并预测其发展趋势。

（4）为分析类岩堆体隧道稳定性选择合理计算参数提供可靠依据。

（5）论证类岩堆体隧道围岩的稳定性，并为工程设计的稳定性计算提供工程地质参数。

（6）论证类岩堆体隧道可能出现的工程危害以及防治措施，提出推荐整治方案。

2. 工程地质图

（1）工程地质平面图，比例尺宜为 1：2000～1：500。

（2）工程地质断面图，水平断面图比例尺宜为 1：2000～1：500；垂直断面图比例尺宜为 1：200～1：100。

3. 成果资料

调绘记录本、勘探成果资料、试验成果资料、节理统计分析资料、稳定分析资料等应分别编目，整理成册，除记录本外，均应列入基础资料，装订成册。

4.3　详细勘察

4.3.1　勘察重点

（1）查清类岩堆体地层表面各危岩形状、体积及可能脱离母岩的裂隙节理特征。查明风化、侵蚀差异形成的凹凸尺寸及岩性特征。查明岩体节理、软弱夹层特征、发育程度及其最不利组合。预测崩落体的形状、体积和崩落体重心高度。查明落石运动所经过和停积的场所及可能对隧道工程造成的危害。

（2）确定隧道开挖后将遇到的岩层性质，特别是软弱岩层和成分组合过于复杂岩层的具体位置、性质等。

（3）确定围岩不同的稳定性分区以及岩溶、地下暗河、地下水和有害气体的可能涌出地段。

（4）查明类岩堆体范围内可能出现的不良地质现象及地质灾害，如滑坡、隧道塌方、岩溶、涌水等。

（5）查明类岩堆体区域内的地质构造特征、地震及地震动参数。

4.3.2　勘探

（1）勘探是为查明隧道工程穿越区段的地层结构和岩性特征。

（2）纵向勘探线沿工程轴线方向布置，勘探点间距不大于 20m。通过纵向勘探线上的勘探点，做横向勘探线，横向勘探线上的勘探点一般不少于 3 个。

（3）勘探深度根据该区域类岩堆体覆盖层厚度综合确定，应保证勘探深度穿越类岩堆体厚度，保证查明类岩堆体基本特征，同时应满足相关勘察设计规范的要求。

（4）应尽量利用附近的露头或初勘时的勘探资料。

（5）勘探可以物探为主。但轴线方向上至少有一个代表性勘探点为挖探孔或钻探孔。

4.3.3　试验

试验项目的要求与附录 2 中 4.2.4 节相同。

4.3.4 资料要求

1. 类岩堆体隧道工程地质勘察报告基本内容

（1）概述类岩堆体形成、发育的自然条件、人为活动因素及其机理联系，并论述对隧道工程的影响。

（2）提供拟定各项防治措施的依据。

（3）论述各项防治设计计算参数的选择依据，并推荐合理的计算参数。

（4）说明设计、施工及养护应注意的事项。

2. 工程地质图

（1）工程地质平面图，比例尺宜为1：2000～1：500。

（2）各项防治工程的代表性工程地质纵、横断面图，水平图比例尺宜为1：1000～1：500，垂直图比例尺宜为1：200～1：100。

（3）成果资料

调绘记录本、勘探成果、试验成果、节理统计分析成果、验算原始资料等应分别编目，整理成册，除记录本外，均列入基础资料，装订成册。

5 类岩堆体隧道超前地质预报与监控量测

5.1 一般规定

5.1.1 隧道施工过程中应由施工单位安排专人负责日常超前地质预报和监控量测，监理单位定时进行复检，必要时建设管理单位可委托有资质的第三方单位进行超前地质预报与监控量测工作。

5.1.2 类岩堆体隧道工程围岩具有成分混合复杂、特性与变形机理难清、扰动响应难定的特点，更加需要加强预报与量测工作。

5.1.3 超前地质预报与监控量测必须持续不间断，保证严格跟进施工进度，全面反映施工前方地质特征及开挖扰动响应特征。

5.1.4 超前地质预报应全面反映掌子面前方类岩堆体围岩的地质特征，地下水特征以及岩溶、暗河等不良地质结构出现的可能，为后续施工提供建议。

5.1.5 监控量测所采用的测量桩点必须稳定、可靠，且通视良好，水准点要设在不易损坏处，并加以妥善保护，测量仪器、工具在使用前要校验，使用光电测距仪时，应按规定要求进行，严格控制误差来源。

5.1.6 监控量测要全面反映隧道围岩沉降及收敛等变形特征、支护结构受力性能等，对变形及受力异常部位要及时提出预警。

5.1.7 隧道竣工后应提交超前地质预报，监控测量技术成果书，预报和测量结果及误差的实测成果和说明，净空断面测量和永久中线点、水准点的实测成果及示意图。

5.2 超前地质预报

5.2.1 类岩堆体隧道施工应加强地质工作，常规地段应实施跟踪地质调查，不良地质地段应进行超前地质预报，地质预报应作为必备工序纳入施工组织管理。

5.2.2 跟踪地质调查与超前地质预报主要目的

（1）在施工前期地质勘察成果的基础上，进一步查明掌子面前方一定范围内围岩的地质条件，进而预测前方的不良地质以及隐伏的重大地质问题。

（2）获取地质信息，为信息化设计和施工提供可靠依据。

（3）降低地质灾害发生的可能性，保证施工安全。

（4）为编制竣工文件提供可靠的地质资料。

5.2.3 隧道施工前应根据设计文件的地质勘察资料，编制地质预报方案和实施大纲，并报有关部门审查和批准后执行。

5.2.4 跟踪地质调查与超前地质预报应配备专业技术人员和设备。

5.2.5 地质预报、信息化设计和信息化施工是一个有机的整体，各方应协调一致，紧密配合，既为量测作业创造条件，又避免因抢工程进度而忽视量测工作。同时应做到信息传递顺畅、反馈及时、快速决策处理。

5.2.6 现场照明、通风等作业条件良好，满足正常预报作业需要。隧道超前地质预报作业如附图 2-2 所示。

附图 2-2　隧道超前地质预报作业

5.2.7 超前地质预报所包含的地质情况及水文地质情况

（1）地层岩性，如典型类岩堆体土石混合特征、软弱夹层、破碎地层及特殊岩土层。

（2）地质构造，特别对断层破碎带、节理密集带、褶皱构造等。

（3）不良地质，特别是类岩堆体地层中容易发育的溶洞、暗河、人为坑洞以及放射性、有害气体、高地应力、高地温、高岩温等发育情况。

（4）地下水，特别是岩溶管道水、富水断层、富水褶皱轴及富水地层地带等。

5.2.8　对照图纸提供的地质资料，预报地质条件变化情况及对事故的影响程度。

5.2.9　预报可能出现的不良地质及其对施工的影响

（1）可能出现塌方、滑动的部位、形式、规模及发展趋势，提出处理措施。

（2）可能出现突然涌水的地点、涌水量大小、地下水泥砂含量及对事故的影响。

（3）类岩堆体松散软弱地层可能出现的内鼓、片帮掉块地段及对施工的影响。

（4）岩体突然开裂或原有裂隙逐渐加宽的位置及其危害程度。

（5）对隧道将要穿过不稳定类岩堆体地层、较大断层作出预报，以便及时改变施工方法或做应急措施。

5.2.10　超前地质预报的分级

（1）隧道施工中地质预测、预报方案应根据区域地质资料和设计文件制定，以达到预报准确、节省资源的目的。

（2）根据地质对隧道安全的危害程度，地质灾害可分为 A、B、C、D 四级，其影响因素如附表 2-1 所示。

（3）复杂地质的预测、预报应坚持隧道洞内探测与洞外地质勘探相结合，地质方法与物探方法相结合，辅助导坑与主洞探测相结合，并贯穿于施工全过程。

地质灾害分级影响　　　　　　　　　　附表 2-1

地质灾害分级		A	B	C	D
		严重	较严重	一般	轻微
地质复杂程度（含物探异常）	岩溶发育程度	极强，厚层块状灰岩，大型溶洞、暗河发育，溶洞密度大于 15 个/km²，最大泉流量大于 50L/s，钻孔岩溶率大于 10%	强烈，中厚层夹白云岩，溶洞落水洞密集，地下以管道为主，岩溶密度为 5～15 个/km²，最大泉流量 10～50L/s，钻孔岩溶率 5%～10%	中等，中薄层灰岩，地表出现溶洞，岩溶密度为 1～5 个/km²，最大泉流量 10L/s，钻孔岩溶率为 2%～5%	微弱，不纯灰岩与碎屑岩互层，地表地下以溶隙为主，最大泉流量小于 5L/s，钻孔岩溶率小于 2%

续表

地质灾害分级		A	B	C	D
		严重	较严重	一般	轻微
地质复杂程度（含物探异常）	涌水涌泥程度	特大突水（涌流量大于 $1×10^5\mathrm{m}^3/\mathrm{d}$）、大型突水（涌水量 $1×10^4～1×10^5\mathrm{m}^3/\mathrm{d}$）、突泥,高压水	中小型突水（用水量 $1×10^3～1×10^4\mathrm{m}^3/\mathrm{d}$）、突泥	小型涌水（涌水量 $1×10^2～1×10^3\mathrm{m}^3/\mathrm{d}$）、涌泥	流水量小于 $1×10^2\mathrm{m}^3/\mathrm{d}$,涌突水可能性极小
	断层稳定程度	大型断层破碎带、自稳能力差、富水,可能引起大型失稳坍塌	中型断层带、软弱,中～弱富水,可能引起中型坍塌	中小型断层、弱富水,可能引起小型坍塌	中小型断层、无水,掉块
	地应力影响程度	极高应力、严重岩爆（拉森斯判断小于0.083,即岩石荷载强度与围岩最大切向应力的比值）、大变形	高应力、中等岩爆（拉森斯判断 0.083～0.15）、中～弱变形	弱岩爆（拉森斯判断0.15～0.2）、轻微变形	无岩爆（拉森斯判断大于0.20）、无变形
	瓦斯影响程度	瓦斯突出,瓦斯压力 P 大于等于 0.74MPa,瓦斯放散初速度大于等于 10,煤的坚固性系数 f 小于等于 0.5,煤的破坏类型为Ⅲ类及以上	高瓦斯,全工区的瓦斯涌出量大于等于 $0.5\mathrm{m}^3/\mathrm{min}$	低瓦斯,全工区的瓦斯涌出量小于 $0.5\mathrm{m}^3/\mathrm{min}$	无
地质因素对施工影响		危及施工安全可能造成重大安全事故	存在安全隐患	可能存在安全问题	局部可能存在安全问题
诱发环境问题的程度		可能造成重大环境灾害	施工、防治不当,可能诱发一般环境问题	特殊情况下可能出现一般环境问题	无

5.2.11　不同地质灾害级别的预报方式

（1）一级预报可用于 A 级地质灾害。采用地质分析法、地震波反射法、超声波反射法、陆地声纳法、地质雷达法、瞬变电磁法、红外探测法、超前水平钻探法等进行综合预报。

（2）二级预报可用于 B 级地质灾害。采用地质分析法、地震波反射法、超声波反射法、陆地声纳法,辅以地质雷达法、瞬变电磁法、红外探测法,必要时进行超前水平钻孔。

（3）三级预报可用于 C 级地质灾害。以地质分析法为主。对重要地质（层）界面、断层或物探异常地段宜采用地震波反射法或超声波反射法进行探测,必要时采用红外探测法和超前水平钻孔。

（4）四级预报可用于 D 级地质灾害。采用地质分析法。

5.2.12 超前地质预报分类

根据超前地质预报的方法不同，可分为地质雷达、红外探测、超前探孔、TSP 等。

根据预报范围的不同，超前地质预报可分为以下三类。

（1）长距离预报：对不良地质及特殊地质情况进行长距离宏观预测预报，预报距离一般在掌子面前方 200m 以上，并根据揭示情况进行修正。

（2）中距离预报：在长距离预报基础上，采用地震波反射法、超声波反射法、瞬变电磁法、深孔水平钻探等，对掌子面前方 30～200m 范围内的地质情况进行较详细的预报。

（3）短距离预报：在中长距离预报的基础上，采用红外探测法、瞬变电磁法、地质雷达和超前钻孔，微观的探明掌子面前方 30m 范围内地下水出露、地层岩性及不良地质情况等。

在类岩堆体隧道施工过程中，应根据现场实际情况和人员配备，采用适合于实际工况的超前地质预报方式方法，从而全面预判隧道施工前方类岩堆体隧道围岩特性，及时提出指导性意见和建议。

5.3 监控量测

5.3.1 目前国内建设隧道多采用新奥法施工，隧道地下工程支护结构的设计仍以工程类比为主，理论计算仅作定性分析。由于类岩堆体隧道围岩地质条件十分复杂，围岩物理力学参数受地质条件、支护方式、支护时间、开挖方法和地下水等的影响显著，导致隧道变形空间呈现非均匀分布，支护衬砌结构受力状态不确定。因此，类岩堆体隧道建设应在软弱地段采用新意法施工，且对隧道进行现场监控量测是非常重要的，同时也是新奥法和新意法设计中的一个重要组成部分，通过监控量测，指导施工，调整施工工序，修正支护参数，确保类岩堆体隧道的顺利贯通。

5.3.2 类岩堆体隧道施工过程中，应根据以往各类型岩体中类似隧道施工经验，结合设计文件，按照《公路隧道施工技术规范》JTG/T 3660—2020 的规定和图纸要求进行监控量测设计。

5.3.3 以量测资料为基础及时修正支护参数，使支护参数与地层相适应并充分发挥围岩的自承能力，使围岩与支护体系达到最佳受力状态，并在施工中进行信息化动态管理，达到确保工程质量、施工安全和进度，合理控制投资的目的。

5.3.4 目前开展较多的施工监测项目有地表下沉、拱顶下沉、水平收敛、围岩压力及与衬砌结构的接触应力、钢支撑内力、锚杆轴力、喷层应力、衬砌受力等。

5.3.5　根据新奥法和新意法施工特点，结合类岩堆体围岩特点，监控量测项目可分为必测项目和选测项目。必测项目是必须进行的常规量测，主要包括：地质及支护状况观察、拱顶下沉量测、周边收敛量测、地表沉降观测等。这类项目量测方法简单、量测信息直观可靠、费用少，对掌握类岩堆体隧道围岩施工响应特征及变形特性、修改设计、指导施工所起的作用非常大。选测项目是对一些有特殊性、危险性地段或有代表性的地段进行量测，主要包括：围岩内部位移、锚杆轴力、喷射混凝土内应力、二次衬砌内应力、围岩与喷射混凝土间接触压力、喷射混凝土与二衬间接触压力以及钢支撑内力等力学性能的量测。这类量测的项目较多，安装埋设比较麻烦。测试时间长，花费大，但对全面掌握类岩堆体隧道衬砌结构受力特性及长期稳定性也具有重要意义，同时隧道竣工后可以进行长期观测。

5.3.6　必测项目

（1）地质及支护状况观察。地质和支护状态观察包括工作面观察和支护结构的支护效果观察。每一循环进尺，都必须进行一次工作面观察，并作好客观详尽的记录。在地质变化不大地段，可每天按一个工作面记录，对已成洞地段主要是支护效果的观察，频率可同工作面。

观察内容包括：①工作面工程地质和水文地质情况观察和描述，包括岩石名称，岩石产状，风化变质情况，断层、层理、节理等结构面的分布、走向、产状及频率，有无偏压或膨胀地压，工作面及毛洞自稳情况，地下水情况及影响等内容，并以表格和素描形式记录；②工作面附近初期支护状态观察和已成洞的支护效果观察，包括锚杆锚固效果，喷层开裂部位宽度、长度及深度，模筑混凝土衬砌的整体性，防水效果等，也以表格和素描形式记录下来。典型类岩堆体隧道工作面情况如附图2-3所示。

附图2-3　典型类岩堆体隧道工作面情况

（2）拱顶下沉量测。在隧道开挖毛洞的拱顶轴线及其左右各 2～3m 处设 3 个带挂钩的测桩，用精密水准仪、吊挂钢卷尺或高精度全站仪等量测拱顶下沉来了解断面变形状态，判断围岩的稳定性。考虑到类岩堆体隧道围岩的松散特征，拱顶测点的位置选定应便于固定，同时应增强测桩的鲁棒性，降低测桩本身扰动带来的测量偏差。隧道拱顶监测点布置示意如附图 2-4 所示。

附图 2-4　隧道拱顶监测点布置示意

（3）围岩周边收敛量测。根据收敛位移量、收敛速度、断面的变形形态，判断围岩的稳定性、支护的设计施工是否妥当和衬砌的浇筑时间等。在隧道开挖以后，沿隧道周边拱腰和边墙的水平方向分别埋设测桩，采用钢尺式周边收敛仪或全站仪等量测周边收敛变形，判断围岩的稳定性、初期支护的设计施工方法是否妥善、二次衬砌的灌注时间等。洞口段和埋深小于 2D（D 为隧道洞径）的地段，间隔 5～10m 设一个断面，其余地段视地质情况，考虑到类岩堆体隧道围岩成分复杂，围岩收敛变形的不确定性和不均匀性较为明显，可每隔 10～50m 设一个断面。对于类岩堆体围岩极度松散破碎的地段，应增设临时监控断面，增加测点，便于及时掌握类岩堆体隧道围岩非均匀变形特征，了解围岩动态。不同施工方法围岩收敛监测点示意如附图 2-5 所示。

（4）地表沉降观测。在隧道浅埋地段的地表沿隧道轴线方向分断面埋设沉降观测点，在选定的量测区域，首先设一个通视条件较好、测量方便、牢固的基准点，采用精密水准仪或全站仪进行量测。通过地表沉降观测，判断隧道开挖对地表稳定性的影响。

量测方法：在隧道进出口地段及富含地下水段埋设断面。测点沿纵向（隧道中线方向）布置，当深埋时其间距为 20～50m，埋深介于深埋和浅埋之间时间距为 10～20m，浅埋时间距为 5～10m。横向间距范围为 2～5m，每断面至少布置

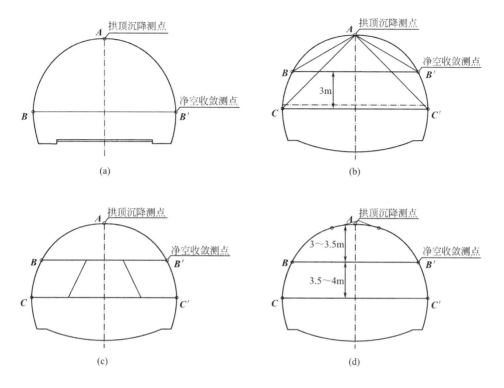

附图 2-5 不同施工方法围岩收敛监测点示意

(a) 全断面开挖法测点布置示意；(b) 两台阶开挖法测点布置示意；
(c) 预留核心土开挖法测点布置示意；(d) 三台阶开挖法测点布置示意

11 个测点，隧道中线附近密些，远离中线处疏些。测点应在开挖形成的下沉之前埋设，一直测到下沉稳定。

5.3.7 选测项目

（1）围岩内部位移量测。沿隧道周边分别在拱顶、拱腰和边墙埋设多点位移计，量测围岩内部不同深度的位移，了解围岩的松动范围及其位移量，判断围岩内部的稳定状态。对于类岩堆体围岩，量测围岩内部位移对于了解类岩堆体非均匀变形具有重要意义。

（2）锚杆轴力量测。沿隧道周边分别在拱顶、拱腰和边墙埋设锚杆轴力计，量测围岩内部不同深度锚杆的受力状态，了解围岩内部应力的分布特征，从而分析锚杆是否合理。

（3）喷射混凝土轴向应力量测。沿隧道的拱顶、拱腰和边墙在喷射混凝土内埋设应变计，位于喷层中央，方向为隧道切向，量测喷射混凝土的轴向应力，了解喷射混凝土的受力状态。

（4）钢支撑应力量测。采用钢筋应变仪量测钢支撑内应力。把应变仪焊接在钢支撑上，了解钢支撑的受力情况。

（5）二次衬砌应力量测。二次衬砌应力量测与喷射混凝土轴向应力量测相同，应力传感器埋设在二次衬砌混凝土内，方向也为隧道切向，量测二次衬砌内部应力。钢支撑和二次衬砌内力量测如附图 2-6 所示。

附图 2-6　钢支撑和二次衬砌内力量测示意

（a）钢支撑内力量测；（b）二次衬砌内力量测

（6）复合式衬砌围岩压力及接触压力量测。在围岩与喷射混凝土、喷射混凝土与二次衬砌间分别埋设压力盒，量测围岩对喷射混凝土的压力和二次衬砌所承受的围岩压力。了解复合式衬砌中围岩荷载的大小，初期支护与二次衬砌对围岩荷载的分担情况。

5.3.8　量测断面间距

考虑到类岩堆体隧道围岩松散结构大变形和非均匀变形的存在，量测断面间距一般为 10～20m，但对于洞口段、浅埋地段，特别松散软弱及破碎结构地层段则小于 10m，具体间距还应综合考虑当前地段的围岩特性和地质条件来确定。

5.3.9　断面布置及量测方法

根据隧道的结构类型，连拱隧道或小净距隧道宜在隧道两洞的同一桩号上对称布设量测断面，同时为了使量测数据完整和各量测项目之间能相互验证，便于分析，在断面布置上应将各量测项目布设在同一断面上，以便于综合分析类岩堆体隧道围岩变形特征。测点应在掌子面开挖后立即埋设，越靠近掌子面越好，并且不超过掌子面 2m 的范围。

5.3.10　量测频率

洞内观察分为开挖工作面观察和支护状况观察两部分。开挖工作面观察应在每次开挖后进行，地质情况基本无变化时，可每天进行一次。对支护的观察也应每天至少进行一次。净空水平收敛量测和拱顶下沉量测采用相同的量测频率。实际的量测频率应根据变形速率和距开挖工作面的距离选择较高的一个量测频率。

5.3.11　数据采集

数据采集应在测点埋设后 24h 内或下一次爆破前测取初次读数，以后按规范和隧道施工监控量测实施大纲的量测频率及次数进行量测。如果量测结果出现异常现象，量测频率应在规定的基础上加密，或根据量测断面与掌子面的距离和施工进度而适当调整量测频率。同时，每次采集到的数据都应立即输入隧道现场监控量测数据管理系统，并对所采集的原始数据进行计算，自动生成时空曲线图。因此，对每次的量测数据可以即时进行处理、分析，并将结果反馈给工程有关各方，以便对施工方案和支护参数作适当调整。

5.3.12　监测资料整理、数据分析及反馈

在取得监测数据后，要及时由专业监测人员整理分析监测数据。并结合对围岩、支护受力及变形情况，进行分析判断，将实测值与允许值进行比较，及时绘制各种变形或应力-时间关系曲线，预测变形发展趋向，预测围岩和隧道结构的安全状况。

5.3.13　量测信息反馈

原始数据采回后，要及时做好数据处理，并定时反馈量测信息。若发现有明显反常情况，量测人员要立即通知专业工程师，采取紧急措施，通过信息反馈修正设计方案。隧道施工时，设计、施工必须紧密配合，共同研究，综合分析各项施工信息，及时进行信息反馈，最终确定和修改设计。

6　隧道洞口及明洞工程

6.1　一般规定

6.1.1　类岩堆体在表层范围内主要指松散混杂岩土堆积体，属于不良工程地质。其对隧道工程，尤其是隧道洞口浅埋段影响极其显著，给隧道工程施工带来很大困难，应予以特别重视。

6.1.2　类岩堆体围岩软弱，工程类别低（Ⅳ级及Ⅳ级以下），围岩自稳时间短，变形迅速，极易坍塌，防坍是类岩堆体隧道洞口及明洞工程施工的首要目标之一。

6.1.3　围岩压力大，施工时常产生较大的拱顶下沉和净空变位，影响范围大，在浅埋段则有较大的地表下沉，进而造成所波及地段民房不均匀下沉、开裂。

6.1.4　洞口边坡开挖和浅埋段施工过程中常造成边坡失稳，危及隧道施工现场的整体稳定，被迫采取抗滑措施。因此，边坡失稳也是类岩堆体隧道洞口和

明洞段施工的主要灾害之一。

6.1.5　类岩堆体易受自然特征（坡度）及气候季节影响，尤其是对雨水影响极其敏感。

6.1.6　类岩堆体对施工爆破及地震作用等动载作用敏感。

6.1.7　应积极推广"零开挖"进洞理念，在保证洞口稳定的同时，减少植被破坏，保护生态环境。隧道洞顶及分离式隧道中间山体地貌及植被应予以保护。洞口植被保护也可有效降低类岩堆体地质结构成分的风化流失，从而有效保护洞口的长期稳定。洞口附近山体植被保护如附图 2-7 所示。

附图 2-7　洞口附近山体植被保护

6.1.8　隧道进洞前，二次衬砌台车必须进场。

6.1.9　洞口设有明洞，且洞口地质情况相对较好的隧道，可先进暗洞，由内向外施作洞口明洞模筑衬砌，再进行洞身段开挖、初期支护、二次衬砌施工。

6.1.10　当洞口围岩条件很差时，要严格控制进洞施工顺序。应在完成套拱或超前大管棚后，立即进行明洞主体模筑衬砌施工，再进行暗洞浅埋段施工。

6.1.11　当洞口地处陡壁处，无法形成工作面时，可在线路外侧设施工横洞进洞，横洞位置岩体需稳定可靠，横洞掘进至主洞后，由内向外施工。

6.1.12　类岩堆体结构表面松散，在隧道洞口场地必须进行硬化处理，基底需稳定密实，汽车运输通道还必须采用 20cm 厚的 C15 混凝土作为面层。

6.1.13　洞口前的桥梁、涵洞及路基等相关工程应及时安排施工，减少对隧道施工的干扰。

6.2　洞口工程

6.2.1　隧道洞口工程包括洞门、边仰坡土石方工程，边墙、翼墙及洞口排水系统等。洞门可以在进洞以后再做，为了贯彻"早进洞，晚出洞"的原则，其他洞口工程要全面考虑，妥善安排，为进洞创造有利条件。洞口应尽量与地形等高线大角度相交，连拱隧道或小净距隧道的进出口应布置在同一个断面上，并尽量恢复洞口自然景观，做到与环境协调。

6.2.2　在进行类岩堆体施工方案的选择时，应保证掌子面稳定性和预防坍塌。类岩堆体隧道洞口施工，可采用单侧壁导坑法开挖，超前管棚辅以格栅钢架支护，但应保证施工支护具备足够的强度，切实按照锚喷构筑法进行监控量测，并选择合理的衬砌结构（如高强钢筋混凝土衬砌），同时要根据类岩堆体具有松散性这一特点进行地表或围岩预注浆，以改善围岩性质。

6.2.3　类岩堆体地层结构受水流影响较大，应做好洞口工程排水系统。根据边仰坡外洞顶的渗水情况和洞口段排水系统，确定边坡、仰坡外截水沟的断面尺寸及流向。如果洞顶有坑洼积水，应修筑简易临时排水沟与截水沟连接，使积水流入截水沟。

6.2.4　洞口段土石方自上而下开挖，严格控制开挖量，边开挖边防护，随时监测，检查山体稳定情况。有辅助施工的话，开挖到一定标高停止施工，施作辅助施工平台，待辅助施工完毕以后继续开挖。

6.2.5　类岩堆体结构表面及边坡、仰坡上方可能存在的浮石、危石和可能滑塌的表土及部分影响施工的灌木等要清除干净，坡面凹凸不平处要修整平顺，防止施工过程中孤石及树木滑落造成危害。

6.2.6　类岩堆体隧道的洞口施工，要严格防止出现洞内和地表开裂病害，须注意以下方面。

（1）洞口尽量避免边坡、仰坡大挖大刷，严格贯彻"早进晚出"的原则，坚持断面分割、化大为小、短进尺、弱爆破、强支护、勤量测、早闭合、衬砌紧跟的施工原则。

（2）进洞前须查明类岩堆体的基本特性及表层分布范围，必要时应采取预加固措施（如地表注浆或超前锚杆、短管棚、长管棚进洞等），避免盲目进洞。

（3）施工过程中应随时注意进行地表和洞内的监控量测，并将量测分析结果用于指导施工。

（4）开挖进尺宜控制在 0.5m 以内，开挖必须采用机械开挖或光面爆破、松动爆破，合理进行爆破设计，采取密打眼、少装药、多段数等措施，减小振动和破坏。

（5）拱脚可采用 2 根 ϕ42 小导管作为锁脚锚杆，注 1：1 纯水泥浆，以限制拱部整体下沉。

（6）在正台阶开挖和侧壁导坑法开挖的导洞上断面施工中，宜在台阶底部纵向或间隔设置临时仰拱，可有效抑制隧道整体发生变形和沉降。

（7）严格控制台阶长度，尽早封闭仰拱，侧壁导坑法导坑下部开挖长度不宜超过2倍洞径；中洞初支开挖长度不宜超过1倍洞径；中隔壁法台阶长度应严格控制在2～3m之内。

（8）衬砌采用钢筋混凝土结构，应提前施作，以"紧跟"为原则。

（9）施工过程中，必须严格进行监控量测，及时进行分析反馈。

类岩堆体地层中隧道洞口工程如附图2-8所示。

附图2-8 类岩堆体地层中隧道洞口工程

6.2.7 开挖弃方要堆放在指定地点，边坡、仰坡上部不得堆放弃土、石方。

6.2.8 洞门端墙处的土石方要视地层稳定程度、洞口施工季节和隧道施工方法等选择合适的施工时机和施工方法。洞口施工要避开降雨期和融雪期，防止地表水流造成水土流失和滑坡塌方。

6.2.9 当隧道洞口施工遇到滑坡、崩塌、泥石流、偏压等自然现象时，应采取必要的措施。当出现滑坡现象时，可以采用地表锚杆、深基桩、挡墙、土袋、石笼等加固；当有崩塌时，采取喷射混凝土、地表锚杆、锚索、防落石棚、化学药液注浆等措施；当有偏压发生时，可以采取平衡压重填土、护坡挡墙或对偏压上方地层挖切等措施来减轻偏压。

6.2.10 洞门衬砌施工要符合《混凝土结构工程施工规范》GB 50666—2011，并要满足以下要求。

（1）土质地基要整平夯实，将基础置于稳固的地基上，基础处的风化软层、积水等要清理干净。

（2）洞门施工的拱墙要与洞内相连的拱墙同时施工，连成整体，如有明洞亦要与已成的拱墙连接良好。

（3）洞门端墙的砌筑与墙背的回填要两侧同时进行，防止衬砌边墙产生偏压。

（4）洞门衬砌完成后，要及时处理洞门上方仰拱脚的破坏处，洞门的排水、截水设施要与洞门工程配合施工，并与路堑排水系统连通。

6.3　明洞工程

6.3.1　在类岩堆体地层中进行明洞基础开挖时，应特别注意核查地质条件，如挖至设计标高，不满足基底承载力要求时，应提出变更设计。在保证地基承载力满足设计要求的前提下，基坑的碴体杂物、风化软层和积水应清除干净，严禁超挖回填虚土。基础施工完成后应及时回填，避免雨水等侵蚀地基。

6.3.2　偏压和单压明洞的外边墙基底，在垂直路线方向应按设计要求挖成一定坡度的向内斜坡，以提高基底的抗滑力。

6.3.3　明洞衬砌与暗洞衬砌线形应顺畅，明洞衬砌施作前，及时施作拱脚纵向排水管、横向盲沟等排水设施。

6.3.4　衬砌施工除符合隧道整体式衬砌要求外，在其端部与拱、墙首轮环节处都要设置挡头板。

6.3.5　为控制拱圈衬砌厚度，可在拱部加设外模并架立骨肋连接固定。

6.3.6　明洞拱圈外模拆除后，应与暗洞防水板连接良好，搭接长度不小于50cm，并及时按设计规范要求施作防水层。

6.3.7　拱圈混凝土达到设计强度，拱墙背防水设施完成后，方可回填拱背土方。

6.3.8　明洞段回填土方应对称分层夯实，每层厚度不得大于0.3m，两侧回填的土面高差不得大于0.5m；底部应铺填0.5～1.0m厚碎石、砂砾等透水性材料并夯实；回填至拱顶后应分层满铺填筑，顶层回填材料宜采用黏土以利于隔水。明洞黏土隔水层应与边坡、仰坡搭接良好，封闭紧密。

6.3.9　类石质地层中墙背与岩壁空隙较窄时，可采用与墙身同级混凝土回填；空隙较大时，可采用片石混凝土或浆砌片石回填；类土质地层墙背应按设计要求回填。

6.3.10　使用机械回填时，拱圈混凝土强度应达到设计强度，且须先用人工填筑夯实回填至拱顶1.0m以上后，方可使用机械施工。明洞回填压实度不得小于90%。

7 类岩堆体隧道开挖施工

7.1 一般规定

7.1.1 类岩堆体隧道洞身的开挖施工，应综合考虑隧道断面大小及形式、围岩的实际工程地质条件、支护条件、工期要求、隧道长度、机械设备能力、经济性等相关因素综合分析，采用机械开挖和爆破开挖相结合的方式进行，施工方式应与支护条件相适应。对于开挖中揭露的大块孤石，应进一步采取机械破碎或爆破方式进行分解，便于装卸和运输。

7.1.2 类岩堆体隧道围岩自稳能力相对较差，但开挖施工中仍应最大限度地利用围岩自稳能力，同时采用有利于减少超挖、欠挖，减少围岩扰动的开挖方法。施工方案应按照设计单位提供的方案进行施工，不得擅自更改。

7.1.3 开挖轮廓形状和断面尺寸应符合设计要求，尽量减少开挖轮廓线的放样误差，宜采用激光投向仪、隧道激光断面仪等辅助手段确定开挖轮廓线或炮孔位置。

7.1.4 对于爆破施工方式，通过爆破试验，选择合理的爆破参数，应根据地质条件的变化和对振动波的监测，不断调整钻爆参数，实现光面爆破，把对围岩、支护、二次衬砌的扰动减到最小程度。

7.1.5 施工过程中应把围岩监控量测、地质预报纳入工序中，做好设计与施工间的信息传递与反馈，修正开挖方法和参数，实现优化设计和安全施工。

7.1.6 所有开挖应按图纸标明的开挖线并加入预留变形量后的尺寸进行施工，开挖质量应符合设计及规范要求，严禁二次爆破开挖。在开挖过程中，随时测定隧道轴线位置和高程。

7.1.7 开挖后应及时做好地质素描工作，围岩类型、特征变化处或地质条件发生变化处应有相应影像资料及文字说明。

7.1.8 在施工过程中，施工单位应根据开挖面、围岩变形的量测结果，辅以超前地质预报，结合岩层构造、岩性及地下水情况，提出围岩分级的修改意见，并判定坑道围岩稳定性，提出相应的处理措施。

7.1.9 仰拱部位开挖应满足：挖至设计高程时，底面应圆顺，碴物应清除；做好排水设施，清除积水；隧道底两隅与侧墙连接处应圆顺；应采取措施保证施工交通安全。

7.1.10 类岩堆体隧道围岩地质条件复杂难知，开挖施工过程中可能出现非均匀不对称的变形现象，应做好预留变形空间的分析与校核，确保开挖断面满足隧道净空要求。

7.1.11　类岩堆体隧道围岩预留变形空间分析，可综合采用数值模型分析、现场量测变形及衬砌压力监测等方法，通过综合对比分析、反馈校核来确定并验证隧道非均匀变形空间。

7.1.12　对于软弱破碎严重的类岩堆体隧道区段，可采用基于"新意法"的超前支护方法进行开挖施工，保证隧道施工的安全与稳定，同时可提高施工效率。

7.1.13　类岩堆体隧道"新意法"开挖施工可采用超前锚杆或超前注浆方法加固掌子面前方核心土，提高其强度和刚度，确保开挖的顺利进行，具体加固支护方法见附录 2 第 9 节。

7.1.14　隧道开挖过程中应设置必要逃生管道，防止类岩堆体围岩松散坍塌造成人员伤亡。

7.2　开挖施工方法

7.2.1　类岩堆体隧道围岩施工可根据具体岩性情况及隧道设计方案，采用机械开挖和爆破开挖相结合的方法，具体开挖施工方法可采用全断面法、台阶法、环形预留核心土法、三台阶七步法、中隔壁法（CD 法）、交叉中隔壁法（CRD 法）等。

7.2.2　全断面法

对于类岩堆体围岩，原则上不宜采用全断面法施工，但对于岩性较好、结构相对稳定、围岩稳定性较好的区段，经现场勘查及设计施工各方审核分析，在做好围岩稳定性控制措施的前提下，可以采用全断面法进行施工。

全断面法施工开挖循环进尺宜控制在 2~3m，并采用大型机械配套作业。全断面施工工序如附图 2-9 所示。

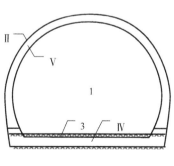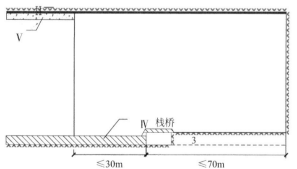

附图 2-9　全断面施工工序

说明：

1 全断面开挖，3 隧道底部开挖；

Ⅱ初期支护，Ⅳ底板（仰拱）浇筑，Ⅴ拱墙二次衬砌。

全断面法施工应符合下列规定。

(1) 全断面法开挖空间大，工序少，采用大型配套机械化作业，各道工序尽可能平行交叉作业，缩短循环时间。

(2) 全断面法开挖量大，爆破引起的振动较大，对类岩堆体围岩影响显著，应严格控制一次同时起爆的炸药量，按钻爆设计要求控制炮眼间距、深度和角度，钻眼完毕，按炮眼布置图进行检查并做好记录，对不符合要求的炮眼重钻，经检查合格后方可装药。

(3) 钻眼时，周边眼及掏槽眼定人定岗，并严格控制周边眼外插角。每循环爆破后，应认真查看爆破效果，并根据超欠挖及炮眼痕迹保留率不断优化钻爆参数，改善爆破效果，减少超欠挖。

(4) 确定合理的循环进尺，确保两个循环的接茬位置平滑、圆顺。

(5) 每循环爆破后及时找顶，初期支护施作前应按要求进行地质素描。

7.2.3 台阶法

台阶法施工适用于类岩堆体隧道围岩岩性一般和较差地段，开挖循环进尺按 1～2 榀钢架控制。台阶法施工工序如附图 2-10 所示。

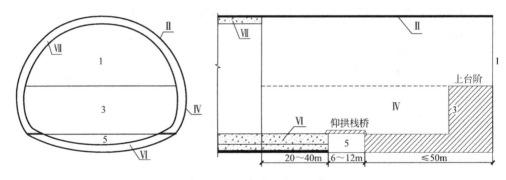

附图 2-10 台阶法施工工序

说明：

1 上部开挖，3 下部开挖，5 底部开挖（捡底）；

Ⅱ上部初期支护，Ⅳ下部初期支护，Ⅵ仰拱及混凝土填充，Ⅶ二次衬砌。

台阶法施工应符合下列规定。

(1) 根据围岩条件和施工机械配备情况合理确定台阶长度、台阶高度及台阶数量，其各部形状应在有利于保持围岩稳定的前提下尽量便于机械作业。

(2) 当围岩自稳能力较好，隧道开挖跨度不大时，为方便作业，台阶长度可控制在 10～50m 以内；围岩稳定性较差时，台阶长度宜控制在 3～10m。

(3) 上部断面使用钢架时，可采用扩大拱脚和施作锁脚锚杆（管）等措施，防止拱部下沉变形。上下断面初期支护钢架连接应平顺，螺栓连接应牢固。

(4) 围岩整体性较差时，施工中应采取措施减少下部开挖时对上部围岩和支护的扰动，下部断面开挖应两侧交错进行，下部断面应在上部断面喷混凝土达到一定强度后开挖。

（5）当围岩不稳定时进尺宜为 1～1.5m，落底后应立即施作初期支护。

（6）仰拱应及时施作，使支护及早闭合成环，防止松散围岩发生局部失稳及坍塌。

典型类岩堆体隧道台阶法施工如附图 2-11 所示。

附图 2-11　典型类岩堆体隧道台阶法施工

7.2.4　环形预留核心土法

对于围岩较为松散破碎、稳定性较差的类岩堆体隧道围岩，宜采用环形预留核心土法开挖，循环进尺按 1 榀钢架控制，环形预留核心土法施工示意如附图 2-12 所示。典型类岩堆体隧道预留核心土法开挖如附图 2-13 所示。

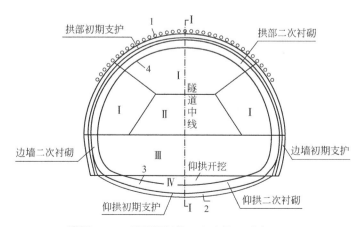

附图 2-12　环形预留核心土法施工示意（一）

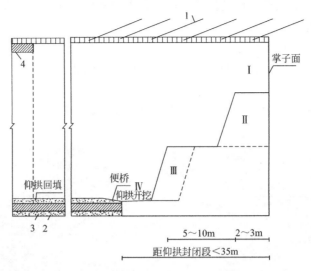

附图 2-12　环形预留核心土法施工示意（二）

附图 2-13　典型类岩堆体隧道预留核心土法开挖

环形预留核心土法施工步骤及工艺如下。

（1）施作 1 部超前小导管支护。

（2）开挖 I 部弧形导坑；施作 I 部台阶周边的初期支护。

（3）开挖Ⅱ部预留核心土。

（4）在滞后Ⅱ部一段距离后开挖Ⅲ部；施作Ⅱ部周边的初期支护。

（5）在滞后Ⅲ部一段距离后开挖仰拱Ⅳ部；立即施作仰拱 2 部初期支护，确保初支封闭成环。

（6）待初支封闭成环后浇筑 3 部仰拱衬砌，待仰拱衬砌混凝土达到一定强度后灌筑仰拱填充至设计标高。

（7）清理好初期支护基面，初期支护与二次衬砌混凝土之间拱墙铺设防水层，二次衬砌背后设环、纵向排水系统；利用衬砌台车一次性灌筑 4 部衬砌。

7.2.5　三台阶七步法

三台阶七步开挖法是以弧形导坑预留核心土法为基本模式，分上、中、下三个台阶七个开挖面，各部位的开挖与支护沿隧道纵向错开，平行推进的施工方法。三台阶七步开挖施工工序示意如附图 2-14 所示。

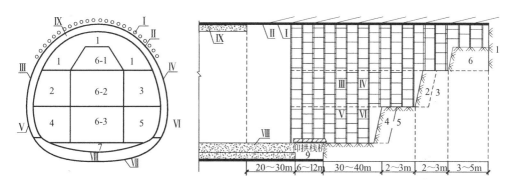

附图 2-14　三台阶七步开挖施工工序示意

说明：

1 上部弧形导坑开挖，2、3 中部两侧开挖，4、5 下部两侧开挖，

6-1、6-2、6-3 上、中、下部核心土开挖，7 仰拱开挖；

Ⅰ超前支护，Ⅱ上部初期支护，Ⅲ、Ⅳ中部两侧初期支护，Ⅴ、Ⅵ下部两侧初期支护，

Ⅶ仰拱初期支护，Ⅷ仰拱填充混凝土，Ⅸ拱墙二次衬砌。

三台阶七步开挖法应符合下列规定。

（1）三台阶七步开挖法应以机械开挖为主，必要时辅以弱爆破，各分步平行作业，平行施作初期支护，各分部初期支护应衔接紧密，及时封闭成环。

（2）仰拱应紧跟下台阶施作，及时闭合构成稳固的支护体系，防止类岩堆体非均匀变形过大导致围岩破坏。

（3）施工过程中应通过监控量测掌握围岩和支护的变形情况，及时调整支护参数和预留变形量，保证施工安全。

（4）应完善洞内临时防水、排水系统，防止地下水浸泡拱墙脚基础。

（5）拱部超前支护完成后，环向开挖上台阶弧形导坑，预留核心土长度宜为

3～5m，宽度宜为隧道开挖宽度的 1/3～1/2。开挖循环进尺应根据初期支护钢架间距确定，最大不得超过 1.5m，上台阶开挖矢跨比应大于 0.3。

（6）中台阶及下台阶左、右侧开挖进尺应根据初期支护钢架间距确定，最大不得超过 1.5m，开挖高度根据设计中下台阶拱架高度确定，左、右侧台阶错开 2～3m。

（7）上、中、下台阶预留核心土开挖进尺与各台阶循环进尺一致，同时应做好核心土的观测与基本防护，防止松散结构核心土发生滑塌造成人员伤亡和设备损坏。

（8）仰拱循环开挖长度宜为 2～3m，开挖后及时施作仰拱初期支护，完成两个隧底开挖、支护循环后，及时施作仰拱，仰拱分段长度宜为 4～6m。

（9）隧道仰拱与掌子面之间的安全距离不得大于 20m，当超过 20m 后应暂停掌子面施工。

7.2.6 中隔壁法（CD法）

中隔壁法（CD法）是将隧道分为左右两部分进行开挖，先在隧道一侧采用二部或三部分层开挖，施作初期支护和中隔墙临时支护，再分台阶开挖隧道另一侧，并进行相应的初期支护的施工方法。中隔壁法（CD法）施工工序示意如附图 2-15 所示。

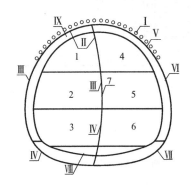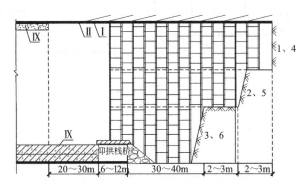

附图 2-15 中隔壁法（CD法）施工工序示意

说明：
1 左侧上部开挖，2 左侧中部开挖，3 左侧下部开挖，4 右侧上部开挖，
5 右侧中部开挖，6 右侧下部开挖，7 拆除中隔墙；
Ⅰ超前支护，Ⅱ左侧上部初期支护，Ⅲ左侧中部初期支护，Ⅳ左侧下部初期支护，
Ⅴ右侧上部初期支护，Ⅵ右侧中部初期支护，Ⅶ右侧下部初期支护，
Ⅷ仰拱填充混凝土，Ⅸ拱墙二次衬砌。

中隔壁法施工应符合下列规定。
（1）中隔壁法左右部的台阶高度应根据地质情况、隧道断面大小和施工设备

确定。

（2）每侧按两部或三部分台阶开挖，开挖后应及时施作初期支护、中隔壁，两侧先后距离宜保持 10～20m，上下断面的距离宜保持 3～5m。

（3）各部开挖时，相邻部位的喷混凝土强度应达到设计强度的 70% 以上。

（4）先行侧的中隔壁应设置为向外鼓的弧形。

（5）中隔壁在浇筑仰拱前逐段拆除。中隔壁一次拆除长度应根据量测结果确定，不宜大于 15m。临时支护拆除后应及时施作仰拱和二次衬砌，防止岩体产生过大变形和破坏。

（6）特殊情况下可将中隔壁浇筑在仰拱中，待铺设防水板时再割断。

（7）隧道仰拱与掌子面之间的安全距离不得大于 20m，当超过 20m 后应暂停掌子面施工，并做好掌子面防护防止坍塌。

7.2.7　交叉中隔壁法（CRD 法）

交叉中隔壁法（CRD 法）是分部开挖、支护，分部闭合成小环，最后全断面闭合成大环。每开挖一部均及时施作初期支护、中隔壁及临时仰拱。交叉中隔壁法（CRD 法）施工工序示意如附图 2-16 所示。

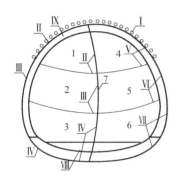 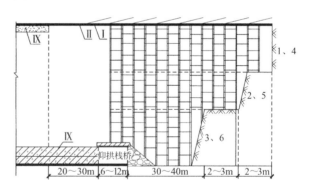

附图 2-16　交叉中隔壁法（CRD 法）施工工序示意

说明：

1 左侧上部开挖，2 左侧中部开挖，3 左侧下部开挖，4 右侧上部开挖，

5 右侧中部开挖，6 右侧下部开挖，7 拆除中隔墙及临时仰拱；

Ⅰ 超前支护，Ⅱ 左侧上部初期支护成环，Ⅲ 左侧中部初期支护成环，Ⅳ 左侧下部初期支护成环，

Ⅴ 右侧上部初期支护成环，Ⅵ 右侧中部初期支护成环，Ⅶ 右侧下部初期支护成环，

Ⅷ 仰拱填充混凝土，Ⅸ 拱墙二次衬砌。

交叉中隔壁法施工应符合下列规定。

（1）根据地质条件，隧道断面的分部，应以初期支护受力均匀，便于发挥人力、机械效率为原则，一般水平方向分两部，上下方向分二至三层开挖。

（2）先行施工部位的临时支撑（中隔壁、临时仰拱），均应有向外（下）鼓

的弧度。

（3）各部开挖及支护应自上而下，开挖后及时施作初期支护、中隔壁、临时仰拱，步步成环，防止围岩松散坍塌造成危害。

（4）同一层左右两部开挖工作面相距不宜大于 15m，上下层开挖工作面相距宜保持 3～4m，且待喷混凝土强度达到设计强度的 70% 后开挖相邻部位。

（5）宜缩短各部开挖工作面的间距，使初期支护尽早封闭成环。

（6）根据监控量测结果，中隔壁及临时仰拱在仰拱浇筑前逐段拆除，每段拆除长度不宜大于 15m。

（7）隧道仰拱与掌子面之间的安全距离不得大于 20m，当超过 20m 后应暂停掌子面施工。

7.3　类岩堆体隧道预留变形空间

7.3.1　隧道开挖过程中应进行预留变形量的合理分析与确定，避免隧道净空侵限和超欠挖现象。类岩堆体隧道围岩松散破碎，结构成分复杂，施工过程中易造成在隧道横断面和纵剖面方向上的变形不均匀、不对称分布，导致隧道变形空间呈现非均匀分布。

7.3.2　类岩堆体隧道围岩地层条件复杂，施工响应机制难以准确把握，隧道预留变形空间的确定尚没有明确的经验可以遵循，综合考虑，可采用数值模型分析、现场变形监测和衬砌压力监测等方法综合分析、确定、校核并反馈非均匀预留变形空间。

7.3.3　采用基于离散元的数值分析方法，根据现场围岩试验和测试参数，建立类岩堆体隧道分析模型，计算分析隧道施工响应特征和非均匀变形趋势，可较为真实地反映隧道围岩变形特征，获取围岩变形特征曲线 $L1$。基于离散元方法的类岩堆体隧道预留变形空间分析模型示意如附图 2-17 所示。

7.3.4　隧道围岩变形监测，初衬完成后及时按照附录 2 中 5.3 节的相关要求进行围岩监测测点的布置，尽快进行监控量测数据的采集和分析，获取围岩实际变形曲线 $L2$，并与数值分析曲线 $L1$ 进行对比分析，通过目标函数 $S1 = \dfrac{L1 - L2}{L2} \times 100\%$（设定条件宜为 $S1$ 小于 10%）校核反馈数值模型参数，用于后续持续分析。

7.3.5　通过变形数据对比分析，确定合理的数值模型参数以及围岩变形稳定时间点，确定围岩合理的横断面预留变形量（$U1$ 或 $U2$），待最后围岩变形稳定断面 A_j 与当前二衬终止断面 A_i 距离满足施工距离要求时，确定纵向围岩预留变形量 B，并进行隧道二衬施工。类岩堆体隧道横纵向预留变形量确定示意如附图 2-18 所示。

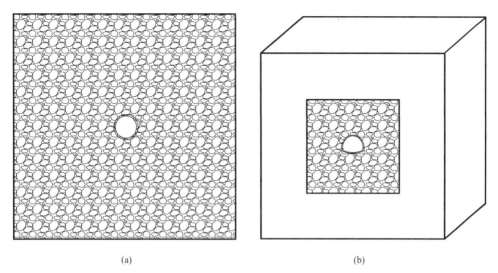

附图 2-17 基于离散元方法的类岩堆体隧道预留变形空间分析模型示意

(a) 离散元模型示意；(b) 离散元联合有限元（有限差分）模型

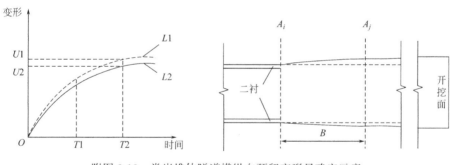

附图 2-18 类岩堆体隧道横纵向预留变形量确定示意

7.3.6 进行隧道二衬围岩压力监测，判断围岩进一步变形特征，以便校核反馈隧道围岩预留变形空间的合理性，从而指导进一步施工。

（1）二衬施工完成以后立即进行二衬压力监测数据采集与处理，建立压力数据 N_1 和二衬混凝土极限抗压强度 N_2 之间的目标函数 S，根据目标函数 S 的不同区间范围判断当前断面所预留变形空间是否合理，预测隧道长期稳定性特征。

（2）目标函数 S 可定义为 $S = \dfrac{N_1}{N_2} \times 100\%$，根据目标函数所处范围，将预留空间合理性划分，如附表 2-2 所示，根据不同的区间范围采取相对应的隧道检测与处理措施。围岩变形监测测点与二衬压力监测测点布置示意如附图 2-19 所示。

二衬围岩压力监测区间范围 　　　　　　　　　　　附表 2-2

目标函数 S	0~50%	50%~80%	>80%
区间划分	合理区间	预警区间	危险区间

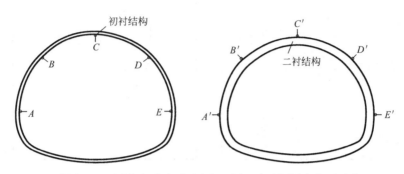

附图 2-19　围岩变形监测测点与二衬压力监测测点布置示意

7.3.7　类岩堆体隧道开挖施工过程中可按照上述方法进行隧道预留变形空间的合理分析和确定，同时，应根据实际揭露的地质条件，依据分析结果和工程经验综合判断、实时调整预留变形量，指导正确施工。

7.3.8　施工中应严格按照设计确定的隧道界线尺寸和分析确定的预留变形空间进行开挖，严格控制开挖量，避免造成超挖、欠挖影响施工安全和进度。

7.4　超挖、欠挖控制

7.4.1　类岩堆体隧道围岩结构松散破碎，施工过程中极易造成超挖，类岩堆体中隐含的大块孤石若位于隧道开挖线上，控制不当则可能造成欠挖，因此，对于类岩堆体围岩应严格控制施工开挖规程，控制超挖、欠挖现象的产生。

7.4.2　类岩堆体隧道在开挖施工过程中由于扰动作用及本身性质差异，可能产生非均匀变形，应结合隧道开挖施工响应及围岩特性，综合分析各部位预留变形量，指导控制超挖、欠挖。

7.4.3　拱脚、墙脚以上 1m 内断面严禁欠挖。当采用特殊方法支护时，允许超挖量应适当降低。

7.4.4　测定超挖量应根据现场条件采用切实可行的方法。

（1）由出渣量或衬砌混凝土量推算。

（2）通过激光投影仪直接测定开挖面面积。

（3）用断面测定仪量测。

7.4.5　类岩堆体隧道施工采用机械开挖和爆破开挖相结合，当松散破碎围岩采用机械方式开挖时，应合理选择施工机械，控制施工力度与强度，必要时可采用提前注浆加固的方式，降低开挖对围岩的扰动作用，防止过大扰动造成大面积坍塌导致超挖现象产生。

7.4.6　爆破施工时应采取光面爆破、提高钻眼精度、控制药量等措施，并提高作业人员的技术水平，将超挖控制在允许值以内。

7.4.7　采用复合衬砌时，隧道的开挖轮廓应预留变形量，当采用构件支撑时，如围岩压力较大，支撑可能沉落或局部支撑拆除时，应适当加大开挖断面，预留支撑沉落量保证衬砌设计厚度。预留支撑沉落量应根据围岩性质和围岩压力，并在施工过程中根据量测结果进行调整。

7.5　类岩堆体隧道"新意法"施工理念

7.5.1　类岩堆体隧道围岩松散破碎，在施工过程中除可采用分割断面等方法确保开挖稳定外，对于极度软弱破碎地段，还可采取基于"新意法"的超前加固方法对开挖面进行支护开挖，以维护隧道开挖稳定性。

7.5.2　"新意法"又称"岩土控制变形分析法"，其认为在隧道开挖过程中，不能像新奥法那样只关注隧道开挖断面内的应力和变形情况，而应该以隧道的三维应力和变形情况为关注重点。主要是对掌子面前方超前核心土的应力和变形情况给予重视，尤其关注超前核心土的变形特征，认为隧道掘进过程中整个应力-应变过程的真正起因是超前核心土的变形。

7.5.3　新意法提出的基本概念和基本变形形式

（1）超前核心土：开挖面前方一定体积的土体，呈柱形，柱体的高度和直径与隧道的直径相等。

（2）收敛变形：已经开挖的隧道轮廓发生向隧道内的变形。

（3）挤出变形：掌子面表面发生的向隧道内腔挤出的变形。

（4）预收敛变形：掌子面前方未开挖的隧道轮廓发生向隧道内的变形。

7.5.4　根据隧道开挖过程中掌子面可能产生的破坏形式，将隧道不稳定的表现形式分为掌子面的围岩脱落、地层剥落和掌子面坍塌。隧道变形类型和不稳定的表现形式如附图 2-20 所示。

7.5.5　新意法的核心思想

（1）隧道开挖以后，掌子面挤出变形和预收敛变形发生在前，即在掌子面前方超前核心土开挖之前就已经发生变形。

（2）掌子面开挖通过之后，洞周收敛变形开始发生，前者是后者发生的真正原因。

（3）可以通过超前支护和加固措施，调节超前核心土的强度和刚度以控制其变形，确保隧道安全稳定。

7.5.6　新意法将隧道开挖后掌子面分为三种状态（附图 2-21）。

（1）稳定：掌子面区域应力类型为弹性，挤出变形为 mm 级别，划为 A 类。

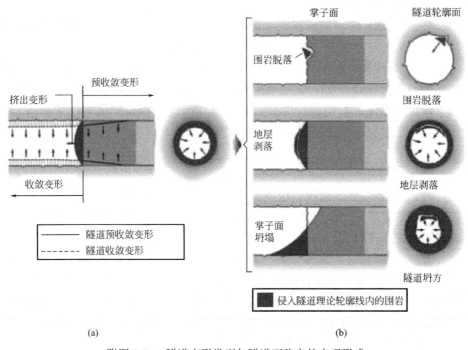

附图 2-20　隧道变形类型与隧道不稳定的表现形式
（a）变形类型；（b）隧道不稳定的表现形式

（2）短期稳定：掌子面区域应力类型为弹塑性，挤出变形为 cm 级别，划为 B 类。

（3）不稳定：掌子面区域处岩体过度松弛而失效，挤出变形很大，划为 C 类。

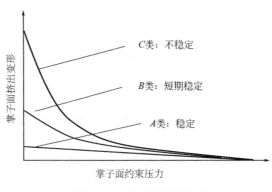

附图 2-21　掌子面稳定状态

7.5.7　类岩堆体隧道围岩结构松散软弱、成分复杂，若开挖断面过大极易造成掌子面围岩脱落、剥裂甚至造成坍塌，从而导致掌子面状态不稳定。因此，可采用新意法理念，针对不稳定的掌子面进行预加支护措施，从而使得掌子面由不稳定状态转为短期稳定或稳定状态，从而为大断面乃至全断面开挖创造条件，保障施工安全与进度。

7.5.8　为了保证隧道开挖过程中掌子面的稳定状态，需要对掌子面前方的超前核心土进行超前支护，以控制掌子面临空面及核心土内部的应力和位移处于可控范围内，从而实现隧道的稳定开挖。从力学原理和加固效果分析，可以将超前支护措施分为两类，一类是超前加固措施，另一类是超前保护措施，如附图 2-22 所示。

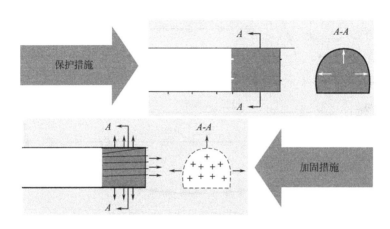

附图 2-22　超前支护措施

7.5.9　超前加固措施较为常见的是在隧道掌子面上安装超前加固锚杆或超前注浆措施。锚杆可采用易于切削的玻璃纤维锚杆以便开挖施工。使用该方法对超前核心土进行加固，可提高核心土的强度和刚度。

7.5.10　超前保护措施则是加固隧道前方轮廓周围的围岩，通过提高这部分围岩的参数，造成一定的拱效应和梁效应，从而对超前核心土形成保护，减小上覆岩层对核心土的挤压。可采用超前锚杆、超前小导管注浆以及超前管棚等措施进行保护。对于类岩堆体隧道部分超前支护措施见附录 2 第 9 节。

7.6　钻爆设计及作业

7.6.1　类岩堆体隧道爆破开挖施工应根据工程地质条件、开挖方法、循环进尺、钻眼机具和爆破材料等因素进行钻爆设计，并应根据爆破效果调整爆破参数。

7.6.2　钻爆设计内容包括炮眼、爆破器材、装药量、装药结构、起爆方法、钻眼机具和钻眼要求等。爆破设计图应包括炮眼布置图、周边眼装药结构图、钻爆参数表、主要技术经济指标及必要的说明。隧道围岩爆破设计示意（预留核心土法）如附图 2-23 所示，隧道围岩爆破参数（预留核心土法）如附表 2-3 所示，围岩爆破设计主要参数（预留核心土法）如附表 2-4 所示。

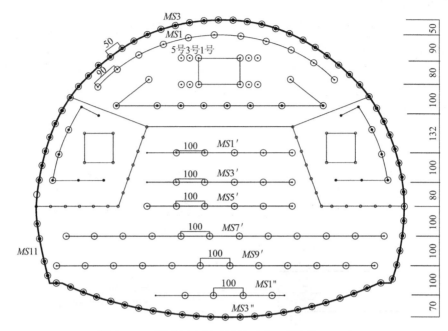

附图 2-23　隧道围岩爆破设计示意（预留核心土法）

7.6.3　起爆措施可采用塑料导爆管、毫秒雷管起爆系统，毫秒雷管采用 9 段别毫秒雷管，引爆采用火雷管。炸药可采用 2 号岩石硝铵炸药或乳化炸药（有水地段），周边控、掘进孔可选用 $\Phi 25$ 药卷。雷管应严格按照标注进行统一编号，且严格落实雷管和炸药的保存、运输和使用安全措施和责任。

7.6.4　对类岩堆体地层中修筑的小净距隧道、连拱隧道以及地表周围有建（构）筑物的浅埋隧道，在开挖过程中，应监测围岩爆破影响深度以及爆破振动对周围其他建（构）筑物的破坏程度，对周围其他建（构）筑物及新浇混凝土的振动速度应满足规范要求。

7.6.5　开挖中严格遵循"弱爆破、短进尺、勤量测、强支护"的施工原则，严格控制施工进尺，以减小每次爆破的炸药总用量，爆破一般采用光面爆破、楔形掘槽。

7.6.6　尽量减小周边眼的间距，根据围岩情况的不同，一般控制在 30～50cm，周边眼采用小直径药卷间隔装药技术，以控制开挖成型，减小爆破对围岩的扰动。

7.6.7　钻爆作业应按照爆破设计进行钻眼、装药、接线和引爆。如围岩出现变化需要变更爆破设计时，由主管工程师确定。炮孔的装药、堵塞和引爆线路的连接均由持证的爆破工负责。

附表 2-3

隧道围岩爆破参数（预留核心土法）

部位	炮孔名称		雷管段别	钻孔参数						装药参数					
				孔径(mm)	孔深(cm)	孔距(cm)	最小抵抗线(cm)	K 值	孔数	药径(mm)	装药长度(cm)	堵塞长度(cm)	单孔药量(kg)	线密度(kg/m)	段药量(kg)
上台阶	导洞孔	掏槽孔	MS1	42	100				1	25	60	50	0.7		0.5
			MS3	42	100	50	25		6	25	60	50	0.7		3
		崩落孔	MS5	42	80	80	45~70		4	25	40	40	0.4		1.6
			MS7	42	80	70	60		10	25	40	40	0.4		4
			MS9	42	80	70	54~74		18	25	40	40	0.4		7.2
	扩孔	崩落孔	MS1	42	80	90	90		21	25	40	40	0.4		8.4
		周边孔	MS3	42	80	50			41	25	40	40	0.2		8.2
	小计								101						32.9
下台阶	崩落孔		MS1′	42	80	90	90		6	25	40	40	0.7		4.2
			MS3′	42	80	90	100		6	25	40	40	0.7		4.2
			MS5′	42	80	90	80		6	25	40	40	0.7		4.2
			MS7′	42	80	90	100		12	25	40	40	0.7		8.4
			MS9′	42	80	90	100		12	25	40	40	0.7		8.4
	周边孔		MS11′	42	80	90			9	25	40	40	0.3		2.7
	小计								51						32.1
仰拱	崩落孔		MS1″	42	80	90	100		5	25	40	40	0.3		1.5
	周边孔		MS3″	42	80	50			24	25	40	40	0.15		3.6
	小计								29						5.1
合计									181						70.1

围岩爆破设计主要参数（预留核心土法）　　　　　　　　　　附表 2-4

参数 部位	开挖 断面	钻孔 总数	爆破 方量	总装 药量	炸药 单耗	爆破 效率	预期 进尺
	m²	个	m³	kg	kg/m³	％	m
上台阶开挖	46.78	101	35.085	32.9	0.93	93	0.75
下台阶开挖	48.33	51	36.25	32.1	0.88	93	0.75
仰拱	7.21	29	5.41	5.1	0.94	93	0.75

7.6.8　测量是控制开挖轮廓精确度的关键。采用隧道断面激光测量仪进行断面和炮孔划线。每循环都由测量技术人员在掌子面标出开挖轮廓和炮孔位置。

7.6.9　采用钻孔台车钻眼时，台车与隧道走向保持平行，台车就位后按炮眼布置图正确钻孔。采用手持凿岩机钻眼时，掏槽眼眼口间距和眼底间距的允许误差为±5cm；辅助眼眼口间距允许误差为±10cm；周边眼眼口位置允许误差为±5cm，眼底不得超出开挖断面轮廓线15cm。钻眼完毕，按炮眼布置图进行检查并做好记录，不符合要求的炮眼应重钻，经检查合格后方可装药。

7.6.10　爆破工装药前，应对装药开挖工作面附近及炮眼等进行全面检查，对检查出的问题及时处理。炮眼内岩粉应清理干净，炮眼缩孔、坍塌或有裂缝时不得装药，装药作业与钻孔作业不能在同一开挖工作面进行。

7.6.11　所有装药的炮眼应采用炮泥堵塞，不得用炸药的包装材料等代替炮泥堵塞。采用炮泥机制作炮泥，炮泥配合比一般为1：3的黏土和砂，加含有2％～3％食盐的水制成，炮泥应干湿适度。周边孔炮泥填塞长度为60cm，其他孔填塞长度为100cm。

7.6.12　连线起爆前，必须仔细检查起爆网络。在同一开挖断面上，起爆顺序应由内向外逐层起爆。放炮员必须最后离开爆破地点，并必须在有掩护的安全地点进行起爆。爆破前，必须检查人员及设备无误后下达起爆命令。放炮员接到起爆命令后，必须先发出爆破警号，至少等5s，方可起爆。

7.6.13　隧道爆破后，必须经过至少15min后方可进入隧道检查。发现盲炮，应首先查明原因，处理瞎炮（包括残炮）必须在专业指导下进行，并应在当班处理完毕，如果当班未能处理完毕，放炮员必须同下一班放炮员在现场交接清楚。

8　隧道出渣与运输

8.1　一般规定

8.1.1　隧道开挖施工前应选择合理的卸渣场地，不得随意乱弃，场地选择应综合考虑隧道开挖量、运输距离及运输路线情况，确保选定满足隧道出渣与运输的最优场地。

8.1.2　堆渣场地选址不得占用其他工程场地和影响附近各种设施的安全；不得影响附近农田水利设施，不占或少占农田；不得堵塞河道、河谷，防止抬高水位和恶化水流条件；不得挤压桥梁墩台及其他建筑物。

8.1.3　类岩堆体隧道围岩松散破碎、自稳能力相对较差，在运输和选择场地时应远离山坡、村落和既有隧道洞口等位置，同时应做好堆渣防护、排水及绿化措施，防止堆渣发生滑落或崩塌造成二次伤害。

8.2　装渣与卸渣

8.2.1　装渣设备的选用要与断面开挖的土石方量及运输车辆相适应，同时应适应类岩堆体围岩土石混合及松散破碎特征，保证设备在断面内可以发挥高效率。

8.2.2　装渣机械可分为轨行式、轮胎式和履带式。装渣作业时要严格按照操作规程进行，以确保安全。当采用轨式装渣机械时轨道要紧跟开挖面，调车设备要及时向前移动。当施工方法为分部开挖要求漏斗装渣时，漏斗处要有防护装置及设置联络信号。

8.2.3　装渣进程应与隧道开挖量相跟进和匹配，避免隧道内堆渣过多影响施工。装渣过程中应注意观测和选择合理位置，避免装渣过程中发生滑塌造成人员伤亡和设备损坏。

8.2.4　卸渣工序的安排与场地的设置，应能适应隧道洞口出渣期的需要，并要尽量减少调车时间，做到快速卸渣。卸渣路线要妥善布置，使卸渣在卸渣路线上依次进行。

8.3　运输

8.3.1　运输方式分轨道运输和无轨运输两种。轨道运输适应性好，适用于多种地质条件，但是对道路纵坡有要求，而且弃渣场不能离洞口太远；无轨运输能胜任远距离运输，装、运、卸的效率较高，但是对作业空间要求大，要解决洞内掉头问题。而且对道路也有要求。运输方式的选择要结合隧道长度，开挖方法，土石方量，运输距离等因素进行经济技术比较后决定。

8.3.2 当采用电瓶车牵引成串斗车的运输方式时，洞外要根据需要设置调车、编组、出渣、进料、设备整修等作业路线；考虑到进料和出渣，为了减少错车时间，最好铺设双轨道；考虑到其他因素铺设单轨道时，每隔适当距离设置错车线，其长度要等于或者大于最长列车长度。

8.3.3 有轨运输的轨道铺设和运输作业应符合相关机械规格和性能的要求。

8.3.4 洞内采用无轨自卸卡车运输时，宜铺设简易道路，其宽度及行车速度要符合以下要求。

（1）单车道净宽不得小于车宽＋2m，并隔适当距离设错车道；双车道净宽不得小于2倍车宽＋2.5m；会车视距宜为40m。

（2）施工作业地段和错车时的行车速度不应大于10km/h，成洞地段不宜大于20km/h。

8.3.5 运输线路和轨道要保证畅通、平整，应安排专门人员进行清扫、养护和维修。

9 类岩堆体隧道施工支护

9.1 一般规定

9.1.1 类岩堆体隧道开挖时为使周围岩体稳定，应限制洞壁位移，并通过支护向围岩施加支护反力，所以支护施工要在开挖后立即进行，使支护与围岩尽量密贴或成为一体，以稳定围岩。

9.1.2 隧道初期支护一般可采用锚杆加喷射混凝土支护，必要时可采用钢纤维喷射混凝土或者配合使用钢筋网、钢架或采用辅助施工措施（如超前锚杆、超前小导管、管棚、地面砂浆锚杆、超前小导管注浆、深孔预注浆等）和锚喷支护相结合，以及基于"新意法"的掌子面超前支护等，依据围岩地质情况分别设置。喷锚支护紧跟开挖面及时施作，以减少围岩暴露时间，抑制围岩变位，防止围岩在短期内松弛。

9.1.3 类岩堆体松散软弱破碎围岩地段施工必须坚持"短进尺、弱爆破、强支护、早封闭、勤量测"的施工原则，初期支护紧跟掌子面，同时围岩初期支护必须保证尽早封闭成环。类岩堆体隧道围岩初期支护如附图2-24所示。

9.1.4 隧道支护宜根据现场监控量测结果，分析施工中的各种信息，及时调整支护措施和支护参数。

附图 2-24　类岩堆体隧道围岩初期支护

9.1.5　类岩堆体隧道围岩沿线路岩性变化大，施工中应做好超前地质预报、围岩地质描述，根据围岩条件的变化，根据"岩变我变"的原则，因地制宜，提前采取相应措施，做到安全可靠、经济合理。

9.1.6　在类岩堆体隧道洞口及浅埋段，做好隧道洞内施工的同时，还应注意地表附近类岩堆体的监测与施工支护及加固抗滑技术措施，防止施工过程中发生类岩堆体滑坡与坍塌。

9.2　喷射混凝土

9.2.1　类岩堆体隧道围岩开挖以后，应及时采用喷射混凝土对开挖揭露部位进行封闭，防止出现坍塌滑移造成损害。可采用湿喷工艺，确保喷射质量，尽快完成喷射作业，采用喷射机械手进行施工。

9.2.2　喷射混凝土施工准备

（1）检查开挖断面净空尺寸，欠挖处要进行补凿，确保隧道净空尺寸满足要求。

（2）不良地质处要事先进行加固，对设计要求或施工使用的预埋件要安装准确，埋设测量混凝土厚度的标志。

（3）检查机具设备和风、水、电等管线路，喷射机具在使用前要检修完好，就位前要进行试运转，管路及接头要保持良好。

（4）保证作业区内具有良好通风和照明条件，照明灯上要罩铁丝网，以免回弹物打坏照明灯。

（5）喷射混凝土作业的环境温度不得低于 5℃。

9.2.3　受喷岩面处理

（1）喷射混凝土施工前，应对受喷岩面进行处理，一般岩面可用高压水冲洗受喷面上的浮尘、碎石岩屑等，当岩面遇水容易潮解、泥化时，宜采用高压风吹净岩面。

（2）喷混凝土前，宜先喷一层水泥砂浆，待终凝后再喷混凝土。

（3）受喷面的小股水或裂隙渗漏水宜采用岩面注浆或导管引排后再喷混凝土；大面积潮湿的岩面宜采用黏结性强的混凝土，可通过添加外加剂、掺和料改善混凝土性能；大股涌水宜采用注浆堵水或引排水后再喷射混凝土，涌水严重时，可设置泄水孔，边排水边喷射。

9.2.4　喷射混凝土

（1）施工中按配合比称料拌合，严格控制外加剂的掺量，确保喷射混凝土强度符合设计要求。

（2）喷射作业应连续进行。喷射作业应分层、分段、分片，喷射顺序应自下而上，分段长度不宜大于 6m。

（3）混凝土喷射分片依次自下而上进行，先喷钢支撑与拱（墙）壁间混凝土，后将钢支撑喷成龙骨状，再将两拱之间用混凝土喷平。

（4）每次喷层厚度为：拱顶 6～8cm，边墙 10～15cm。两次间隔时间控制在 40～60min。喷射机的工作风压控制在 0.3～0.5MPa 范围内。喷嘴与受喷面距离控制在 1.0～1.2m。

（5）喷射混凝土由专人喷水养护，喷射混凝土终凝 2h 后，应喷水养护，时间不得少于 14d。发现裂纹用红油漆进行标识，进行观察和监测，对不再发展的裂纹，采取在其附近加设土钉或加喷一层混凝土的处理办法处理，以保证安全。

（6）在喷边墙下部（台阶法施工上半断面拱脚）及仰拱时，需将上半断面喷射时的回弹物清理干净，防止将回弹物卷入下部喷层中形成"蜂窝"，降低支护能力。

（7）根据具体支护设置情况，变换喷嘴的喷射角度与受喷面的距离，将钢支撑、钢筋网等背后喷填密实，必要时钢支撑背后采用注浆充填，并不得填充异物。

9.2.5　喷射混凝土检测标准

（1）喷大板切割法：在施工的同时，将混凝土喷射在 450mm×350mm×120mm（可制成 6 块）或 450mm×200mm×100mm（可制成 3 块）的模型内，当混凝土达到一定强度后，加工成 100mm×100mm×100mm 的立方体试块，在标准条件养护 28d 进行试验（精确到 0.1MPa）。

（2）凿方切割法：在具有一定强度的支护上，用凿岩机打密排钻孔，取出长约 350mm、宽约 150mm 的混凝土块，加工成 100mm×100mm×100mm 的立方体试块，在标注条件下养护 28d 进行试验（精确到 0.1MPa）。

（3）试件的制取组数及强度合格标准应严格按照《公路隧道施工技术规范》JTG/T 3660—2020 的标准执行。

9.3　锚杆施工

9.3.1　锚杆安设要在初喷混凝土之后及时进行，以最大限度地发挥围岩的自承能力。

9.3.2　锚杆施工前准备工作

（1）检查锚杆材料、类型、规格、质量以及性能是否与设计相符。

（2）根据锚杆类型、规格及围岩情况选择钻孔机具。

（3）采用砂浆锚杆时，应按设计要求截取杆体，并整直、除锈和除油。

（4）采用楔缝式锚杆时，应检查杆体长度、楔缝、楔块、螺母与螺栓的尺寸及配合情况。

9.3.3　锚杆的间距不宜大于锚杆长度的 1/2，一般为 0.5～1.2m。围岩稳定时取上限值，围岩较弱时用下限值。

9.3.4　钻孔前应根据设计要求定出孔位，做出标记。钻孔要圆而直，锚杆长度应大于孔深 6～10cm，每根加工长度误差不应大于 ±1cm。

9.3.5　钎头的尺寸，要根据锚杆孔径的要求决定，当钎头磨损后影响底部孔径尺寸达 2mm 时，应更换钎头。

9.3.6　锚杆孔位置误差不大于 ±10cm，对于类岩堆体隧道围岩锚杆孔位可根据围岩实际露出情况进行专门设计或调整，尽量将锚杆施作在较大岩石及块石部位，防止局部岩石坍塌造成连锁性破坏。

9.3.7　锚杆孔深度误差不大于 ±1cm；钻孔以后，孔内石粉必须用高压水冲洗干净；钻到设计深度时，如流出的岩粉浆呈黄色或者褐色，或钎头冲击声异常时，说明遇到较软的岩石或破碎夹层，应变更锚杆的深度和位置。

9.3.8　灌浆作业规定，注浆开始或中途暂停超过 30min 时，应用水润滑灌浆罐及其管路；注浆孔口压力不得大于 0.4MPa；注浆管应插到距离孔底 5～10cm 处，随浆液的注入缓慢拔出，并始终保持注浆管口埋在砂浆内，以免浆中出现空洞；注浆体积要略大于需要体积，注浆管全部抽出后立即快速插入杆体，杆体插入长度不得短于设计长度的 95%，实际黏结长度亦不应短于设计长度的 95%；注浆是否饱满，可以根据孔口是否有砂浆挤出判断；锚杆安设后要用楔子将孔口卡住，防止滑出，其端部三天内不得悬挂重物。

9.3.9　普通水泥砂浆锚杆施工时，一般采用 ϕ22 砂浆锚杆，水泥砂浆黏结剂采用 42.5 级以上硅酸盐水泥，砂径不大于 2.5mm，砂浆配合比为：水泥：砂＝1：1，水灰比为 0.4～0.5。长度根据设计要求确定，砂浆拌合均匀，随拌随用。

9.3.10　早强水泥砂浆锚杆采用硫铝酸盐早强水泥并掺早强剂，注浆作业开始或中途暂停超过 30min 时，应测定砂浆坍落度，其值小于 10mm 时，不得注入罐内使用。

9.3.11 楔缝锚杆的施工要求

(1) 楔缝必须垂直、平整，位置应在锚杆中心截面上，缝宽误差不大于±0.5mm，缝长误差不得大于±5mm，杆体直径以 16～25mm 为宜。

(2) 安装前应将杆体与部件组装好，锚杆插入钻孔时楔子不得偏斜或者脱落。

(3) 锚头必须楔紧，保证锚固可靠，安设杆体后应立即上好托板，拧紧螺母。打紧楔块时不得损坏丝扣。

(4) 楔缝锚杆一昼夜后应再次紧固，同时定期检查，如有松弛再进行紧固。楔缝锚杆只能用作临时支护，要作为永久支护时要补注水泥浆或水泥砂浆。

9.3.12 树脂锚杆施工要求

(1) 树脂锚杆所用的树脂必须是黏液或糊状，容易注入钻孔，能填满空隙、包裹杆头，并且迅速凝为固体，卡住锚杆。安装前要检查树脂卷质量。

(2) 安装时，应在杆体上做出孔深标记，先将树脂卷送入孔底，用搅拌器搅拌树脂时应缓慢推进杆体，搅拌时间一般为 30s。

(3) 安装完毕后，为避免在胶凝期间杆体下滑，用木楔在孔口楔紧杆体。

(4) 安装 15min 后，树脂固化程度已达最终强度的 80%～90%，此时可安装托板。

9.3.13 早强药包锚杆施工时除了要遵守本节有关规定外，将药包推入孔内要配备专门工具，中途药包不得破裂。锚杆杆体插入时应注意旋转，使药包充分搅拌。

9.3.14 有水地段采用普通水泥砂浆锚杆时，如遇孔内流水，应在附近另行钻孔安设锚杆，也可采用速凝早强药包锚杆或采用锚管锚杆向围岩压浆止水。

9.3.15 锚杆钻孔可以采用一般凿岩机械，在类土层中钻孔时可采用干式排渣的回旋式钻机，注浆可采用风动牛角泵，也可使用挤压式注浆泵。隧道锚杆钻孔施工如附图 2-25 所示。

9.4 钢筋网支护

9.4.1 为防止类岩堆体围岩开挖露出的碎石发生垮塌，造成连续性破坏，在较为松散破碎的部位应进行钢筋网施工、碎石防护。

9.4.2 钢筋网采用 $\phi 6$ 钢筋加工成方格网片，宜采用模具加工钢筋网。按照设计要求和施工现场的实际需要在大样架上将钢筋焊接成 250mm×250mm 或 200mm×200mm 的钢筋网片。钢筋应冷拉调直后使用，钢筋表面不得有裂纹、油污、颗粒或片状锈蚀。纵横钢筋相交处可点焊成块，也可用铁丝绑扎成一体。

9.4.3 围岩极度松散破碎地段可在初喷一层混凝土后再进行钢筋网的铺设。

附图 2-25 隧道锚杆钻孔施工

钢筋网宜随受喷面起伏铺设，并在锚杆安设后进行，与受喷面间隙宜控制在 20～30mm。当有钢架时，应与钢架连接牢固。

9.4.4 钢筋网应与锚杆或其他固定装置连接牢固，在喷射混凝土时不得晃动。

9.4.5 网片紧贴初喷混凝土表面，钢筋网搭接长度应为 1～2 个网格，允许偏差为 ±50mm，并不得小于一个网格长边尺寸。

9.4.6 喷射中如有脱落的石块或混凝土块被钢筋网卡住时，应及时清除，防止后期掉落造成人员伤亡和设备损坏。

9.4.7 钢筋网表面保护层厚度不小于 3cm，不允许将锚杆、钢筋头外露。

9.5 钢支撑施工

9.5.1 钢筋、型钢购入前必须对生产厂家进行评审，其质量和规格必须符合设计要求，力学性能合格后方可用于工程施工，严禁使用"瘦身钢架"。在运输过程中，应防止锈蚀、污染，避免压弯。装卸钢筋时不得从高处抛掷。

9.5.2 钢支撑施工工艺流程如附图 2-26 所示。

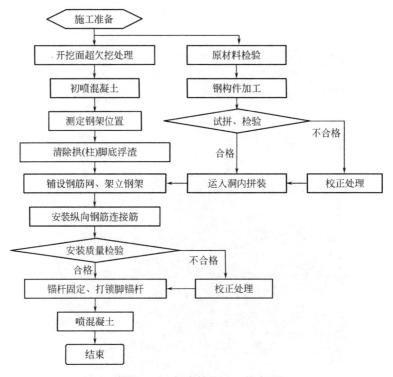

附图 2-26 钢支撑施工工艺流程

9.5.3 钢支撑可分别采用格栅拱架和型钢支撑，在加工厂统一加工。拱架加工应满足如下要求：型钢钢支撑宜采用冷弯成型，格栅钢支撑应采用胎膜焊接，并以 1:1 大样控制尺寸；每榀钢支撑加工完成后应放在水泥地面上试拼，周边拼装允许误差为 ±3cm，平面翘曲允许偏差应为 2cm；钢支撑加工的焊接不得有假焊，焊缝表面不得有裂纹、焊瘤等缺陷。

9.5.4 钢支撑安装应符合以下规定，钢拱架施工与安装如附图 2-27 所示。

（1）钢支撑应在开挖或初喷混凝土后及时架设。

（2）安装前应清除底脚下的虚渣及杂物，钢支撑底脚应置于牢固的基础上。钢支撑间距及其横向位置和高程的允许偏差为 ±5cm，垂直度为 ±2°。

（3）钢支撑拼装可在作业面进行，各节钢支撑间以连接板螺栓连接并密贴。

（4）沿钢支撑外缘每隔 2m 用钢楔或混凝土预制块楔紧。

（5）钢支撑应尽量密贴围岩并与锚杆焊接牢固，钢支撑之间应按设计纵向连接。

（6）采用分部开挖法施工时，钢支撑拱脚应搭设锁脚锚杆，锚杆长度不小于

附图 2-27　钢拱架施工与安装

3.5m，每侧数量为 2～3 组（每组 2 根），下半部开挖后钢支撑应及时落底。

（7）钢支撑应与喷射混凝土形成一体，钢支撑与围岩间的间隙用喷混凝土充填密实。各种形式的钢支撑应全部被喷射混凝土覆盖，保护层厚度不得小于 4cm。

（8）开挖下台阶时，可根据需要在拱脚下设纵向托梁，把几排钢支撑（格栅）连成一个整体。

9.6　超前锚杆支护

9.6.1　类岩堆体隧道围岩施工过程中应仔细观察开挖面揭露情况，对于松散破碎、可能产生不稳定的情况，应分别采取超前锚杆、超前小导管以及超前预注浆等超前支护措施，防止开挖面发生不稳定情况。

9.6.2　超前锚杆安装前应测量开挖面中线标高，画出开挖轮廓线，并标出锚杆孔位，孔位允许偏差为 ±20mm。

9.6.3　超前锚杆宜和钢架支撑配合使用，超前锚杆与隧道纵向开挖轮廓线间的外插角可为 5°～10°，长度宜大于循环进尺，为 3～5m。

9.6.4　钻孔台车或凿岩机就位，应对正孔位钻孔，达到设计要求后，用吹管、掏勺将孔内碎渣和水排出。

9.6.5　超前锚杆安装（附图 2-28）

（1）注浆或填塞锚固药卷：将早强锚固剂药卷放在水中，泡至软而不散时取出，再人工持炮棍将药卷塞满至孔深 1/3～1/2 处。

（2）安装锚杆：用人工持铁锤或用风机打入，以锚杆至孔底且孔口有浆液流出为止。

（3）将锚杆的尾部和系统支护的环向钢筋或钢架连接，以增强共同支护作用。

附图 2-28　类岩堆体隧道掌子面超前锚杆安装

9.6.6　超前锚杆搭接长度应大于 1m，锚杆插入孔内的长度不得小于设计长度。锚杆沿开挖轮廓线周边均匀布置，尾端与钢架焊接牢固。

9.6.7　当超前锚杆和钢架配合使用时，宜先安装钢架，再穿过钢架腹部钻孔，安装锚杆，以利于钢架顺利安装。

9.7　超前小导管预注浆支护

9.7.1　超前小导管直径应按设计要求选用和加工，在构件加工厂制作，长度应满足设计要求。与钢架联合支护时，应从钢架腹部穿过，尾端与钢架焊接。

9.7.2　每排锚杆纵向搭接长度不小于 1m。超前锚杆施工时，小导管以 $10°\sim15°$ 外插角打入围岩，超前支护环向间距宜为 40cm。

9.7.3　拱部放样布孔：施工测量班检查开挖断面合格后，对小导管进行布孔放样。成孔：按设计要求在钻孔时保证孔的上仰角角度。清孔应用高压风从孔底向孔口清理钻渣。

9.7.4　小导管的安装：小导管长度可为 4.5m 的 $\phi42\times3.5$ 的无缝热轧钢花管，前端 10cm 加工成尖锥状，尾部焊 $\phi8$ 的加劲箍，预留 100cm 止浆段，其余段落管壁四周按 15cm 梅花形钻设 $\phi6$ 注浆管，安装可采用挖掘机配合人工的方法安装。超前小导管布置示意如附图 2-29 所示。

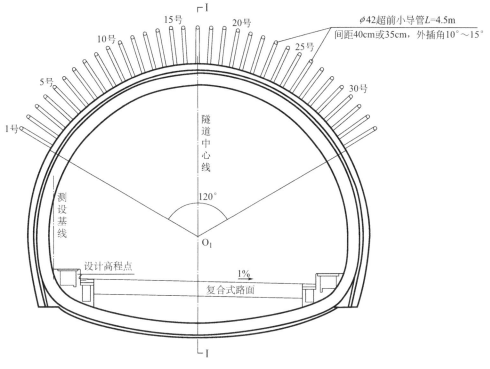

附图 2-29 超前小导管布置示意

9.7.5 注浆：注浆采用水泥浆液，水泥浆液水灰比为 1：1（质量比）；注浆压力为 0.5～1MPa。

9.8 超前预注浆支护

9.8.1 对于极度破碎的类岩堆体围岩，可以采用台阶法、预留核心土法或中隔壁法等分割断面的方法进行开挖，也可采用基于"新意法"理念的掌子面超前预注浆的方法稳固掌子面然后进行大断面或全断面开挖。

9.8.2 注浆材料及浆液配合比的选择应根据地质条件、注浆目的、注浆工艺等因素确定，一般情况下注浆材料应选用水泥系浆材，不宜采用化学浆材，水泥一般选用普通硅酸盐水泥。

9.8.3 在细小裂隙岩层、断层泥、砂层中，可采用超细水泥类浆液或渗透性好、无毒及遇水膨胀的化学类浆液，在富水和动水条件下，可采用普通水泥-水玻璃双液浆。

9.8.4 采用水泥浆液时，水灰比可采用 0.5：1～1：1。采用水泥-水玻璃浆液，应根据胶凝时间配制。一般水泥浆液的水灰比为 0.5：1～1：1，水玻璃浓度为 25～40°Bé，水泥浆与水玻璃的体积比宜为 1：1～1：0.3。注浆过程中应根据浆液扩散情况、注浆量、注浆压力等参数调整注浆材料和配合比。

9.8.5 超前预注浆施工注意事项如下，掌子面不同注浆范围示意如附图 2-30 所示。

(1) 注浆段的长度应满足设计要求。

(2) 注浆管的布置角度及深度应符合设计要求，孔口位置与设计位置的允许偏差为±5cm，孔底位置偏差应小于孔深的 10%。

(3) 钻孔结束后应掏孔检查，在确认无塌孔和石块时，才可安设注浆管。当出现严重卡钻、孔口不出水时应停止钻孔，立刻注浆。

(4) 注浆管应根据设计要求选用相应规格的钢管或袖阀管。

(5) 检查注浆设备，准备注浆材料，注浆压力应根据岩性、施工条件等因素在现场试验确定。

(6) 注浆方式可选用前进式、后退式或全孔式注浆，注浆顺序宜为先内圈孔、后外圈孔，先无水孔、后有水孔，从拱顶顺序向下进行。当钻孔遇到较大涌水时，应暂停钻孔，待压浆后钻孔，重复钻孔、注浆，这种注浆方式称为前进式注浆；当钻孔中涌水量较小时，则钻孔可直接钻到设计深度，然后从孔底向孔口分段注浆，这种注浆方式称为后退式注浆；当钻孔直到孔底，然后一次注浆完毕，这种注浆方式称为全孔式注浆。

(7) 根据开挖面揭露的基本特性，以及"新意法"的基本理念，开挖面注浆范围可选择全断面注浆，也可选择开挖面中心附近一定范围内注浆，具体可根据相关分析和工程经验确定。

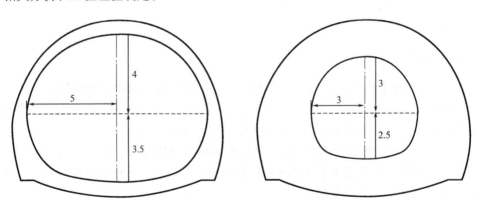

附图 2-30　掌子面不同注浆范围示意（单位：m）

9.8.6 钻孔施工时，8~15m 的浅孔可采用钻孔台车或重型风钻钻孔，当孔深超过 15m 时，则应采用地质钻机钻孔。

9.8.7 注浆作业时应注意以下要点，软弱破碎围岩掌子面超前注浆效果示意如附图 2-31 所示。

（1）类岩堆体地层特性变化较大，注浆前应进行压水或压入稀浆试验，判断地层的吸浆和扩散情况，确定浆液种类、浓度和注浆压力，发现与设计不符时，应立即调整。

（2）在涌水量大、压力高的地段钻孔时，应先设置带闸阀的孔口管，当出现大量涌水时，拔出钻具，关闭孔口管上的闸阀，做好准备后进注浆；当掌子面围岩破碎时，应先设置止浆墙和孔口管。孔口管埋入止浆墙深度应根据最大注浆压力而定，孔口管应为无缝钢管，直径不宜小于90mm。安装注浆管时，应在注浆管孔口处用胶泥和麻丝缠绕，使之与钻孔孔壁充分挤压塞紧，实现注浆管的止浆与固定，胶泥凝固到有足够强度后方可进行注浆。

（3）分段注浆时，应设置止浆塞，止浆塞应能承受注浆终压的要求。

（4）注浆过程中应做好施工记录，施工记录应包括孔位、孔径、孔深、浆液配合比、注浆压力、注浆量、跑浆、串浆等情况的说明，发现问题应及时处理。

（5）浆液的浓度、胶凝时间应符合设计要求，不得任意变更。

附图2-31　软弱破碎围岩掌子面超前注浆效果示意

9.8.8　注浆结束条件

（1）单孔注浆结束条件：注浆压力达到设计终压并稳定10min，且进浆速度小于开始进浆速度的1/4，或注浆量不小于设计注浆量的80%。

（2）全段注浆结束条件：所有注浆孔均已符合单孔结束条件，无漏注情况。

（3）注浆后必须对注浆效果进行检查，如未达到要求，应进行补孔注浆。

9.8.9 注浆效果检查

（1）分析法：分析注浆过程，查看每个孔的注浆压力、注浆量是否达到设计要求；注浆过程中漏浆、跑浆是否严重，从而以浆液注入量估算注浆扩散半径，分析是否与设计相符。

（2）检查孔法：用地质钻机按设计孔位和角度钻检查孔提取岩芯进行鉴定，同时测定检查孔的吸水量（即钻机漏水量），单孔注浆时应小于 1L/（min·m）；全段注浆应小于 20L/（min·m）。

（3）物探无损检测法：用地质雷达、声波探测仪等物探仪器对注浆前后岩体声速、波速、振幅及衰减系数等进行无损探测来判断注浆效果。

9.9 类岩堆体加固抗滑措施

9.9.1 隧道洞口段通过类岩堆体时，初期支护应加强，尤其是要加强靠山侧的支护。此外，还要特别注意拦截地表水，排除类岩堆体内地下水。除在洞口与明洞工程施工过程中应注意的类岩堆体表层及边坡防护之外，在隧道施工过程中还可采用地表深孔注浆、压浆加固地层、钻钎护顶、降低水位以及各种抗滑措施等加固隧道洞口及浅埋段附近类岩堆体。

9.9.2 地表深孔注浆适用于埋深 $H \leqslant 50$m 的浅埋段，在地面向隧道洞身垂直钻孔，具有地面作业、施工场地宽敞、工作条件好、注浆可在隧道开挖前完成、注浆孔定向定位较容易等优点。

9.9.3 压浆加固地层法是在开挖前打入压浆导管，在开挖断面外，压入水泥浆液，使围岩结成一个薄壳，在其防护下进行施工。在无胶结的松散砂砾或砂夹碎、卵石的类岩堆体隧道均会有良好的效果。压浆加固地层法可以保证安全质量，使开挖顺利进行，但耗用水泥较多，且在地层含泥量大或有较大地下水时，不易达到预期效果。同时，施工中应对浆液的扩散规律进行试验和研究，否则，难以达到有效的加固作用。

9.9.4 对于隧道通过的极度松散无胶结构的类岩堆体地层，开挖时一触即坍，施工会十分困难，如采用一般插钎法，打入极为不易且难以掌握方向，达不到护顶的目的。若在地表钻孔压浆，由于块石及填充之间孔隙大，难以控制压浆范围，将会耗费大量水泥。这种情况，宜采用钻钎护顶法，即采用凿岩机钻钎护顶，并易于控制钻钎方向和位置，顺利通过松散无胶结堆积层。

9.9.5 在含水砂质地层中，若水具有承压性质，则围岩极不稳定，施工困难。宜采取降低水位、水压的措施，减少砂层含水量，以稳定地层，利于施工。

9.9.6 类岩堆体抗滑措施主要有削方减载、抗滑挡墙、各类抗滑桩、抗滑锚索以及各种排水措施等。抗滑桩的设计主要包括确定桩的平面布置、桩间距、桩身截面尺寸、锚固深度、桩身内力计算、桩身各部位的极限计算（配筋设计）

等。挖孔桩以人工挖掘成孔，配以相应的提升、运土、灌注设备来完成。抗滑锚索是在已成孔中将高强度钢绞线锚固在稳定地层中，并施加预应力，使之起到抗滑作用。同时，钻孔按抗拉力最大的角度进行设计，充分发挥钢材抗拉强度高的特点，且同样具有对滑坡体和地下水扰动小的优点。

10　仰拱与底板施工

10.1　一般规定

10.1.1　类岩堆体隧道设有仰拱时，应及时施作，使支护结构早闭合，改善围岩受力状况，控制围岩变形，保障隧道施工及结构安全。

10.1.2　铺底应在拱墙混凝土及二次衬砌施工前完成，宜保持超前 3 倍以上衬砌循环作业长度，以利于衬砌台车模筑混凝土施工。

10.1.3　类岩堆体隧道仰拱与掌子面安全距离原则上不得大于 20～50m，具体应根据开挖揭露岩体特性进行判断，洞口加强段、浅埋段、断层破碎带应紧跟掌子面。仰拱每循环开挖长度一般按 3～5m 控制，围岩较差时取较小值，且不得分幅施作。

10.1.4　仰拱开挖应严格按已审批开挖方案进行，并结合拱墙施工抓紧进行仰拱初期支护和仰拱模筑混凝土施工，实现支护结构早闭合。

10.1.5　仰拱铺底、填充施工时，应按图纸要求预埋路面下横向盲沟、拱脚纵横向排水管等排水设施，并注意设置与二次衬砌贯通的变形缝。

10.1.6　仰拱、铺底施工过程中应采取措施保证洞内临时交通通畅。可采用搭过梁或栈桥施工方案，设临时车辆通行平台保证不中断运输。

10.1.7　隧道底部（包括仰拱），超挖在允许范围内应采用与衬砌相同强度等级混凝土浇筑；超挖大于规定时，应按设计要求回填，不得用洞渣随意回填，严禁回填侵入衬砌断面（或仰拱断面）。

10.1.8　铺底混凝土厚度和强度应满足设计和施工要求。

10.2　施工要点

10.2.1　仰拱开挖

（1）类岩堆体隧道仰拱开挖应以人工配合机械开挖为主，隧底两端与侧墙连接处应平顺开挖，避免引起应力集中。边墙钢架底部杂物应清除干净，保证与仰拱钢架连接良好。

（2）仰拱开挖当遇变形较大的膨胀性类岩堆体围岩时，底面与两隅应预先打入锚杆或采取注浆等加固措施后，再行开挖。

（3）松散软弱及破碎地段，特别是处于洞口部位或洞内断层破碎带的隧道仰拱开挖必须严格按审批方案进行施工，宜间隔进行开挖，一次开挖长度控制在2～3m范围内，避免造成隧道侧墙部位收敛变形过大，影响结构及施工安全。

10.2.2 仰拱初期支护

（1）仰拱开挖完成后，测量人员将隧道中线及控制标高设于边墙上，并做好标记。人工清理仓内杂物，将其清理至仓面外适当部位堆积，用装载机装入运渣车运走。用高压水将岩面冲洗干净，并排干仓内积水达到验收标准。

（2）清理完成后应及时进行仰拱初期支护施工。先施作混凝土垫层，再打锚杆、安装仰拱钢架，然后安装仰拱二次衬砌钢筋、模板，一次浇筑仰拱混凝土。

（3）初期支护混凝土强度、厚度、钢架加工安装质量等应符合设计及规范要求。

（4）当仰拱底无初期支护时，宜先施作混凝土垫层，形成良好作业面，以利于进行仰拱钢筋安装、立模等作业。

（5）仰拱钢支撑加工弧度、安装间距必须满足设计要求，且与边墙拱架的牛腿要进行认真焊接，确保焊接质量，避免应力集中。

10.2.3 仰拱开挖、初喷2～4cm后，进行钢支撑安设，钢支撑可采用I20a工字钢加工，纵向间距与上部拱架相同，与下断面采用钢板螺栓连接，使拱架封闭成环。相邻钢架间用纵向钢筋连接。仰拱钢支撑架设连接如附图2-32所示。

附图2-32 仰拱钢支撑架设连接

10.2.4 栈桥就位。为保证隧道开挖施工平行作业，仰拱施工采用移动栈桥，栈桥的结构与组成应符合相关设计要求，以保证栈桥的整体性。仰拱栈桥就位如附图 2-33 所示。

附图 2-33　仰拱栈桥就位

10.2.5　仰拱二次衬砌钢筋（附图 2-34）

（1）钢筋的制作及安装应符合设计及规范要求。仰拱两侧伸出衬砌边墙部位的钢筋长度应满足和衬砌环向钢筋焊连要求（搭接长度应符合规范要求），同时钢筋间距应均匀并满足设计要求。且将接头错开，使同一截面的钢筋接头数不大于 50%。

（2）仰拱钢筋的绑扎必须要保证双层钢筋的层距和每层钢筋的间距符合要

附图 2-34　仰拱钢筋架设

求，层距的定位一般通过焊接定位钢筋来确定。

（3）在构件的受拉区，绑扎接头不得大于 25%，在受压区不得大于 50%；

（4）钢筋接头应避开钢筋的弯曲处，距离弯曲点的距离不得小于钢筋直径 10 倍。在同一根钢筋上应少设接头。

（5）预埋件施工：隧道工程预埋设施较多的地方，在衬砌钢筋施工前应认真对照设计图纸，预先准备预埋材料，在钢筋施工过程中按设计图纸指定的桩号、位置，并按正确的施工方法与仰拱钢筋骨架形成整体，确保预埋件与仰拱钢筋连接牢固可靠，预留长度应满足设计以及二次连接要求。

10.2.6 仰拱混凝土施工

（1）仰拱混凝土应超前拱墙混凝土施工，仰拱和铺底混凝土施工前应清除积水、杂物、虚渣等。

（2）混凝土必须严格按照实验室确定的配合比在规定的拌合站进行拌制，不得随意更改。拌合站应采用双站模式，保证混凝土拌制不受影响。

（3）隧道仰拱混凝土浇筑采用全断面平铺法施工。混凝土平仓以振捣棒为主，人工辅助平仓。

（4）在混凝土浇筑过程中，模板变形观测是一项重要环节。混凝土浇筑前，在适当位置布设专门的模板控制检查点，进行变形监测，发现变形应立即采取措施进行处理。

（5）仰拱施工缝和变形缝应按设计要求进行防水处理。

10.2.7 仰拱与仰拱填充须分开浇筑。仰拱填充待仰拱浇筑完成后，采用定制刚模板，模板加固采用内拉外撑的方法，并采用 $\phi42$ 钢管进行整体加固。混凝土采用插入式振捣棒振捣，混凝土浇筑完毕 6~8h 后开始人工洒水养护，应配备专人负责洒水养护，始终保持混凝土表面湿润。混凝土养护时间为 14d。仰拱填充和底板混凝土强度达到 5MPa 后允许行人通行，达到设计强度的 100% 后允许车辆通行。

11 类岩堆体隧道衬砌结构

11.1 一般规定

11.1.1 类岩堆体隧道衬砌施工时，其中线、标高、断面尺寸和净空大小均须符合设计要求。衬砌材料的标准、规格及要求等，应符合《公路隧道设计规范第二册 交通工程与附属设施》JTG D70/2—2014 的规定。

11.1.2 隧道衬砌施工的拱、边墙架与模板、模筑衬砌等，应符合《公路隧道施工技术规范》JTG/T 3660—2020 的规定。

11.1.3　模板放样时，考虑预留变形和衬砌施工误差，允许将设计的衬砌轮廓线放大 5cm，确保衬砌不入侵隧道建筑限界。

11.1.4　为保证衬砌工程质量，隧道二次衬砌施工必须采用全断面模板台车和泵送作业。

11.1.5　衬砌在整条隧道中是最重要的永久承重结构，其施筑时间和施筑方法最为重要。初期支护完成后二次衬砌应该紧跟，使之与初支联合受力。根据围岩变形量测，变形主要集中在工作面后 20～30m 范围内，因此，工作面掘进 20m 可施筑二次衬砌，从安全角度考虑，30m 后施筑二次衬砌则更合理，考虑到类岩堆体地层结构和变形特性的复杂性，具体施筑时机和距离可在经验的基础上，根据实际变形量测综合分析后确定。

11.1.6　二次衬砌原则上要求在初期支护变形基本稳定及施作防、排水设施后进行施作。设计的二次衬砌主要承受隧道建成后围岩所产生的变形压力，保证运营期间的安全、防水、防腐蚀、通风和美观。以安全、经济、保证质量为前提，综合考虑两层衬砌的强度和刚度。

11.1.7　一般二次衬砌符合以下条件方可进行混凝土浇筑。

（1）隧道周边位移速率有明显减缓趋势。

（2）水平收敛（拱脚附近）速率小于 0.2mm/d 或拱顶位移速率小于 0.15mm/d。

（3）施作二次衬砌前的收敛量已达总收敛量的 80% 以上。

11.1.8　类岩堆体地层中浅埋隧道早期变形快，且引起地表边坡不稳定，应该采用二次衬砌紧跟、仰拱及时封闭成环的施工措施，加大二次衬砌的强度和刚度，有效地控制围岩变形。

11.1.9　对于类岩堆体地层中的连拱隧道，在中导洞贯通后进行中隔墙浇筑，直至全部贯通。每个施工段中采用泵送混凝土一次性浇筑到顶。

11.1.10　对于不对称连拱隧道，中隔墙是左、右洞二次衬砌的共同部分，由于两边开挖跨度不等而产生偏压和水平推力，应综合分析，采取合理的施工方式，避免中隔墙受到破坏。

11.1.11　对已完成的衬砌地段，应继续观察二次衬砌的稳定性，注意变形、开裂、侵入净空等现象，及时记录。

11.2　衬砌混凝土浇筑施工

11.2.1　拱墙二次衬砌采用全断面整体钢模衬砌台车，混凝土由拌合站集中搅拌，混凝土搅拌运输车运输，泵送混凝土灌注，振捣器捣固，挡头模采用钢模或木模。混凝土浇筑要左右对称进行，防止钢模台车偏移。

11.2.2　混凝土浇筑前，采用人工清底，清除表面的杂物、泥土及松动物，用压力水冲洗干净。施工缝人工凿毛，清除缝面上所有浮浆、松散物料及污染体，用压力水冲洗干净，保持清洁、湿润。

11.2.3　钢筋由钢筋加工厂制作成型，采用自卸汽车运至工作面附近，底板采用人工直接绑扎，拱墙利用钢筋台车进行钢筋绑扎。钢筋绑扎与焊接作业严格按施工规范要求进行。混凝土钢筋保护层采用在钢筋与模板之间设置强度不低于结构设计强度的混凝土垫块，底部和侧面混凝土垫块数量不得少于 4 块/m²。垫块应埋设铁丝并与钢筋扎紧。垫块应互相错开，分散布置。在各排钢筋之间，用短钢筋支撑以保证位置准确。

11.2.4　止水设施的型式、尺寸、埋设位置和材料的品种规格应符合施工图纸的规定，止水及预埋件安装严格按设计图纸要求进行，负责预埋件安装的人员，必须和钢筋架立人员密切配合，一些管路需穿过密集钢筋区域时，采用穿插作业。严防乱割受力钢筋，埋件一定要牢固可靠，防止浇筑振捣时走样。

11.2.5　止水带安装需用 $\phi14$ 钢筋设置一些简易的托架，夹具固定在设计位置上，止水带凹槽严格按缝面居中设置，止水带与模板结合面严密。安装好的止水带加以固定和保护，防止在浇筑过程中发生偏移、扭曲和结合面漏浆。

11.2.6　钢模台车就位

（1）进行中线、高程测量放样，确保钢膜台车安置到位。

（2）根据中线和标高铺设衬砌台车轨道，轨距与台车轮距一致，左右轨面高差小于 10mm。启动电动机使衬砌台车就位，涂刷隔离剂。

（3）人工将液压模板台车模板表面涂刷好脱模剂，启动衬砌台车液压系统，根据测量资料使钢模定位，保证钢模衬砌台车中线与隧道中线一致，拱墙模板成型后固定，测量复核无误。

11.2.7　浇筑混凝土

混凝土由混凝土搅拌运输车运至洞内，再由混凝土泵车泵送混凝土入仓，浇筑工序如下，隧道二衬钢模台车如附图 2-35 所示。

（1）压送砂浆

在泵送混凝土之前，先泵送 $1.5\sim2m^3$ 的砂浆润滑导管和铺填仓底。

（2）腰线以下混凝土浇筑

坍落度控制在 14cm 左右，对称下料，并要控制浇筑速度。台车前后仓面混凝土高差不能超过 0.6m，左右仓面混凝土高差不能超过 0.5m，摊铺厚度宜为 300～400mm，严禁单侧一次浇筑超过 1.0m 以上，腰线以下约 1.5m 范围内最易出现蜂窝麻面，所以要加强人工振捣。

（3）腰线以上混凝土浇筑

混凝土由顶拱下料口进顶仓，及时除去顶拱的抗浮传力支撑并启动顶模的附

附图 2-35 隧道二衬钢模台车

着式振动器。当采用附着式振捣时，振动时间尽量采用短时间、多次左右对称的方法。防止台车因振动造成微移位或弹性变形。

当混凝土浇筑至作业窗下 50cm，作业关闭前，须将窗口附近的混凝土浆液残渣及其他脏物清理干净，涂刷脱模剂，将其关闭严密，防止窗口部位混凝土表面出现凹凸不平的补丁甚至漏浆现象。

11.2.8　拆模及养护

（1）初期支护未稳定，二次衬砌提前施作时混凝土强度应达到设计强度的 100% 以上。初期支护变形稳定后施工的，二次衬砌混凝土强度应达到 8.0MPa 以上。特殊情况下，应根据试验及监控量测结果确定拆模时间。

（2）二次衬砌拆模时混凝土内部温度与表面温度之差、表面温度与环境温度之差不得大于 20℃，结构内外侧表面温差不得大于 15℃，混凝土内部开始降温前不得拆模。

（3）混凝土浇筑完毕后的 12h 以内开始对混凝土进行养护，混凝土养护的最低期限不少于 14d。浇水次数应能保持混凝土处于湿润状态。

11.2.9　拱顶压浆

（1）由于隧道二次衬砌受重力和混凝土本身收缩的影响，在拱顶处与喷射面不能密贴，在洞身衬砌每完成一段后应进行拱顶充填注浆。

（2）在衬砌混凝土达到设计强度的 70% 后，用注浆泵进行充填注浆。在拱顶预埋 $\phi42\times3.5$mm 压浆管，钢管平均长度以 0.6m 计，为防止钢管掉落，在钢管顶部焊一圈 $\phi6$ 钢筋。钢管顶部距拱顶初支表面 2cm，其顶端用塑料膜包住，防止管口堵塞，注浆前先将管顶塑料薄膜捅破，然后进行压浆。压浆结束后，截断突出二衬表面的注浆管。

（3）注浆采用 42.5 级普通硅酸盐水泥，注浆参数：0.5∶1（质量比）。拱顶注浆压力控制在 0.1MPa 内，具体可由现场试验确定。

12 类岩堆体隧道特殊地段施工

12.1 一般规定

12.1.1 类岩堆体结构在表层分布广泛，容易受到各种地形（如偏压）影响。同时，其内部成分及地质条件复杂，极易出现一些膨胀地层、溶洞、塌方、富含地下水等特殊地段，遇到此类地段应采取一些辅助方法施工。

12.1.2 类岩堆体特殊地段的隧道施工，除大面积淋水地段、流沙地段外，均可采取锚喷支护施工，施工时应符合下列要求。

（1）当开挖面自稳性很差，难以开挖成形时，应在清除危石后尽快在开挖面上喷射厚度不小于 5cm 的混凝土护面，必要时，可基于"新意法"理念，在开挖轮廓线处和开挖面上打设超前锚杆或注浆，超前锚杆长度宜大于开挖进尺的3 倍。

（2）锚喷支护完成后仍不能提供足够的支护能力时，应及时设置钢架支撑，加强支护。

12.1.3 不宜采用锚喷支护的地段，应采用构件支撑，构件应有足够的强度和刚度。围岩出现底部压力时应加设底梁，根据现场条件，可结合管棚或超前锚杆等支护，形成联合支撑。

12.2 偏压地段施工

12.2.1 在隧道进出口部位容易出现浅埋偏压地段，偏压地段对隧道围岩压力和结构受力都有重要影响，尤其对于开挖跨度较大的连拱隧道更为显著，因此对连拱隧道的偏压地段更应特别注意。

12.2.2 在偏压状态下，连拱隧道左右洞同时开挖，其产生的应力值较左右洞分部开挖大得多，建议不宜采用。先开挖压力小的主洞一侧还是压力大的主洞一侧对围岩的影响以及其产生的位移、应力等结果是各有利弊的，但综合塑性区的范围，可以得出先开挖压力小的一侧再开挖压力大的一侧的开挖顺序更为合理。

12.2.3 对出口处主洞偏压浅埋段洞顶地层进行预加固，可采用直径 50mm 导管打入洞顶地层，间距 1.5m×1.5m，长度依隧道埋深确定，以不侵入隧道轮廓线为准，并对导管进行注浆处理，以提高围岩自承能力，阻止岩体沿隧道纵、横方向的变形松弛。

12.2.4　隧道在出口浅埋地段施工过程中应更加严格细致地组织监控量测工作，并能根据量测数据的变化情况及时有效地调整支护参数。

12.2.5　对连拱隧道进出口段开挖始终以短进尺、弱爆破、强支护和及时喷混凝土封闭工作面为原则，可采用台阶法进行施工。上台阶采用环形开挖，预留核心土，初期支护紧跟掌子面。在施工顺序安排上，待隧道出口浅埋偏压段上台阶开挖和初期支护完成后，及时对其进行拱部的二次衬砌，以加强隧道的强度和刚度，然后进行下台阶开挖，仰拱衬砌紧跟。待该地段压力较小的主洞封闭成环，形成卵形受压态势后，再对压力较大的主洞出口段进行开挖。

12.3　溶洞处理措施

12.3.1　类岩堆体地层成分混杂，透水性相对较好，易受地表及地下水侵入影响形成地下溶洞或暗河，给隧道施工带来不确定性难题，施工中应做好施工预案，遇到相应情况及时处理。

12.3.2　引排水措施

（1）当暗河和溶洞有水流时，宜排不宜堵。在查明水源流向及其与隧道位置的关系后，用暗管、涵洞、小桥等设施，或开凿引水洞，将水排出洞外。

（2）当水流的位置在隧道的上部或高于隧道时，应在适当距离外，开凿引水斜洞（或引水槽）将水位降低到隧道底部位置以下，再进行引排。

12.3.3　堵填措施

（1）对已停止发育、径跨较小、无水的溶洞，可根据其与隧道相交的位置及其填充情况，采用混凝土、浆砌片石或干砌石予以回填封闭，根据地质情况决定是否需要加深边墙基础。

（2）隧道拱顶以上的空溶洞，可视溶洞的岩石破碎程度采用喷锚支护加固，或加设护拱及拱顶回填的办法处理。

12.3.4　跨越

当溶洞较大、较深，可采用梁、拱跨越方式。但梁端或拱座应置于稳固可靠的基岩上，必要时令施工人员加固。当溶洞很大，地质情况复杂时，隧道衬砌可采用拉杆拱、边墙梁结构；有条件时，可采用锚索对溶洞与隧道连接处进行加固，锚索应为全长未胶结的自由受力锚索。

12.3.5　绕行

施工中遇到一时难以处理的溶洞时，可采用迂回导坑绕过溶洞区，继续进行隧道施工，再行处理溶洞。

12.3.6　溶洞地段施工注意事项

（1）施工前应对地表进行详细勘查，注意研究岩溶状态，预测可能遇到溶洞的地段。

（2）了解地表水、出水地点的情况，并对地表进行必要的处理，防止地表水下渗。

（3）当施工达到溶洞边缘，各工序应紧密衔接。如采用下导坑引进，则应将上部工序赶前，迅速将拱圈砌到适当地段。同时设法探明溶洞的形状、范围、大小、填充物及地下水等情况，据此制定施工处理方案及安全措施。

（4）当在下坡地段遇到溶洞时，应准备足够数量的排水设备。

（5）施工中注意检查溶洞顶板，及时处理危石。当溶洞较大较高时，应设置施工防护架或钢筋防护网。

（6）在溶蚀地段的爆破作业，应尽量做到多打眼、打浅眼，并控制药量。

（7）在溶洞充填体中掘进，如充填物松软，可用超前支护法施工。如充填物为极松散的砾、块石堆积或有水，可于开挖前采取预注浆加固。

（8）溶洞未作出处理方案前，不要将弃渣随意倾填于溶洞中。

（9）处理情况复杂的溶洞，要根据现场具体情况制定安全措施，以确保施工安全。

12.4 膨胀性围岩地段施工

12.4.1 类岩堆体围岩中的各种混杂物质成分复杂，其中充填的一些矿物成分可能具有较强的膨胀性，在遇水或开挖暴露接触空气后可能会产生较强的膨胀性，对隧道围岩变形及稳定性产生较大影响，因此应予以特别重视。

12.4.2 分部开挖法

一般可选用上导坑或弧形导坑先拱后墙法，分部工序距离应尽量短，以尽可能地减少围岩暴露时间。

12.4.3 喷锚构筑法施工顺序

先机械开挖上半部，开挖后即进行第一次喷射混凝土（一般厚度为 5cm）、挂钢筋网、立钢架支撑、打锚杆，然后再进行第二次喷射混凝土（一般厚度为 15cm），必要时还可加设锚杆、临时仰拱。当上半部工序引进适当距离后，再用机械开挖下半部，也是随挖、随喷、随支护（包括仰拱）。并预留有 20～30cm 的变形量待初期支护变形值符合要求时，施作二次模注混凝土衬砌。

12.4.4 除开挖后须立即喷射混凝土外，还应及早进行支护与衬砌施工。

12.4.5 在膨胀压力较大时，可采用不同类型的金属支撑。钢管环箍支撑以直径 200mm 左右的钢管弯制成环箍，钢管内用砂浆填满。如压力特大，可用 ϕ16mm 钢筋以 32mm 的节距卷成螺旋状，放入钢管再灌砂浆，能在很大变形时仍保持较高强度。或以 150 号工字钢制成的钢支撑架设，其间距一般为 0.7m。

12.4.6   在膨胀性岩层中施工，要特别注意排水工作，避免水漫流。拱脚及墙脚应采取措施，避免积水，凡水流通过的土、石暴露地段应设置管道、木槽或浆砌片石水沟。

12.4.7   混凝土应全部灌抵岩壁，对拱顶部位还应特别注意捣固密实。

12.4.8   不要向开挖面洒水，以保持围岩干燥，要加强通风，以降低洞内湿度和温度，避免膨胀变形进一步发展。

12.5   塌方地段

12.5.1   围岩塌方前兆

（1）水文地质条件发生变化，如干燥的围岩突然出水、地下水突然增多、水质由清变浊（地下水将断层泥带走）等都是即将发生塌方的前兆。

（2）拱顶不断掉下小石块，甚至较大的石块相继掉落，预示着围岩即将发生塌方。

（3）围岩节理面裂缝逐步扩大。

（4）支护结构变形（拱架接头挤偏或压劈、喷射混凝土出现大量的明显裂纹或剥落等）、敲击发声清脆有力，甚至发出声响。

（5）围岩或初期支护、拱脚附近的水平收敛率大于 0.2mm/d，拱顶下沉量大于 0.15mm/d，并继续增大时，说明围岩仍在发生变形，处于不稳定的状态，有可能出现失稳塌方。

12.5.2   隧道塌方预防措施

（1）做好超前地质预报工作。尤其是施工开挖接近设计探明的富水及断层破碎带时，要认真及时地分析和观察开挖工作面岩性变化，遇有探孔突水、渗水增大和整体性变差等现象，及时改变施工方案。

（2）加强围岩量测工作。通过对量测数据的分析处理，按照时间-位移曲线规律，及时调整和加强初期支护，同时重视混凝土衬砌及时施作。

（3）严格控制爆破装药量，尽量减小对软弱破碎围岩的扰动。

（4）保证施工质量，超前预注浆固结止水，钢拱架制作、初期支护和混凝土衬砌的混凝土质量必须符合设计及验收要求。

（5）严格控制开挖工序，尤其是一次开挖进尺，杜绝各种违章施工。

（6）施工期间，洞口应常备一定数量的塌方抢险材料，如方木、型钢钢架等，以备急用。

（7）有下述现象发生时，应先撤出工作面上的施工人员和机械设备，指定专人观察和进行加固处理：围岩量测所反映的围岩变形速度急剧加快；围岩面不断掉块剥落；初期支护喷射混凝土表面龟裂、裂缝或脱皮掉块，钢拱架严重变形。

13 类岩堆体隧道防水和排水

13.1 一般规定

13.1.1 类岩堆体隧道围岩结构松散，透水性相对较好，同时我国西南地区多雨水，容易造成水流渗入导致隧道遇水问题严重，应加强类岩堆体隧道防水和排水工作。

13.1.2 隧道施工防排水设施应与结构防排水工程相结合，应按设计做好防水混凝土、防水隔离层、施工缝、变形缝、诱导缝防水，确保盲沟、排水管（沟）排水通畅。防水、排水材料应符合国家、行业标准，满足设计要求，并有出厂合格证明，不得使用有毒、污染环境的材料。隧道防水、排水不得污染环境，隧道排水不得直接排入饮用水源。

13.1.3 隧道施工防水、排水施工现场应无流水、积水、浸水现象，对地下水引流至排水系统。

13.1.4 隧道施工前应根据工程地质、水文地质资料制定防水、排水方案。施工中应按现场施工方法、机具设备等情况，选择不妨碍施工的防水、排水措施。

13.1.5 洞内出现的地下水，经化验确认对衬砌结构有侵蚀性时，应按图纸要求针对不同侵蚀类型采取相应的抗侵蚀措施。设计无要求时，应及时上报变更处理。

13.1.6 要加强衬砌背后的防水、排水设施，强调结构自身防水，对可能的疑点进行封堵及引排。衬砌背后防水、排水设施施工应根据隧道的渗水部位和开挖情况适当选择排水设施位置，并配合衬砌进行施工；隧道侧沟、横向盲沟等排水设施亦应配合衬砌等进行施工。隧道二衬防水层铺设如附图 2-36 所示。

13.1.7 防水层应在初期支护基本稳定时施工。软弱破碎围岩地段衬砌和开挖距离近时，须做好防水板的保护工作；较硬围岩地段应组织开挖、铺防水层、二次衬砌平行作业，以加快施工进度。

13.1.8 停车带、洞室与正洞连接处的防水、排水工程应与正洞同时完成，其搭接处应平顺，不得有破损和折皱。

13.1.9 加强成品保护工作，开挖和衬砌作业不得损坏防水层，当发现层面有损坏时应及时修补。防水层在下一阶段施工前的连接部分，应采取措施保护。

13.2 防水工程

13.2.1 隧道内的防水要求达到的效果应为洞室内不渗水、漏水，地下区间

附图 2-36　隧道二衬防水层铺设

隧道采用复合式的衬砌结构，在施工中可采用安装初期支护加背后注浆作为洞内的首选防水措施。

13.2.2　为防止喷射混凝土表面水进入二次衬砌，在隧道初期支护和二次衬砌之间敷设一层柔性防水层。可采用隧道专用防水卷材或高分子树脂防水卷材加设置 PE 闭孔泡沫塑料衬垫作为夹层防水层；也可采用 PVC 复合土工布防水板，防水层敷设范围为自拱部至边墙下部引水管或中墙顶部。在防水层和喷射混凝土之间每 10m 或渗水较多的地段设置透水软管将水引至中墙（连拱隧道）或边墙排出，在所有施工缝位置设置橡胶止水带和橡胶止水条。

13.2.3　二次模筑应采用不低于 S6 的防水混凝土，或采用微膨胀补偿收缩防水混凝土，即掺适量 HE0 单一型混凝土外加剂，或者采用添加 10％的 AEA（铝酸钙）抗裂防渗剂的防水混凝土，抗渗等级不小于 0.8MPa。

13.2.4　洞内防水层由吊挂台车铺设，防水层铺设时做好环向及纵向排水盲沟的施作。

13.2.5　PVC 防水板施工工艺及方法

铺设防水板前切除喷射混凝土表面外露锚杆头及钢筋头，利用吊挂台车作为工作平台，自上而下对称铺设防水板，防水板松紧适度，用带有塑料垫板的水泥钉固定防水板，防水板与塑料垫片热熔后连接。双轮自动爬焊机焊接防水板接缝，充气检查焊缝质量，漏气处补焊。防水板铺设采用无钉孔铺设工艺。

13.2.6　遇水膨胀止水条施工工艺及方法

衬砌施工缝处设橡胶止水条。止水条安装 8h 前，停止施工缝处混凝土的养护，并采取措施防止水进入粘贴止水条的槽口。将施工缝端头凿毛，用高压水清洗，用水泥钉或胶带泥按 20cm 间距将橡胶止水条固定在端头混凝土中间。

13.2.7 变形缝施工

变形缝是由于考虑结构不均匀受力和混凝土结构胀缩而设置的允许变形的结构缝隙，它是防水处理的难点，也是结构自防水中的关键环节。可采用中置橡胶止水带作为防水材料，聚苯板充填缝隙内部，而在变形缝口部采用双组份聚硫橡胶密封膏封填，厚度不小于 20mm。

13.2.8 橡胶止水带施工要求

（1）按照设计要求确定止水带的准确位置及尺寸规格。

（2）橡胶止水带安装必须用模板固定。先安装一端，浇筑混凝土，同时另一端应用厢型木板保护，待混凝土达到一定强度后拆除模板和另一端止水带的厢型保护。

（3）在止水带中央圆孔的上下方混凝土基面上涂刷黏结剂并固定填缝用的聚苯板。

（4）把另一端的止水带端头固定在钢筋上，支模浇筑混凝土。

（5）施工中必须保证止水带的准确位置和混凝土的浇捣质量，保证混凝土与止水带的紧密贴合。

（6）止水带的接头部位采用现场硫化的方法，接头处选在结构应力较小的部位。

13.2.9 施工缝

在施工过程中，水平施工缝与环向施工缝是结构自防水的薄弱环节，处理的好坏将会直接影响结构的防水质量，因此须认真做好该处的防水处理。施工缝可采用 LJ-2 型遇水膨胀橡胶腻子条（20mm×30mm）进行止水。由于止水条钉设过紧容易折断，过松则不能保证与混凝土密贴，容易造成灌注混凝土钻入止水条下部而失去止水效果，因此在施工中可采用衬砌堵头板背面钉设适当厚度及宽度的木条。对连拱隧道，可在中隔墙混凝土浇筑后 1h 左右，用 2cm×3cm 木条沿中隔墙顶部压槽，木条要刨光并可在槽内移动，保证压成的槽侧壁平顺，止水条吸水膨胀后能与混凝土密贴，起到止水作用。混凝土灌注后拆模时将木条一起取出，即形成一道凹槽，并配合加密了射钉的钉设间距，从而保证施工缝的防水效果。

13.2.10 施工缝、沉降缝防水、排水施工

环向施工缝和沉降缝设 E 型 R13×φ18×300×6 中埋入式橡胶止水带。台车就位后在安装挡头板前要先安装止水带，用 φ8 钢筋做成钢筋卡，沿台车环向每 1m 布置一道（一头顶至岩面，一头顶至台车内表面，间距不能过大，过大容易造成止水带偏位）放入止水带，并夹在钢筋卡之间，由于止水带重量大，安装时先将止水带铺在台车内侧表面，钢筋卡从拱脚开始向中间安装。止水带要按设计长度留 10cm 余量。

13.2.11　止水带不得被针、钢筋和石子刺破，如发现有割伤、破裂现象，应及时修补；在固定止水带和灌筑混凝土过程中应防止止水带偏移；加强混凝土振捣，排除止水带底部气泡和空隙，使止水带和混凝土紧密结合。

13.3　排水工程

13.3.1　在初期支护与防水层之间设置纵环向软式透水管，明洞环向软式透水管设置间距宜为 5m，暗洞设置间距宜为 10m。

13.3.2　纵向软式透水管设置在洞内初期支护后墙底部，沿隧道两侧，全隧道贯通，环向软式透水管沿隧道拱背横向布设将水排入纵向软式透水管，通过 PVC 塑料排水管将水导入两侧电缆沟下的排水管，引水至洞外排水沟。

13.3.3　在遇有地下水较大的地段或有集中渗水地段，加设环向软式透水管，在喷层中如遇较大渗水地段加设半圆排水管将水导入排水管。

13.3.4　透水管盲沟施工方法

隧道拱墙环向设 $\phi50$mm 弹簧管盲沟，墙脚纵向设 $\phi116$mm 单壁打孔波纹管盲沟，与环向盲沟、墙脚泄水孔三通连接。软式透水管采用 5cm 长的锚固钉及 PE 板窄条将软式透水管固定在支护面上，纵向、环向每隔 50cm 固定一处。

13.4　洞内水量较大时的处理措施

13.4.1　类岩堆体隧道地表径流过大及围岩透水较好，导致洞内有大面积渗漏水和股水时，宜集中汇流引排。类岩堆体隧道洞内积水引排如附图 2-37 所示。

附图 2-37　类岩堆体隧道洞内积水引排

（1）可采用钻孔集中汇流引排，并将钻孔位置、数量、孔径、深度、方向和渗水量等作详细记录，在确定衬砌拱墙背后排水设施时应考虑上述因素。

（2）在地下水发育的易溶性岩层中施工，为防止水囊、暗河及高压涌水的突然出现，开挖工作面上应布设超前钻孔，并制定防止涌水的安全措施。

（3）明挖基坑和隧道洞口处，应保持地下水位稳定在基底开挖线 0.5m 以下，必要时采取降水措施。如洞内涌水或地下水位较高时，可采用井点降水法和深井降水法处理。

（4）对于承压水、地下水、高压涌水等除按原则处理外，应根据施工现场的实际情况确定专项施工方案，对设计中有相关要求或说明者，应编制相关紧急预案措施。

13.4.2　承压水排放

当预计开挖工作面前方有承压水，而且排放不会影响围岩稳定，或进行注浆前排水降压，可采用超前钻孔或辅助坑道排水。

13.4.3　地下水处理

地下水不大时可引入临时排水沟排出；地下水较丰富，无法排出或排水费用昂贵，以及不允许排水的情况下，经技术、经济比选，可采用注浆堵水措施。根据隧道埋深，或采用地面预注浆，或开挖工作面预注浆。

13.4.4　高压涌水处理

隧道施工中遇有高压涌水危及施工安全时，宜先采用排水的方法降低地下水的压力，然后用注浆法进行封堵。封堵涌水注浆应先在周围注浆，切断水源，然后顶水注浆，将涌水堵住。

13.4.5　其他情况施工防水、排水措施

（1）隧道施工有平行导坑或横洞时，应充分利用辅助导坑排水，降低正洞水位，使正洞水流通过辅助导坑引出洞外。必要时设置永久排水沟，使坑道封闭后能保持水流畅通。

（2）隧道通过不透水和透水性强的互层时，应根据设计文件和调查资料提供的情况，在可能进入滞水带前 20~30m，用深孔钻机钻孔穿入透水层，利于预探和排水。当涌水量很大，用钻孔不能满足排水需要时，应在衬砌完成地段或围岩坚硬稳定地段开挖迂回侧洞，排除滞水带内储水。泄水洞施工前，应参照设计文件提供的水文资料和涌水处理措施确定施工方法。

（3）松散破碎含水地层中，洞内工作面可采用人工降水法，浅埋隧道可采用地表深井降水法减小水压，降低地下水位。当含水量大且地段超长时，可采用超前预注浆堵水。围岩注浆堵水应根据工程地质和水文地质条件，通过试验做出设计，再进行压浆。在施工过程中应修正各项注浆参数，改进工艺操作，提高堵水效果。

13.5　防渗漏施工技术

13.5.1　根据设计及确保工程质量，类岩堆体隧道施工过程中必须加强管理，防水施工严格把关，确保隧道建成后的防渗、防漏，采用以"防、排"为主，"防、排、堵、截"相结合的综合治理措施。

13.5.2　优先采用新材料，优选防水材料供应商及防水材料，严把材料质量关。

13.5.3　建立完善的防水施工质量检查保证体系，成立专业的防水施工队伍。及时处理施工中的各种问题。

13.5.4　采用成熟的、先进的防水技术，如全线采用无钉铺设。优化模筑衬砌配合比，采用先进的防水抗裂膨胀剂，提高混凝土的防裂抗渗能力。衬砌背后注浆适量掺加膨胀剂，并采用分次压注方式，增设排水管确保无压力水产生。

13.5.5　坚持防水板铺设前对施工支护和初期支护的渗水进行预处理，确保技术可行。

13.6　特殊部位防水、排水

13.6.1　连拱隧道中墙顶部防水处理

中墙顶部为两拱圈结合部，又需安设防水、排水设施和回填此三角区，此部位难以处理，施工中应采取"防、排、堵"相结合的措施。

13.6.2　要杜绝中隔墙与拱部连接处的渗水、漏水现象，只有从结构处理上着手，使中隔墙与拱部防水结构形成一个统一的整体，将地下水阻隔在防水板之外，通过中隔墙排水系统排出。建议在中隔墙施工时，首先减小中隔墙厚度，预留出铺设防水板和二衬的厚度，对中隔墙顶部进行加强处理，使中隔墙能承受住左、右正洞开挖时的围岩压力。在二衬前将中隔墙与拱部防水板整体布设，防水板拼接密贴，再进行二衬，这样就可避免中隔墙与拱部连接处由于各种原因造成的渗水、漏水现象。

13.6.3　有仰拱地段在施工仰拱时，为防止路面冒水，在路面底每隔一定距离设置一道碎石盲沟。为了不使盲沟顶部混凝土灰浆下渗堵塞盲沟，施工时应在盲沟顶部加盖塑料防水板，竖向用硬塑管穿透仰拱与隧道侧沟相连通。在路面找平层底纵向设置横向盲沟，沟内放置软式弹簧管。整个隧道在路面找平层下车辆前进方向右侧水沟沟壁处设纵向透水管，透水管周围用粒径碎石填筑，并在上部沿透水管铺设 PVC 复合防水板，以封堵水泥浆。透水管内的水通过泄水孔排至侧沟。

14 类岩堆体隧道风水电作业和通风防尘

14.1 一般规定

14.1.1 隧道施工前，应提前规划和准备风、水、电供应设备，如内燃空压机、电动空压机、水泵、变压器、发电机等。

14.1.2 机械设备应本着性能优良、配套合理的原则配备，满足污染小、能耗低、效率高的要求，并根据施工进度计划安排，分阶段、分期组织进场，以满足施工需要。

14.1.3 类岩堆体隧道具有土石混合特性，其中的土质围岩容易引起洞内较大含尘量，影响洞内施工环境，应加强洞内的通风防尘作业。

14.2 供风和供水

14.2.1 空压机站的空压机设备能力，应根据同时工作的各种风动机具最大耗风量和管道漏风系数等，通过总耗风量的计算或实测确定。

14.2.2 空压机的机房布置应选择空气洁净、通风良好、地基稳固、便于设备搬运之处，要尽量靠近洞口以缩短管路，减少管道漏风损耗，如因场地限制需要靠近边坡，应防止边坡坍塌而损坏设备。机房应有防水、降温、保温措施。

14.2.3 压风管道管径的选择应满足工作风压不小于 0.5MPa，根据计算耗风总量和允许的最大压力损失来计算。在实际施工中，一般根据工作面所需的最低风压，按用风总量和管道长度选择风管直径。隧道供风设备如附图 2-38 所示。

附图 2-38 隧道供风设备

14.2.4 压风管道铺设要求平顺、接头密封、防止漏风，凡有裂纹、创伤、凹陷等现象的管道不能使用。

14.2.5 在洞外地段，风管长度超过500m、温度变化较大时，宜安装伸缩器，靠近空压机150m以内，风管的法兰盘接头宜用耐热材料制成垫片。

14.2.6 连拱隧道中导洞的开挖和主洞的开挖应该分别设置压风管道。

14.2.7 压风管道前端至开挖面的距离宜保持在30m左右，并用高压软管接分风器，分部开挖法通往各工作面的软管长度不宜大于50m，与分风器联结的胶皮软管长度不宜大于10～15m。

14.2.8 供风管道在洞内宜铺设于电缆、电线的另一侧，并与运输轨道有一定间距，如与水沟同侧时不应影响水沟排水。

14.2.9 隧道施工的供水应满足工程和生活需要，同时还要考虑水质和水压的要求。有条件时，尽可能将临时供水设备与永久供水一并考虑。隧道施工用水可以考虑分离式隧道、连拱隧道主洞与中导洞的分期施工，按照最大施工用水量来设计。

14.2.10 供水设备一般根据水源流量来确定水池容量，水池存水应能得到及时补给，并考虑必要储备。

14.2.11 供水管道的铺设要求平顺、直、弯头少、线路短，管径尽可能一致，接头严密不漏水。

14.2.12 给水管道应安设在电线路的异侧，设专人负责检查养护。连拱隧道主洞和中导洞的供水线路应该分开铺设。

14.3 供电与照明

14.3.1 隧道的供电与照明应符合《公路隧道设计规范 第二册 交通工程与附属设施》JTG D70/2—2014的有关规定。

14.3.2 根据隧道作业特点，电线路架设分次进行。在进洞初期，先用橡套电缆装设临时电路，随着工作面的推进，在成洞地段用胶皮绝缘线架设固定线路，换下电缆供继续前进工作面使用。

14.3.3 开挖、未衬砌的地段应按移动式线路布置。

14.3.4 连拱隧道中导洞的供电与照明设备可以供一侧主洞开挖后使用。

14.4 通风、防尘、防有害气体

14.4.1 类岩堆体隧道的通风、防尘、防有害气体设施应符合《公路隧道设计规范 第二册 交通工程与附属设施》JTG D70/2—2014的有关规定。

14.4.2 隧道施工应采取通风、洒水等防尘措施，并按规定时间测定粉尘和有害气体的浓度。

14.4.3　钻孔作业应采取湿式凿岩，当水源缺乏、容易冻结或岩性不适合湿式凿岩时，可采用带有捕尘设备的干式凿岩，采用防尘措施后应达到规定的粉尘浓度。

14.4.4　凿岩机钻孔时必须先送水后送风，施工人员应佩戴防尘口罩。

14.4.5　除黄土、膨胀性围岩外，爆破后须进行喷雾、洒水，出碴前应用水淋湿石碴和附近的岩壁。

14.4.6　分部开挖隧道及连拱隧道的中导洞开挖时工作面小，应该严格保证小断面部分及中导洞开挖时洞内的通风、防尘。

15　隧道路基、路面和路面基层

15.1　一般规定

15.1.1　类岩堆体隧道的路基、路面和路面基层工程符合《公路隧道设计规范　第二册　交通工程与附属设施》JTG D70/2—2014 的有关规定。

15.1.2　由于洞内路面维修困难，使用年限也适当要求增长，因此隧道内路面可采用水泥混凝土路面，如设有仰拱及仰拱填充混凝土，可不设基层。

15.2　隧道混凝土路面施工

15.2.1　隧道洞内路面施工时可从出口向进口进行，洞口与洞外交接处设膨胀缝。路面混凝土采用摊铺机进行铺料，拌合站拌合，混凝土罐车运输，平板振动器振实。洞内混凝土水泥路面施工必须按照设计图纸和监理工程师的指示，在验收合格的基础上施工水泥混凝土面板。

15.2.2　材料

采用 C25 以上的硅酸盐水泥或普通硅酸盐水泥；采用洁净、坚硬且符合规范规定级配的中、粗砂，碎砾石应质地坚硬，粒径不超过 40mm，并应符合规定的级配，集料应冲洗干净；水质洁净无有害物质。

15.2.3　混凝土配合比

应保证混凝土的设计强度，耐久性与和易性的要求，并通过试验加以调整，水灰比最大不超过 0.48；坍落度应按照不同的施工方式（碎石混凝土滑模摊铺、三辊摊铺机、小型机具摊铺）分别确定，坍落度最大不超过 40mm；最大单位水泥用量不宜大于 420kg/m³，使用掺和料时，最大单位胶材总量不宜大于 450kg/m³。路面混凝土详细配合比应符合《公路水泥混凝土路面施工技术细则》JTG/T F30—2014 的要求。

15.2.4　模板

采用钢模板，立模的平面位置高程应符合设计要求，并应支立稳固，接头和模板与基层接触处均不得漏浆，模板内侧应涂隔离剂。

15.2.5　混凝土摊铺

采用辊轴式摊铺机摊铺。振动梁振实刮平、抹光机抹面，用槽式滚动压纹机压纹。混凝土面层一次摊铺，严禁抛掷和耧耙，以防止混凝土离析。

15.2.6　接缝施工

混凝土路面施工前 28d，向监理工程师提交一份整个路面范围内的平面图，标出混凝土路面设置的接缝具体部位。

（1）横向施工缝：每天工作结束或浇筑工序中断 30min，混凝土已初凝时，设置平接横向施工缝。

（2）横缝：横向缩缝应横过路面全宽设置，缩缝采用切缝法。当混凝土强度达到设计强度 25％～30％时，采用切缝机切割，切缝完成后，清除所有锯屑和杂物，利用灌入式填缝法填缝，对于邻近胀缝的三条横缝在浇筑混凝土时预埋传力杆。

（3）纵缝：设在混凝土面板中央，缝槽用填缝料填封。

15.2.7　检测

施工后检测路面的抗折强度、纵横缝顺直度、板边垂直度、平整度、相邻板高差、纵坡高程、横坡、宽度、厚度、长度、槽深。外观检查：混凝土表面不得有脱皮、印痕、裂缝、石子外漏和缺边掉角现象，路面侧面顺直，路面压槽纹理适应。

15.2.8　养护

混凝土面板施作完毕，应及时养护。采用草袋在混凝土初凝后覆盖于混凝土板表面，每天均匀洒水经常保持潮湿状态；养护期间，禁止一切车辆通行。

15.2.9　注意事项

铺筑混凝土的温度不应低于 10℃或高于 32℃。当蒸发率超过 $0.75kg/m^2 \cdot h$ 时，需采取防止水分损失的预防措施。混凝土摊铺开始后，铺筑不得中断。如果停工时间延续超过 30min 时，就应申报一个监理工程师批准的施工横缝，施工缝尽量设在胀缝处。

16　类岩堆体隧道辅助设施和工程

16.1　一般规定

16.1.1　消防洞、设备洞、车行道或人行横通道及其他各类洞室设置应满足设计要求，当原定位置地质条件不良时，施工单位应会同监理、设计及建设单位根据实际情况调整。

16.1.2 隧道边墙内的各类洞室以及消防洞、设备洞和横通道等与正洞连接地段的开挖，宜在正洞掘进至其位置时，将该处一次开挖成形。

16.1.3 各类洞室及横通道与正洞连接地段，支护应按设计予以加强。

16.1.4 各类洞室及横通道初期支护宜采用锚喷支护，必要时增设钢架支撑，支护应紧跟开挖。

16.1.5 设备洞、横通道及其他各类洞室的永久性防水、排水工程，应与正洞一次同时完成。各类洞室及横通道与正洞连接的折角处，防水层应根据铺设面的形状平顺铺设，不得出现空白。各类洞室不得设在衬砌断面变化及各种衬砌接缝处。

16.1.6 设备横洞、横通道、预留洞室等二次衬砌施工应符合下列规定。

（1）设备洞、横通道与正洞连接处的钢筋应互相连接可靠，绑扎牢固，该处的衬砌应与正洞一次同时完成。

（2）复查防水、排水工程的质量，防水、排水工程符合设计要求后，方可进行二次衬砌施工。

（3）衬砌中各类预埋管件、预留孔、槽及边墙内的各类洞室应按设计位置定位，宜尽早落实各种附属设施之间及其与排水系统之间有无冲突，如有冲突，应会同有关方面尽早解决。模板架设时应将经过防腐与防锈处理后的预埋管、件绑扎牢固，留出各类孔、槽及边墙内的各类洞室位置。灌筑混凝土时应确保各类预埋管件、预留孔、槽不产生位移。

16.2 电缆沟

16.2.1 电缆沟开挖应与边墙基础开挖同时进行，不得在边墙浇筑后再爆破开挖。

16.2.2 电缆沟壁与边墙应连接牢固，必要时可加设短钢筋，顶面要求平顺。

16.2.3 电缆沟盖板应平顺、整齐、无翘曲、无缺边、掉角。盖板强度满足设计要求，盖板铺设应平稳，盖板两端与沟壁的缝隙应用砂浆填平，不得晃动或吊空。盖板规格应统一，可以互换。

16.2.4 如在施作矮边墙时未一次成型电缆沟侧墙，施工电缆沟侧墙前应凿毛，并连接钢筋和水平钢筋。

16.3 蓄水池

16.3.1 蓄水池混凝土的浇筑应做到外光内实、无渗漏，并选择在地基坚固处。

16.3.2　在混凝土达到设计强度后，应进行注水试验。

16.3.3　设置避雷设备时，应进行接地电阻试验，其冲击接地电阻应符合设计要求。

16.3.4　增加管道防冻措施，防止冬期施工结冰导致管道破裂。

16.4　预埋件

16.4.1　通风机的机座与基础应按设计要求施工。对于通风机底盘与机座相连的地脚螺栓应按设计要求的风机底盘螺栓孔布置预留灌注孔眼。螺栓埋设时，灌浆应密实。螺栓应与机座面垂直。

16.4.2　安装工程所用各种预埋件应按设计进行防锈蚀处理。

16.4.3　预埋钢管管口应打磨平整，管内穿 5 号铁丝，并在二次衬砌混凝土浇筑后进行检查、试通。

▪附录 **3**▪

类岩堆体隧道智能检测方法及
反馈分析技术指南

1 总则

（1）为给类岩堆体围岩区域和地段隧道工程的设计、施工、运营以及后期管理维修工作提供技术依据和行为准则，使其做到安全适用、技术先进、经济合理、确保质量和保护环境的目的，特制订本指南。

（2）本指南适用于类岩堆体区域地段隧道工程在设计、施工、运营和维护期间的隧道围岩超前地质检测和结构状态检测。

（3）本指南规定了类岩堆体隧道的围岩结构检测和结构状态检测项目、基本要求和检测方法、隧道养护等级以及服役期间的评价和维修等。

（4）在类岩堆体地层结构中进行隧道工程的施工和运营，应特别注意加强对围岩的超前探测以及对隧道结构的各项检测，并采取必要的稳定、加固以及维护措施。

（5）类岩堆体地层结构中隧道工程建设、检测以及运行维护等应符合环境保护的要求，避免引发地质灾害，减少对生态环境的影响。

（6）类岩堆体隧道施工、检测和运营维护必须贯彻安全生产的方针，制定技术安全措施，加强安全教育，严格执行安全操作规程，确保安全生产。

（7）类岩堆体隧道工程检测和运营维护除参照本指南外，尚应遵守国家及各部颁发的有关规范和标准。

（8）参考规范和标准：

《公路隧道施工技术规范》JTG/T 3660—2020

《回弹法检测混凝土抗压强度技术规程》JGJ/T 23—2011

《铁路隧道超前地质预报技术规程》Q/CR 9217—2015

《铁路工程物理勘探规范》TB 10013—2023

《结构混凝土抗压强度检测技术规程》DG/TJ 08—2020—2020

《拔出法检测混凝土强度技术规程》CECS 69—2011

《水运工程混凝土试验检测技术规范》JTS/T 236—2019

《钻芯法检测混凝土强度技术规程》JGJ/T 384—2016

《建筑结构检测技术标准》GB/T 50344—2019

《建筑基桩检测技术规范》JGJ 106—2014

《超声法检测混凝土缺陷技术规程》CECS 21—2000

《铁路隧道衬砌质量无损检测规程》TB 10223—2004

《混凝土中钢筋检测技术标准》JGJ/T 152—2019

2　术语

（1）类岩堆体（Talus-Like Rock Mass）

隧道围岩成分以岩、土混合体为主，组成物质复杂，粒径跨度大，呈碎裂松散状，节理、裂隙极其发育，自稳能力差，极易受到地下水和外界扰动的影响，在我国云南地区的红土高原分布极为广泛，分布范围从地表到地下一定深度范围内不等，属于一种特殊类型的裂隙围岩体。

（2）超前地质预报（Geology Forecast）

在分析既有地质资料的基础上，采用地质调查、物探、地质超前钻探、超前导坑等手段，对隧道开挖工作面前方的工程地质与水文地质条件及不良地质体的工程性质、位置、产状、规模等进行探测、分析判释及预报，并提出技术措施和建议。

（3）综合超前地质预报（Comprehensive Geology Forecast）

根据预报对象的地质特点，采取两种或两种以上有效的预报手段进行相互印证的超前地质预报方法。

（4）超前钻探（Advance Exploration Drilling）

在隧道开挖工作面或其侧洞沿开挖前进方向施作超前地质钻孔，以探明开挖工作面前方地质条件。

（5）物理勘探（Geophysical Prospecting）

利用物理学的原理、方法和专门的仪器，观测并综合分析天然或人工地球物理场的分布特征，探测地质体或地质构造形态的勘探方法，简称"物探"。

（6）综合物探（Comprehensive Physical Exploration）

根据勘探对象所具有的不同物理性质，采取两种或两种以上有效的物探方法进行探测并对资料进行综合分析。

（7）电阻率（Resistivity）

电场强度与电流密度的比值，是介质的电性参数，表示电流通过某种介质的难易程度。

（8）视电阻率（Apparent Resistivity）

在地下介质电阻率不均匀的情况下，用均匀介质的电阻率理论表达式计算得到的电阻率值。其数值与介质电阻率、形态和观测条件有关。

（9）地质雷达法（Ground Penetrating Radar Method）

利用介质对电磁波的反射特性，对介质内部的构造和缺陷（或其他不均匀体）进行探测的方法。

（10）声波法（Acoustical Wave Method）

利用声波在介质中的传播特性及有关参数，对介质特征和内部的构造与缺陷进行探测的方法。

（11）隧道检测（Tunnel Detection）

对隧道结构的特征和性能进行检查、检测、试验等，并将结果与标准规定的要求进行比较，以判定隧道结构是否合格所进行的活动。

（12）隧道养护（Maintenance For Tunnel）

为保持隧道土建及衬砌结构、机电设施和其他工程设施的正常使用而进行的日常检查、清洁维护、检查评定和保养维修等工作。

（13）养护等级（Maintenance Grade）

根据隧道等级、交通量、隧道规模、技术状况、地质和气候条件等因素，对隧道划分不同等级，实施差异化的养护标准和养护频率等。

（14）模糊综合评估（Fuzzy Integrated Evaluation）

以模糊数学为基础，应用模糊关系合成的原理，将一些边界不清、不易定量的因素定量化，然后进行综合评估。

（15）病害处治（Disease Treatment）

通过采取围岩加固、结构补强、局部更换等措施对隧道土建结构的病害进行处理或加固，恢复其使用功能。

3 一般规定

1）类岩堆体隧道围岩超前地质检测主要目的

（1）在施工前期地质勘察成果的基础上，进一步查明掌子面前方一定范围内围岩的地质条件，进而预测前方不良地质以及隐伏的重大地质问题。

（2）为信息化设计和施工提供依据。

（3）为降低地质灾害及风险发生提供预警。

（4）为编制交、竣工文件提供地质资料。

2）类岩堆体隧道超前地质检测预报应以地质分析为基础，运用地质调查与物探相结合、长短探测相结合、洞内与洞外相结合、物探与钻探相结合、超前导洞与主洞探测相结合、地质构造探测与水文探测相结合的综合预报方法，并相互验证。

3）隧道施工前应根据区域地质资料和设计文件的地勘资料，编制超前地质检测预报方案和实施细则，报批后实施。

4）类岩堆体隧道超前地质检测预报主要内容

（1）类岩堆体地层岩性预报，特别是对软弱夹层、破碎地层、煤层及特殊性岩土的岩性预报。

（2）地质构造预报，特别是对断层、节理裂隙密集带、褶皱等影响岩体完整性的构造发育情况的预报。

（3）不良地质预报，特别是对岩溶、人为坑洞、瓦斯等发育情况的预报。

（4）地下水预报，特别是对岩溶管道水、富水断层、富水褶皱轴、富水地层中的裂隙水等发育情况的预报。

5）应根据隧道工程地质与水文地质条件和复杂程度、地质因素对隧道施工影响程度、诱发环境问题程度等，针对不同类型地质问题，选择不同方法和手段，分段、分级进行超前地质检测预报。

6）施工过程中应将开挖揭露的地质情况与多方法超前地质检测预报对比印证，提高预报准确率和精度，动态调整超前地质预测预报分级、方法、手段。

7）类岩堆体隧道超前地质预报应由具有相关经验的单位实施，实施单位应根据预报方案和合同规定配备专业人员和仪器设备，仪器设备的性能、精度及效率应能满足预报和工期的要求。

8）超前地质检测预报相关各方应协调一致、相互配合，信息传递顺畅、反馈及时、决策处理迅速。

9）地质检测预报结论应有书面报告，并及时报送相关单位，所有预报资料应存档备查。预报结果有异常情况时应及时通知相关单位，并采取多种超前检测手段，详细查明。

10）超前地质检测预报应进行实际地质状况与设计的对比分析，总结经验教训，不断提高类岩堆体隧道工程地质勘察质量。

11）类岩堆体隧道结构检测前的准备工作要求

（1）收集隧道工程地质资料、施工图、设计变更资料和施工记录。

（2）制定检测计划，选定技术参数。

（3）进行现场调查，做好测量里程标记。

12）隧道结构检测报告规定

（1）检测报告应准确、完整，数据应真实、齐全。内容应包括检测项目、检测方法、采用的仪器和设备、工作布置和工作量、检测数量、抽验地段及结果、资料处理和解释、结论。

（2）检测报告所附的资料表和成果图件

① 测网布置平面图，含测线的位置、方向和里程等。

② 衬砌厚度及回填纵剖面图。

③ 衬砌厚度检测结果、衬砌混凝土强度等级检测结果、衬砌背后回填情况统计、钢架和钢筋分布及衬砌质量汇总等资料表。

13）隧道结构检测时应遵守有关安全规定，配备必要的安全防护人员及设备。

14）结构检测仪器应按规定定期检查、标定和保养。检测仪器应具有防尘、防潮、防震性能，并应满足现场温度和湿度环境的要求。

15）类岩堆体隧道的养护应根据隧道等级的不同而分类设置不同等级，使其与隧道的服役性能相匹配。

16）对隧道服役性能的评价应全面、综合、客观，依据隧道结构检测结果进行准确合理地判断和确定评价等级。

17）隧道服役性能评价的指标也应该综合分析、全面认定，针对不同地区不同隧道的特点进行特殊分析和判断，确定合理的评价指标和评估体系。

18）类岩堆体隧道结构的日常养护应包括经常性或预防性的保养和轻微缺损部分的维修等内容，恢复和保持结构的正常使用状况。

19）类岩堆体隧道病害处治理应根据不同隧道类型、不同病害起因和病害特点进行综合分析后确定合理的治理措施。

20）类岩堆体隧道大修应根据相关服役性能评价以及监测评估结果，进行综合考虑、全面准备和设计，并进行专门的施工以及验收评估等工作。

4　地质调查法

1）地质调查法是根据隧道已有勘察资料、地表补充地质调查资料和隧道内地质素描，通过地层层序对比、地层分界线及构造线地下和地表相关性分析、断层要素与隧道几何参数的相关性分析、临近隧道内不良地质体的可能前兆分析等，利用常规地质理论、地质作图和趋势分析等，推测开挖工作面前方可能揭示的地质情况的一种超前地质预报方法。

2）地质调查法包括隧道地表补充地质调查和隧道内地质素描等，可适用于各种地质条件下隧道的超前地质预报。

3）类岩堆体隧道地表补充地质调查主要内容

（1）类岩堆体地层结构的分析以及对已有地质勘察成果的熟悉、核查和确认。

（2）地层、岩性在隧道地表的出露及接触关系，特别是对标志层的熟悉和确认。

（3）类岩堆体结构断层、褶皱、节理密集带等地质构造在隧道地表的出露位置、规模、性质及其产状变化情况。

（4）地表岩溶发育位置、规模及分布规律。

（5）类岩堆体地层中可能夹杂的煤层、石膏、膨胀岩、含石油天然气、含放射性物质等特殊地层在地表的出露位置、宽度及其产状变化情况。

（6）人为坑洞位置、走向、高程等，分析其与隧道的空间关系。

（7）根据隧道地表补充地质调查结果，结合设计文件、资料和图纸，核实和修正超前地质预报重点区段。

4）隧道内地质素描是将隧道所揭露的类岩堆体地层岩性、地质构造、结构面产状、地下水出露点位置及出水状态、地下水出水量、煤层、溶洞等准确记录下来并绘制成图表，是地质调查法工作的一部分，包括开挖工作面地质素描和洞身地质素描。隧道内地质素描应包括下列主要内容。

（1）工程地质

① 地层岩性：描述类岩堆体地层结构、地层年代、岩性、层间结合程度、风化程度等。

② 地质构造：描述类岩堆体地层结构中褶皱、断层、节理裂隙特征、岩层产状等。断层的位置、产状、性质、破碎带的宽度、物质成分、含水情况以及与隧道的关系。节理裂隙的组数、产状、间距、充填物、延伸长度、张开度及节理面特征、力学性质，分析组合特征、判断岩体完整程度。

③ 岩溶：描述岩溶规模、形态、位置、所属地层和构造部位，充填物成分、状态，以及岩溶展布的空间关系。

④ 特殊地层：类岩堆体地层中所夹杂的煤层、沥青层、含膏盐层、膨胀岩和含黄铁矿层等，此类地层应单独描述。

⑤ 人为坑洞：影响范围内的各种坑道和洞穴的分布位置及其与隧道的空间关系。

⑥ 地应力：包括高地应力显示性标志及其发生部位，如岩爆、软弱夹层挤出、探孔饼状岩芯等现象。

⑦ 塌方：应记录塌方部位、方式与规模及其随时间的变化特征，并分析产生塌方的地质原因及其对继续掘进的影响。

⑧ 有害气体及放射性危害源存在情况。

（2）水文地质

① 地下水的分布、出露形态和围岩的透水性、水量、水压、水温、颜色、

泥砂含量测定，以及地下水活动对围岩稳定的影响，必要时进行长期观测。地下水的出露形态分为：渗水、滴水、滴水成线、股水（涌水）、暗河。

② 水质分析，判定地下水对结构材料的腐蚀性。

③ 出水点和地层岩性、地质构造、岩溶、暗河等的关系分析。

④ 必要时进行地表相关气象、水文观测，判断洞内涌水与地表径流、降雨的关系。

⑤ 必要时应建立涌突水点地质档案。

（3）类岩堆体围岩稳定性特征及支护情况

记录不同工程地质、水文地质条件下类岩堆体隧道围岩稳定性、支护方式以及初期支护后的变形情况。发生围岩失稳或变形较大的地段，详细分析、描述围岩失稳或变形发生的原因、过程、结果等。

（4）进行类岩堆体隧道围岩分类分级。

（5）影像资料

隧道内重要的、具有代表性的地质现象和类岩堆体围岩特征应进行摄影或录像，并进行资料整理和保存。

5）隧道开挖工作面地质素描和洞身地质素描技术要求

（1）开挖工作面地质素描，主要描述工作面立面围岩状况，应使用统一格式，并统一编号。

（2）洞身地质素描是对隧道拱顶、左右边墙进行的地质素描，应直观反映隧道周边类岩堆体地层岩性、不良地质体的发育规模和在空间上对隧道的影响程度等，并应通过隧道地质展视图形式表示。

（3）地质素描应随隧道开挖及时进行，对地层岩性变化点、构造发育部位、岩溶发育带附近等复杂、重点地段应每开挖循环进行一次素描，其他一般地段不应超过 10m 进行一次素描。

6）地质调查法工作要求

（1）隧道地表补充地质调查应在实施洞内超前地质检测预报前进行，并在洞内超前地质检测预报实施过程中根据需要随时补充，现场应做好记录，并于当天及时整理。

（2）地质素描图应采用现场绘制草图、室内及时誊清的方式完成，记录必须在现场根据实际情况记录，不得回忆编制或室内制作。地质素描原始记录、图、表应当天整理。

（3）隧道地表补充地质调查和洞内地质素描资料应及时反映在隧道工程地质平面图和纵断面图上，并应分段完善、总结。

（4）标本应按要求采集，并及时整理。

7）地质调查法隧道超前地质检测预报编制资料

（1）地质调查法检测预报报告。

（2）开挖工作面地质素描图，比例尺根据需要确定。

（3）隧道洞身地质展视图，比例为1：500～1：100。

（4）地层分界线及构造线隧道内和地表相关性分析预报图（必要时作），比例尺根据需要确定。

（5）地质复杂地段纵、横断面图，比例为1：500～1：100。

（6）地质监测与测试资料。

（7）有关影像资料。

5　物探法

5.1　一般规定

5.1.1　物探法超前地质预报具备条件

1）探测对象与其相邻介质应存在一定的物性差异，并具有可被探测的规模。

2）存在电、磁、振动等外界干扰时，探测对象的异常能够从干扰背景中区分出来。

5.1.2　对于类岩堆体地质条件复杂的隧道和存在多种干扰因素的隧道，应根据被探测对象的物性条件开展综合物探，并与其他探测方法相配合，对所测得的物探资料进行综合分析。

5.1.3　物探应按搜集资料、踏勘、编制计划、施测、初步解释、最终解释、成果核对、报告编制的程序进行。

5.1.4　物探仪器及其附属设备应满足性能稳定、结构合理、构件牢固可靠、防潮、抗震和绝缘性良好等要求。仪器应定期检查、标定和保养。

5.1.5　物探原始资料规定

1）原始资料内容

（1）与隧道有关的工程地质资料和钻探资料。

（2）物探施测的各种原始记录和检查记录。

（3）物探仪器校验、标定及一致性检查的记录。

2）原始记录应完整、真实、清晰，标示清楚，签署齐全，不得随意涂改或重抄。

5.1.6　物探资料解释规定

1）在分析各项物性参数的基础上，按从已知到未知、先易后难、点面结合、反复认识、定性指导定量的原则进行，且宜采用两种以上的方法进行定量解释，并选用典型断面作正演计算。

2）结论应明确，符合隧址区的客观地质规律。各物探方法的解释应相互补充、相互印证。解释结果不一致时，应分析原因，并对推断的前提条件予以说明。

3）解释结果应说明探测对象的形态、产状、延伸等要素，对于已知资料不足，暂时不能得出具体结论的异常，应说明原因。

4）解释应充分利用各种探测方法的成果，有钻孔验证的隧道，应充分利用钻探资料对解释结果进行全面的修正。

5.1.7　物探成果资料编制规定

1）物探成果资料内容

（1）物探测线布置图。

（2）各种定性分析图件。

（3）各种定量解释图件。

（4）平面、断面成果图表。

（5）质量检查数据和质量评定表。

2）物探成果报告内容

（1）任务依据和要求。

（2）地质和物性特征。

（3）物探方法的选择原则及采取的技术措施。

（4）测线布置和数据采集。

（5）资料整理与解释。

（6）质量评价。

（7）结论和建议，包括建议验证钻孔等内容。

3）物性地质图件应结合地质资料综合分析后编制，图上应标出异常分布位置、推断地质界线及地质构造位置和产状等，标明与隧道里程的关系。

5.2　弹性波反射法

5.2.1　弹性波反射法是利用人工激发的地震波、声波在不均匀地质体中所产生的反射波特性来预报隧道开挖工作面前方地质情况的一种物探方法，它包括地震波反射法、水平声波剖面法、负视速度法和极小偏移距高频反射连续剖面法等方法。

5.2.2　弹性波反射法适用于划分地层界线、查找地质构造、探测不良地质体的厚度和范围，并应符合下列要求。

1）探测对象与相邻介质应存在较明显的波阻抗差异并具有可被探测的规模。

2）断层或岩性界面的倾角应大于 35°，构造走向与隧道轴线的夹角应大于 45°。

5.2.3　地震波记录规定

1）干扰背景不应影响初至时间的读取和波形的对比。

2）反射波同相轴必须清晰。

3）不工作道应小于 20％，且不连续出现。

4）弹性波反射法质量检查记录与原观测记录的同相轴应有较好的重复性和波形相似性。

5.2.4　数据采集时应尽可能减少隧道内其他震源震动产生的地震波、声波的干扰，并应采取压制地震波、声波干扰的措施。

5.2.5　弹性波反射法连续预报时前后两次应重叠 10m 以上，预报距离应符合下列要求。

1）地震波反射法预报距离

（1）在软弱破碎地层或岩溶发育区，一般每次预报距离应为 100m 左右，不宜超过 150m。

（2）在岩体完整的硬质岩地层每次可预报 120～180m，但不宜超过 200m。

2）水平声波剖面法和极小偏移距高频反射连续剖面法预报距离

（1）在软弱破碎地层或岩溶发育区，一般每次预报距离应为 20～50m，不宜超过 70m。

（2）在岩体完整的硬质岩地层每次可预报 50～70m，但不宜超过 100m。

3）负视速度法预报距离

（1）在软弱破碎地层或岩溶发育区，一般每次预报距离应为 30～50m，不宜超过 70m。

（2）在岩体完整的硬质岩地层每次可预报 50～80m，不宜超过 100m。

4）隧道位于曲线上时，预报距离不宜太长

5.2.6　弹性波反射法的数据处理与资料解释规定

1）采用计算机处理的记录目的层反射波特征应明显、信噪比高、同相轴清晰、能进行追踪和相位连续对比。

2）依据时间剖面图、瞬时振幅图结合地质资料进行分析，对比和追踪波组的相似性、波振幅的衰减程度、振动的同相性和连续性等特征，判释和确定反射波组对应的层位、被测地质体的接触关系、构造形态等。

3）根据上行波和下行波视速度的差异，确定反射界面在隧道轴向前方的距离、反射界面与洞轴方向的夹角。

5.2.7　弹性波反射法超前地质检测预报应编制探测报告，报告的主要内容如下。

1）概况

隧道工程概况、地质概况、探测工作概况等。

2）方法、原理及仪器设备

方法、原理及采用的仪器型号等。

3）野外数据采集

观测系统、采集方法、数据质量等。

4）数据处理

采用的软件及处理流程、参数选择说明、处理成果及质量等。

5）资料分析与判释

采用地震波反射法时，应附上反射波分析成果显示图、物探成果地质解释剖面图或平面图，必要时可附上分析处理波形图、频谱图、深度偏移剖面图、岩体物理力学参数表以及地质判释、推断的地球物理准则；采用水平声波剖面法、负视速度法时，应附上原始记录波形图、经过处理用于解释的波形曲线、物探成果地质解释剖面图或平面图等；采用极小偏移距高频反射连续剖面法时，应附上原始记录波形图、经过处理用于解释的波形曲线、似 t_0 时间剖面图及图上定性解释标示、预报平面图等。

6）结论及建议

提出隧道开挖工作面前方的工程地质与水文地质条件，特别是影响施工方案调整、具有安全隐患的地质条件，以及施工过程中应采取的措施等结论和进一步开展地质预报工作的建议。

7）其他需要说明的问题

5.2.8　地震波反射法超前地质预报要求

1）观测系统设计内容

（1）收集隧道相关地质勘察和设计资料。

（2）根据隧道施工情况及地质条件，确定接收器（检波器）和炮点在隧道左右边墙的位置。

（3）接收器和炮点位置应在同一平面和高度上。

2）现场数据采集规定

（1）在隧道现场，根据设计的观测系统，确定所有接收点和炮点的位置，并进行相应标识。

（2）钻孔

① 应按设计的要求（位置、深度、孔径、倾角等）钻孔。

② 一般情况下，钻孔位置不应偏离设定的位置；特殊情况下，以设定的位置为圆心，可在半径 0.2m 的范围内移位。

③ 孔身应平直顺畅，能确保耦合剂、套管或炸药放置到位。

④ 在不稳定的岩层中钻炮孔时，可采用外径与孔径相匹配的薄壁塑料管或PVC管插入钻孔，防止坍孔。

（3）安装套管

① 根据仪器设备的耦合要求，用合适的材料（如环氧树脂、锚固剂或加特殊成分的不收缩水泥砂浆等）作为耦合剂，安装接收器套管。

② 测量（可用电子倾角测量仪）接收器孔的几何参数，并做好记录。

（4）装填炸药

① 装填炸药前，应测定炮孔的倾角和深度，并做好记录。

② 炸药量的大小应通过试验确定。

③ 用装药杆将炸药卷装入炮孔的最底部。

④ 在激发前，炮孔应用水或其他介质充填，封住炮口，确保激发能量绝大部分在地层中传播。

（5）仪器安装与测试

① 用清洁杆清洗套管内部。

② 将接收单元插入套管，并应确保接收器的方向正确。

③ 采集信号前应对接收器和记录单元的噪声进行测试。

（6）数据采集

① 设置采集参数。采集参数主要包括采样间隔、采样数、传感器分量（应用 X、Y、Z 三分量接收）以及接收器。

② 噪声检查。数据采集前，应对仪器本身及环境的噪声进行检测。仪器工作正常，噪声振幅峰值小于 78dB 时，方可引爆雷管炸药，接收记录。

③ 数据记录。放炮时，准确填写隧道内记录，在放炮过程中应采用炮序号递增或递减的方式进行，确保炮点号正确。

（7）质量控制应要求

通过检查显示地震道的特征进行数据质量控制。

① 在每一炮数据记录后，应显示所记录的地震道，据此对记录的质量进行控制。

② 用直达波的传播时间来检查放炮点的位置是否正确以及使用的雷管是否合适。

③ 根据信号能量，检查信号是否过强或过弱。若直达波信号过强或过弱，应将炸药量适当减少或增加。

④ 根据初至波信号特性，对信号波形进行质量控制。若初至后出现鸣振，表明接收器单元没有与围岩耦合好或可能是套管内污染严重造成。应清洁套管和重新插入接收器单元，直至信号改善为止。

⑤ 根据每一炮记录特征，了解存在的噪声干扰，必要时应切断干扰源，同时也可检查封堵炮孔的效果。

⑥ 对记录质量不合格的炮，应重新装炸药补炮，接收和记录合格的地震道。

3）采集信号的评价要求

（1）单炮记录质量评价。单炮记录质量评价分为合格、不合格两种。凡有下列缺陷之一的记录，应为不合格记录。

① X、Y、Z 三分量接收器接收时，存在某一分量不工作或工作不正常。

② 初至波时间不准或无法分辨。

③ 信噪比低，干扰波严重影响到预报范围的反射波。

④ 记录序号（放炮序号）与炮孔号对应关系错误。除上述规定的不合格记录外的记录为合格记录。

（2）总体质量评价。总体质量评价依据所有的单炮记录，按偏移距大小重排显示（地震显示）进行。总体质量评价可分为合格、不合格两种，当符合下列要求时为总体合格。

① 观测系统（炮点、接收点等设计）正确，采集方法正确。

② 记录信噪比高，初至波清晰。

③ 单炮记录合格率大于 80%。

当有下列缺陷之一时，为总体不合格。

① 隧道内记录填写混乱，记录序号（放炮序号）与炮孔号对应关系不清。

② 采用非瞬发电雷管激发，或者初至波时间出现无规律波动（延迟）。

③ 连续 2 炮以上（含 2 炮）记录不合格或空炮，或者存在相邻的不合格记录和空炮。

④ 空炮率大于 15%。

4）资料分析与判释要求

（1）采用仪器配套的处理软件进行分析。

（2）总体质量不合格的资料不得用于成果分析。

（3）准确输入野外采集参数，包括隧道、接收器和炮点的几何参数等。

（4）剔除不合格的地震道，只有合格的才能参与处理。

（5）应根据预报长度选择合适的用于处理的时间长度；带通滤波参数合理，避免波形发生畸变；提取的反射波，应确保波至能量足够；速度分析时，建立与预报距离相适应的模型；反射层提取时，根据地质情况和分辨率选择提取的反射层数目。

（6）资料判释应结合隧道地质勘察资料、设计资料、施工地质资料、反射波分析成果显示图及岩体物理力学参数等进行。综合上述成果资料，推断隧道开挖工作面前方围岩的工程地质与水文地质条件，如软弱夹层、断层破碎带、节理密集带等地质体的性质、规模和位置等。

5.2.9　水平声波剖面法超前地质预报要求

1）探测仪器

（1）宜采用通道数不低于 4 道的智能工程声波探测仪或不低于 12 道的地震

仪，且具有良好的通道一致性。

（2）应选择适当主频的高灵敏度检波器，各道检波器相位允许误差为 ±0.5ms，振幅允许误差为 ±10%，检波器内阻应符合产品说明书规定的指标。

（3）电缆不应有破损、断道、串道、短路等故障，绝缘电阻应大于 1MΩ。

（4）仪器系统应通过国家认可的权威检定机构检定。

2）水平声波剖面法探测可采用两种布设发射与接收点的方式。

（1）在开挖工作面后方两侧边墙脚位置分别布设发射钻孔和接收钻孔的方式（简称"隧道两侧边墙脚布设钻孔方式"）。在开挖工作面后方两侧边墙脚位置，等间距各布置一排 5～12 个钻孔，孔深 1～1.5m。一侧钻孔用作声波发射，采用电火花发射源或炸药进行声波发射，与孔壁耦合严密，使用炸药时药量应在 50g 左右，最大不超过 75g；另一侧钻孔中安设接收检波器，采用水作耦合剂，接收由声波发射源发射经隧道底围岩到达的直达波和经隧道开挖工作面前方界面（断层、岩性分界面等）反射回来的声波信号。利用直达波速度和反射波走时计算确定开挖工作面前方反射界面距开挖工作面的距离。

（2）在开挖工作面上布设发射与接收点的方式（简称"贴开挖工作面布置方式"）。在开挖工作面布置 3～7 个测区，原则上交错布置，每测区布置 1～3 对测点，采取一发一收或一发三收的方式。在发射检波器与接收检波器的延长线、靠发射检波器的外侧，采用大锤敲击木桩（或直接敲击岩体）以激发声波信号。此种布置方式需单独进行开挖工作面岩体声波纵波速度测试，利用开挖工作面上测得的岩体声波纵波速度和反射波走时计算确定开挖工作面前方反射界面距开挖工作面的距离。

3）数据采集时量程的设置以采集到的信号占显示屏的 80% 为宜，采样间隔根据测试开挖工作面岩性及岩体破碎情况进行调整。

4）资料分析与判释

（1）采用仪器配套的处理软件进行分析。

（2）对单道记录进行滤波、压制干扰和指数增益调整。

（3）对于每一道不同炮的记录和每一炮不同道的记录进行对比分析，以规律性好、重复性好的记录道进行解释。

（4）对现场采集的原始波形进行时域、频域分析，并根据波谱时域、频域分析结果，结合开挖工作面岩体声波纵波速度、地质素描和区域地质资料，进行开挖工作面前方的地质判释和预报。

（5）必要时应进行正演计算。

5.2.10　负视速度法超前地质预报要求

1）探测仪器

（1）地震仪：应具有高灵敏度、高信噪比，具有滤波、数字采集等功能。宜选用 12 道或 24 道及以上道数字地震仪，最小采样间隔不应大于 0.05ms，每道样点记录长度不应小于 1024 点，模/数转换的数据位不应低于 16 位，放大器内部噪声应小于 $1\mu V$，动态范围应大于 96dB。

（2）检波器：宜选用固有频率 100Hz 检波器，应具有良好的防水性能。

（3）电缆：应采用与地震仪相匹配的防水地震电缆。

2）观测系统宜采用"一点激发、多点接收"的方式，数据分析宜采用时距曲线分析法。

3）震源可采用激发锤、炸药等方式产生。

4）现场测试

（1）沿隧道轴向布置观测排列，观测排列可布设于边墙、墙脚、隧底面等部位，各检波点偏离观测排列中心轴线不得大于 0.3m。

（2）检波距一般为 2～5m，当采用 24 道及以上道数地震仪时，可选用 1～2m。

（3）检波器宜安置于 1～2m 深的浅孔中，不具备条件时，可根据现场情况将检波器安置于边墙、墙脚、隧底面的表面上。检波器与岩土体必须耦合良好，不得悬空，检波器安置应避开有干扰的位置（如滴水、流水、漏气等）。

（4）排列长度 $L=\Delta X(n-1)$，其中 n 为记录道数；ΔX 为检波距；排列长度 $L\geqslant 20m$。

（5）炮检距 $d>2(L+h)/(v/v_G-1)$，其中 v、v_G 分别为有效波与干扰波速度；h 为开挖工作面至反射界面的距离（预估值）；L 为观测排列的长度。

（6）当用炸药激发时，在边墙、墙脚、隧底面打 1～2m 深的浅孔；边墙、墙脚打孔时，应向下倾斜 30°～45°，可注水作耦合剂。

（7）参数设置与记录包括排列编号、炮检距、激发、接收点位置（里程）、数据采集时间、记录长度、采样间隔、延迟时间、滤波、增益等。

（8）宜进行多次激发，进行多次叠加以压制不规则干扰波，突出有效波。

5）改善原始采集数据质量的措施

（1）宜适当扩大炮检距，将强烈的声波、面波移出记录区，提高有效波组间的分辨率。

（2）宜采取孔内激发、孔内接收，减弱面波干扰，抑制声波与微震的影响。

（3）改善检波器的耦合条件，消除自振。

（4）改进激发、接收装置，可采用定向激发、短余震检波器、三分量检波器组合激发、接收等，提高信噪比。

（5）改善与开发多种数据处理手段，进一步提高信噪比。

（6）避免施工振动干扰，保持记录背景宁静。

6）资料分析与判释

（1）数据处理应根据试验确定最佳处理流程。

（2）资料分析与判释可按下列流程进行。按常规方法处理记录仪所记录的一系列信息，波场分离，拾取直达波，确定反射波校正时滤掉直达波，拉平反射波（静态时移和排齐），叠加拉平的反射波成一道，重复显示地震道，确定第一个反射波，恢复直达波与反射波，延长直达波与反射波延长线交于一点（反射界面位置），利用反射波速度及反射时间计算反射界面的距离，采用相同方法找出开挖工作面前方的一系列反射界面。

（3）当处理效果不佳、反射信号极弱时，可采用叠加处理措施等。

5.2.11 极小偏移距高频反射连续剖面法超前地质预报要求

1）探测仪器

（1）采用极小偏移距高频反射连续剖面法仪或性能基本相同的其他仪器。

（2）检波器。使用超宽频带检波器，在 $10\sim4000\text{Hz}$ 范围内不压制任何频率，增益随频率变化不大于 10%。

2）探测方式

（1）可在开挖工作面上向前方探测、在隧道边墙向隧道两侧探测、在隧道拱部向上探测、在隧道底板向下探测。

（2）采用十字剖面的布置方法可作反射体的空间定位。

（3）一般采用锤击震源，不固着检波器，不打孔。

3）现场数据采集

（1）在隧道开挖工作面上一般应布设两条测线（一条为水平测线，一条为铅垂向测线），测线上每 $25\sim30\text{cm}$ 设一测点，必要时可布设多条测线。

（2）记录测线在隧道中的准确位置及测线间的几何关系。

（3）通过激发杆，用锤击法在测点 n 上激振（$n=1，2，3，4\cdots$），其两侧测点（$n-1$ 和 $n+1$）设检波器。检波器用黄油或凡士林与岩面耦合，用手按紧。一般情况下，每一测点应激振 $2\sim3$ 次作垂直叠加。

（4）一个测点结束后，数据存入主机，激振器隔一个测点移至下一个激振点（$n+2$ 点），进行下一测点的采集，采集软件可自动将各测点资料汇集形成剖面。

（5）在隧道边墙测岩体波速。

4）质量控制

（1）按仪器用户手册和操作使用说明书的规定做好施测前的准备和操作的各项注意事项。

（2）工作前检查各连接线的通段，确保仪器主机和各配件处于正常工作状态。

（3）第一个点采集时检查所设定的参数是否正确，其他各测点注意检波器是否正确地安设在岩面上。

（4）检查测线位置、里程及其他应记录的内容是否记录完整。

5）室内数据处理

（1）应用处理软件进行数据处理，内容包括调出剖面、道间均衡、滤波、显示及其他高级处理等。

（2）通过计算机将一条测线上若干测点的时间曲线通过归一化处理汇成一张似 t_0 时间剖面图，根据图上的反射波同相轴作定性、定量解释。

6）资料分析与判定

（1）追踪同相轴，根据岩性、地质构造和正演理论作同相轴的定性解释。在整个剖面上可以追踪的近于直线的同相轴反映的是岩层界面、断层面、岩脉或大的溶洞等；延续不太长的近于直线的同相轴反映的是大节理；呈双曲线形状的同相轴是有限大小地质体（如溶洞）的反映。

（2）根据频谱、节理、小断裂的密集程度，判定破碎带及岩体破碎情况。当某一段岩体高频成分明显增多，表明节理密集、岩体破碎；若某段岩体反射同相轴明显增多，表明节理及小断裂密集，岩体破碎，此时岩体波速也会明显降低。

（3）根据所测波速及从极小偏移距高频反射连续剖面法时间剖面上得到的各反射体的反射时间，计算反射体的空间位置。

平面形反射界面：从水平剖面上任选两点 n 和 $(n+m)$，读出其对某反射界面的反射时间 t_n 和 t_{n+m}，计算出 L 和 L_{n+m}，即可得到反射界面与测线的距离和走向夹角；从铅垂向剖面上任选两点 a 和 $(a+p)$，读出其对某反射界面的反射时间 t_a 和 t_{a+p}，计算出 L_a 和 L_{a+p}，即可得到反射界面与铅垂线的距离和夹角；由此可定出反射界面与开挖工作面的相对几何关系，得知开挖工作面的方位角，即可计算出反射界面的产状。

对于溶洞等有限大小物体：双曲线顶点对应的就是它的顶点，据其反射时间即可确定其距离，而其直径约为双曲线范围的 1/5～1/4。

（4）开挖工作面前方几米范围内岩体受开挖爆破破坏，不应采用距开挖工作面 5～10m 的资料。

5.3 电磁波反射法

5.3.1 电磁波反射法超前地质检测预报主要采用地质雷达探测和瞬变电磁法。

5.3.2 地质雷达探测是利用电磁波在隧道开挖工作面前方岩体中的传播及反射，根据传播速度和反射脉冲波走时进行超前地质预报的一种物探方法。

5.3.3 地质雷达探测主要用于岩溶探测，亦可用于断层破碎带、软弱夹层等不均匀地质体的探测，应符合下列规定。

（1）探测体与周边介质之间应存在明显介电常数差异，电磁波反射信号明显。

（2）探测体具有足以被探测的规模，探测体的厚度大于探测天线有效波长的 1/4，探测体的宽度或相邻被探测体可以分辨的最小间距大于探测天线有效波第一菲涅尔带半径。

（3）避开高电导屏蔽层或大范围的金属构件。

5.3.4　地质雷达探测仪器的技术指标应满足下列要求。

（1）系统增益大于 150dB。

（2）信噪比大于 60dB。

（3）采样间隔小于 0.5ns，A/D 模数转换大于 16 位。

（4）计时误差小于 1ns。

（5）连续测量时，扫描速率大于 64 次/s。

（6）具有可选的信号叠加、实时滤波、时窗、增益、点测与连续测量、手动与自动位置标记等功能。

（7）实时监测与显示功能，具有多种可选方式和现场数据处理功能。

5.3.5　地质雷达探测的数据采集应符合下列要求。

（1）通过试验选择雷达天线的工作频率，确定介电常数。当探测对象情况复杂时，宜选择两种及以上不同频率的天线。当多个频率的天线均能符合探测深度要求时，宜选择频率相对较高的天线，一般宜采用 100MHz 屏蔽天线。

（2）测网密度、天线间距和天线移动速度应适应探测对象的异常反映，掌子面上宜布置两条测线，必要时可布置成"井"字形或其他网格形式。

（3）选择合适的时间窗口和采样间隔，并根据数据采集过程中的干扰变化和图像效果及时调整工作参数。

（4）宜采用连续测量的方式，不能连续测量的地段可采用点测。连续测量时天线应匀速移动，并与仪器的扫描率相匹配；点测时应在天线静止状态采样，测点距不大于 0.2m。

（5）隧址区内不应有较强的电磁波干扰，现场测试时应清除或避开测线附近的金属物等电磁干扰物，当不能清除或避开时应在记录中注明，并标出位置。

（6）支撑天线的器材应选用绝缘材料，天线操作人员应与工作天线保持相对固定的位置。

（7）测线上天线经过的表面应相对平整，无障碍，且天线易于移动，测试过程中，应保持工作天线的平面与探测面基本平行，距离相对一致。

（8）现场记录应注明观测到的不良地质体与地下水体的位置与规模等。

（9）重点异常区应重复观测，重复性较差时宜进行多次观测并查明原因。

5.3.6　地质雷达探测质量检查的记录与原探测记录应具有良好的重复性，波形一致，异常没有明显的位移。

5.3.7 地质雷达在完整灰岩地段预报距离宜在 30m 以内，在岩溶发育地段的有效探测长度则应根据雷达波形判定。连续预报时前后两次重叠长度应不小于 5m。

5.3.8 地质雷达探测资料的处理应符合下列规定。

（1）无相同倾角的有效层状反射波时，可采用 f-k 倾角滤波。

（2）异常的连续性或独立性较差时，可采用空间滤波的有效道叠加或道间差方法加强。

（3）可采用点平均法消除高频干扰，采用的点数宜为奇数，其最大值宜小于采样率与低通频率之比。

5.3.9 地质雷达探测资料的解释应符合下列规定。

（1）参与解释的雷达剖面应清晰。

（2）通过反射波形、能量强度、初始相位等特征确定异常体性质。

（3）通过对异常同相轴的追踪或利用异常的宽度及反射时间，计算异常体的平面范围和深度。

（4）结合地质条件、介质电性特征、被探测物体的性质和几何特征、已知干扰进行综合分析，必要时应制作雷达探测的正演和反演模型。

（5）在提交的时间剖面图中应标出地层的反射波位置或探测对象的反射波组。

5.3.10 地质雷达法预报应编制探测报告，内容包括探测工作概况、采集及解释参数、地质解译结果、测线布置图（表）、探测时间剖面图等，其中时间剖面图中应标出地层的反射波位置或探测对象的反射波组。

5.3.11 瞬变电磁法可用于探查断层、岩溶、采空区等低阻不良地质体的空间位置，应根据工作条件和探查要求，通过试验选择合适的观测装置。

5.3.12 瞬变电磁法仪器的技术指标应符合下列规定。

（1）最大发射电流大于 3A。

（2）通道灵敏度小于 $0.5\mu V$。

（3）等效输入噪声小于 $1\mu V$。

5.3.13 瞬变电磁法的线框敷设应符合下列规定。

（1）线框及发送站应避开铁路、地下金属管道、高压线、变电器等，剩余导线不宜过长，呈"S"形铺于地面并远离测区。

（2）导线通过水田、池塘、河沟时应架空。

（3）导线连接处接触良好、不漏电，导线绝缘电阻大于 $2k\Omega$。

（4）线框宜水平敷设，摆动幅度不大于回线边长的 5%，线框角点的点位误差小于 5%。

5.3.14 瞬变电磁法的数据采集应符合下列规定。

（1）通过试验确定观测时窗、发射频率、叠加次数。

（2）有效观测道的观测值大于噪声电平。

（3）曲线出现畸变时应查明原因后重复观测，必要时应加密测点。

5.3.15　瞬变电磁法的质量检查应符合下列规定。

（1）单个测点的两次观测曲线的形态和幅值一致，各观测道的允许均方相对误差不大于±10％。

（2）工点质量检查的允许均方相对误差不大于±15％。

5.3.16　瞬变电磁法的资料处理与解释应符合下列规定。

（1）观测数据应进行滤波处理，校正发送电流切断时间的影响。

（2）计算地层视电阻率、视深度等参数。

（3）根据电位、磁场曲线和反演电阻率等值线综合分析异常特征。

5.4　高分辨直流电法

5.4.1　高分辨直流电法是以岩石的电性差异（即电阻率差异）为基础，在全空间条件下建立电场，电流通过布置在隧道内的供电电极在围岩中建立起全空间稳定电场，通过研究电场或电磁场的分布规律预报开挖工作面前方储水、导水构造分布和发育情况的一种直流电法探测技术。

5.4.2　高分辨直流电法适用于探测任何地层中存在的地下水体位置及相对含水量大小，如断层破碎带、溶洞、溶隙、暗河等地质体中的地下水。

5.4.3　现场采集数据时必须布设三个以上的发射电极，进行空间交汇，区分各种影响，并压制不需要的信号，突出隧道前方地质异常体的信号，该方法也称为"三极空间交汇探测法"。

5.4.4　现场数据采集应按照测试要求进行，保证数据采集的质量，并应符合下列要求。

（1）开机检测仪器是否工作正常。

（2）发射、接收电极间距测量准确，偏差应小于 5cm。

（3）无穷远电极应大于 4～5 倍的探测距离。

（4）发射、接收电极接地良好。

（5）电池电量充足。

（6）数据重复测量误差应小于 5％，否则应检查电极和仪器电源是否正常、工频干扰是否过大等。

5.4.5　高分辨直流电法有效预报距离不宜超过 80m，连续探测时前后两次应重叠 10m 以上。

5.4.6　资料处理与分析应符合下列要求。

（1）资料处理应使用仪器配套的处理软件系统。在数据处理过程中，应采用增强有效信号、压制干扰信号、提高信噪比等手段，使视电阻率等值线图能够清晰成像。

（2）地质异常体（储水、导水构造）判断标准应以现场多次采集分析验证的数据为依据，总结规律，找出隧址区异常标准值。根据经验总结归一化值视电阻率在 40～60 时多存在地质异常体（储水、导水构造）。

5.4.7　高分辨直流电法预报应编制探测报告，内容包括探测工作概况、地质解译结果、视电阻率等值线图。

6　超前钻探法

6.1　超前地质钻探

6.1.1　超前地质钻探是利用钻机在隧道开挖工作面进行钻探获取地质信息的一种超前地质检测预报方法。

6.1.2　超前地质钻探法适用范围较广，对于较为松散破碎的类岩堆体围岩、富水软弱断层破碎带、富水岩溶发育区、煤层瓦斯发育区、重大物探异常区等地质条件复杂地段宜重点采用。

6.1.3　超前地质钻探可采用冲击钻和回转取芯钻，并应按下列要求二者合理搭配使用，提高预报准确率和钻探速度，减少占用开挖工作面的时间。

（1）一般地段采用冲击钻。冲击钻不能取芯，但可通过冲击器的响声、钻速及其变化、岩粉、卡钻情况、钻杆振动情况、冲洗液的颜色及流量变化等粗略探明类岩堆体结构、岩性、岩石强度、岩体完整程度、溶洞、暗河及地下水发育情况等。

（2）复杂地质地段采用回转取芯钻。回转取芯钻岩芯鉴定准确可靠，地层变化里程可准确确定，一般只在特殊地层、特殊目的地段、需要精确判定的情况下使用。比如煤层取芯及试验、溶洞及断层破碎带物质成分的鉴定、岩土强度试验取芯等。

6.1.4　超前地质钻探应符合下列技术要求。

1）孔数

（1）断层、节理密集带或其他破碎富水地层每循环可只钻 1 个孔。

（2）富水岩溶发育区每循环宜钻 3～5 个孔，揭示岩溶时，应适当增加，以满足安全施工和溶洞处理所需资料为原则。

2）孔深

（1）不同地段不同目的的钻孔应采用不同的钻孔深度。

（2）钻探过程中应进行动态控制和管理，根据钻孔情况可适时调整钻孔深度，以达到预报目的为原则。

（3）在需连续钻探时，一般每循环可钻 30～50m，必要时也可钻 100m 以上的深孔。

（4）连续预报时前后两循环钻孔应重叠 5～8m。

3）孔径

钻孔直径应满足钻探取芯、取样和孔内测试的要求。

4）富水岩溶发育区超前钻探应终孔于隧道开挖轮廓线以外 5～8m。

6.1.5　超前地质钻探应符合下列工作要求。

（1）实施超前地质钻探的人员应经技术培训和考核，经考核合格后方可上岗。

（2）钻探前地质技术人员应进行技术、质量交底。

（3）超前钻探过程中应在现场做好钻探记录，包括钻孔位置、开孔时间、终孔时间、孔深、钻进压力、钻进速度随钻孔深度变化情况、冲洗液颜色和流量变化、涌砂、空洞、振动、卡钻位置、突进里程、冲击器声音的变化等。

（4）超前钻探过程中应及时鉴定岩芯、岩粉，判定岩石名称，对于断层带、溶洞填充物、煤层、代表性岩土等应拍摄照片备查，并选择代表性岩芯整理保存，超前地质钻探过程中监理应进行旁站。

（5）在富水地段进行超前钻探时必须采取防突措施，测钻孔内水压时，需安装孔口管，接上高压球阀、连接件和压力表，压力表读数稳定一段时间后即可测得水压。

（6）应加强钻进设备的维修与保养，使钻机处于良好状态，强化协调和管理，各方应积极配合，减少和缩短施钻时间。

6.1.6　钻孔质量控制可采取下列措施。

1）采用系统的钻探程序

（1）测量布孔。施钻前按孔位设计图设计的位置用经纬仪准确测量放线，将开孔孔位用红油漆标注在开挖工作面上。

（2）设备就位。孔位布好后，设备就位，接通各动力电源和供风、供水管路。安装电路要由专业电工操作，确保安全，供风管路要连接紧密，无漏气现象。

（3）对正孔位，固定钻机。将钻具前端对准开挖工作面上的孔位，调整钻机方位，将钻机固定牢固。

（4）开孔、安装孔口管。孔口管必须安设牢固。

（5）成孔验收。施钻满足设计要求，经现场技术人员确认验收后方可停钻终孔。

2）控制钻进方向

（1）钻机定位完毕后，对钻机进行机座加固，使钻机在钻进过程中位置不偏移，做到钻孔完毕钻机位置不变。在钻进过程中应定期检查机器的松动情况，及时调整固定。

（2）对钻具的导向装置尽可能加长，并且选用刚度较强的钻杆，从而提高钻具的刚度，减少钻具的下沉量，达到技术的要求。不得使用弯曲钻具。

（3）当岩层由软变硬时应慢速、轻压，钻进一定深度后，改用硬岩层的钻进参数。钻进中应减少换径次数。

（4）本循环钻孔完毕后，根据测量结果总结出钻具的下沉量，下一循环钻探时通过调整孔深、仰俯角等措施控制下沉量在设计要求的范围内，达到技术要求的精度。

3）准确鉴定岩性及其分布位置

6.1.7 超前钻探钻进中应防止地下水突出，并应采取下列措施，保障工作人员和机械设备的安全。

（1）在富水区实施超前地质预报钻孔作业，必须先安设孔口管，并将孔口管固定牢固，装上控制闸阀，进行耐压试验，达到设计承受的水压后，方准继续钻进。特别危险的地区，应有躲避场所，并规定避灾路线。当地下水压力大于一定数值时，应在孔口管上焊接法兰盘，并用锚杆将法兰盘固定在岩壁上。

（2）富水区隧道地质超前钻探时，发现岩壁松软、片帮或钻孔中的水压、水量突然增大，以及有顶钻等异状时，必须停止钻进，立即上报有关部门，并派人监测水情。如发现情况危急时，必须立即撤出所有受水威胁地区的人员，然后采取措施，进行处理。

（3）孔口管锚固可采用环氧树脂、锚固剂，亦可采用快凝高强度微膨胀的浆液锚固，锚固长度宜为 1.5～2.0m，孔口管外端应露出工作面 0.2～0.3m，用以安装高压球阀。

6.1.8 超前钻探法应编制探测报告，内容包括工作概况、钻孔探测结果、钻孔柱状图，必要时应附以钻孔布置图、代表性岩芯照片等。

6.2 加深炮孔探测

6.2.1 加深炮孔探测是利用风钻或凿岩台车等在隧道开挖工作面钻小孔径浅孔获取地质信息的一种方法。

6.2.2 加深炮孔探测适用于各种地质条件下隧道的地质超前探测，尤其适用于岩溶发育区。

6.2.3 加深炮孔探测应符合下列要求。

（1）孔深应较爆破孔（或循环进尺）深 3m 以上。

（2）孔数、孔位应根据开挖断面大小和地质复杂程度确定。

（3）在富水岩溶发育区每循环必须按设计认真实施，发现异常情况应及时反馈信息，严禁盲目装药放炮。

（4）钻到溶洞和岩溶水时，应视情况采用地质超前钻探和其他探测手段，查明情况，确保施工安全，为变更设计提供依据。

（5）加深炮孔探测严禁在爆破残眼中实施。

（6）揭示异常情况的钻孔资料应作为技术资料保存。

7　超前导洞法

1）超前导洞法是以超前导洞中揭示的地质情况，通过地质理论和作图法预报正洞地质条件的方法。超前导洞法可分为平行超前导洞法和正洞超前导洞法。线间距较小的两座隧道可互为平行导洞，以先行开挖的隧道预报后开挖的隧道地质条件。

2）根据超前导洞与隧道位置关系按一定比例作超前导洞预报隧道地质平面简图，由超前导洞地质情况推测未开挖地段隧道地质条件时，预报内容应包括下列内容。

（1）类岩堆体地层岩性、地质构造的分布位置、范围等。

（2）岩溶的发育分布位置、规模、形态、充填情况及其展布情况。

（3）在采及废弃矿巷与隧道的空间关系。

（4）有害气体及放射性危害源分布层位。

（5）涌泥、突水及高地应力现象出现的隧道里程段。

（6）其他可以预报的内容。

3）超前导洞法地质预报应编制下列预报资料。

（1）地质调查法预测报告。

（2）采用的各种物探预报方法探测报告。

（3）超前钻探法探测报告。

（4）导洞地质展视图，比例为 1：500～1：100。

（5）导洞预测正洞预报报告，包括导洞预报正洞平面简图，比例为 1：500～1：100。

（6）导洞竣工工程地质纵断面图，包括地层岩性、褶曲、断裂的分布与产状、破碎带及坍塌和变形地段的位置、性质及规模，地下水出露的位置、水质、水量、分段围岩分级等，横向比例为 1：5000～1：500，竖向比例为 1：5000～1：200。

8　类岩堆体隧道养护等级

（1）类岩堆体隧道在运营服役期间，应进行不同程度的维护和养护工作，同等级公路的隧道，因交通量、技术状况和自然条件的不同，其养护需求和养护资源也有所差异，在实际工作中，需要细化同等级公路隧道的养护要求，来满足这种差异化的养护需求。

（2）根据公路等级、交通量、隧道规模、技术状况、地质和气候条件等因素，对山区类岩堆体公路隧道划分不同等级，实施差异化的养护标准和养护频率等。

（3）根据公路等级、隧道长度和交通量大小，公路隧道养护可分为三个等级，如附表 3-1 和附表 3-2 所示。

高速公路、一级公路隧道养护等级分级表　　　附表 3-1

年平均日交通量[pcu/(d·ln)]	隧道长度(m)			
	$L>3000$	$3000 \geqslant L>1000$	$1000 \geqslant L>500$	$L \leqslant 500$
≥10001	一级	一级	一级	二级
5001~10000	一级	一级	二级	二级
≤5000	一级	二级	二级	三级

二级及二级以下公路隧道养护等级分级表　　　附表 3-2

年平均日交通量[pcu/(d·ln)]	隧道长度(m)			
	$L>3000$	$3000 \geqslant L>1000$	$1000 \geqslant L>500$	$L \leqslant 500$
≥10001	一级	二级	二级	三级
5001~10000	二级	二级	三级	三级
≤5000	二级	三级	三级	三级

（4）养护等级的划分，可以起到合理配备养护资源的作用。一级养护需要配备的养护资源和技术力量最强；二级养护需要配备的养护资源和技术力量次之；三级养护需要配备的养护资源和技术力量少。

（5）在实际使用时，由于交通量、隧道长度、地质条件、水文条件和技术状况的差异，同一路段不同隧道的养护等级也会有差异。

（6）年平均日交通量 AADT，是指将一年内观测的交通量总和，除以一年的总天数（365），所得平均值（单位：veh/d），计算公式如附式（3-1）所示

$$ADDT = \frac{1}{365} \sum_{i=1}^{n} Q_i \qquad\qquad \text{(附 3-1)}$$

（7）在分析计算通行能力和服务水平时，需要将实际或预计的交通组成中各类车辆交通量与标准小客车进行换算（折算后的交通量单位为 pcu/d），机动车型折算系数参考值如附表 3-3 所示。

机动车型折算系数参考值 附表 3-3

车型	汽车							摩托车	拖拉机
一级分类	小型车		中型车		大型车	特大型车			
二级分类	中小客车	小型客车	大客车	中型货车	大型货车	特大型货车	集装箱车		
参考折算系数	1	1	1.5	1.5	3	4	4	1	4

（8）经换算的折算系数是在特定的公路、交通组成条件下，所有非标准车相当于标准车（小客车）对交通流影响的当量值。

（9）当隧道建成投入使用后，管养单位通过交通量调查测试设备获取的数据通常为混合交通量（veh/d），可通过附表 3-3 进行换算，得到折合成小客车的年平均日交通量（pcu/d）。

9 类岩堆体隧道检测分类及频率

（1）类岩堆体隧道在运营服役期间应对隧道结构进行检测，以确定隧道结构的基本特性和服役性能，根据检测目的和方法的不同，类岩堆体隧道结构监测应包括经常检测、定期检测、应急检测和专项检测等。

（2）经常检测属于常规性、普遍性检测，主要对隧道结构的外观状况进行一般性的定性检测。

（3）定期检测主要是按照规定的频率和时间间隔，对隧道结构的服役性能进行比较全面的检测与核定。

（4）应急检测主要是在隧道遭遇自然灾害、发生交通事故或出现其他异常事件后对遭受影响的结构进行详细检测。

（5）专项检测是根据经常检测、定期检测和应急检测的结果，对于需要进一步查明缺损或病害的详细情况的隧道结构，进行更深入的专门检测、分析等工作。

（6）按照公路隧道养护等级，各类检测频率应不低于附表 3-4 规定的频率，且在雨季、冰冻季节或极端天气情况下或发现严重异常情况时，应提高经常检测频率。

山区公路隧道结构经常检测频率 附表 3-4

检测分类	养护等级		
	一级	二级	三级
经常检测	1次/月	1次/2月	1次/季度
定期检测	定期检测的周期应根据隧道技术状况确定,宜每年1次,最长不得超过3年1次。定期检查宜安排在春季或秋季进行。新建隧道应在交付使用1年后进行首次定期检查		
应急检测	视具体情况而定		
专项检测	视具体情况而定		

10 类岩堆体隧道检测项目与方法

10.1 经常检测

10.1.1 通过经常检测,可以及时发现隧道结构的早期缺损、显著病害或其他异常情况,尽早确定对策措施。

10.1.2 经常检测宜采用人工与信息化手段相结合的方式,配以简单的检查工具进行,并当场填写检测记录表,详细记述检查项目的缺损类型,估计缺损范围和程度以及养护工作量,对异常情况做出缺损状况判定分类,并提出相应的养护措施。

10.1.3 经常检测一般以定性判断为主,检测内容和判定标准可按附表3-5执行。经常检测破损状况判定分三种情况,情况正常、一般异常、严重异常。

经常检测内容和判定标准 附表 3-5

项目名称	检测内容	判定描述	
		一般异常	严重异常
洞口	边(仰)坡有无危石、积水、积雪;洞口有无挂冰;边沟有无淤塞;构造物有无开裂、倾斜、沉陷等	存在落石、积水、积雪隐患;洞口局部挂冰;构造物局部开裂、倾斜、沉陷,有妨碍交通的可能	坡顶落石、积水漫流或积雪崩塌;洞口挂冰掉落路面;构造物因开裂、倾斜或沉陷所致剥落或失稳;边沟淤塞,已妨碍交通
洞门	结构开裂、倾斜、沉陷、错台、起层、剥落、渗漏水(挂冰)	侧墙出现起层、剥落;存在渗漏水或结冰,尚未妨碍交通	拱部及其附件部位出现剥落;存在喷水或挂冰等,已妨碍交通

续表

项目名称	检测内容	判定描述	
		一般异常	严重异常
衬砌	结构裂缝、错台、起层、剥落	衬砌起层,且侧壁出现剥落状况,尚未妨碍交通,将来可能构成危险	衬砌起层,且拱部出现剥落状况,已妨碍交通
	渗漏水	存在渗漏水,尚未妨碍交通	大面积渗漏水,已妨碍交通
	挂冰、冰柱	存在结冰现象,尚未妨碍交通	拱部挂冰,形成冰柱,已妨碍交通

10.1.4　当经常检测中发现隧道存在一般异常情况时,应进行监视、观测或做进一步检测;当经常检测中发现隧道存在严重异常情况时,应采取措施进行处治;当对其产生原因及详细情况不明时,还应做定期检测或专项检测。

10.2　定期检测

10.2.1　通过定期检测,应系统掌握隧道结构技术状况和服役性能,开展隧道结构服役性能综合评定,为制定养护工作计划提供依据。

10.2.2　定期检测需要配备必要的检测工具或设备,进行目测或量测检查。检测时,应尽量靠近结构,依次检测各个结构部位,注意发现异常情况和原有异常情况的发展变化。对有异常情况的结构,应在其适当位置做出标记,此外,检测结果记录宜量化。

10.2.3　定期检测内容如附表 3-6 所示。

定期检测内容　　　　　　　　　　　　　　　附表 3-6

项目名称	检测内容
洞口	山体滑坡、岩石崩塌的征兆及其发展趋势;边坡、破碎台、护坡道的缺口、冲沟、潜流涌水、沉陷、塌落等及其发展趋势
	护坡、挡土墙的裂缝、断缝、倾斜、鼓肚、滑动、下沉的位置、范围及程度,有无表面风化、泄水孔堵塞、墙后积水、地基错台、空隙等现象及其程度
洞门	墙身裂缝的位置、宽度、长度、范围或程度
	结构倾斜、沉陷、断裂范围、变位量、发展趋势
	洞门与洞身连接处环向裂缝开展情况、外倾趋势
	混凝土起层、剥落的范围和深度,钢筋有无外露、受到锈蚀
	墙背填料流失范围和程度

续表

项目名称	检测内容
衬砌	衬砌裂缝的位置、宽度、长度、范围或程度，墙身施工缝开裂宽度、错位量
	衬砌表层起层、剥落的范围和深度
	衬砌渗涌水的位置、水量、浑浊、冻结状况

10.2.4　定期检测结果应当场填入定期检测记录表，将检测数据及病害绘入隧道展示图，并详细、准确地记录缺损或病害状况，分析成因，对结构物的技术状况进行评定。对病害产生原因及详细情况不明时，应做专项检查。

10.2.5　定期检测完成后，应编制隧道结构定期检测报告，定期检测报告应包括以下内容。

（1）检测记录表、隧道展示图及相关调查资料等。

（2）对隧道结构单项指标进行技术状况评定。

（3）对隧道结构服役性能进行综合评价。

（4）对隧道结构的养护维修状况的评价及建议。

（5）需要实施专项检查的建议。

（6）需要采取处治措施的建议。

10.3　应急检测

10.3.1　通过应急检测，应及时掌握隧道结构遭受异常事件后的受损情况，为采取对策措施提供依据。

10.3.2　根据受异常事件影响的结构或部件决定采取的检测方法、工具和设备。

10.3.3　应急检测的内容和方法原则上应与定期检测相同，但应针对发生异常情况或者受异常事件影响的结构或结构部位做重点检查，以掌握其受损情况。

10.3.4　应急检测的评定标准，应与定期检测相同。当难以判明缺损的原因、程度等情况时，应做专项检测。

10.3.5　检测结果的记录，应与定期检测相同。

10.3.6　检测完成后，应编制应急检测报告，总结检测内容和结果，评估异常事件的影响，确定合理的对策措施。

10.4　专项检测

10.4.1　通过专项检测，应完整掌握缺损或病害的详细资料，为其是否实施处治以及采取何种处治措施等提供技术依据。

10.4.2　专项检测的项目、内容及其要求，应根据经常检测、定期检测或应急检测的结果有针对性地确定，如附表3-7所示。

专项检测项目 附表 3-7

检测项目		检测内容
结构变形检测	公路线型、高程检测	公路中线位置、路面高度、缘石高度以及纵、横坡度等测量
	隧道横断面检测	隧道横断面测量，周壁位移测量（与相邻或完好断面比较）
	净空变化检测	隧道内壁间距测量（自身变化比较）
裂缝检测	裂缝调查	裂缝的位置、宽度、长度、开展范围或程度等
	裂缝检测	裂缝的发展变化趋势及其速度；裂缝的方向及深度等
漏水检测	漏水调查	漏水的位置、水量、浑浊、冻结及原有防水、排水系统的状态等
	漏水检测	水温、pH 值检查、电导度检测、水质化学分析
	防水、排水系统	拥堵、破坏情况
材质检测	衬砌强度检测	强度简易测定、钻孔取芯、各种强度试验等
	衬砌表面病害	起层、剥落、蜂窝、麻面、孔洞、露筋等
	混凝土碳化深度检测	采用酚酞液检查混凝土的碳化深度
	钢筋锈蚀检测	剔凿检测法、电化学测定法、综合分析判定法
衬砌及围岩状况检查	无损检测	无损检测衬砌厚度、空洞、裂缝和渗漏水等，以及钢筋、钢拱架、衬砌配筋位置及保护层厚度、围岩状况、仰拱充填层密实程度及其下岩溶发育情况
	钻孔检测	钻孔测定衬砌厚度等，内窥镜观测衬砌及围岩内部状况
荷载状况检测	衬砌应力及拱背压力检测	衬砌不同部位的应力及其变化、拱背压力的分布及其变化
	水压力检测	地下水丰富的隧道检查衬砌背后水压力大小、分布及变化规律

10.4.3　检查人员应对有关的技术资料、档案进行调查，并对隧道周围的地质及地表环境等展开实地调查。

10.4.4　对严重不良地质地段、重大结构病害或隐患处，宜开展运营期长期监测，对其结构变形、受力和地下水状态等进行长期观测。监测频率宜取经常检测的频率，当发现监测参数在快速发展变化时，观测频率应提高。

10.4.5　专项检测完成后，应编制专项检查报告，报告内容如下。

（1）检测的主要经过，包括检测的组织实施、时间和主要工作过程等。

（2）所检测结构的技术状况，包括检测方法、试验、检测项目及内容、检测数据与结果分析以及缺损状态评价等。

（3）对缺损或病害的成因、范围、程度等情况的分析，及其维修处治对策、技术以及所需工程量和费用等建议。

10.5　常用检测方法

10.5.1　结构变形检测是最常用也是最直观的检测方法之一，通过对结构变形的了解和掌握，可以明确隧道结构的受力性能和运营状态，变形及收敛量测方法如附表 3-8 所示，根据检测精度和要求的不同，附表 3-8 中检测方式可进行调整或交叉使用。

变形及收敛量测方法 附表 3-8

检测项目	检测内容	检测方式
纵向变形	变形量、隧道曲率变化	全站仪
断面收敛	横断面界限及收敛量	全站仪、激光扫描技术
错台量	纵向和横向错台量	直尺

10.5.2 对于结构或衬砌出现裂缝的部位，应重点关注裂缝的变化与扩张特征，裂缝检测方法如附表 3-9 所示。

裂缝检测方法 附表 3-9

检测项目	检测内容	检测方式
裂缝	宽度(mm)、长度(mm)、深度、位置及走向	裂缝测宽仪、卷尺、超声波、面阵和相阵相机快速检测

10.5.3 对于局部渗漏水的区域，其检测方法如附表 3-10 所示。

渗漏水检测方法 附表 3-10

检测项目	检测内容	检测方式
渗漏水	渗漏水面积及分布位置(接缝、注浆孔等)	目视、卷尺，面阵和相阵相机快速检测

10.5.4 隧道结构强度对于判断结构的运营状态和耐久性十分重要，相关检测结果能够判断结构内部的缺陷以及质量差异，结构强度检测方法如附表 3-11 所示。

结构强度检测方法 附表 3-11

检测方法	依据标准	适用性
回弹法	《回弹法检测混凝土抗压强度技术规程》JGJ/T 23—2011 《结构混凝土抗压强度检测技术标准》DG/TJ 08 2020—2020	不适用于表层与内部质量有明显差异或内部存在缺陷的混凝土结构或构件的检测
拔出法	《拔出法检测混凝土强度技术规程》CECS 69—2011	被检测混凝土的强度不应低于10MPa
射钉法	《水运工程混凝土试验检测技术规范》JTS/T 236—2019	不适用于表层与内部质量有明显差异或内部存在缺陷的混凝土，混凝土强度等级宜为C10~C60

续表

检测方法	依据标准	适用性
取芯法	《钻芯法检测混凝土强度技术规程》JGJ/T 384—2016 《建筑基桩检测技术规范》JGJ 106—2014	应避免对原结构的损伤

10.5.5　经过长期运营的隧道结构碳化深度会明显降低结构的承载强度和性能，结构碳化深度检测技术如附表 3-12 所示。

结构碳化深度检测技术 附表 3-12

检测项目及内容	检测方式	依据标准
混凝土碳化深度	酚酞酒精溶液喷涂法	《建筑结构检测技术标准》GB/T 50344—2019

10.5.6　空洞及壁后注浆隐蔽面检测技术如附表 3-13 所示。

空洞及壁后注浆隐蔽面检测技术 附表 3-13

检测项目	记录内容	检测方式	引用标准
空洞 壁后注浆	典型测线	超声回波	《超声法检测混凝土缺陷技术规程》CECS 21—2000
		地质雷达	《铁路隧道衬砌质量无损检测规程》TB 10223—2004
钢筋分布	分布图	地质雷达	《混凝土中钢筋检测技术标准》JGJ/T 152—2019

10.6　快速检测

10.6.1　为提高隧道衬砌检测效率和精度，降低检测成本和劳动量，可在定期检测、应急检测及专项检测中引进云隧智检多功能隧道快速检测车，以实现对隧道结构的实时快速检测，及时掌握隧道结构状态。

10.6.2　结合隧道服役性能评价指标因素，重点开展隧道衬砌裂缝、渗漏水、衬砌背后空洞、衬砌厚度、衬砌起层剥落等病害的快速高效检测。云隧智检多功能隧道快速检测车如附图 3-1 所示。

10.6.3　检测车可实现多种断面形式及尺寸的隧道衬砌表面全覆盖检测。输入隧道断面参数及检测车作业所在车道，检测车即可自动调整相机参数及姿态。检测中，通过编码器触发信号，可每隔固定距离自动拍摄隧道衬砌表面图像。通过后期图像拼接、机器学习自动识别技术，可自动生成隧道衬砌裂缝、渗漏水、起层剥落等病害展开图。

10.6.4　检测车可实现 40km/h 速度下的隧道表面快速连续检测，检测精度达到 0.2mm。

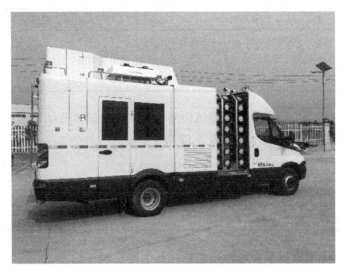

附图 3-1 云隧智检多功能隧道快速检测车

10.6.5 检测车搭载的探地雷达可实现路面 1.8m 以上范围的衬砌隐蔽面病害检测，最大检测高度达 7.8m，可满足大部分山区公路隧道的检测，检测内容包括衬砌厚度、背后空洞等。

10.6.6 由于探地雷达检测需要雷达天线尽可能靠近隧道衬砌表面，为安全起见，采用探地雷达检测隧道时，检测车速度不宜超过 10km/h。

10.6.7 探地雷达检测图像需要有经验的技术人员进行分析，对于疑似有严重病害的隧道位置需要记录下来并及时通过其他检测手段辅助确定病害情况。

10.7 病害标识

通过各种检测方法和手段检测到的隧道病害类型多样，为规范各类病害标识，便于直观呈现各类病害特征，制定如附表 3-14 所示的隧道检测病害分类及标识。

隧道检测病害分类及标识

附表 3-14

病害	定义	标志符号	解释
湿渍	隧道结构混凝土表面，呈现明显色泽变化的潮湿斑		斜线填充的闭合曲线，曲线边界依据实际湿迹分布确定

续表

病害		定义	标志符号	解释
渗水	接缝或裂缝渗水	水从结构接缝、裂缝或注浆孔流出,可以观察到移动的水膜		横线端点以实际渗水边界为准,小斜线表示渗水方向
	注浆孔渗水		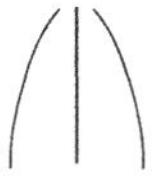	由一竖直线及对称的曲线组成,窄端标记于注浆孔下方
滴漏		可以观察到水从上方滴落	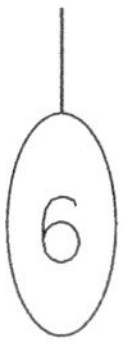	由一竖直线、椭圆以及椭圆内数字组成,数字表示滴水频率(滴水数/min)
漏泥		结构接缝、裂缝等位置不仅涌水,同时夹带泥砂	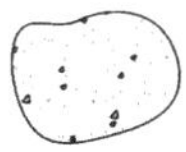	点及小三角填充的闭合曲线,曲线边界依据实际流砂情况确定
历史堵漏	条状堵漏痕迹	指曾经发生过渗漏,已经过堵漏处理,目前未渗漏		直线长度与堵漏长度一致
	点状堵漏痕迹			—
裂缝		结构混凝土表层开裂		(1)曲线或折线,以裂缝实际线形为依据 (2)当裂缝较为严重,甚至出现混凝土松动的现象时,应特别予以备注,并留存详细的影像资料
掉块		混凝土掉块	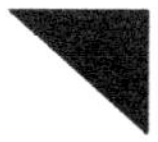	将实际缺角范围填实
混凝土劣化		管片及管节(段)表面起毛、酥松、起鼓	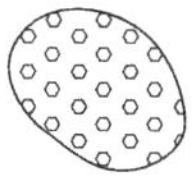	在混凝土劣化集中区段应辅以文字说明
空洞		衬砌和壁后土体内部孔洞	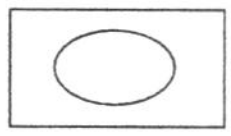	孔洞大小可附文字说明
错台		管片或管节段错开量	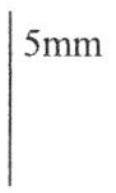 5mm	标识图中数值表示实际错台量
接头张开		管片接缝和管节(段)接头	 5mm	标识图中数值表示张开部最大张开量

11 类岩堆体隧道服役性能评价

11.1 一般规定

11.1.1 类岩堆体公路隧道衬砌服役性能是一个外延不太明确而内涵丰富的概念，状态的好坏是模糊的，而且涉及的因素也比较复杂。这些因素自身表现为随机性，与服役性能的关系又表现为模糊性。

11.1.2 许多影响隧道衬砌服役性能的因素不能用精确的数量来描述和表达，只能是模糊概念。

11.1.3 各种因素的变化与服役性能之间也往往不存在一一对应的函数关系，不可能建立精确的数学模型来求解。

11.1.4 对于类岩堆体隧道服役性能的综合评价，应引入模糊理论来进行综合评估和预测。

11.2 隧道服役性能的模糊综合评估原理

11.2.1 模糊综合评估就是以模糊数学为基础，应用模糊关系合成的原理，将一些边界不清、不易定量的因素定量化，然后进行综合评估。

11.2.2 在应用模糊综合评估对隧道服役性能进行评估时，隧道的服役性能是由各种不同的因素共同决定的，这些因素包括衬砌裂缝、渗漏水、衬砌背后空洞、衬砌材质劣化、衬砌变形以及起层剥落等。

11.2.3 对各类相关因素可以划分为若干等级来进行评定，而每个因素又可能由不同的因素所决定，这些因素也可以用不同的等级来进行划分。

11.2.4 隧道服役性能的模糊综合评估就是确定各个因素对于不同划分等级的隶属度，并结合不同因素的权重最终确定隧道的服役性能。

11.3 评估指标及评估体系的建立

11.3.1 公路隧道衬砌的服役性能反映的就是公路隧道结构的损伤或破损状态，以及可能对隧道结构安全构成威胁的各种病害程度，对公路隧道衬砌服役性能的评估就是综合考虑公路隧道结构的各种损伤、破损状态以及病害程度的过程。

11.3.2 结构破损形态以及病害程度的情况可以通过公路隧道的现场调查和检测得到，因此，可以采用公路隧道的结构破损形态以及病害程度作为公路隧道衬砌服役性能评估指标体系的候选指标。

11.3.3　类岩堆体隧道的结构破损形态主要包括衬砌裂缝、衬砌起层、剥落等，结构病害主要包括渗漏水、衬砌背后空洞、衬砌材质劣化、衬砌变形等。通过对类岩堆体隧道的各种检测，可以获取衬砌裂缝、渗漏水、衬砌背后空洞、衬砌起层剥落以及衬砌表观病害等结构破损形态或病害的信息，因此在进行综合评估时，主要以这些信息为依据进行隧道服役性能的评估。

11.3.4　在建立类岩堆体隧道衬砌服役性能评估指标体系时，应该考虑到可能影响到隧道服役性能的各种因素，但由于隧道工程所处的环境复杂，其服役性能可能受到各种各样的因素影响，包括自然因素和人为因素，很难一次性地考虑到全部的因素，因此采用系统科学中的层次性原理，采用层次分析法（Analytic Hierarchy Process，AHP）思想建立公路隧道衬砌服役性能评估指标体系。将问题分解为多个层次，每个层次又有多个构成要素，从全局到局部地逐步深入分析，将影响公路隧道衬砌服役性能的因素条理化、层次化，从而建立递阶层次分析模型（附图 3-2）。

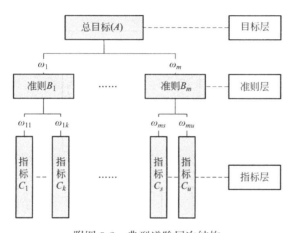

附图 3-2　典型递阶层次结构

11.3.5　对于任一评估目标 A，设其 u 个评估指标值分别为 C_1^*，C_2^*，…，C_u^*，则 A 相应于总目标的效用值记为 A^*。

$$A^* = \omega_1(\omega_{11}C_1^* + \cdots + \omega_{1k}C_k^*) + \cdots + \omega_m(\omega_{ms}C_s^* + \cdots + \omega_{mu}C_u^*) = \sum_i \sum_j \omega_i \omega_{ij} C_j^*$$

（附 3-2）

由此可以看出，评估指标 C_j 的权为 $\omega_i \omega_{ij}$，且 $b_j = \omega_i \omega_{ij}$，于是得到评估指标集 $C = \{C_1, C_2, \cdots, C_u\}$ 的权向量为 $b = \{b_1, b_2, \cdots, b_u\}$。对于任何一个有着较为复杂层次结构的评估体系都可求出相应于指标集的权向量。

11.3.6　将公路隧道衬砌服役性能评估指标体系分为三层。第一层为目标层，包含一个目标对象，即公路隧道衬砌服役性能，用 A 表示。第二层为准则层，由可能影响公路隧道服役性能的因素组成，包括衬砌裂缝、渗漏水、衬砌背后空洞、衬砌材质劣化、衬砌变形、衬砌起层剥落 6 个方面，分别用 B_1、B_2、B_3、B_4、B_5、B_6 表示，这六个因素组成了公路隧道衬砌服役性能综合评估的准则层因素集 B，即 $B = \{B_1, B_2, B_3, B_4, B_5, B_6\}$。第三层为指标层，由可能影响准则层因素的各项指标组成。衬砌裂缝 B_1 包括 3 项指标，用 C_1 表示长度和宽度，C_2 表示深度，C_3 表示分布密度；渗漏水 B_2 包括 3 项指标，用 C_4 表示部位和漏水状态，用 C_5、C_6 分别表示 pH 值和冻害；衬砌背后空洞 B_3 共 3 项指标，分别用 C_7、C_8、C_9 表示空洞位置和大小、空洞深度和围岩情况；材质劣化 B_4 分别用 C_{10}、C_{11}、C_{12} 表示衬砌强度、衬砌厚度、钢材腐蚀 3 项指标；衬砌变形 B_5 包括变形速率和变形量 2 项指标，分别用 C_{13}、C_{14} 表示；衬砌起层、剥落 B_6 包括 3 项指标，分别用 C_{15}、C_{16}、C_{17} 表示掉落的可能性和部位、掉落区域的深度和直径，建立如附图 3-3 所示的公路隧道衬砌服役性能综合评估指标体系。

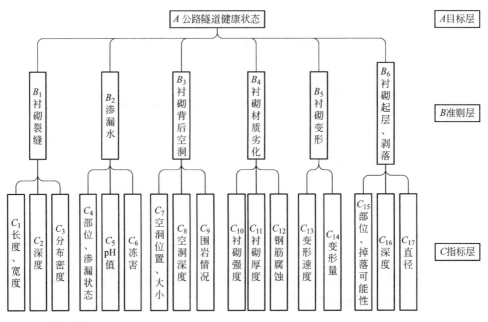

附图 3-3　公路隧道衬砌服役性能综合评估指标体系

11.4　隧道衬砌服役性能评估等级及标准

11.4.1　为了对公路隧道调查和检测结果进行判定和评估，同时也为了使指标体系中指标的评估能和评估结果相联系，需要建立各评估指标的判定标准。

11.4.2　判定标准是指对应于某一健康等级，各层评估指标的值或状态应处于的变化区间或状态。判定标准包括定性的判定标准、定量的判定标准以及定性与定量相结合的判定标准。

11.4.3　在给出了评估指标的判定标准后，就可以使不同结果的评估指标与健康等级相对应，以实现对公路隧道衬砌服役性能的评估。

11.4.4　山区公路隧道服役性能总体等级

对公路隧道服役性能等级的划分采用四级划分法，采用我国公路隧道专项检查结果的四级判定标准为基础，如附表 3-15 所示。

公路隧道服役性能等级　　　　　　　　　　　　**附表 3-15**

判定分类	检查结论
3A	结构存在严重破坏,已危及行人、行车安全,必须立即采取紧急对策措施
2A	结构存在较严重破坏,病害发展较快,将会危及行人、行车安全,应尽早采取对策措施
1A	结构存在破坏,病害无发展或发展较慢,可能会危及行人、行车安全,应准备采取对策措施
B	结构无破损或存在轻微病害,现阶段对行人、行车不会有影响,但应进行监视或观测

11.4.5　衬砌裂缝的判定标准

将衬砌裂缝分为两种情况：存在开展的裂缝和无法确定是否存在开展的裂缝，然后根据衬砌裂缝的长度和宽度给出了这两种情况下的衬砌裂缝判定标准，如附表 3-16 和附表 3-17 所示。附表 3-16 和附表 3-17 中的裂缝主要以水平方向的裂缝或剪断裂缝为对象，对于横向裂缝则将判定分类相应降低一个等级。

当衬砌裂缝存在开展时的判定标准　　　　　　　**附表 3-16**

裂缝宽度 b(mm)　　　裂缝长度 l(m)	$l \leqslant 5$	$l > 5$
$b > 3$	1A/2A	2A/3A
$3 \geqslant b$	1A	1A

当无法确定衬砌裂缝是否存在开展时的判定标准　　**附表 3-17**

裂缝宽度 b(mm)　　裂缝长度 l(m)	$l > 10$	$10 \geqslant l > 5$	$l \leqslant 5$
$b > 5$	2A/3A	1A/2A	1A/2A
$5 \geqslant b > 3$	2A	1A/2A	1A
$3 \geqslant b$	1A/B	1A/B	1A/B

衬砌裂缝深度的判定标准如附表 3-18 所示。

衬砌裂缝深度的判定标准　　　　　　　　　　　**附表 3-18**

判定	3A	2A	1A	B
k(裂缝深度/衬砌厚度)	$k > 2/3$	$1/2 \leqslant k \leqslant 2/3$	$1/3 \leqslant k < 1/2$	$k < 1/3$

对衬砌裂缝分布密度的判定标准如附表 3-19 所示。

衬砌裂缝分布密度的判定标准 附表 3-19

判定	A	B
分布密度(cm/m²)	＞200	≤200

对衬砌裂缝所致结构破损的判定标准如附表 3-20 所示。

衬砌裂缝所致结构破损的判定标准 附表 3-20

判定	3A	2A	1A	B
裂缝状态	裂缝密集,出现剪切裂缝,并且发展速度快	裂缝密集,出现剪切裂缝,并且发展速度较快	存在裂缝,有一定发展趋势	存在裂缝,但无发展趋势

11.4.6 渗漏水的判定标准

采用附表 3-21 中的判定标准作为渗漏水部位和漏水状态的判定标准。

隧道渗漏水部位及状态的判定标准 附表 3-21

结构部位	主要异况	渗漏状态				是否影响行车		判定
		喷射	涌流	滴漏	浸渗	是	否	
拱部	漏水	√				√		3A
			√			√		2A
				√		√		1A
					√		√	B
侧墙		√				√		2A
			√			√		1A
				√		√		1A
					√		√	B

注:此表主要根据漏水是否妨碍车辆行驶进行判定,例如漏水喷出妨碍车辆行驶,就可判定为 3A。

将渗漏水 pH 值对隧道衬砌腐蚀的影响程度定量地分为四级,则漏水 pH 值的判定标准如附表 3-22 所示。

漏水 pH 值的判定标准 附表 3-22

腐蚀等级	pH 值	对混凝土的作用
3A	＜4.0	水泥溶解崩溃
2A	4.1~5.0	在较短时间内表面凸凹不平
1A	5.1~6.0	表面易损坏
B	6.1~7.9	在混凝土使用初期要注意

冻害判定标准如附表 3-23 所示。

冻害判定标准 附表 3-23

冻害等级	2A	B
是否影响行车	是	否

隧道渗漏水的定性判定标准如附表 3-24 所示。

隧道渗漏水的定性判定标准 附表 3-24

判定	渗漏水状态
B	从衬砌裂缝等处渗水,几乎不影响行车安全
1A	从衬砌裂缝等处漏水,不久可能会影响行车安全
2A	从衬砌裂缝等处涌水,影响行车安全
3A	从衬砌裂缝等处喷射水流,严重影响行车安全

11.4.7　衬砌背后空洞的判定标准

对空洞的位置、大小的判定标准采用以下标准, 如附表 3-25 所示。

衬砌背后空洞位置和大小的定量判定标准 附表 3-25

空洞部位	空洞范围			
拱顶	0°～15°	15°～45°	45°～90°	＞90°
拱腰	0°～5°	5°～30°	30°～60°	＞60°
起拱线(边墙)	0°～5°	5°～30°	30°～60°	＞60°
拱脚	0°～5°	5°～30°	30°～60°	＞60°
判定结果	B/1A	2A	3A	2A

对衬砌背后空洞深度的判定标准如附表 3-26 所示。

衬砌背后空洞深度的判定标准 附表 3-26

判定	B	1A	2A	3A
空洞深度(cm)	＜5	5～20	20～40	＞40
减薄程度(%)	＜5	5～10	10～30	＞30

隧道位于不同级别的围岩中且背后存在空洞时隧道断面形式和围岩级别的判定标准如附表 3-27 所示。

在对衬砌背后的空洞进行综合判定时, 应采用定性的判定标准进行描述, 如附表 3-28 所示。

隧道断面形式和围岩级别的判定标准 附表 3-27

围岩级别		VI	IV、V	III	I、II
曲墙有仰拱隧道	小跨度	2A	1A	1A	B
	大跨度	2A	2A	1A	B
曲墙无仰拱隧道	小跨度	2A	1A	1A	B
	大跨度	3A	2A	1A	B
直墙式隧道	小跨度	2A	1A	1A	B
	大跨度	3A	2A	1A	B

衬砌背后空洞的定性判定标准 附表 3-28

判定	衬砌背后空洞
B	衬砌背后无空隙,或虽有空隙,但范围较小,且不会继续扩大
1A	衬砌侧面存在空隙,估计今后由于地下水的作用,空隙会扩大
2A	拱部背面存在大的空洞,上部落石可能掉落至拱背
3A	衬砌拱部背面存在较大的空洞,且衬砌有效厚度很薄,空腔上部可能掉落至拱背

11.4.8 衬砌材质劣化的判定标准

隧道衬砌强度判定标准如附表 3-29 所示,其中 q_1、q,L_q 分别表示检测断面衬砌混凝土平均强度、衬砌混凝土设计强度和检测衬砌混凝土强度不足地段的测线连续长度。

隧道衬砌强度判定标准 附表 3-29

判定指标	等级判定			
	B(轻微)	1A	2A	3A
$0.85 \leqslant q_1/q < 1$	L_q 不限	—	—	—
$0.75 \leqslant q_1/q < 0.85$	$L_q < 5$	$L_q \geqslant 5$	—	—
$0.65 \leqslant q_1/q < 0.75$	—	$L_q < 5$	$L_q \geqslant 5$	—
$q_1/q < 0.65$	—	—	$L_q < 5$	$L_q \geqslant 5$

衬砌厚度不足也可以视为衬砌背后空洞的一种,其判定标准可参照附表 3-26。

对于钢筋锈蚀的评估标准采用我国公路隧道推荐的定性的评估标准,如附表 3-30 所示。

衬砌结构材质劣化综合判定标准如附表 3-31 所示。

钢材腐蚀的定性判定标准　　　　　　　　附表 3-30

主要原因	腐蚀程度	判定
盐害、渗漏水、酸(碱)化等	表面或小面积的腐蚀	B
	浅孔蚀或钢筋全周生锈	1A
	钢材断面减小程度明显,钢结构功能受损	2A

衬砌材质劣化综合评定标准　　　　　　　　附表 3-31

劣化等级		混凝土衬砌腐蚀
A	AA(极严重)	初衬厚度为原设计厚度的 3/5,混凝土强度大大下降
	A1(严重)	初衬有效厚度为设计厚度的 2/3 左右
B(较重)		衬砌剥落,材质劣化,衬砌厚度减少,混凝土强度有一定的降低
C(中等)		衬砌剥落,材质劣化,但发展较慢
D(轻微)		衬砌有起毛或麻面蜂窝现象,但不严重

11.4.9　衬砌变形的判定标准

公路隧道衬砌变形速率判定标准如附表 3-32 所示。

公路隧道衬砌变形速率判定标准　　　　　　　　附表 3-32

判定	3A	2A	1A	B
变形速率 v(mm/年)	$v \geqslant 10$	$3 \leqslant v < 10$	$1 \leqslant v < 3$	$v < 1$

当隧道的变形速率保持一定的水平,经过一定时间的累积,就有可能侵入隧道建筑限界内,引起隧道内的净空不足。因此采用变形量与隧道内轮廓到建筑限界的距离（简称内限距）之比 s 作为判定指标,如附表 3-33 所示。

变形量的判定标准　　　　　　　　附表 3-33

判定	3A	2A	1A	B
s	$s \geqslant 3/4$	$1/2 \leqslant s \leqslant 3/4$	$1/4 \leqslant s < 1/2$	$s > 1/4$

衬砌变形的定性判定标准如附表 3-34 所示。

衬砌变形的定性判定标准　　　　　　　　附表 3-34

判定	描述
3A	出现变形、位移、沉降,结构物应有的功能明显下降
2A	出现变形、位移、沉降,估计近期内结构物功能会下降
1A	出现变形、位移,但发展缓慢
B	虽存在变形、位移、沉降,但已停止发展,已无可能再发生异常情况

11.4.10 衬砌起层、剥落的判定标准

附表 3-35 为衬砌掉落部位和可能性的判定标准。

衬砌掉落部位和可能性的判定标准　　　　附表 3-35

部位	掉落的可能性	
	有	无
拱部	3A	B
侧墙	2A	B

衬砌剥落深度的判定标准如附表 3-36 所示。

衬砌剥落深度的判定标准　　　　附表 3-36

判定	2A	1A	B
剥落的深度 h_s(mm)	$h_s>25$	$12<h_s\leqslant25$	$h_s>12$

衬砌剥落直径的判定标准如附表 3-37 所示。

衬砌剥落直径的判定标准　　　　附表 3-37

判定	3A	2A	1A	B
剥落直径 D_s(mm)	$D_s>150$	$75<D_s\leqslant150$	$50\leqslant D_s\leqslant75$	$D_s>50$

衬砌起层、剥落的定性判定标准如附表 3-38 所示。

衬砌起层、剥落的定性判定标准　　　　附表 3-38

判定 ＼ 破损原因	外荷载作用所致	衬砌劣化所致
3A	由于拱顶裂缝密集,衬砌开裂,导致起层、剥落,混凝土块可能掉下	由于拱顶部位的材料劣化,导致混凝土起层、剥落,混凝土可能掉落或已掉落
2A	侧墙处裂缝密集,衬砌压裂,导致起层、剥落,侧墙混凝土有可能掉下	由于侧墙部位材料劣化,导致混凝土起层、剥落,混凝土可能掉落或已掉落
1A	—	—
B	—	难以确定起层、剥落

11.5 评估指标的权重

11.5.1 指标权重确定的方法

评估指标权重的确定采用 G1 法（序关系分析法），该方法计算过程简单方

便，并且可以对权重随时调整，而隧道的服役性能影响因素在不同时期、不同地点的权重是变化的，因此该方法十分适合于确定隧道服役性能影响因素的权重。

G1 法（序关系分析法）可分为三个步骤。

1）确定序关系。假设评估指标 x_i 相对于某评估准则（或目标）的重要性程度大于（或不小于）x_j 时，则记为 $x_i > x_j$。

若评估指标 x_1，x_2，$\cdots$，x_m 相对于某评估准则（或目标）具有附式（3-3）所示的关系式

$$x_1^* > x_2^* > \cdots > x_m^* \tag{附 3-3}$$

则称评估指标 x_1，x_2，$\cdots$，x_m 之间按照 ">" 确立了序关系，这里 x_i^* 表示 $\langle x_i \rangle$ 按照序关系 ">" 排定顺序后的第 i 个评估指标（$i = 1$，2，$\cdots m$）。对于评估指标集 $\langle x_1$，x_2，$\cdots$，$x_m \rangle$ 可按照下述步骤建立序关系。

（1）专家在指标集 $\langle x_1$，x_2，$\cdots$，$x_m \rangle$ 中选出认为是最重要（关于某评估准则）的一个指标标记为 x_1^*。

（2）专家在余下的 $m-1$ 个指标中，选出认为是最重要的（关于某评估准则）的一个指标标记为 x_2^*。

……

（k）专家在余下的 $m-(k-1)$ 个指标中，选出认为是最重要（关于某评估准则）的一个指标标记为 x_k^*；

……

（m）经过 $m-1$ 次挑选剩下的评估指标记为 x_m^*。

这样，就确定了附式（3-3）。对于大多数评估问题来说，仅给出附式（3-3）还不够，还要确定出各个评估指标相对于某评估准则（或目标）的权重系数，为书写方便且不失一般性，记附式（3-3）为：

$$x_1 > x_2 > \cdots > x_m \tag{附 3-4}$$

2）给出 x_{k-1} 与 x_k 间相对重要度的比较判断

假设专家关于评估指标 x_{k-1} 与 x_k 的重要性程度之比 ω_{k-1}/ω_k 的理性判断分别为

$$\omega_{k-1}/\omega_k = r_k(k = m, m-1, m-2, \cdots, 3, 2) \tag{附 3-5}$$

当 m 较大时，由附式（3-3）可取 $r_m = 1$。r_k 的赋值可参考附表 3-39。

赋值参考表　　　　　　　　　　　　　　　　　　　　　　　　　　　　附表 3-39

r_k	说明
1.0	指标 x_{k-1} 与指标 x_k 具有同样重要性
1.2	指标 x_{k-1} 比指标 x_k 稍微重要

r_k	说明
1.4	指标 x_{k-1} 比指标 x_k 明显重要
1.6	指标 x_{k-1} 比指标 x_k 强烈重要
1.8	指标 x_{k-1} 比指标 x_k 极端重要

关于 r_k 之间的数量约束，应满足：

$$r_{k-1} > 1/r_k(k=m,m-1,m-2,\cdots,3,2) \tag{附 3-6}$$

3）权重系数的计算

若 r_k 满足附式（3-6），则 ω_m 为

$$\omega_m = \left(1 + \sum_{k=2}^{m}\prod_{i=k}^{m} r_i\right)^{-1} \tag{附 3-7}$$

而

$$\omega_{k-1} = r_k\omega_k(k=m,m-1,m-2,\cdots,3,2) \tag{附 3-8}$$

对附式（3-7）的证明如下：因 $\prod_{i=k}^{m} r_i = \omega_{k-1}/\omega_m$，故对 k 从 2 到 m 求和，可得

$$\sum_{k=2}^{m}\left(\prod_{i=k}^{m} r_i\right) = \sum_{k=2}^{m}\omega_{k-1}/\omega_m \tag{附 3-9}$$

注意到 $\sum_{k=1}^{m}\omega_k = 1$，得 $1 + \sum_{k=2}^{m}\left(\prod_{i=k}^{m} r_i\right) = \omega_m^{-1}$，从而可得附式（3-7）。

11.5.2 指标层指标的权重

对于指标层指标的权重，采用 G1 法（序关系分析法）确定。

1）衬砌裂缝

衬砌裂缝的指标层指标包括衬砌裂缝的长度、宽度、深度和分布密度 4 项指标，根据之前所建立的公路隧道衬砌服役性能综合评估指标体系（附图 3-3），分别记为 C_1、C_2、C_3，其中将长度和宽度作为衬砌裂缝的一个指标，记为 C_1。

衬砌裂缝的长度和宽度是衬砌裂缝最直观、最有效的反映，是目前分析衬砌裂缝时最常用的指标。衬砌裂缝的长度和宽度 C_1 的量测比较方便，对衬砌裂缝的长度和宽度的分析和判定也进行了许多研究，因此，认为在衬砌裂缝的 4 个评估指标中，衬砌裂缝的长度和宽度 C_1 的重要性最大。衬砌裂缝的深度 C_2 也是衬砌裂缝性态一个重要的反映。但对衬砌裂缝深度 C_2 的测定还不是很成熟。而且对衬砌裂缝深度 C_2 的判定还需要进一步研究，因此，从指标的可操作性和准确性的角度，认为衬砌裂缝的深度在对衬砌裂缝的性态反映方面不如衬砌裂缝的长度和宽度 C_1 重要。因此，认为衬砌裂缝 C_1 的重要性比 C_2 的重要性稍微高一些，而裂缝的分布密度 C_3 通常不是作为一个独立的指标，而是作为辅助的指标对裂

缝来进行判断，因此认为 C_2 的重要性比 C_3 的重要性稍微高一些，则几个指标的排序为 $C_1 > C_2 > C_3$。

即三个指标的序关系如下：

$$C_1 > C_2 > C_3 \Rightarrow x_1^* > x_2^* > x_3^* \tag{附 3-10}$$

且有 $r_2 = \dfrac{\omega_1^*}{\omega_2^*} = 1.2$，$r_3 = \dfrac{\omega_2^*}{\omega_3^*} = 1.2$，而 $r_2 r_3 = 1.44$，$r_3 = 1.2$，$r_2 r_3 + r_3 = 2.64$。

所以，$\omega_3^* = (1 + 2.66)^{-1} = 0.2747$，$\omega_2^* = \omega_3^* r_3 = 0.2732 \times 1.2 = 0.3297$，$\omega_1^* = \omega_2^* r_2 = 0.3278 \times 1.2 = 0.3956$。

故裂缝的评估指标 C_1、C_2、C_3 的权重 $\omega_{c3} = \omega_3^*$，$\omega_{c2} = \omega_2^*$，$\omega_{c1} = \omega_1^*$，记为

$$\omega_{b1} = (\omega_{c1} \quad \omega_{c2} \quad \omega_{c3}) = (0.396 \quad 0.330 \quad 0.274) \tag{附 3-11}$$

2）渗漏水

附图 3-3 中，渗漏水的指标层指标包括渗漏部位和漏水状态、pH 值、冻害，分别记为 C_4、C_5、C_6，其中将渗漏部位和漏水状态作为一个指标 C_4。

渗漏水的部位和漏水状态 C_4 是渗漏水最直观的反映，其测量方便，而且渗漏状态直接影响隧道内的行人、行车的安全。而 pH 值 C_5 的作用是一个长期的过程，因此，认为渗漏部位和状态 C_4 比 pH 值 C_5 明显重要。冻害 C_6 是由于水对隧道衬砌产生冻胀力，使隧道衬砌产生破坏，但在我国南方地区，冻害极少发生，而 pH 值 C_5 对隧道的侵蚀作用则比冻害 C_6 的危害更为明显，因此，从危害性的角度考虑，认为 pH 值 C_5 的重要性比冻害 C_6 的重要性稍微高一些，则 3 个指标的排序为 $C_4 > C_5 > C_6$。

建立如下的序关系

$$C_4 > C_5 > C_6 \Rightarrow x_1^* > x_2^* > x_3^* \tag{附 3-12}$$

且有 $r_2 = \dfrac{\omega_1^*}{\omega_2^*} = 1.4$，$r_3 = \dfrac{\omega_2^*}{\omega_3^*} = 1.2$，而 $r_2 r_3 = 1.68$，$r_3 = 1.2$，$r_2 r_3 + r_3 = 2.88$。

所以 $\omega_3^* = (1 + 2.88)^{-1} = 0.2577$，$\omega_2^* = \omega_3^* r_3 = 0.2577 \times 1.2 = 0.3093$，$\omega_1^* = \omega_2^* r_2 = 0.3278 \times 1.2 = 0.4330$。

故渗漏水的三个评估指标 C_4、C_5、C_6 的权重 $\omega_{c6} = \omega_3^*$，$\omega_{c5} = \omega_2^*$，$\omega_{c4} = \omega_1^*$，记为

$$\omega_{b2} = (\omega_{c4} \quad \omega_{c5} \quad \omega_{c6}) = (0.433 \quad 0.309 \quad 0.258) \tag{附 3-13}$$

3）衬砌背后空洞

附图 3-3 中，衬砌背后空洞的指标层指标有空洞位置和大小、空洞深度以及围岩情况 3 个指标，分别记为 C_7、C_8、C_9，其中空洞的位置和大小作为一个指标记为 C_7。

衬砌背后空洞的大小越大，对隧道衬砌结构的安全越为不利。虽然空洞很大时衬砌的内力可能反而较小，但衬砌结构面临落石危害的可能性却大为增加，且空洞位置不同时，对衬砌结构的安全影响也不尽相同，因此，认为衬砌背后空洞位置和大小 C_7 相比空洞深度 C_8 和围岩情况 C_9 而言稍微重要。当围岩情况不同时，隧道衬砌结构的内力大为不同，且落石发生的可能性也受围岩情况的影响。通常围岩差时落石更容易发生，因此认为围岩情况 C_9 的重要性比空洞深度 C_8 的重要性要稍微高一些，则 3 个指标的排序为 $C_7 > C_9 > C_8$。

建立如下序关系

$$C_7 > C_9 > C_8 \Rightarrow x_1^* > x_2^* > x_3^* \qquad (\text{附 3-14})$$

且有 $r_2 = \dfrac{\omega_1^*}{\omega_2^*} = 1.2$，$r_3 = \dfrac{\omega_2^*}{\omega_3^*} = 1.2$，而 $r_2 r_3 = 1.44$，$r_3 = 1.2$，$r_2 r_3 + r_3 =$ 2.64。所以 $\omega_3^* = (1 + 2.66)^{-1} = 0.2747$，$\omega_2^* = \omega_3^* r_3 = 0.2732 \times 1.2 = 0.3297$，$\omega_1^* = \omega_2^* r_2 = 0.3278 \times 1.2 = 0.3956$。

故衬砌背后空洞的三个评估指标 C_1、C_2、C_3 的权重 $\omega_{c8} = \omega_3^*$，$\omega_{c9} = \omega_2^*$，$\omega_{c7} = \omega_1^*$，记为

$$\omega_{b3} = (\omega_{c7} \quad \omega_{c8} \quad \omega_{c9}) = (0.396 \quad 0.274 \quad 0.330) \qquad (\text{附 3-15})$$

4）衬砌材质劣化

附图 3-3 中，衬砌材质劣化的指标层指标包括衬砌强度、衬砌厚度、钢材腐蚀 3 个指标，分别用 C_{10}、C_{11}、C_{12} 表示。

衬砌强度 C_{10} 和衬砌厚度 C_{11} 资料的获取和分析方法的研究比较充分，但衬砌强度 C_{10} 的信息获取更为容易，因此，认为在衬砌材质劣化的 3 个指标中，衬砌强度 C_{10} 比衬砌厚度 C_{11} 和钢材腐蚀 C_{12} 的重要性都稍微高一些。而钢材腐蚀 C_{12} 的数据获取最为困难，判定也是以定性为主，因此，认为衬砌厚度 C_{11} 的重要性比钢材腐蚀 C_{12} 的重要性也稍微高一些，则三个指标的排序为 $C_{10} > C_{11} > C_{12}$。

建立如下的序关系

$$C_{10} > C_{11} > C_{12} \Rightarrow x_1^* > x_2^* > x_3^* \qquad (\text{附 3-16})$$

且有 $r_2 = \dfrac{\omega_1^*}{\omega_2^*} = 1.2$，$r_3 = \dfrac{\omega_2^*}{\omega_3^*} = 1.2$，而 $r_2 r_3 = 1.44$，$r_3 = 1.2$，$r_2 r_3 + r_3 =$ 2.64。所以 $\omega_3^* = (1 + 2.66)^{-1} = 0.2747$，$\omega_2^* = \omega_3^* r_3 = 0.2732 \times 1.2 = 0.3297$，$\omega_1^* = \omega_2^* r_2 = 0.3278 \times 1.2 = 0.3956$。

故衬砌材质劣化的三个评估指标 C_{10}、C_{11}、C_{12} 的权重 $\omega_{c12} = \omega_3^*$，$\omega_{c11} = \omega_2^*$，$\omega_{c10} = \omega_1^*$，记为

$$\omega_{b4} = (\omega_{c10} \quad \omega_{c11} \quad \omega_{c12}) = (0.396 \quad 0.330 \quad 0.274) \qquad (\text{附 3-17})$$

5）衬砌变形

附图 3-3 中，衬砌变形的指标层指标包括变形速率和变形量 2 个指标，分别

用 C_{13}、C_{14} 来表示。由于变形速率 C_{13} 资料的获取要受到时间的限制，因此，从资料获取的角度考虑，认为变形量 C_{14} 的重要性比变形速率 C_{13} 的重要性要稍微高一些，则两个指标的排序为 $C_{14} > C_{13}$。

建立如下的排序关系

$$C_{14} > C_{13} \Rightarrow x_1^* > x_2^* \qquad\qquad (\text{附 } 3\text{-}18)$$

且有 $r_2 = \dfrac{\omega_1^*}{\omega_2^*} = 1.2$。所以 $\omega_2^* = (1+1.2)^{-1} = 0.4545$，$\omega_1^* = \omega_2^* r_2 = 0.4545 \times 1.2 = 0.5455$。

则衬砌变形 2 个指标的标度权重为 $\omega_{c14} = \omega_2^*$，$\omega_{c13} = \omega_1^*$，记为

$$\omega_{b5} = (\omega_{c13} \quad \omega_{c14}) = (0.454 \quad 0.546) \qquad\qquad (\text{附 } 3\text{-}19)$$

6) 衬砌起层、剥落

图 3-3 中，衬砌起层、剥落的指标层指标包括部位和掉落的可能性、直径、深度，分别用 C_{15}、C_{16}、C_{17} 表示，其中将部位和掉落的可能性作为衬砌起层、剥落的一个指标 C_{15}。

对于衬砌起层、剥落，认为直径 C_{16} 和深度 C_{17} 具有同样的重要性，但为了排序，这里选择直径优先，而二者的重要性均比掉落的部位和可能性 C_{15} 稍微高一些，则三个指标的排序为 $C_{16} > C_{17} > C_{15}$。

建立如下的排序关系

$$C_{16} > C_{17} > C_{15} \Rightarrow x_1^* > x_2^* > x_3^* \qquad\qquad (\text{附 } 3\text{-}20)$$

且有 $r_2 = \dfrac{\omega_1^*}{\omega_2^*} = 1.0$，$r_3 = \dfrac{\omega_2^*}{\omega_3^*} = 1.2$，而 $r_2 r_3 = 1.2$，$r_3 = 1.2$，$r_2 r_3 + r_3 = 2.4$。所以 $\omega_3^* = (1+2.4)^{-1} = 0.2941$，$\omega_2^* = \omega_3^* r_3 = 0.2941 \times 1.2 = 0.3529$，$\omega_1^* = \omega_2^* r_2 = 0.3529 \times 1.0 = 0.3529$。

故衬砌起层、剥落的三个评估指标 C_{15}、C_{16}、C_{17} 的权重 $\omega_{c15} = \omega_3^*$，$\omega_{c16} = \omega_2^*$，$\omega_{c17} = \omega_1^*$，记为

$$\omega_{b6} = (\omega_{c15} \quad \omega_{c16} \quad \omega_{c17}) = (0.294 \quad 0.353 \quad 0.353) \qquad\qquad (\text{附 } 3\text{-}21)$$

11.5.3　准则层指标的权重

准则层的指标分别为衬砌裂缝、衬砌渗漏水、衬砌背后空洞、衬砌变形、起层和剥落，分别用 B_1、B_2、B_3、B_4、B_5、B_6 表示。准则层指标的权重与指标层的权重稍微不同，指标层各个指标之间的重要性相对来说比较固定，例如裂缝的长度和宽度，在进行裂缝评估时，总是首先考虑的因素，所以其重要性总是要比裂缝深度和分布密度高；而准则层的各指标的重要性则受到检测结果的影响较大，例如，当渗漏水特别严重时，已经严重影响了隧道的整体安全性，那么在进行评估时，渗漏水就可能成为首要考虑的因素，其权重也就应该最大。所以，在利用 G1 法进行排序时，各个指标之间的排序可能是不固定的，因此，在确定准

则层指标权重时，应首先根据检测的结果，由专家判断各个指标之间的相对重要性，然后再进行重要性排序，最后采用 G1 法确定各个指标的权重。

例如，假设某隧道的裂缝和渗漏水情况特别严重，尤其是渗漏水最为严重，各个指标之间的排序为 $B_2 > B_1 > B_3 > B_4 > B_6 > B_5$。

建立如下的排序关系

$$B_2 > B_1 > B_3 > B_4 > B_6 > B_5 \Rightarrow x_1^* > x_2^* > x_3^* > x_4^* > x_5^* > x_6^*$$

（附 3-22）

且有 $r_2 = \dfrac{\omega_1^*}{\omega_2^*} = 1.8$，$r_3 = \dfrac{\omega_2^*}{\omega_3^*} = 1.4$，$r_4 = \dfrac{\omega_3^*}{\omega_4^*} = 1.2$，$r_5 = \dfrac{\omega_4^*}{\omega_5^*} = 1.0$，$r_6 = \dfrac{\omega_5^*}{\omega_6^*} = 1.2$，而 $r_2 r_3 r_4 r_5 r_6 = 3.6288$，$r_3 r_4 r_5 r_6 = 2.016$，$r_4 r_5 r_6 = 1.44$，$r_5 r_6 = 1.2$，$r_6 = 1.2$，$r_2 r_3 r_4 r_5 r_6 + r_3 r_4 r_5 r_6 + r_4 r_5 r_6 + r_5 r_6 + r_6 = 9.4848$。所以 $\omega_6^* = (1 + 9.4848)^{-1} = 0.0954$，$\omega_5^* = \omega_6^* r_6 = 0.0954 \times 1.2 = 0.1145$，$\omega_4^* = \omega_5^* r_5 = 0.1145 \times 1.0 = 0.1145$，$\omega_3^* = \omega_4^* r_4 = 0.1145 \times 1.2 = 0.1373$，$\omega_2^* = \omega_3^* r_3 = 0.1373 \times 1.4 = 0.1923$，$\omega_1^* = \omega_2^* r_2 = 0.1923 \times 1.8 = 0.3461$。

故准则层指标 B_1、B_2、B_3、B_4、B_5、B_6 的权重 $\omega_{a2} = \omega_1^*$，$\omega_{a1} = \omega_2^*$，$\omega_{a3} = \omega_3^*$，$\omega_{a4} = \omega_4^*$，$\omega_{a6} = \omega_5^*$，$\omega_{a5} = \omega_6^*$。记为

$$\omega_a = (\omega_{a1} \quad \omega_{a2} \quad \omega_{a3} \quad \omega_{a4} \quad \omega_{a5} \quad \omega_{a6})$$

（附 3-23）

$$= (0.192 \quad 0.346 \quad 0.137 \quad 0.115 \quad 0.095 \quad 0.115)$$

11.6 类岩堆体隧道衬砌服役性能的模糊综合评估模型

11.6.1 由于公路隧道衬砌服役性能评估指标体系是一个三层指标体系，因此采用两级模糊综合评估模型。多级模糊综合评估是从最低层开始逐层向上做出综合评估，直至最高的目标层以得到原问题的综合评估结果。这里从指标层出发，先对准则层各因素进行一级模糊综合评估，再对目标层进行二级模糊综合评估。

11.6.2 确定评估区段

山区公路隧道病害往往可能集中在某些区段，如果根据整条隧道的检测结果进行服役性能评估，往往会忽视局部严重病害情况，严重影响评估准确性。同时，对隧道进行养护时，通常也是根据不同区段病害的严重程度而制定相应的养护策略。因此，隧道的服役性能评估工作应该分段进行，并相应地制定合理的养护策略。

划分评估区段时，同时应该考虑隧道所处的围岩情况，一般来说，围岩级别越好，隧道产生病害的概率也就越低。同时，隧道施工过程的环向施工缝和沉降缝也是隧道的不连续面，将隧道划分为不同的区段，一般来说，隧道的沉降缝间

距不大于 50m，在 V、Ⅵ级围岩中的隧道，在洞口 50m 范围内，沉降缝间距约为 10m 左右。而隧道衬砌中两条相邻环向施工缝的间距是由于两次浇筑混凝土的时间不同而导致的，因此与隧道施工台车的长度有关，一般比较常见的施工台车的长度约为 10m 左右。因此隧道评估区段的划分标准建议值如附图 3-40 所示，也可以根据隧道的具体情况进行调整。

隧道评估区段的划分标准建议值

附表 3-40

围岩级别	区段长度建议值(m)
Ⅰ、Ⅱ	50
Ⅲ、Ⅳ	30
V、Ⅵ	10

注：划分评估区段时，假设隧道施工质量均满足相关规范规定。如果施工质量较差，可视具体情况缩短评估区段的长度划分标准。

11.6.3 一级模糊综合评估

（1）评估指标集

根据前文所述，公路隧道衬砌服役性能评估指标体系如附式（3-24）所示。

$$C = \{C_1, C_2 \cdots, C_{17}\} \tag{附 3-24}$$

（2）评语等级集合

根据前文所确定的各种病害的判定等级，基本都是 4 级判定标准，也有部分指标为 2 级或 3 级判定标准。公路隧道衬砌服役性能等级标准也是四级评判标准，利用公路隧道服役性能等级标准和各评估指标的评判标准，假设评语等级集合如附式（3-25）所示。

$$V = \{v_1, v_2, v_3, v_4\} \tag{附 3-25}$$

式中，v_1、v_2、v_3、v_4 分别表示服役性能 B、1A、2A、3A。

（3）单因素评估矩阵

利用隶属函数建立指标 C_i 对评语集合 V 的隶属向量 R_{ci}。

$$R_{ci} = (r_{ci1} \quad r_{ci2} \quad r_{ci3} \quad r_{ci4}), i = 1, 2, \cdots, 17 \tag{附 3-26}$$

由隶属向量 R_{ci} 即可建立准则层各因素的单因素评估矩阵 R'_{bi}。

（4）一级模糊综合评估

影响隧道服役性能的各因素 B_i 的单因素评估矩阵为 R'_{bi}，而各因素的权重向量为 ω_{bi}，则各因素 B_i 对评语集合 V 的隶属向量可由附式（3-27）计算得到。

$$R_{bi} = \omega_{bi} R'_{bi} \tag{附 3-27}$$

11.6.4 二级模糊综合评估

将一级模糊综合评估结果 R_{bi} 视为单因素评判集，由 R_{bi} 可组成二级模糊综合评估的单因素评估矩阵，由相应的权重向量和单因素评估矩阵通过矩阵相乘可得二级模糊综合评估结果——目标因素对评语集合的隶属向量 Z。

$$Z = \omega_a \begin{pmatrix} R_{b1}^T & R_{b2}^T & R_{b3}^T & R_{b4}^T & R_{b5}^T & R_{b6}^T \end{pmatrix}^T \qquad \text{(附 3-28)}$$

11.6.5 衬砌服役性能量化标准

分别给评语 v_1、v_2、v_3、v_4 赋以分值 4、3、2、1，令

$$F = \frac{4z_1 + 3z_2 + 2z_3 + z_4}{z_1 + z_2 + z_3 + z_4} \qquad \text{(附 3-29)}$$

则公路隧道衬砌健康状态等级量化标准如附表 3-41 所示。

公路隧道衬砌健康状态等级量化标准 附表 **3-41**

判定分类	检查结论	健康值 F
3A	结构存在严重破坏,已危及行人、行车安全,必须立即采取紧急对策措施	$3.5 < F \leqslant 4.0$
2A	结构存在较严重破坏,将会危及行人、行车安全,应尽早采取对策措施	$2.5 < F \leqslant 3.5$
1A	结构存在破坏,可能会危及行人、行车安全,应准备采取对策措施	$1.5 < F \leqslant 2.5$
B	结构无破损或存在轻微破损,现阶段对行人、行车不会有影响,但应进行监视或观测	$1.0 < F \leqslant 1.5$

12 类岩堆体隧道养护和维修

12.1 一般规定

12.1.1 根据山区公路隧道服役性能总体评估,将隧道服役性能等级分为 4 个等级（B 级,1A 级,2A 级,3A 级）,如附表 3-42 所示,对应于隧道日常养护、小修、中修及大修。从 B 级到 3A 级,隧道服役性能逐步降低。上述各等级评定由隧道服役性能评价而得。

隧道结构服役性能等级划分及维修规模 附表 **3-42**

隧道服役性能等级	正常	劣化	恶化	危险
	B 级	1A 级	2A 级	3A 级
隧道维修规模	日常养护	小修	中修	大修

12.2 日常养护

12.2.1 隧道结构的保养应包括经常性或预防性的保养和轻微缺损部分的维修等内容,恢复和保持结构的正常使用状况。

12.2.2 应及时清除洞口边仰坡上的危石、浮土,保持洞口边沟和边仰坡上截（排）水沟的完好、畅通,修复存在轻微损坏的洞口挡土墙、洞门墙、护坡、

排水设施和减光设施等结构物的开裂、变形，维护洞口花草树木。冬季应清除边仰坡上的积雪和挂冰。

12.2.3 当明洞上边坡出现危石或有崩塌可能时，应及时清除，也可采取保护性开挖等措施。明洞顶的填土厚度和地表线，应保持原设计状态。当遇边坡塌方形成局部堆积，或遇暴雨、洪水导致原填土大量流失时，应及时采取措施调整到原有状态，避免产生严重偏压导致明洞结构变形、损坏。明洞的防水层失效或损坏时，应及时修复。

12.2.4 应及时清除半山洞内的雨雪、杂物以及洞顶坠落的石块，并保持边沟畅通。应及时修复、添补缺损的护栏、护墙。

12.2.5 对无衬砌隧道出现的碎裂、松动岩石和危石，应按照"少清除，多稳固"的原则进行处理；对围岩的渗水、漏水，应开设泄水孔接引水管，将水导入边沟排出；冬季应及时清除洞顶挂冰。

12.2.6 对有衬砌隧道出现的衬砌起层、剥离，应及时清除；应及时修补衬砌裂缝，并设立观测标记进行跟踪观测；对衬砌的渗水、漏水应接引水管，将水导入边沟；冬季应及时清除洞顶挂冰等。

12.2.7 应及时清除隧道内外路面上的塌（散）落物和堆积物。应及时修复、更换损坏的窨井盖或其他设施盖板。当路面出现渗水、漏水时，应及时处理，将水引入边沟排出，防止路面积水或结冰。

12.2.8 横通道内严禁存放任何非救援用物品，应及时清除散落杂物，修复轻微破损结构。应定期保养横通道门，保证横通道清洁、畅通。

12.2.9 寒冷地区隧道的防冻保温设施应做好保养维护，当有损坏时，应及时维修，保证其正常使用功能。洞口设有防雪设施的隧道，应做好防雪设施的保养维护，并在大雪降临前完成设施的维修加固，冬季应及时清除洞口处积雪。

12.3 病害处治

12.3.1 隧道外力引起的病害治理措施宜按附表 3-43 选择执行。

外力引起的病害治理措施 附表 3-43

治理措施	外力来源							
	围岩压力	滑坡	水压力	冻胀力	地基沉降	膨胀力	地表超载	振动荷载
边坡加固		★						
衬砌背面注浆	★	★	★	☆	★	★	★	★
喷射混凝土	◇	☆	◇			◇		
锚杆加固	☆	☆				☆		

治理措施	外力来源							
	围岩压力	滑坡	水压力	冻胀力	地基沉降	膨胀力	地表超载	振动荷载
套拱加固	☆						☆	
灌浆锚固	★	★				★		
排水			★	◇		☆		
增设隔热保温层				★				

注：★表示治理效果很好；☆表示治理效果较好；◇表示治理效果一般。

12.3.2 衬砌劣化病害治理措施宜按附表 3-44 选择执行。

衬砌劣化病害治理措施表 表 3-44

治理措施	劣化类型				
	起毛	蜂窝麻面	碳化	钢筋锈蚀	剥落剥离
表面清除	★		★	★	★
砂浆涂抹	☆	☆	◇	☆	☆
喷射混凝土		☆	◇	☆	★
现浇混凝土		★	☆	★	☆
金属网＋喷射混凝土				◇	☆
局部改建			☆		★

注：★表示治理效果很好；☆表示治理效果较好；◇表示治理效果一般。

12.3.3 渗水、漏水病害治理措施宜按附表 3-45 选择执行。

渗水、漏水病害治理措施选择表（无冰冻时） 附表 3-45

渗水类型及程度	衬砌渗漏		施工缝、变形缝渗漏	
治理措施	轻微	严重	轻微	严重
导水、排水	★	◇	★	☆
防水抹面	★	◇	◇	
洞内注浆		☆	☆	◇
壁后注浆		★		★
嵌缝				★
增防水板		☆		
局部重建		◇		☆

注：★表示治理效果很好；☆表示治理效果较好；◇表示治理效果一般。

12.3.4 针对冰冻病害宜采用隔热法和加热法。冰冻病害处理前需治理漏水点、疏通排水通道。隧道结构厚度不足时，宜采用喷射混凝土、锚杆加固或施加套拱的方法进行处理。隧道结构存在背后空洞时，宜采用衬砌背面注浆的方法进行处理。

12.4 隧道大修

12.4.1 隧道大修工程应依据隧道服役期限和日常运营巡检记录，以满足隧道日常服役功能为目标，确定大修工程的时间及规模。隧道大修实施流程如附图 3-4 所示。

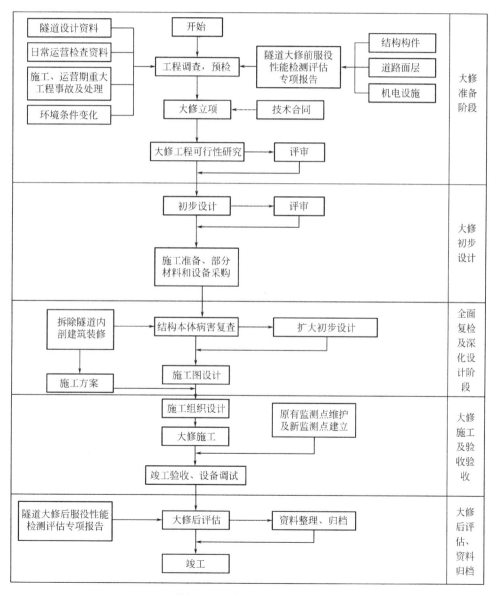

附图 3-4 隧道大修实施流程

12.4.2　大修准备阶段

（1）历史资料调研及预检。应收集和调研隧道设计、施工及运维资料，并开展隧道预检，隧道预检可按专项检测开展，编制隧道大修前服役性能检测评估专项报告，确定隧道服役等级，作为大修立项及合同拟订的技术材料。

（2）编制大修工程可行性研究报告并评审。

12.4.3　大修初步设计

开展大修初步设计，以此为根据开展施工准备和材料设备采购。

12.4.4　全面复检及深化设计阶段

（1）装饰装修及附属设备设施拆除。对隧道到装饰装修层、烟道板等影响隧道本体检测的部件进行拆除。

（2）大修期间复检。隧道大修展开后，应采用快速化检测手段对隧道本体进行全面复检和评估，并分析隧道性能劣化及病害成因，为大修方案修正提供科学化意见，并指导后期健康监测布设等工作。

（3）大修扩大初步设计及施工图设计。在原有初步设计基础上，根据本体复查结果，开展扩大初步设计和施工图设计。

12.4.5　大修施工及验收

根据扩大初步设计及施工图设计，对结构本体、道路、附属设施及机电设备进行全面大修，并根据要求完成隧道监测系统重新布设。大修完进行竣工验收及设备调试。

12.4.6　大修后评估及竣工

隧道后评估及检测在隧道修缮完成后 1 年进行，结合隧道内监测数据，出具大修后隧道服役性能检测和评估专项报告，预测隧道性能演化并对后期维养提供建议。

■ 参考文献 ■

[1] 黄英，何发祥，金克盛，等．胶结材料对云南红土胶结特性的影响研究 [J]．铁道科学与工程学报，2007，4（5）：51-56.

[2] 刘小文，常立君．非饱和红土强度特性的试验研究 [J]．建筑科学，2009，25（1）：70-72.

[3] 黄英，张祖连，金克盛．昆明击实红土的抗剪强度特性研究 [J]．昆明理工大学学报（自然科学版），2014，39（1）：33-39.

[4] 梁谏杰，张祖连，邱观贵，等．干湿循环下云南加砂红土物理力学特性研究 [J]．水文地质工程地质，2017，44（5）：100-106.

[5] 程富阳，黄英，周志伟，等．干湿循环下饱和红土不排水三轴试验研究 [J]．工程地质学报，2017，25（4）：1017-1026.

[6] 黄英，程富阳，金克盛．干湿循环下云南非饱和红土土-水特性研究 [J]．水土保持学报，2018，32（6）：97-106.

[7] 范本贤，黄英，孙书君，等．云南红土的循环胀缩特性研究 [J]．水土保持学报，2018，32（2）：120-127.

[8] 杜长城，祝艳波，苗帅升，等．初始含水率对三趾马红土失水收缩特性影响 [J]．水土保持研究，2019，26（1）：227-233.

[9] 周丹，黄英，杨恒，等．干湿循环对云南饱和重塑红土固结不排水剪切特性的影响 [J]．工业建筑，2019，49（7）：89-96.

[10] 黄英，石崇喜，张祖连，等．云南红土室内滑坡可行性试验研究 [J]．河海大学学报（自然科学版），2014，42（6）：497-502.

[11] 张祖连，洪斌，黄英，等．降雨条件下云南红土理化特性对坡面侵蚀的影响研究 [J]．水土保持学报，2016，30（3）：6-11.

[12] 朱泽勇，贺桂成，李丰雄，等．干湿交替条件下红土边坡破坏机理试验研究 [J]．长江科学院院报，2018，35（2）：73-77.

[13] 张祖连，梁谏杰，黄英，等．干湿循环作用下云南红土特性与库岸边坡稳定性关系研究 [J]．山地学报，2018，36（2）：112-120.

[14] 张定邦，朱金凤．红土地层中CRD法开挖隧道沉降变形及结构内力分析 [J]．华侨大学学报（自然科学版），2013，34（1）：87-91.

[15] 郭乐，蔡云廷．王家鼎．吕梁山西麓三趾马红土铁路隧道围岩分级研究 [J]．铁道标准设计，2014，58（5）：104-108.

[16] 王建斌，王家鼎，谷天峰，等．三趾马红土中石楼隧道的工程稳定性初步研究 [J]．水文地质工程地质，2014，41（1）：54-60.

[17] 王家鼎，王建斌，谷天峰，等．水-力耦合作用下三趾马红土围岩变形特征研究 [J]．工程地质学报，2016，24（6）：1157-1169.

[18] 杜景灿，周家瓣，吴毅，等．岩质古滑坡体稳定性研究——以宝泉抽水蓄能电站龟山

古滑坡体为例 [J]. 岩土力学，2005，26（11）：1793-1798.

[19] 高军. 不稳定岩堆体大跨隧道稳定性控制 [J]. 采矿与安全工程学报，2002，19（2）：68-70.

[20] 杜炜平，古德生. 隧道通过断层区的力学特性与技术对策研究 [J]. 西部探矿工程，2000（5）：1-2.

[21] 杜炜平，唐刚. 古滑坡体破坏特征与防治对策 [J]. 土工基础，2006，20（3）：31-33.

[22] WANG G H，YANG Y Y，et al. Failure characteristics and its influencing factors of talus-derived rock mass during open-pit mining [J]. Transactions of Nonferrous Metals Society of China，2013，23（2）：462-471.

[23] 陈乔，朱洪林，谢治国，等. 基于降雨滑坡模型的两种边坡破坏模式研究 [J]. 水利水电技术，2018，49（4）：138-144.

[24] 曾江波，付智勇，肖林超，等. 基于降雨作用下滑面抗剪强度动态变化的层状边坡稳定性评价 [J]. 地质科技情报，2018，37（4）：231-237.

[25] 王勇，蔡建华，李苍松. 惠兴高速公路某段古滑坡体治理措施研究 [J]. 贵州大学学报（自然版），2014，31（2）：124-128.

[26] 梁敬轩，胡卸文，韩玫，等. 强震下紫坪铺坝前大型古滑坡体变形破坏效应 [J]. 西南交通大学学报，2016，51（6）：1154-1162.

[27] 孙志亮，孔令伟，郭爱国. 不同含水状态堆积体边坡地震响应特性大型振动台模型试验 [J]. 岩土力学，2018，39（7）：2433-2460.

[28] 柏署，米文勇，傅立新，等. 位于古滑坡体的隧道处置方案比选 [J]. 公路交通科技（应用技术版），2011，7（8）：76-77＋97.

[29] 鲁聪，汪刚，侯国强. 碎石土滑坡变形机理及稳定性分析 [J]. 路基工程，2014（2）：15-18.

[30] 张顶立，王梦恕，高军，等. 复杂围岩条件下大跨隧道修建技术研究 [J]. 岩石力学与工程学报，2003，22（2）：290-290.

[31] 石先火，戴远全，郭建强. 岩堆体隧道洞口浅埋段开挖进尺的计算与分析——以云南麻昭高速公路赵家屋隧道为例 [J]. 隧道建设，2015，35（8）：787-791.

[32] 常艳花. 水平布局对双洞穿越岩堆边坡隧道的稳定性影响 [J]. 施工技术，2017，46（5）：118-121.

[33] 丁祖德，付江，刘新峰，等. 考虑空间效应的岩堆体隧道管棚力学模型研究 [J]. 铁道学报，2018，40（7）：126-132.

[34] 许占良. 长昆客专湖南段隧道洞口设计研究 [J]. 隧道建设，2018，38（S1）：115-120.

[35] 宗琦，汪海波，周胜兵. 爆破地震效应的监测和控制技术研究 [J]. 岩石力学与工程学报，2008，27（5）：938-945.

[36] SINGH P K，ROY M P. Damage to surface structures due to blast vibration [J]. International Journal of Rock Mechanics and Mining Sciences，2010，47（6）：949-961.

[37] LU W，YANG J，CHEN M，et al. An equivalent method for blasting vibration simulation [J]. Simulation Modelling Practice & Theory，2011，19（9）：2050-2062.

[38] S. A. Taqieddin, R. L. Ash, N. S. Smith, et al. Effects of some blast design parameters on ground vibrations at short scaled distances [J]. Mining Science and Technology, 1991, 12 (2): 167-178.

[39] 夏祥, 李俊如, 李海波, 等. 爆破荷载作用下岩体振动特征的数值模拟 [J]. 岩土力学, 2005, 26 (1): 50-56.

[40] 周俊汝, 卢文波, 张乐, 等. 爆破地震波传播过程的振动频率衰减规律研究 [J]. 岩石力学与工程学报, 2014, 33 (11): 2171-2178.

[41] 刘达, 卢文波, 陈明, 等. 隧洞钻爆开挖爆破振动主频衰减公式研究 [J]. 岩石力学与工程学报, 2018, 37 (9): 28-39.

[42] 张士科, 方宏远, 耿勇强. 基于遗传BP神经网络的煤矿爆破振动特征参量预测 [J]. 煤炭科学技术, 2018, 46 (9): 138-144.

[43] 田振农, 李世海. 三维离散元不同尺度结构面计算方法及其在岩土爆破中的应用 [J]. 岩石力学与工程学报, 2007, (S1): 3009-3016.

[44] FAKHIMI A, LANARI M. DEM-SPH simulation of rock blasting [J]. Computers and Geotechnics, 2014, 55 (2): 158-164.

[45] 陈明, 郭天阳, 卢文波, 等. 爆破开挖对边坡岩体裂纹扩展的扰动机制 [J]. 岩石力学与工程学报, 2015, 34 (7): 1307-1314.

[46] LI X B, LI C J, CAO W Z, et al. Dynamic stress concentration and energy evolution of deep-buried tunnels under blasting loads [J]. International Journal of Rock Mechanics and Mining Sciences, 2018, 104: 131-146.

[47] XU J H, KANG Y, WANG X C, et al. Dynamic characteristics and safety criterion of deep rock mine opening under blast loading [J]. International Journal of Rock Mechanics and Mining Sciences, 2019, 119: 156-167.

[48] 胡帅伟, 陈士海. 爆破振动下围岩支护锚杆动力响应解析解 [J]. 岩土力学, 2019, 40 (1): 288-294.

[49] HAN G S, LI M, MEI W Q. The stability analysis of blasting excavation in short distance on water diversion tunnel underpassing Jinduicheng Molybdenum Mine [J]. Journal of Vibroengineering, 2019, 21 (4): 1139-1146.

[50] 林士炎, 李长洪, 乔兰, 等. 爆破震动对高速路边坡影响的数值模拟 [J]. 工程科学学报, 2003, 25 (6): 507-509.

[51] 高文学, 刘宏宇, 刘洪洋, 等. 爆破开挖对路堑高边坡稳定性影响分析 [J]. 岩石力学与工程学报, 2010, 29 (S1): 2982-2987.

[52] CHOI B H, RYU C H, DEB D, et al. Case study of establishing a safe blasting criterion for the pit slopes of an open-pit coal mine [J]. International Journal of Rock Mechanics and Mining Sciences, 2013, 57: 1-10.

[53] HU Y G, LIU M S, WU X X, et al. Damage-vibration couple control of rock mass blasting for high rock slopes [J]. International Journal of Rock Mechanics and Mining Sciences, 2018, 103: 137-144.

[54] ZHENG H H, LI T B, SHEN J Y, et al. The effects of blast damage zone thickness on

rock slope stability [J]. Engineering Geology, 2018, 246: 19-27.

[55] 董新平. 软弱地层中管棚作用机理及管径因素研究 [D]. 上海：同济大学，2006.

[56] 武建伟，宋卫东. 浅埋暗挖管棚超前预支护的受力分析 [J]. 岩土工程技术，2007，21（3）：116-121.

[57] 苟德明，阳军生，张戈. 浅埋暗挖隧道管棚变形监测及受力机制分析 [J]. 岩石力学与工程学报，2006，26（06）：1258-1264.

[58] 王海波，徐明，宋二祥. 超前支护的均一化横观各向同性弹性模型 [J]. 华南理工大学学报（自然科学版），2009，37（12）：127-131.

[59] 郑俊杰，章荣军，杨庆年. 浅埋隧道变基床系数下管棚的力学机制分析 [J]. 岩土工程学报，2009，31（8）：1165-1171.

[60] 贾金青，王海涛，涂兵雄，等. 管棚力学行为的解析分析与现场测试 [J]. 岩土力学，2010，31（6）：1858-1864.

[61] 王海涛，贾金青，郁胜. 隧道管棚预支护的力学行为及参数优化 [J]. 中国公路学报，2010，23（4）：78-83.

[62] JUNEJA A, HEGDE A, LEE F H, et al. Centrifuge modelling of tunnel face reinforcement using forepoling [J]. Tunnelling and Underground Space Technology, 2010, 25 (4): 377-381.

[63] DIVALL S, TAYLOR R N, XU M. Centrifuge modelling of tunnelling with forepoling [J]. International Journal of Physical Modelling in Geotechnics, 2016, 16 (2): 83-95.

[64] SALMI E F, NAZEM M, GIACOMINI A. A numerical investigation of sinkhole subsidence development over shallow excavations in tectonised weak rocks: The dolaei tunnel's excavation case [J]. Geotechnical and Geological Engineering, 2017, 35 (4): 1685-1716.

[65] RANJBARNIA M, RAHIMPOUR N. ORESTE P. A simple analytical approach to simulate the arch umbrella supporting system in deep tunnels based on convergence confinement method [J]. Tunnelling and Underground Space Technology, 2018, 82: 39-49.

[66] CHAMBON P, CORTE J F. Shallow tunnels in cohesionless soil - stability of tunnel face [J]. Journal of Geotechnical Engineering-Asce, 1994, 120 (7): 1148-1165.

[67] NG C W W, LEE G T K. A three-dimensional parametric study of the use of soil nails for stabilising tunnel faces [J]. Computers and Geotechnics, 2002, 29 (8): 673-697.

[68] KAMATA H, MASHIMO H. Centrifuge model test of tunnel face reinforcement by bolting [J]. Tunnelling and Underground Space Technology, 2003, 18 (2): 205-212.

[69] BERNAUD D, MAGHOUS S, BUHAN D P, et al. A numerical approach for design of bolt-supported tunnels regarded as homogenized structures [J]. Tunnelling and Underground Space Technology, 2009, 24 (5): 533-546.

[70] 张军伟，梅志荣. 全粘结型锚杆加固隧道掌子面强化机理研究 [J]. 隧道建设，2010，30（S1）：161-165.

[71] 师晓权，张志强，李化云. 软弱围岩隧道超前预加固技术试验研究 [J]. 岩石力学与工程学报，2011，30（9）：1803-1809.

[72] DIAS D. Convergence-confinement approach for designing tunnel face reinforcement by horizontal bolting [J]. Tunnelling and Underground Space Technology, 2011, 26 (4): 517-523.

[73] STERPI D, RIZZO F, RENDA D, et al. Soil nailing at the tunnel face in difficult conditions: a case study [J]. Tunnelling and Underground Space Technology, 2013, 38: 129-139.

[74] ZINGG S, ANAGNOSTOU G. An investigation into efficient drainage layouts for the stabilization of tunnel faces in homogeneous ground [J]. Tunnelling and Underground Space Technology, 2016, 58: 49-73.

[75] PATERNESI A, SCHWEIGER H F, SCARPELLI G. Numerical analyses of stability and deformation behavior of reinforced and unreinforced tunnel faces [J]. Computers and Geotechnics, 2017, 88: 256-266.

[76] ZOU J F, QIAN Z H. Face-stability analysis of tunnels excavated below groundwater considering coupled flow deformation [J]. International Journal of Geomechanics, 2018, 18 (8): 04018089. 1-04018089. 21.

[77] ZOU J F, QIAN Z H, XIANG X H, et al. Face stability of a tunnel excavated in saturated nonhomogeneous soils [J]. Tunnelling and Underground Space Technology, 2019, 83: 1-17.

[78] 王梦恕. 地下工程浅埋暗挖技术通论 [M]. 合肥: 安徽教育出版社, 2004.

[79] 赵东平, 王明年, 宋南涛. 浅埋暗挖地铁重叠隧道近接分区 [J]. 中国铁道科学, 2007, 28 (6): 65-69.

[80] HISATAKE M, OHNO S. Effects of pipe roof supports and the excavation method on the displacements above a tunnel face [J]. Tunnelling and Underground Space Technology, 2008, 23 (2): 120-127.

[81] 杨树才, 杨旭, 程曦, 等. 软流塑淤泥质粉质黏土地层注浆加固试验研究 [J]. 东南大学学报 (自然科学版), 2011, 41 (6): 1283-1288.

[82] BOBET A, EINSTEIN H H. Tunnel reinforcement with rockbolts [J]. Tunnelling and Underground Space Technology, 2011, 26 (1): 100-123.

[83] 沈茂盛. 浅埋暗挖技术在富水淤泥质地层中的应用 [J]. 铁道建筑, 2012 (10): 69-71.

[84] HISATAKE M, OHNO S, KATAYAMA T, et al. Effects of the ring-cut method as a settlement deterrent in a soft ground tunnel [J]. Tunnelling and Underground Space Technology, 2012, 28: 90-97.

[85] NIEDBALSKI I, MALKOWSKI P, MAJCHERCZYK T. Application of the NATM method in the road tunneling works in difficult geological conditions-The Carpathian flysch [J]. Tunnelling and Underground Space Technology, 2018, 74: 41-59.

[86] KANG Y S, LIU Q S, XI H L, et al. Improved compound support system for coal mine tunnels in densely faulted zones: a case study of China's Huainan coal field [J]. Engineering Geology, 2018, 240: 10-20.

[87] ZHANG G H, JIAO Y Y, MA C X, et al. Alteration characteristics of granite contact zone and treatment measures for inrush hazards during tunnel construction-a case study [J]. Engineering Geology, 2018, 235: 64-80.

[88] 朱维申, 何满潮. 复杂条件下围岩稳定性与岩体动态施工力学 [M]. 北京: 科学出版社, 1995.

[89] 钟新樵. 土质偏压隧道衬砌模型试验分析 [J]. 西南交通大学学报, 1996, 31 (6): 602-606.

[90] 胡学兵, 乔玉英. 小团山大断面公路隧道稳定性数值模拟分析 [J]. 重庆交通大学学报 (自然科学版), 2002, 21 (4): 16-19.

[91] 万明富, 郝哲, 刘剑平, 等. 超大跨公路隧道开挖与支护稳定性分析 [J]. 辽宁工程技术大学学报, 2007, 26 (1): 71-73.

[92] 刘小军, 张永兴. 浅埋偏压隧道洞口段合理开挖工序及受力特征分析 [J]. 岩石力学与工程学报, 2011, 30 (S1): 3066-3073.

[93] 柳墩利. 浅埋偏压段大断面隧道施工方案及施工工序优化 [J]. 桂林理工大学学报, 2012, 32 (1): 77-81.

[94] LEI M F, PENG L M, SHI C H. Model test to investigate the failure mechanisms and lining stress characteristics of shallow buried tunnels under unsymmetrical loading [J]. Tunnelling and Underground Space Technology, 2015, 46: 64-75.

[95] 蒋宗鑫, 吴斌. 小净距浅埋偏压软岩隧道支护结构受力实测分析 [J]. 铁道建筑, 2015 (7): 50-53.

[96] 宋战平, 王童, 周建军, 等. 浅埋偏压大断面隧道施工优化及受力特征分析 [J]. 地下空间与工程学报, 2017, 13 (2): 459-468.

[97] 张治国, 徐晓洋, 赵其华. 水平地震力作用下浅埋偏压隧道围岩压力的简化理论分析 [J]. 岩土力学, 2016, 37 (S2): 16-24.

[98] YANG H, JIANG X L, LIAN P Y. Seismic response of tunnel lining for shallow-bias tunnel with a small clear distance under wenchuan earthquake [J]. Advances in Civil Engineering, 2018, 3: 2578062.1-2578062.10.

[99] 高翔, 王华宁. 斜坡下浅埋偏压隧道地层响应的解析解答 [J]. 水利水电技术, 2019, 50 (1): 1-9.

[100] 邓世坤, 王惠濂. 探地雷达图像的正演合成与偏移处理 [J]. 地球物理学报, 1993, 36 (4): 528-536.

[101] 胡平. 探地雷达数值模拟技术的应用研究 [D]. 北京: 中国地质大学 (北京), 2005.

[102] 汪谋. 公路隧道衬砌地质雷达正演数值模拟和室内模型试验的研究 [D]. 上海: 同济大学, 2007.

[103] 刘伟, 周斌, 甘伏平, 等. 隧道超前预报中不同性质充填溶洞地质雷达正演实验研究 [J]. 现代隧道技术, 2014, 51 (1): 153-158.

[104] 朱自强, 郭有军, 刘涛影. 地质雷达超前地质预报正演模拟及应用研究 [J]. 铁道科学与工程学报, 2018, 15 (1): 148-155.

[105] 陈磊, 李术才, 刘斌, 等. 基于椭圆展开共反射点叠加的隧道地震波超前探测成像方

法与应用 [J]. 岩土工程学报，2018，40（6）：66-75.

[106] 古德曼. 岩石力学原理及其应用 [M]. 王鸿儒，王宏硕，译. 北京：水利电力出版社，1990.

[107] SAKURAI S，TAKEUCHI K. Back analysis of measured displacements of tunnels [J]. Rock Mechanics and Rock Engineering，1983，16（3）：173-180.

[108] GIODA G，SAKURAI S. Back analysis procedures for the interpretation of field-measurements in geomechanics [J]. International Journal for Numerical and Analytical Methods in Geomechanics，1987，11（6）：555-583.

[109] HISATAKE M，HIEDA Y. Three-dimensional back-analysis method for the mechanical parameters of the new ground ahead of a tunnel face [J]. Tunnelling and Underground Space Technology，2008，23（4）：373-380.

[110] LUO Y B，CHEN J X，CHEN Y，et al. Longitudinal deformation profile of a tunnel in weak rock mass by using the back analysis method [J]. Tunnelling and Underground Space Technology，2018，71：478-493.

[111] ZHAO C Y，LAVASAN A A，BARCIAGA T，et al. Model validation and calibration via back analysis for mechanized tunnel simulations-The Western Scheldt tunnel case [J]. Computers and Geotechnics，2015，69：601-614.

[112] JANIN J P，DIAS D，EMERIAULT F，et al. Numerical back-analysis of the southern Toulon tunnel measurements：a comparison of 3D and 2D approaches [J]. Engineering Geology，2015，195：42-52.

[113] ZHUANG D Y，MA K，TANG C A，et al. Mechanical parameter inversion in tunnel engineering using support vector regression optimized by multi-strategy artificial fish swarm algorithm [J]. Tunnelling and Underground Space Technology，2019，83：425-436.

[114] 刘怀恒. 地下工程位移反分析——原理、应用及发展 [J]. 西安科技大学学报，1988，3：3-13.

[115] 杨林德. 岩土工程问题的反演理论与工程实践 [M]. 北京：科学出版社，1996.

[116] 李世辉. 隧道围岩稳定系统分析 [M]. 北京：中国铁道出版社，1990.

[117] 朱合华，刘学增，傅德明. 软土深基坑粘弹性动态增量反演分析与变形预测 [J]. 岩土力学，2000，21（4）：381-384.

[118] 朱汉华，尚岳全. 公路隧道设计与施工新法 [M]. 北京：人民交通出版社，2002.